U0717967

文為車禮

徐俊

題簽

文爲在禮

禮學文獻考論

王鍔 著

鳳凰出版社

圖書在版編目（CIP）數據

文爲在禮：禮學文獻考論 / 王鍔著. -- 南京 : 鳳凰出版社, 2024. 11. -- ISBN 978-7-5506-4320-8

Ⅰ. K892.9

中國國家版本館CIP數據核字第20243L2T93號

書　　　　名	文爲在禮——禮學文獻考論
著　　　　者	王　鍔
責 任 編 輯	郭馨馨
裝 幀 設 計	陳貴子
責 任 監 製	程明嬌
出 版 發 行	鳳凰出版社(原江蘇古籍出版社)
	發行部電話 025-83223462
出版社地址	江蘇省南京市中央路165號,郵編:210009
照　　　　排	南京凱建文化發展有限公司
印　　　　刷	蘇州市越洋印刷有限公司
	江蘇省蘇州市吳中區南官渡路20號,郵編:215104
開　　　　本	652毫米×960毫米　1/16
印　　　　張	31.25
字　　　　數	336千字
版　　　　次	2024年11月第1版
印　　　　次	2024年11月第1次印刷
標 準 書 號	ISBN 978-7-5506-4320-8
定　　　　價	128.00圓

(本書凡印裝錯誤可向承印廠調換,電話:0512-68180638)

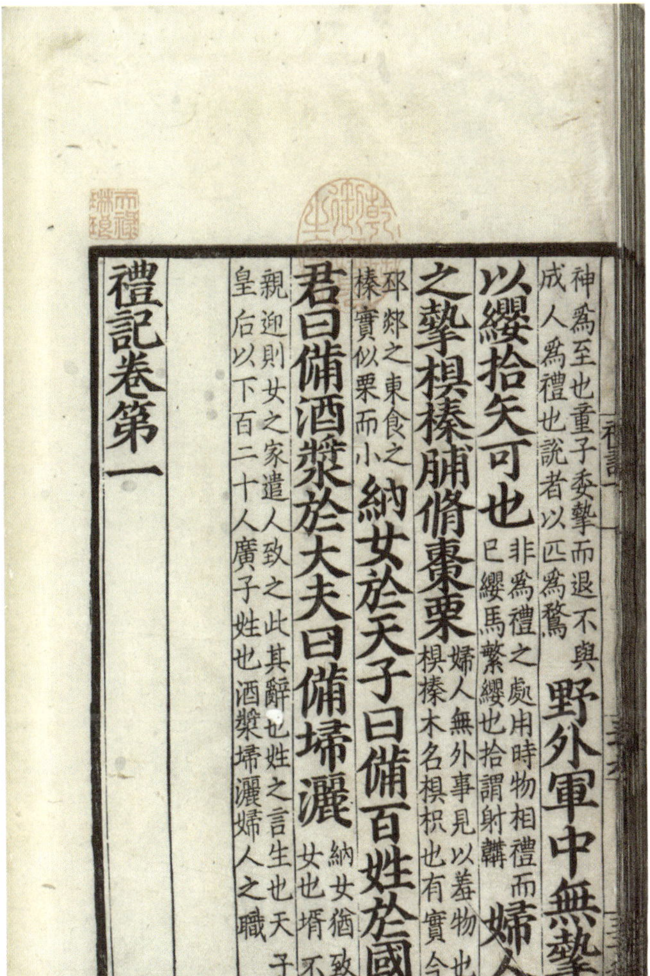

神爲至也重子委摯而退不與
成人爲禮也說者以匹爲鷲

野外軍中無摯　婦人

以纁拾矢可也
非爲禮之處用時物相禮而韝
已纁馬繁纓也拾謂射韝
婦人無外事見以羞物也　今

之摯椇榛脯脩棗栗　納女於天子曰備百姓於國
榛實似栗而小
椇榛木名椇枳也有實今
邾鄹之東食之
納女猶致
女也天子
皇后以下百二十人廣子姓也　實

君曰備酒漿於大夫曰備埽灑　婦人之職
親迎則女家遣人致
之此其辭也姓之言生也
酒漿埽灑婦人之職
女也壻不

禮記卷第一

圖一：遼寧省圖書館藏宋蜀刻大字本《禮記注》卷一

禮記卷第六

曾子問第七　鄭氏注

曾子問曰君薨而世子生如之何孔子曰

卿大夫士從攝主北面於西階南〔變於朝夕哭位〕

也攝主上卿代君聽國政　大祝裨冕執束帛升自西階盡

等不升堂命毋哭〔將有事宜清靜也裨冕者接神服則祭服也諸侯之卿大夫所服〕

祝聲三告曰某之子〔禪冕絺冕也玄冕也士服爵弁服大祝禪冕則大夫〕

生敢告〔聲噫歆警神也某夫人之氏也〕升奠幣于殯東几上

圖二：國家圖書館藏宋蜀刻大字本《禮記注》卷六

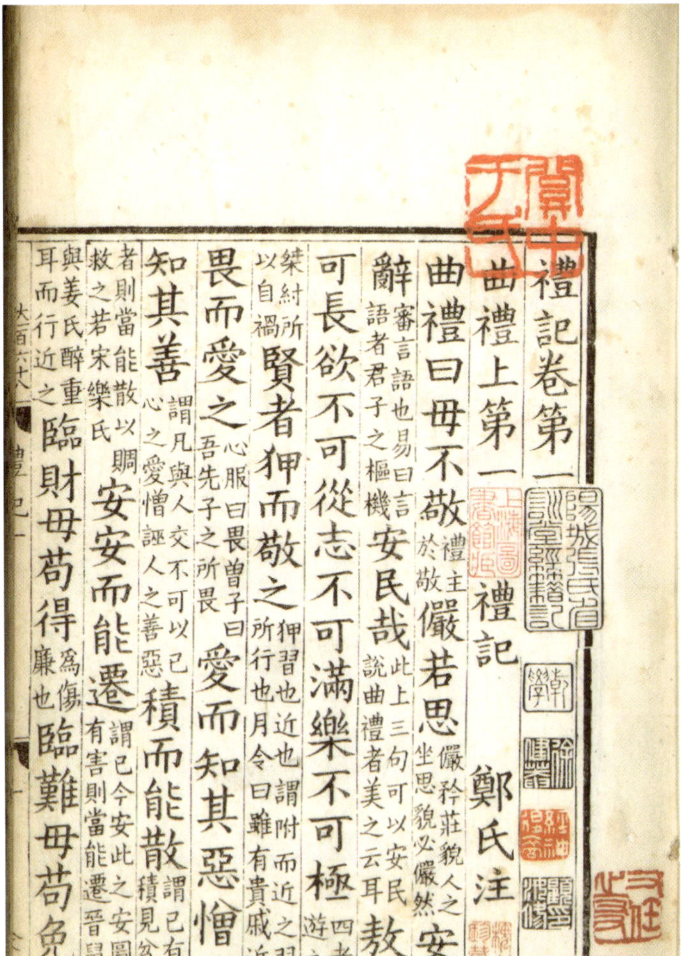

禮記卷第一

曲禮上第一　禮記　　　　鄭氏注

曲禮曰毋不敬　禮主於敬　儼若思　坐思貌必儼然　安定
辭　審言語也易曰言語者君子之樞機　安民哉　此上三句可以安民
語者君子之樞機　說曲禮者美之云耳　敖不
可長欲不可從志不可滿樂不可極　四者慢游之習　月令曰雖有貴戚近習
以自禍所　賢者狎而敬之　狎習也近也謂附而近其習之道
畏而愛之　心服曰畏曾子曰畏吾先子之所畏　愛而知其惡憎而
知其善　謂凡與人交不可以己之愛憎誣人之善惡　積而能散　謂有蓄
者則當能散以賙　安安而能遷　謂已今安此之安圖後有害則當能遷見貧窮
與姜氏醉重　謂宋樂氏　臨財毋苟得　爲傷廉也　臨難毋苟免　爲傷
耳而行近之

（版框右上：闕　陽城張氏　誦芬堂校藏記　等藏書印記數方）

圖三：上海圖書館藏清張敦仁影摹重雕撫州本《禮記注》卷一

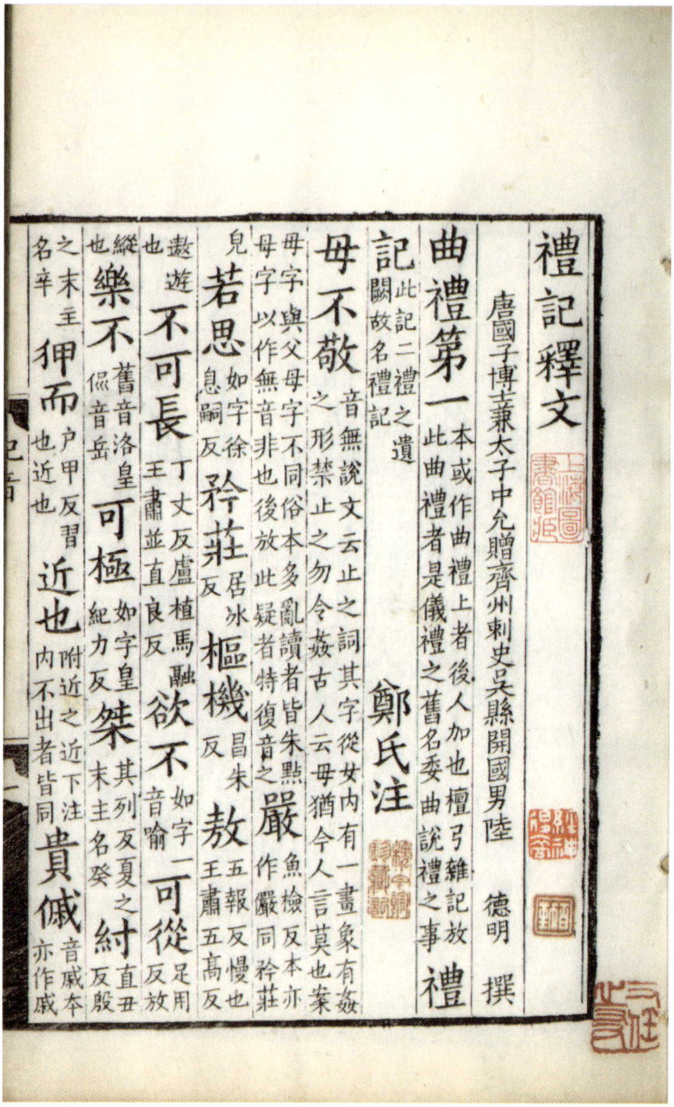

禮記釋文

唐國子博士兼太子中允贈齊州刺史吳縣開國男陸　德明　撰

曲禮第一 本或作曲禮上者後人加也檀弓雜記放此曲禮者是儀禮之舊名委曲說禮之事 禮記 此記二禮之遺闕故名禮記 鄭氏注

毋不敬 音無說文云止之詞其字從女內有一畫象有姦之形禁止之勿令姦古人云毋猶今人言莫也案毋字與父母字不同俗本多亂讀者皆朱點母字以作無音非也後放此疑者特復音之 儼 魚檢反本亦作儼同矜莊見 若思 如字徐息嗣反 矜莊 居冰反 樞機 昌朱反 敖 五報反慢也王肅五高反遨遊也 不可長 丁丈反盧植馬融王肅並直良反 欲不 如字一音喻 可從 足用反放縱也 樂不 舊音洛皇侃音岳 可極 如字皇紀力反 桀 其列反夏之末主名癸 紂 直丑反殷之末主名辛 狎而 戶甲反習也近也 近也 附近之近下注內不出者皆同 貴賤 音戚本亦作戚

圖四：上海圖書館藏清張敦仁影摹重雕撫州本《禮記釋文》卷一

浦云元緯史作德大皇下有氏字按今本通卦驗天皇作太皇元亦作元鄭注謂皇君也元天之始也不當如緯史所引

禮記註疏卷之一

漢鄭氏註

唐孔穎達疏

禮記 ○陸德明音義曰此記二禮之遺闕故名禮記云夫禮者理也其用以治則與天地俱興故昭二十六年左傳稱晏子云禮之可以為國也久矣與天地並但於時質略物生則自然而有尊卑若羊羔跪乳鴻雁飛有行列豈由教之者哉是知尊卑之禮起自天地未分之前已有也地之前已有禮也分之前巳有禮也

疏 正義曰夫禮者經天地理人倫本其所起在天地未分之前故禮運云夫禮必本於太一是天地未分之前已有禮也既判尊卑自然而有但人能治國治國但乾曜合元君有五期輔有三名案緯通卦驗云天皇

皇始出握機矩註云遂皇謂遂人在伏羲前始王天下也又云君

禮記疏
事五行亦有五期君輔有三名公卿大夫也又云三

浦云君疑天字誤王當皇并驗注本字與此同又君

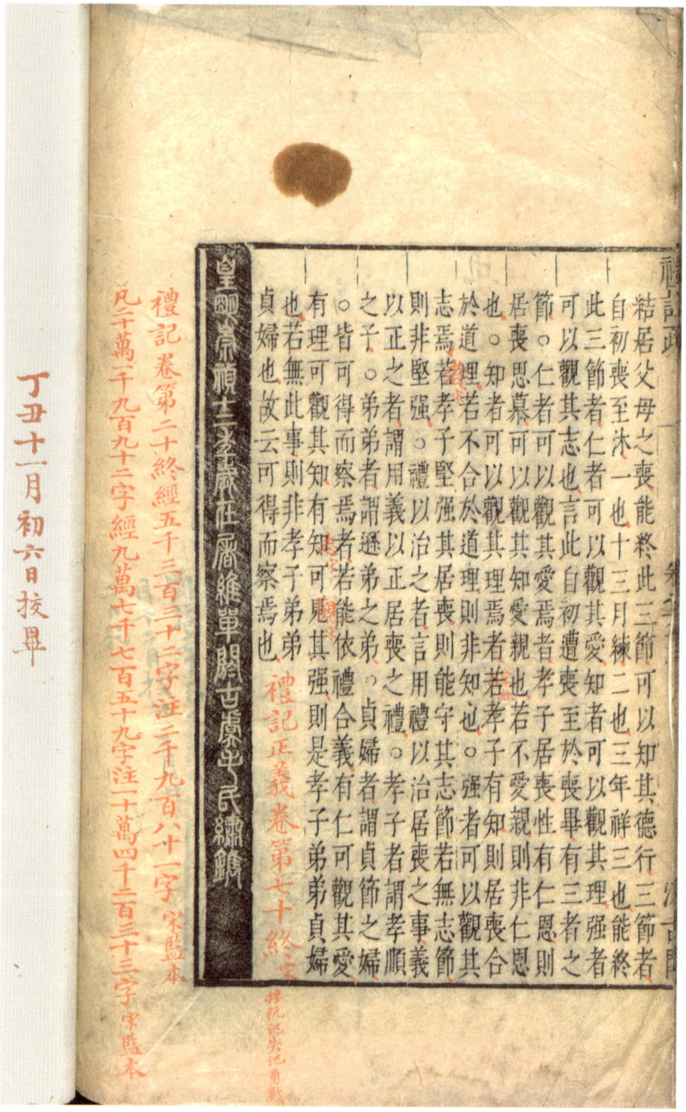

禮記正義卷第七十終

居父母之喪能終此三節者自初喪至於沐一也十三月練二也三年祥三也能終此三節者可以知其德行也有若此者皆可得而察焉則非孝弟貞婦也故云可得而察焉也

此三節可以觀其仁也自初喪至於沐可以觀其仁也此以仁言之也

此三節可以觀其知也十三月練可以觀其知也此以知言之也

此三節可以觀其強也三年祥可以觀其強也此以強性有三理焉三強能終之者仁者可以觀其愛焉知者可以觀其理焉強者可以觀其志焉禮以治之義以正之孝子弟弟貞婦皆可得而察焉

禮以治之者謂用禮以治居喪之事義以正之者謂用義以正居喪之志非孝子弟弟貞婦不能終之者謂孝子弟弟貞婦則能守其禮合其義是孝子弟弟貞婦也

有知者謂之知有仁者謂之仁有強者謂之強其居喪若無知者若無仁者若無強者則非孝子弟弟貞婦也

禮記正義卷第七十終

禮記注疏貞戴

禮記卷第二十終經五十三百三十二字注二千九百八十一字宋監本

几二十萬二千九百九十二字經九萬七千七百五十九字注十萬四千二百三十三字宋監本

丁丑十一月初六日挍畢

圖六：復旦大學圖書館藏明毛本《禮記注疏》卷六三

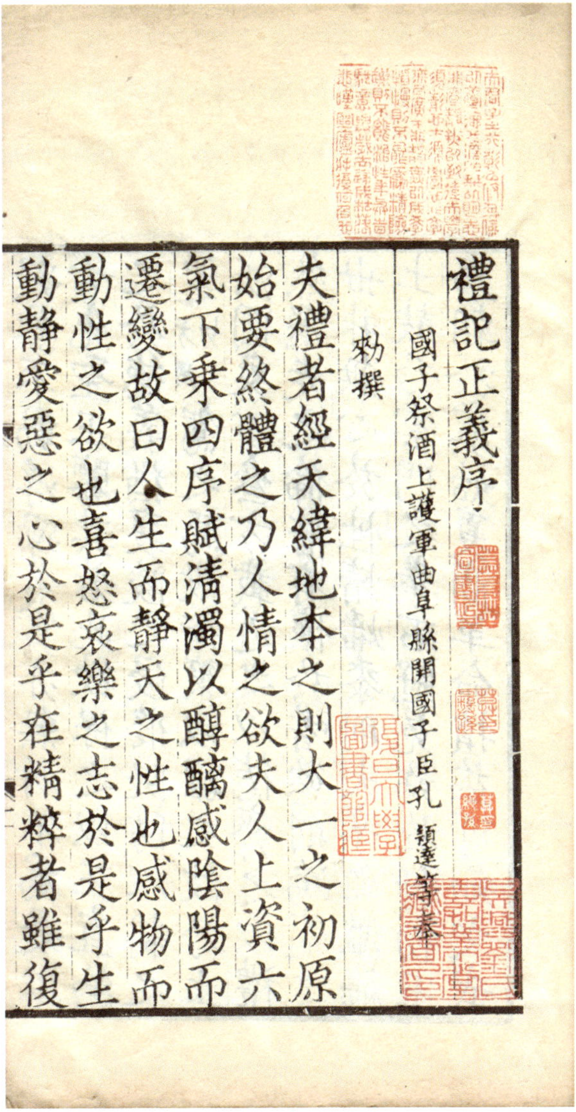

禮記正義序

國子祭酒上護軍曲阜縣開國子臣孔穎達等奉

勅撰

夫禮者經天緯地本之則大一之初原始要終體之乃人情之欲夫人上資六氣下乘四序賦清濁以醇醨感陰陽而遷變故曰人生而靜天之性也感物而動性之欲也喜怒哀樂之志於是乎生動靜愛惡之心於是乎在精粹者雖復

圖七：復旦大學圖書館藏清和珅本《禮記注疏》序

附釋音禮記註疏卷第一

國子祭酒上護軍曲阜縣開國子臣孔穎達等撰

國子博士兼太子中允贈齊州刺史吳縣開國男臣陸德明釋文

禮記〇陸德明音義曰此記
二禮之遺闕故名禮記云禮
質略物生自然而有尊卑若
年左傳稱晏子云夫禮可以
已有禮也禮者理故云禮運云夫
地未分之前故禮運云夫
即應有君臣故三才既判
由教之者哉是以言案易
五行之先與乾曜合德元
天皇之先有五期三名公
機矩注云輔大夫也天始
皇持斗機運轉之法也天
五禮注云斗機軍轉也遂
王君商王臣角主父鐵主
王禮起於遂皇謂之父也
王君商王臣角主父鐵主

(疏)正義曰夫禮者經天地
理人倫本其所起在天地
未分之前故禮運云夫禮
必本於大一是天地未分
之前也與天地並行列
以治則與天地俱興故昭
二十六年傳云禮上下之
紀天地之經緯也但有
天地初分之後即應有禮
卦之用釋卦之後亦
無文以言案易通卦驗云
三名遠期有三名公卿大
夫也遂皇始出握機矩法
天矩斗天下又云遂皇始
出遵君之法也遂皇之道
遂遵斗機運轉之法也遂
夫少宮主婦少商主政是

圖八：復旦大學圖書館藏清和珅本《禮記注疏》卷一

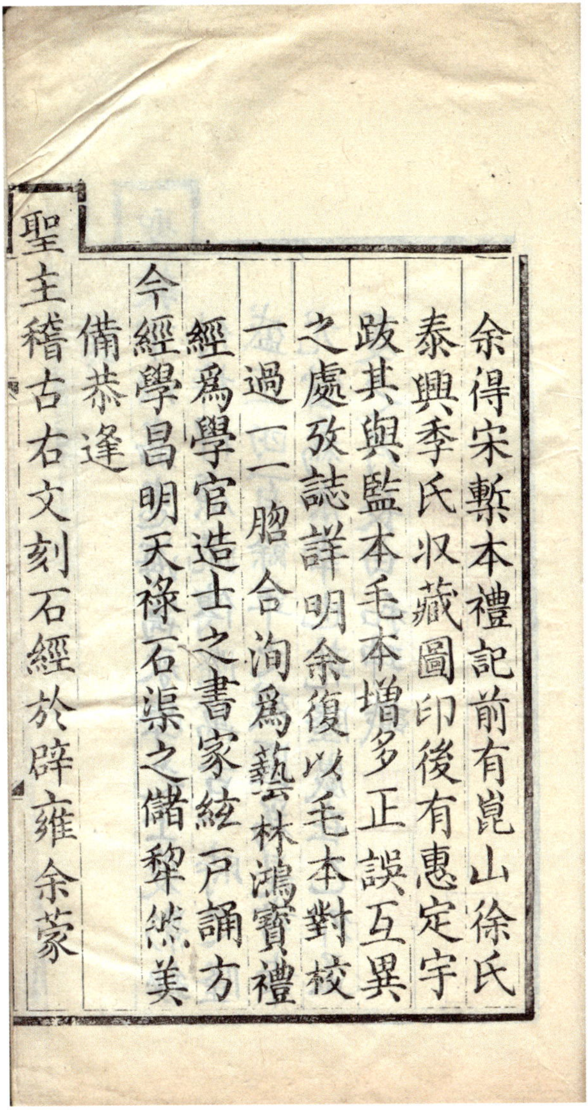

余得宋槧本禮記前有崑山徐氏
泰興季氏收藏圖印後有惠定宇
跋其與監本毛本增多正誤互異
之處攷誌詳明余復以毛本對校
一過一一脗合洵爲藝林鴻寶禮
經爲學官造士之書家絃戶誦方
今經學昌明天祿石渠之儲粹然美
備恭逢
聖主稽古右文刻石經於辟雍余蒙

圖九：復旦大學圖書館藏清和珅本《禮記注疏》跋

恩荷司總裁又適獲是書上足以輔

翼

聖教下以嘉惠海寓承學之士爰影鈔

付梓俾廣流傳際萬古一時之隆

盛正四百餘年之殘匱爲是書幸

尤當爲余幸也乾隆歲在乙卯孟

夏之月長白和珅識

圖一○：復旦大學圖書館藏清和珅本《禮記注疏》跋

周禮註疏卷第一

漢鄭　氏註
唐賈公彥疏

天官冢宰第一。〔作冢宰上非餘卷放此或〕

〔陸德明音義曰本或放此〕

疏　天官冢宰鄭目錄云

象天所立之官大也宰者官也天者統理萬物天
子立冢宰使掌邦治亦所以總御衆官不主一官之事也
言司者大宰總御衆官不主一官之事也〇釋曰鄭
云象天者周天有三百六十餘度天官亦總攝三百
六十官者亦是管攝為號故題曰冢
天官也鄭云象天大也宰官也者下註對大宰之官鄭又云蓋
者此家亦宰亦能謂和衆官故號大宰之官鄭又云
之名者大宰亦對大宰之官鄭又云
不言司者對大宰司徒司馬司寇司空皆云司以其各主一官不
司之事對司徒司馬

周禮疏　卷之一

圖一一：南京圖書館藏明毛本《周禮注疏》卷一

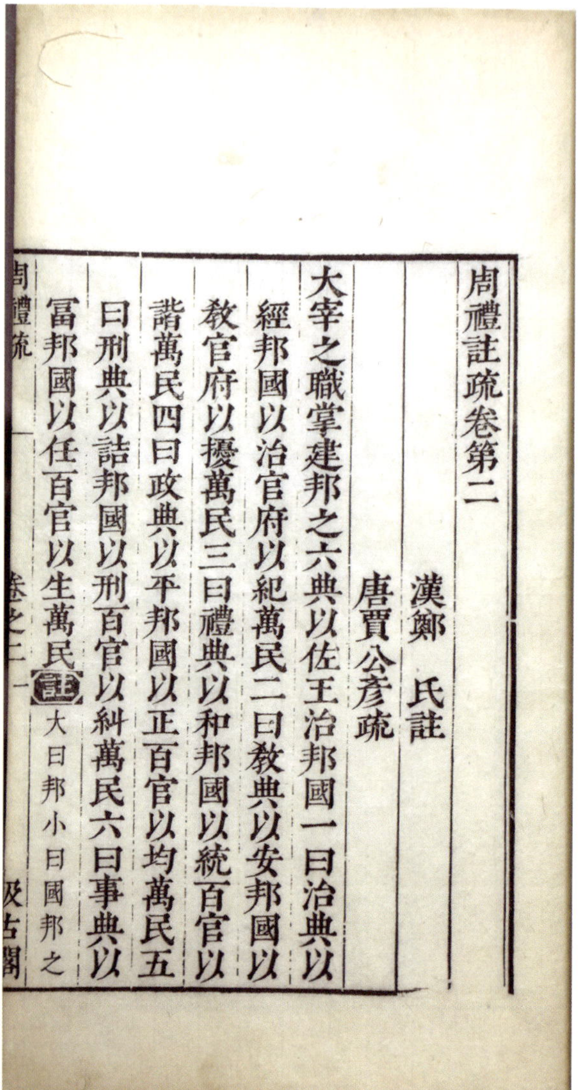

周禮註疏卷第二

漢鄭　氏註

唐賈公彦疏

大宰之職掌建邦之六典以佐王治邦國一曰治典以
經邦國以治官府以紀萬民二曰教典以安邦國以
教官府以擾萬民三曰禮典以和邦國以統百官以
諧萬民四曰政典以平邦國以正百官以均萬民五
曰刑典以詰邦國以刑百官以糾萬民六曰事典以
富邦國以任百官以生萬民【註】大曰邦小曰國邦之

周禮疏

卷之二　一

及古閣

圖一二：南京圖書館藏明毛本《周禮注疏》卷二

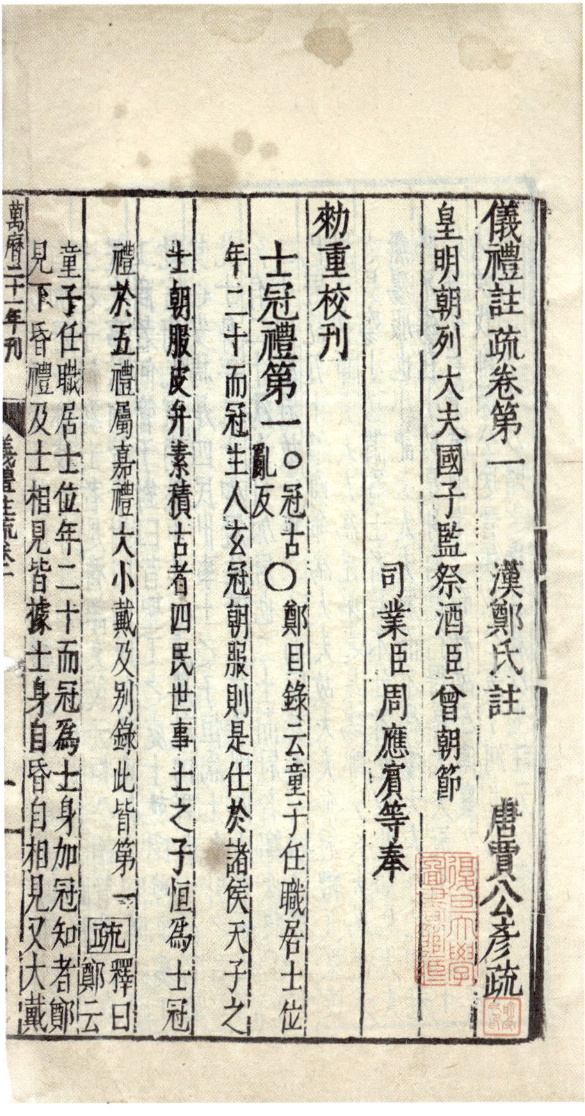

儀禮註疏卷第一　　漢鄭氏註　唐賈公彦疏

皇明朝列大夫國子監祭酒臣曾朝節

司業臣周應賓等奉

勅重校刊

士冠禮第一〇冠古〇鄭目錄云童子任職居士位亂反
年二十而冠生人玄冠朝服則是仕於諸侯天子之
士朝服皮弁素積古者四民世事士之子恒爲士冠
禮於五禮屬嘉禮大小戴及別錄此皆第一 疏釋曰
　　　　　　　　　　　　　　　　　　　　鄭云
童子任職居士位年二十而冠爲士身加冠知者鄭
見下昏禮及士相見皆據士身自昏自相見又大戴

萬曆二十一年刊　　　　儀禮注疏卷一

圖一三：復旦大學圖書館藏明監本《儀禮注疏》卷一

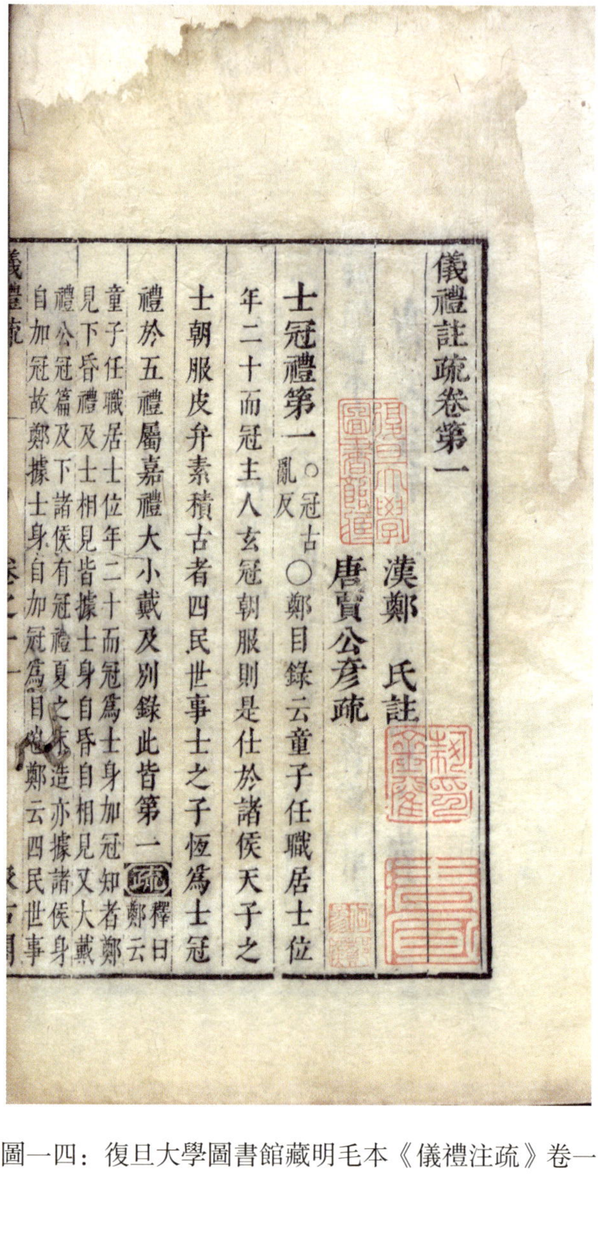

圖一四：復旦大學圖書館藏明毛本《儀禮注疏》卷一

儀禮疏卷第一　儀禮卷第

唐朝散大夫行大學博士弘文館學士臣賈公彥等撰

儀禮疏序。竊聞道本沖虛非言無以表其理有終始本則分為二部是周公攝政大

釋無能悟其理是知聖人言曲事資注釋而成至於周禮儀非

禮發為盛德所注爲後鄭而已碩儒章則皋則大有二小家經注疎漏者則

有多門儀禮所注隋而已碩儒慶則皋是以攝政大小家經注疎漏者則

者有齊登山不遠望而近不知悲者隋而已碩儒慶則皋似先入秦土近

觀而遠望不察二家之不疎互有脩短之所尚李則爲四種經之李

猶登山有記人下陳緇布冠爵貌又弁著以玄冠見於四種經之李

種冠之三加故有緇布冠皮弁爵弁又著以玄冠與委貌南北二家天章疎甚多之時冠之李

與記都無天子篇凶禮冠禮李云委貌與弁皆天章疎始甚多之時冠之李

所以皆資黄氏案鄭注爲制喪服此服則記之引所作表心言明之時而明之

黄氏妄袞言其一餘足見矣今以先儒失路後宜易塗故也

孝子有忠實以表心故爲黄氏案鄭注黄易誤也

黄李之訓畧言其

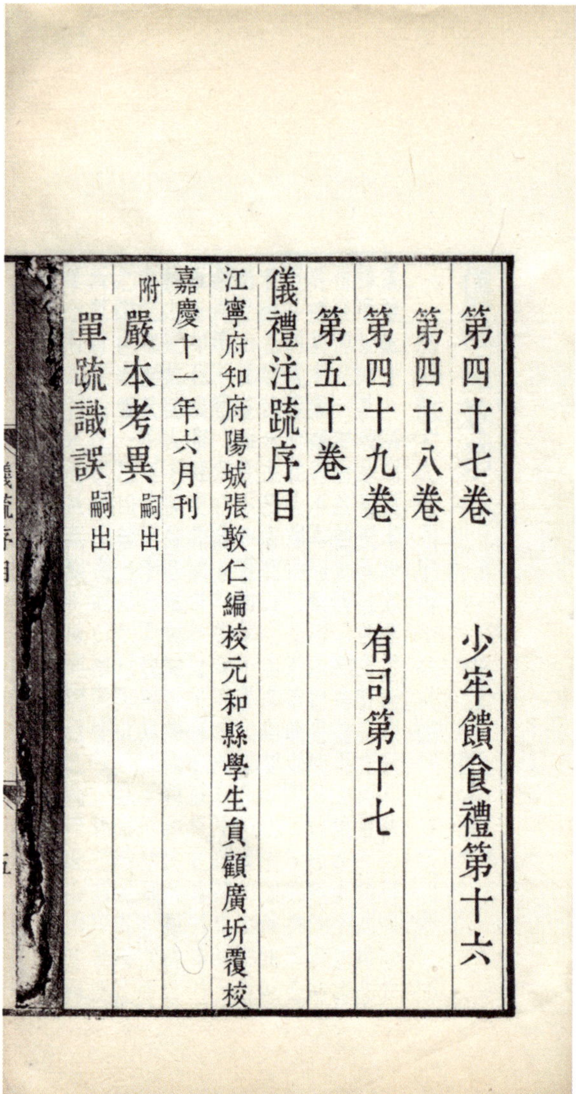

第四十七卷　少牢饋食禮第十六

第四十八卷

第四十九卷　有司第十七

第五十卷

儀禮注疏序目

江寧府知府陽城張敦仁編校元和縣學生貟顧廣圻覆校

嘉慶十一年六月刊

附　嚴本考異　嗣出
　　單疏識誤　嗣出

圖一六：復旦大學圖書館藏清嘉慶張敦仁本《儀禮注疏》序目

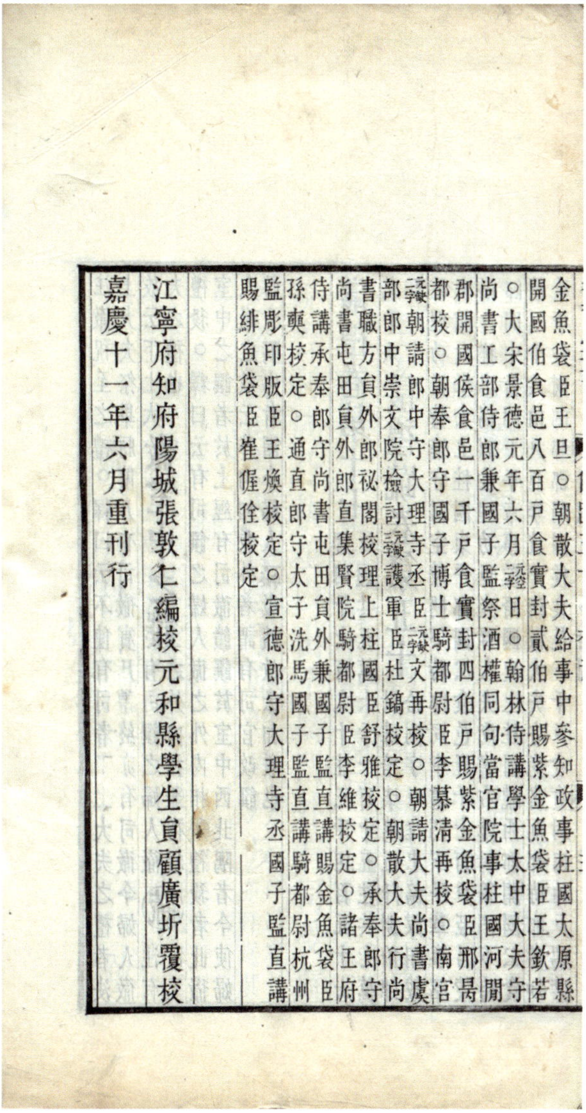

金魚袋臣王旦○朝散大夫給事中參知政事柱國太原縣

開國伯食邑八百戶食實封貳伯戶賜紫金魚袋臣王欽若

○大宋景德元年六月癸日○翰林侍講學士太中大夫守虞

尚書工部侍郎兼國子監祭酒權同句當官院事柱國河間郡

郡開國侯食邑一千戶食實封四伯戶賜紫金魚袋臣邢昺

部郎中崇文院檢討兼護軍上柱國臣李慕清再校○南宮

書職方員外郎直集賢院騎都尉臣舒雅校定○朝請大夫尚

侍講承奉郎守尚書屯田員外郎直秘閣校理再校○朝請大夫行尚書

尚書屯田員外郎直集賢院秘閣校理上柱國臣李維校定○承奉郎守

部郎中崇文院秘閣校理護軍臣杜鎬再校○朝請大夫行尚書

守太子洗馬直講騎都尉賜金魚袋臣杭州府

通直郎守尚書屯田員外郎直講騎都尉賜金魚袋臣諸王府

宣德郎守大理寺丞國子監直講

孫奭校定

賜緋魚袋臣崔偓佺校定

彫印版臣王煥校定

江寧府知府陽城張敦仁編校元和縣學生貟顧廣圻覆校

嘉慶十一年六月重刊行

圖一七：復旦大學圖書館藏清嘉慶張敦仁本《儀禮注疏》卷五十

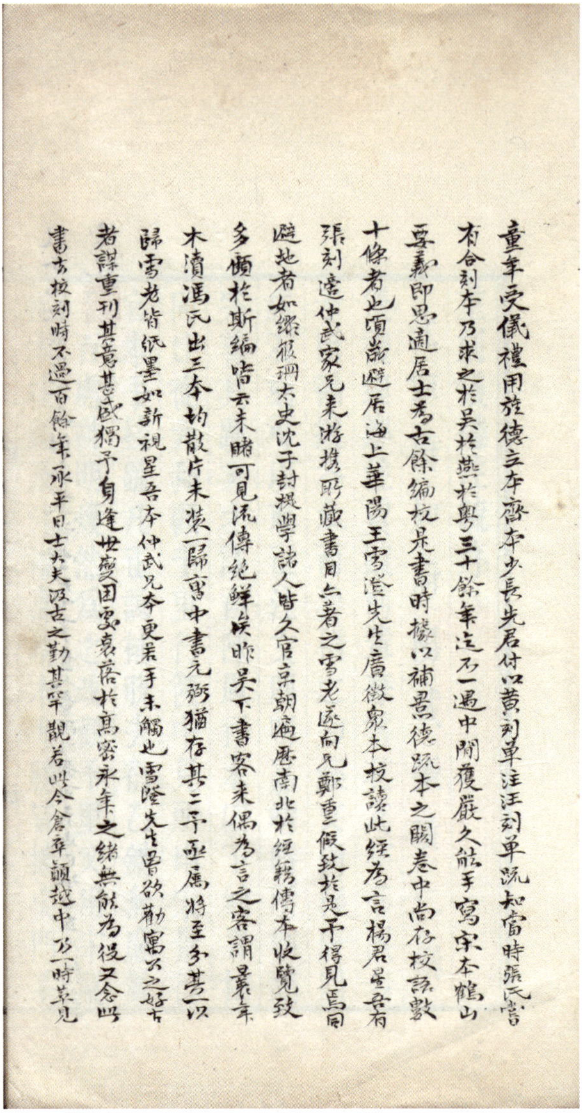

童年受儀禮用旌德五本齊本少長先君付以黃刻單注刻單疏知當時張氏嘗

有刻本乃求之於吳共燕於三十餘年迄不一遇中閒獲嚴久能手寫宋本鶴山

要義即思通居士考古餘編校吳書時撿以補昌德頫本之闕卷中尚存校誌數

十條者此頃影避居池上華陽王雪澄先生唐徽象本校讀此續房言楊君昰吾有

張刻遠仲武家兄未游携影藏書目六著之雪老遂向兄藉假致於是平得見昰同

避地者如繼彼珊太史沈子封蝴學諸人昨久官京朝歴歴南北共經輾傳本收覽致

多惜於斯編皆云未瞬可見流傳絕鮮映昨吳下書客來偶為言之密謂最年

木瀆馮氏出三本的散片未裝一歸曹中書元姪猶存其三丕廬將至多英以

歸雪光皆紙墨如新視星吾本仲武本更差手未觸此雪隆先生曾欲勒富不之好古

若謀重刊甚高其歐櫚予身逢世變因雲袤喬於高密永年之緒無能為役又念以

書古校刻時不過百餘年承平曰士夫泥古之勤甚罕覩若吳令倉草頗越中乃一時莫見

圖一八：復旦大學圖書館藏清嘉慶張敦仁本《儀禮注疏》莫棠題記

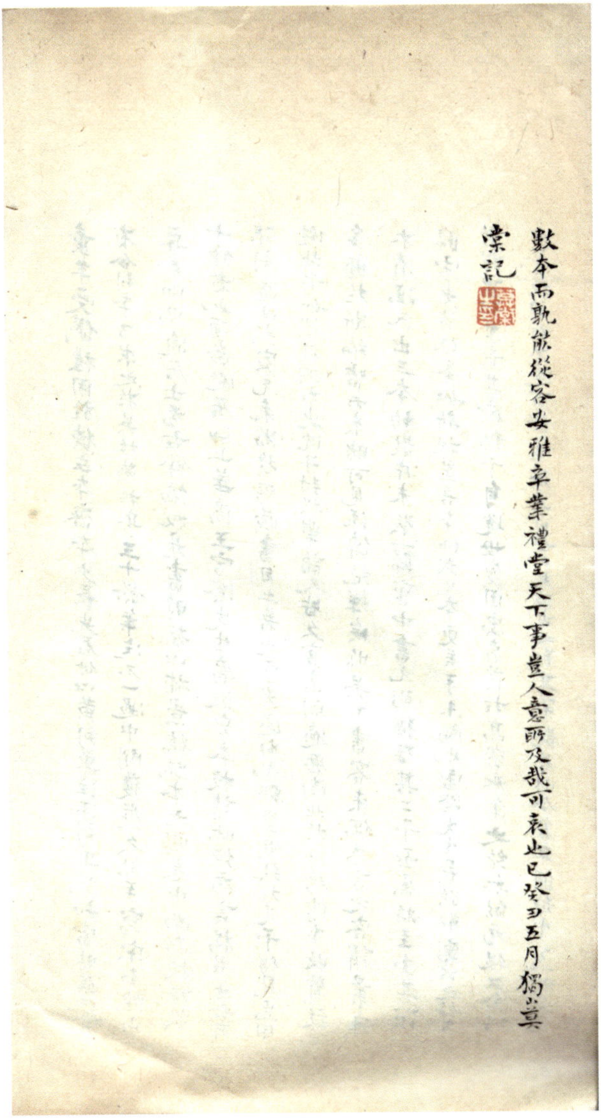

數本而觌飭從容安雅卒業禮堂天下事豈人意而及我所忝此巳癸丑五月獨山莫

棠記

圖一九：復旦大學圖書館藏清嘉慶張敦仁本《儀禮注疏》莫棠題記

五禮通考卷首第一

內廷供奉禮部右侍郎金匱秦蕙田編輯

李李奈總纂暨慧若都御史桐城方觀承同訂　　按察司副使元和宋宗元　參校

國子監司業金匱吳　鼎

禮經作述源流上

王氏通曰吾視千載而上聖人在上者未有若周公焉
其道則一而經制大備後之爲政者有所持循矣

陸氏德明曰周儀二禮並周公所制　三禮次第周爲
本儀爲末

孔氏頴達曰洛誥云考朕昭子刑乃單文祖德又禮記
明堂位云周公攝政六年制禮作樂頒度量于天下所
制之禮則周官儀禮也

賈氏公彥曰周禮儀禮發源是一理有始終分爲二部
並是周公攝政太平之書周禮爲末儀禮爲本

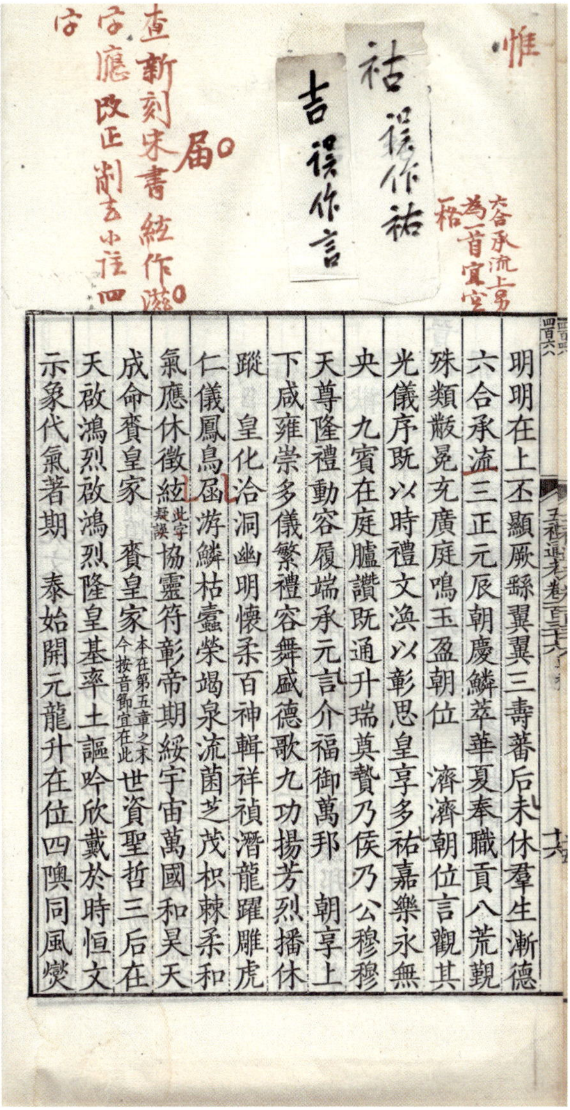

明明在上丕顯厥緜翼翼三壽蕃后未休羣生漸德
六合承流三正元辰朝慶鱗萃華夏奉職貢八荒觀
殊類巖晃夼廣庭鳴玉盈朝位　濟濟朝位言觀其
光儀序既以時禮文渙以彰恩皇享多祐嘉樂永無
央九寶在庭罏讚通升瑞莫贄乃侯乃公穆穆
天尊隆禮動容履端承元言介福御萬邦　朝享上
下咸雍禮多儀繁禮容舞盛德歌九功揚芳烈播
蹤皇化洽洞幽明懷柔百神輯禋潛龍躍雕虎
仁儀鳳鳥凮游鱗枯蠱榮竭泉流菌芝茂挹棘柔和
氣應休徵紘靈符彰帝期綏宇宙萬國和昊天
成命賚皇家　資皇家　世資聖哲三后在
天敘鴻烈敘鴻烈隆皇基率土謳吟欣戴於時恒文
示象代氣著期　泰始開元龍升在位四隩同風燮

圖二一：復旦大學圖書館藏清乾隆味經窩本《五禮通考》卷一三六

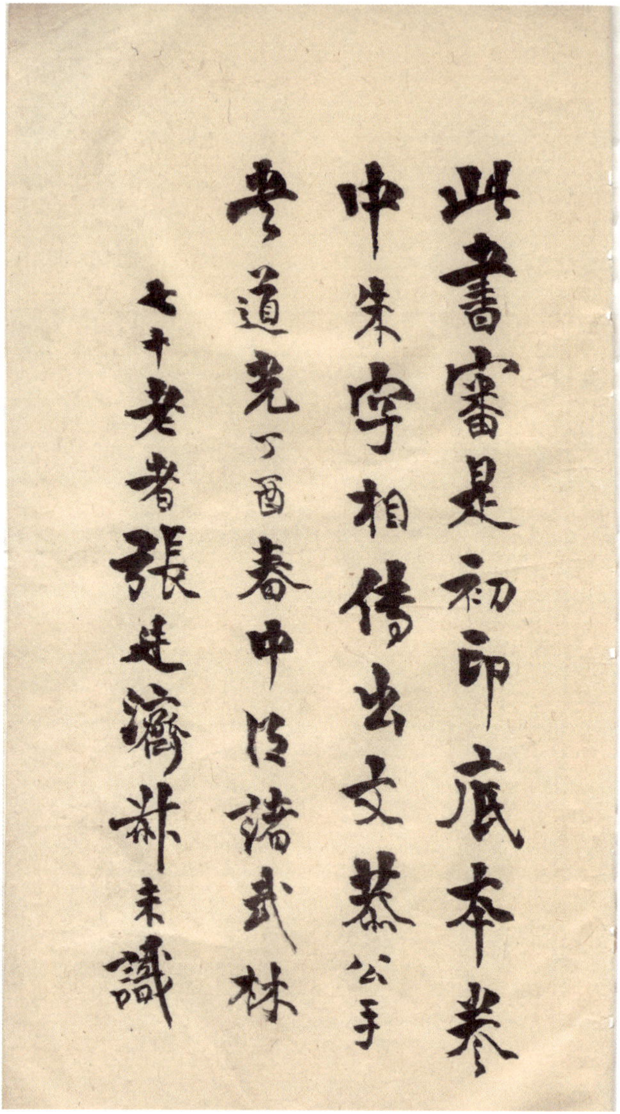

此書審是初印底本卷
中朱字相傳出文恭公手
道光丁酉春中伯謹武林
七十老者張廷濟并未識

圖二二：復旦大學圖書館藏清乾隆味經窩本《五禮通考》張廷濟跋

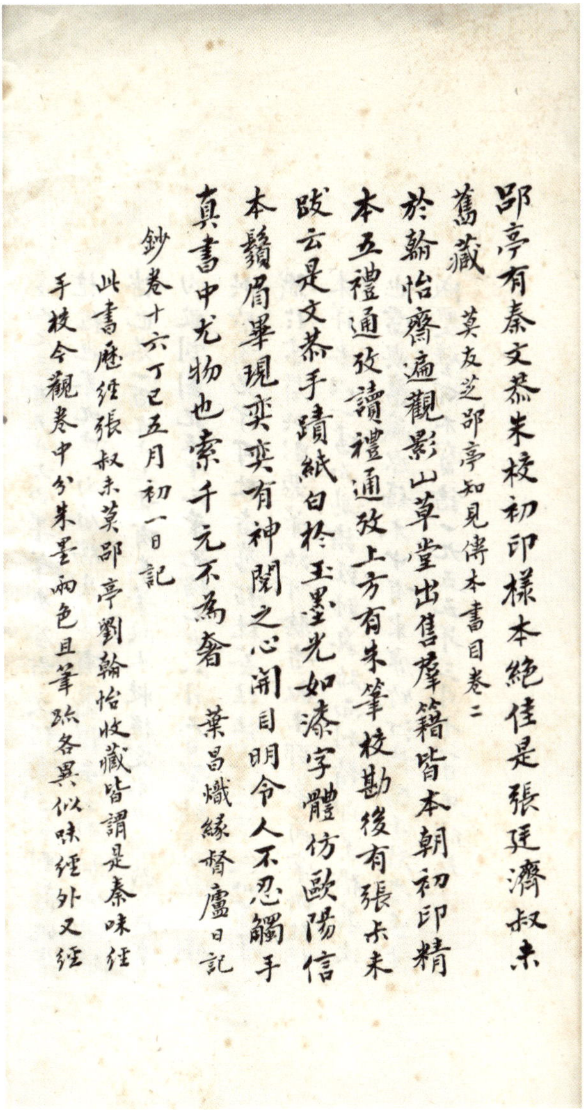

邸亭有秦文恭朱校初印樣本絕佳是張廷濟叔未

舊藏　莫友芝邸亭知見傳本書目卷二

於翰怡齋遍觀影山草堂出售摩籍皆本朝初精

本五禮通攷讀禮通攷上方有朱筆校勘後有張未未

跋云是文恭手蹟紙白於玉墨光如漆字體仿歐陽信

本鬚眉畢現奕奕有神閱之心閑目明令人不忍觸手

真書中尤物也索千元不為奢　葉昌熾緣督廬日記

鈔卷十六丁巳五月初一日記

此書歷經張叔未莫邸亭劉翰怡收藏皆謂是秦味經

手校今觀卷中分朱墨兩色且筆跡各異似味經外又經

圖二三：復旦大學圖書館藏清乾隆味經窩本《五禮通考》王欣夫跋

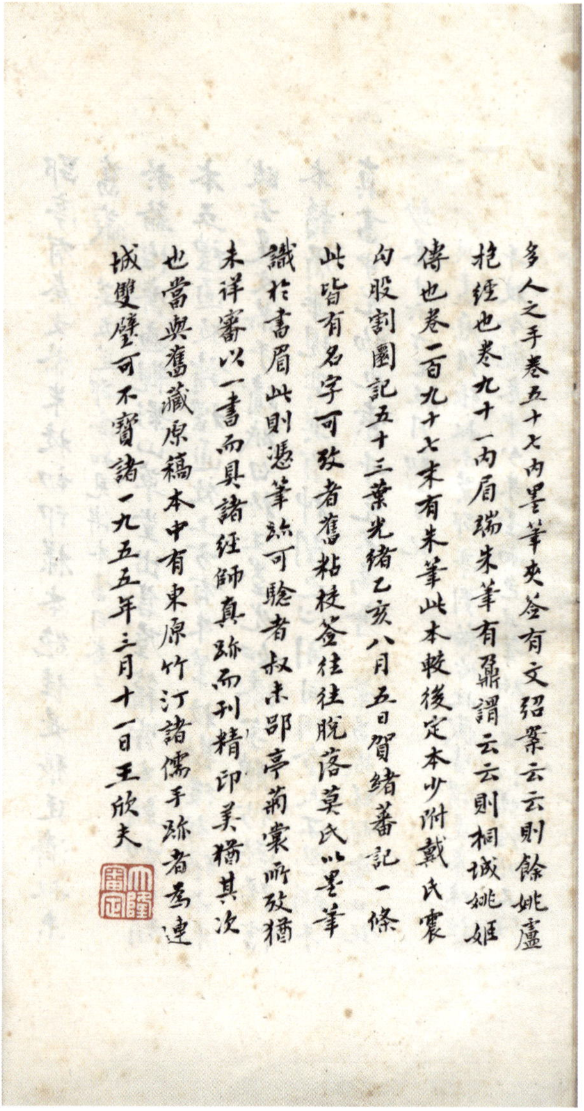

多人之手卷五十七內墨筆夾籤有文紹籤云云則餘姚盧

抱經也卷九十一兩眉端朱筆有䮄謂云云則桐城姚姬

傳也卷二百九十七末有朱筆此本皆後定本少附戴氏震

勾股割圜記五十三葉光緒乙亥八月五日賀緒耆記一條

此皆有名字可攷者舊粘枝箋往往脫落莫氏以墨筆

識於書眉此則憑筆跡可聽者叔未郎亭荫裳所攷補

未詳審以一書而具經師真跡而精印美獨其次

也當與舊藏原稿本中有東原竹汀諸儒手跡者為連

城雙璧可不寶諸一九五五年三月十一日王欣夫

圖二四：復旦大學圖書館藏清乾隆味經窩本《五禮通考》王欣夫跋

序

文獻之學，由來尚矣，推其原始，肇於孔門。至劉向校定群籍，纂爲《七略》，目録、版本、校勘諸學，已具雛形。沿至宋代，其體大備，後世枝繁葉茂，巨樹森然。每一時代，總是有新問題出現，需要用新方法來加以解決。我們試以校勘學與版本學爲例，簡單談一些不成熟的思考。

就今日文獻學界而論，隨着信息化時代的到來，校勘資料增加的幅度遠超出我們想象。如果我們要校勘一部古籍，不僅本書的各種版本繁多，他校材料更是幾何級增加。如出土文獻在近二三十年以來，不斷涌現，各種整理識讀本，日積日多，先秦漢魏文獻的可信度受到衝擊；過去深藏各館的大量古籍，或影印，或整理，每年都有大批量的公開出版；同時，流轉於海外的漢籍，或回流國内，或傳播網絡，更是時時閃現，目不暇接。隨着古籍數字化規模的日益擴大，原先閱讀不到和研讀不細的海量資料，在數秒内即可檢索而得。這些校勘資料的出現，使傳統校勘學似乎顯得格外低能與失效，於是所謂"e-校勘"應運而生，幾乎顛覆了傳統校勘學的理念與方法。

但問題也隨之而來，日趨嚴重。我們認爲傳統紙上文獻，流傳有緒，時日久長，是千餘年來公認的權威版本；出土文獻很可能是當時僅流傳某地並未定型的區域版本，既不具有權威性，也不具有代表性。那麼，動輒以傳統紙上文獻爲誤，以出土文獻爲確，以爲據依，校改古籍，究竟是利大於弊，還是弊大於利呢？再以“e-校勘”爲例，比如在古籍庫中搜得宋代某書中某句某字，與傳統文獻中的文字有異，就斷然認定新得例證爲是，原書說法爲誤。但我們要問的是，此句此字或許宋人已經見過，不採用其說，是因爲他們認爲此說不確，故棄而不用。如果真是這樣，我們還會不會以古人所棄之糟粕，認之爲是新得之精華呢！

同時，隨着時代發展，古籍在整理刊刻過程中，訛文誤字以前所未有的方式大量出現。我曾經舉出十二例，如因電腦拼音、五筆字型、手機九宮格等輸入法的不同而産生的誤字，以及因 OCR 掃描轉化、生僻字或造字、電腦病毒、繁簡轉換、新舊字形不同等導致的訛文，這些訛文誤字，在在而有。新式標點帶來的破句與引文等問題，更是層出不窮。所有這些 e 時代出現的新問題，都亟需我們去發現、分析與研究解决。

再就版本學來説，版本年代的鑒定，隨着宋元舊槧的日漸稀見，已不再是重點；版本源流的考察，更日益顯示出重要性。無論是先秦經典，還是明清筆記，若源流不明，則諸本孰優孰劣，孰全孰闕，孰真孰假，如果無法判定，會嚴重影響古籍整理的質量。我們總以爲清人書籍，與《詩經》《論語》等相比，時代較近，版本簡單，但涉及具體書籍，則與我們的想象完全不同。如我花費了十餘年時間整理清人江藩的《漢學師承記》，竟然搜羅到此書各種版本五十餘種,嘉慶二十三年(1818)初刻初印本,與後來所傳各本並皆不同,世人瞭無所知,將不同版本皆冠以"嘉慶二十三年刻本"刊印流佈。又如我整理清人方東樹的《漢學商兑》,經仔細覈校後發現,是書道光辛卯冬(道光十一年,1831)刊本,與同治十年吴棠望三益齋刊本,完全不同,望三益齋本删易極多,比比皆是。更令人吃驚的是,方東樹生前又有《漢學商兑刊誤補義》一卷傳世,世人皆未知之。如原刻本中誇贊王念孫父子,方氏稱"按以此義求之近人説經,無過高郵王氏《經義述聞》,實足令鄭、朱俯首,自漢唐以來,未有其比也"。今人常常引證,但却爲方氏《刊誤補義》删去,已經不能代表方東樹觀點了。此可見涉及具體版本,是千差萬别,各具殊因,問題多多,亟待解决,版本學任務重矣!

又如近年來,隨着西方書籍史觀念與研究方法的流入中土,關於古籍創作、編刻、流通、接受與流傳,以及與所處社會文化環境之間相互關係等之考察,蔚然成風。但即使在雕版印刷普及的宋元以來,中國書籍史流佈,也與歐洲有極大不同。例如無論雕版還是活字印刷,因爲占絶大多數的農家子弟無條件讀書,中國書籍的刊刻與發行量,除了個别科舉範本外,總是達不到大規模刊刻的程度(這恐怕也是活字印刷未能後來居上的主因),因此關於書籍的價格、折扣、定點與不定點的發行與流通等,就很少有人記載,有關廣告與知識産權等記録,也無非是以牌記等方式來體現。但書籍版片的歷代相因與流動,獨具特色;大量類書、叢書版片的租借或購版刊刻,甚至如日本和版的流入中國等,却是較少關注而值得深入研究的有趣課題。

近二十年以來,版本學界還出現有趣的現象是:搭上信息數據便利車的我們，竟然比明清時期學者眼觀手摩的古籍版本要多得多，這在《史記》《漢書》《十三經注疏》等經典古籍方面表現得尤爲明顯。以《十三經注疏》各種版本爲例，今天能看到的就比段玉裁、顧廣圻、阮元等人看到的要多，清人敬如神明的宋槧本，很可能是元明刻本；清儒視如定論的觀點，如對監本錯訛多多且"脫漏尤甚"的評價，今日看來也不盡然。諸經版本複雜，有白文本、經注本、單疏本、注疏合刻本，經注本和注疏合刻本有附釋文、不附釋文之别，每有翻刻，源流不明，不加考察，而欲加整理，則無法擇定底本。尤其是《三禮》號爲難治，相較《周易》《尚書》《詩經》等書版本而言，極其複雜，紛如亂絲，不進行細緻深入的縱向梳理與橫向比較，是很難釐清其關係的。

王鍔教授兄沉潛禮學三十餘年，多有創獲，論著豐碩，出版有《三禮研究論著提要》《〈禮記〉成書考》《隴右文獻叢稿》等著作，整理有《禮記要義》《禮記鄭注彙校》《禮記注》《五禮通考》等。其前後所撰禮學論文，已結集爲《〈禮記〉版本研究》出版；今續後來諸作，成《文爲在禮——禮學文獻考論》，出版在即。我前面所提到的諸多古文獻學在校勘學、版本學等方面遇到的新問題，在王兄著作中皆有所遇，如綜論《三禮》版本在各時代之流傳承遞情狀，《十三經注疏》的彙集與整理校刻；專書研究如撫州本鄭玄《禮記注》、宋蜀大字本《禮記注》、孫希旦《禮記集解》等；又涉及禮學研究與中國傳統文化的傳承等，條分縷析，糾誤正訛，别白精審，各有妙解，具有重要的示範作用。讀者諸君如能平心静氣以讀之，則必不以我之所言爲謬也。

隴右漆永祥甲辰（2024）芒種之日匆書於燕園人文學苑

附圖目録

附表目錄

禮學文獻整理研究的回顧與展望

禮學有狹義、廣義之分，狹義的禮學即《三禮》之學，專指以研究儒家經典《儀禮》《周禮》《禮記》，包括《大戴禮記》兼及綜論《三禮》之學。廣義的禮學是指研究《三禮》、中國古代禮儀制度兼及各地區禮俗演變之學，包含範圍甚廣，幾乎與今日所言“中國文化”概念相等。我們講的禮學，是指狹義的禮學，即《三禮》之學。禮學文獻是指注釋研究《三禮》的文獻，即《隋書·經籍志》《四庫全書總目》經部禮類收錄的文獻。禮學文獻整理與研究方面有哪些成績？存在哪些問題？將來研究的重點方嚮在哪裏？就以上問題，談一點個人粗淺的看法，就教於方家。

一、 禮學文獻整理研究的成績

第一，禮學文獻影印。1919 年，張元濟主持影印的《四部叢刊初編》出版，《續編》《三編》分別於 1934—1936 年出版，收錄禮學文獻《周

禮注》12 卷①、《儀禮注》17 卷②、《纂圖互注禮記》20 卷③、《儀禮疏》50
卷④、《禮記要義》33 卷⑤、《禮記正義》殘存 8 卷等⑥，是古籍影印的
代表作，對後來古籍影印影響很大。

　　1982 年，臺灣商務印書館影印出版文淵閣《四庫全書》，具有劃
時代的意義。此後，大型影印古籍叢書不斷出版，如《續修四庫全
書》《四庫全書存目叢書》《四庫禁毀書叢刊》《四庫未收書輯刊》《四
庫提要著錄叢書》《四庫全書底本叢書》《北京圖書館古籍珍本叢
刊》《皇清經解》《皇清經解續編》《清經解三編》《清經解四編》《中華
再造善本》《國學基本典籍叢刊》《十三經注疏》《師顧堂叢書》，等
等。這些叢書中包含了很多禮學文獻。中華書局 1980 年據世界書
局本影印的阮刻本《十三經注疏》，幾乎是所有從事中國古代文史
哲研究者的案頭必備書。

　　除大型叢書之外，尚有部分重要的禮學文獻，單獨影印出版。
如 1979 年臺灣學海出版社據來青閣本影印的《禮記鄭注》20 卷⑦，
1984 年中國書店據潘宗周覆刻版重印《禮記正義》70 卷，1992 年中
華書局據北圖藏撫州本影印的《禮記注》20 卷，2015 年北京大學出
版社影印南宋越刊八行本《禮記正義》70 卷，相對於大型叢書影印，
專書影印品質較好。

　　第二，禮學文獻整理。古籍文獻影印，是文獻整理的重要方式
之一，屬於"粗"加工。有些重要的禮學文獻，必須要進行"精"加

---

①　影印長沙葉氏觀古堂藏明翻宋岳氏刊本。
②　影印長沙葉氏觀古堂藏明徐氏翻宋刊本。
③⑤　影印宋刊本。
④　影印汪閬原覆宋景刊本。
⑥　影印日本影印古鈔本及宋刊本。
⑦　影印余仁仲本。

工,就是在調查文獻版本的基礎上,確定底本、對校本和參校本,對全書進行標點、分段,撰寫校勘記和整理前言,編製附錄等;經典文獻,尚需要今注今譯。我們説的禮學文獻整理,就是指對禮學文獻的這種"精"加工。

相對於其他經典文獻而言,禮學文獻的"精"加工脚步要緩慢很多,但近二十年成就斐然。《三禮》經文最早的標點本是陳戍國點校的《周禮·儀禮·禮記》①。1999 年,北大出版阮刻本《十三經注疏》標點本,其中有《周禮注疏》②、《儀禮注疏》③、《禮記正義》④,後又出版繁體字本,這是大陸出版最早的經注疏標點本,對於《十三經注疏》的普及作用甚大。2001 年,臺灣新文豐出版公司出版《十三經注疏》分段標點本,其中有《周禮注疏》⑤、《儀禮注疏》⑥、《禮記正義》⑦。2008—2010 年,上海古籍出版社出版《周禮注疏》⑧、《儀禮注疏》⑨、《禮記正義》⑩。2016 年,浙江大學出版社出版《中華禮

---

①　陳戍國點校《周禮·儀禮·禮記》,長沙,岳麓書社,1989 年 7 月。
②　漢鄭玄注,唐賈公彦疏,趙伯雄整理,王文錦審定《周禮注疏》,北京大學出版社,1999 年 12 月。
③　漢鄭玄注,唐賈公彦疏,彭林整理,王文錦審定《儀禮注疏》,北京大學出版社,1999 年 12 月。
④　漢鄭玄注,唐孔穎達疏,龔抗雲整理,王文錦審定《禮記正義》,北京大學出版社,1999 年 12 月。
⑤　漢鄭玄注,唐賈公彦疏,邱德修點校《周禮注疏》,臺北,新文豐出版公司,2001 年 6 月。
⑥　漢鄭玄注,唐賈公彦疏,邱德修點校《儀禮注疏》,臺北,新文豐出版公司,2001 年 6 月。
⑦　漢鄭玄注,唐孔穎達等正義,田博元點校《禮記正義》,臺北,新文豐出版公司,2001 年 6 月。
⑧　漢鄭玄注,唐賈公彦疏,彭林整理《周禮注疏》,上海古籍出版社,2010 年 10 月。
⑨　漢鄭玄注,唐賈公彦疏,王輝整理《儀禮注疏》,上海古籍出版社,2008 年 12 月。
⑩　漢鄭玄注,唐孔穎達正義,吕友仁整理《禮記正義》,上海古籍出版社,2008 年 9 月。

藏》之《儀禮注疏》①。2019 年，出版宋魏了翁《儀禮要義》②、《禮記正義》③。2021 年，出版清盛世佐《儀禮集編》④。

　　《儒藏》工程系統整理了一批禮學文獻，收入精華編第 39—73 冊，2009 年以來陸續出版者有清孫詒讓《周禮正義》⑤、《儀禮注疏》⑥，宋李如圭《儀禮集釋》⑦，宋楊復《儀禮圖》⑧，元敖繼公《儀禮集説》⑨，清程瑶田《儀禮喪服文足徵記》⑩，清張爾岐《儀禮鄭注句讀》⑪，清吴廷華《儀禮章句》⑫，清胡培翬《儀禮正義》⑬、《禮記正義》⑭，宋衛湜《禮記集説》⑮，元陳澔《禮記集説》⑯，盧辯《大戴禮記注》⑰，清孔廣森《大戴禮記補注》⑱，清王聘珍《大戴禮記解詁》⑲，清

---

① 漢鄭玄注，唐賈公彦疏，賈海生點校《儀禮注疏》，杭州，浙江大學出版社，2016 年 9 月。
② 宋魏了翁撰，王紅娟點校《儀禮要義》，杭州，浙江大學出版社，2019 年 9 月。
③ 漢鄭玄注，唐孔穎達正義，郜同麟整理《禮記正義》，杭州，浙江大學出版社，2019 年 10 月。
④ 清盛世佐撰，袁茵點校《儀禮集編》，杭州，浙江大學出版社，2021 年 12 月。
⑤ 清孫詒讓撰，王文錦、陳玉霞、喬秀岩校點《周禮正義》，北京大學出版社，2018 年 11 月。
⑥ 漢鄭玄注，唐賈公彦疏，彭林校點《儀禮注疏》，北京大學出版社，2016 年 10 月。
⑦ 宋李如圭撰，楊華、李志剛校點《儀禮集釋》，北京大學出版社，2018 年 3 月。
⑧ 宋楊復撰，馬延輝校點《儀禮圖》，北京大學出版社，2018 年 3 月。
⑨ 元敖繼公撰，曹建墩校點《儀禮集説》，北京大學出版社，2012 年 8 月。
⑩ 清程瑶田撰，徐到穩校點《儀禮喪服文足徵記》，北京大學出版社，2012 年 8 月。
⑪ 清張爾岐撰，張濤校點《儀禮鄭注句讀》，北京大學出版社，2014 年 3 月。
⑫ 清吴廷華撰，徐到穩校點《儀禮章句》，北京大學出版社，2014 年 3 月。
⑬ 清胡培翬撰，清胡肇昕、楊大堉補，張文、徐到穩、殷嬰寧校點《儀禮正義》，北京大學出版社，2016 年 10 月。
⑭ 漢鄭玄注，唐孔穎達正義，吕友仁整理《禮記正義》，北京大學出版社，2016 年 9 月。
⑮ 宋衛湜撰，毛遠明點校《禮記集説》，北京大學出版社，2016 年 9 月。
⑯ 元陳澔撰，虎維鐸校點《禮記集説》，北京大學出版社，2009 年 6 月。
⑰ 北周盧辯注，張顯成校點《大戴禮記注》，北京大學出版社，2009 年 6 月。
⑱ 清孔廣森撰，胥洪泉校點《大戴禮記補注》，北京大學出版社，2009 年 6 月。
⑲ 清王聘珍撰，章紅梅校點《大戴禮記解詁》，北京大學出版社，2009 年 6 月。

孫希旦《禮記集解》①，宋陳祥道《禮書》②，宋朱熹、黃榦《儀禮經傳通解》③，清秦蕙田《五禮通考》④，清黃以周《禮書通故》⑤，清凌廷堪《禮經釋例》⑥，清曹元弼《禮經學》⑦，宋司馬光《司馬氏書儀》⑧，宋朱熹《家禮》⑨，合計 24 種。

　　禮學文獻整理本尚有清王聘珍《大戴禮記解詁》⑩、清孫詒讓《周禮正義》⑪、清胡培翬《儀禮正義》⑫、清孫希旦《禮記集解》⑬、清朱彬《禮記訓纂》⑭、宋朱熹《儀禮經傳通解》⑮、清黃以周《禮書通故》⑯、元敖繼公《儀禮集説》⑰、清凌廷堪《禮經釋例》⑱、宋楊復《儀禮經傳

---

① 　清孫希旦撰，何錫光校點《禮記集解》，北京大學出版社，2011 年 1 月。
② 　宋陳祥道撰，楊天宇、梁錫鋒校點《禮書》，北京大學出版社，2020 年 5 月。
③ 　宋朱熹、黃榦撰，王貽樑、徐德明校點《儀禮經傳通解》，北京大學出版社，2009 年6 月。
④ 　清秦蕙田撰，呂友仁、張焕君、曹建墩點校《五禮通考》，北京大學出版社，2020 年7 月。
⑤ 　清黃以周撰，王文錦、馬清源、喬秀岩校點《禮書通故》，北京大學出版社，2016 年10 月。
⑥ 　清凌廷堪撰，彭林校點《禮經釋例》，北京大學出版社，2012 年 6 月。
⑦ 　清曹元弼撰，周洪校點《禮經學》，北京大學出版社，2012 年 1 月。
⑧ 　宋司馬光撰，張焕君校點《司馬氏書儀》，北京大學出版社，2012 年 1 月。
⑨ 　宋朱熹撰，王燕均、王光照點校《家禮》，北京大學出版社，2012 年 1 月。
⑩ 　清王聘珍撰，王文錦點校《大戴禮記解詁》，北京，中華書局，1983 年 3 月。
⑪ 　清孫詒讓撰，王文錦、陳玉霞點校《周禮正義》，北京，中華書局，1987 年 12 月。清孫詒讓撰，汪少華整理《周禮正義》，北京，中華書局，2015 年 11 月。
⑫ 　清胡培翬撰，段熙仲點校《儀禮正義》，南京，江蘇古籍出版社，1993 年 7 月。
⑬ 　清孫希旦撰，沈嘯寰、王星賢點校《禮記集解》，北京，中華書局，1995 年 5 月。
⑭ 　清朱彬撰，饒欽農點校《禮記訓纂》，北京，中華書局，1996 年 1 月。
⑮ 　宋朱熹撰，王貽樑校點《儀禮經傳通解》，朱傑人、嚴佐之、劉永翔主編《朱子全書》（第 2—5 冊），上海古籍出版社、安徽古籍出版社，2002 年 12 月。
⑯ 　清黃以周撰，王文錦點校《禮書通故》，北京，中華書局，2007 年 4 月。
⑰ 　元敖繼公撰，孫寶點校《儀禮集説》，上海古籍出版社，2017 年 12 月。
⑱ 　清凌廷堪撰，彭林整理《禮經釋例》，臺北，"中央研究院"中國文哲研究所，2002 年12 月。

通解續卷祭禮》①、清焦循《禮記補疏》②《三禮便蒙》③、清張錫恭《喪服鄭氏學》④、劉師培《周禮古注集疏》⑤、劉善澤《三禮注漢制疏證》⑥、陳成國《禮記校注》⑦。宋聶崇義《新定三禮圖》⑧、王鍔編纂《曲禮注疏長編》⑨，等等。這些點校整理本，既是整理禮學文獻的重要成果，也爲研究經學、禮學提供了方便。

《三禮》今注今譯方面有王寧主編的《評析本白話三禮》⑩。許嘉璐主編的《文白對照十三經》⑪，其中《周禮》《儀禮》是許嘉璐注譯，《禮記》是姚淦銘注譯。

黃公渚《周禮》選注⑫，是第一本《周禮》選注本。此後，《周禮》注譯類著作有林尹《周禮今注今譯》⑬，錢玄等《周禮》⑭，楊天宇《周禮譯注》⑮，吕友仁《周禮譯注》⑯，徐正英、常佩雨譯注《周禮》⑰，聞人

① 宋楊復撰，林慶彰校訂，葉純芳、橋本秀美編輯《儀禮經傳通解續卷祭禮》，臺北，“中央研究院”中國文哲研究所，2011 年 9 月。

② 清焦循撰，劉建臻整理《禮記補疏》，《焦循全集》第 5 册，揚州，廣陵書社，2016 年 9 月。

③ 清焦循撰，劉建臻整理《三禮便蒙》，《焦循全集》第 5 册。

④ 清張錫恭撰，吳飛點校《喪服鄭氏學》，上海書店出版社，2017 年 10 月。

⑤ 清劉申培著，萬仕國點校《周禮古注集疏》，《儀徵劉申叔遺書》第 2 册，揚州，廣陵書社，2014 年 2 月。

⑥ 劉善澤著，劉孚永點校《三禮注漢制疏證》，長沙，岳麓書社，1997 年 1 月。

⑦ 陳成國《禮記校注》，長沙，岳麓書社，2004 年 5 月。

⑧ 宋聶崇義纂輯，丁鼎點校《新定三禮圖》，北京，清華大學出版社，2006 年 11 月。

⑨ 王鍔編纂《曲禮注疏長編》，揚州，廣陵書社，2019 年 1 月。

⑩ 王寧主編《評析本白話三禮》，北京廣播學院出版社，1992 年 12 月。

⑪ 許嘉璐主編《文白對照十三經》，廣東教育出版社、陝西人民教育出版社、廣西教育出版社，1995 年 8 月。

⑫ 黃公渚選注《周禮》，上海，商務印書館，1936 年。

⑬ 林尹《周禮今注今譯》，臺北，臺灣商務印書館，1972 年 9 月。

⑭ 錢玄、錢興奇、王華寶、謝秉洪《周禮》，長沙，岳麓書社，2001 年 7 月。

⑮ 楊天宇《周禮譯注》，上海古籍出版社，2004 年 7 月。

⑯ 吕友仁《周禮譯注》，鄭州，中州古籍出版社，2004 年 7 月。

⑰ 徐正英、常佩雨《周禮》，北京，中華書局，2014 年 2 月。

軍《考工記譯注》①，戴吾三《考工記圖説》②等。

《儀禮》有楊天宇《儀禮譯注》③、彭林《儀禮全譯》④。

大小戴《禮記》有王夢鷗《大小戴禮記選注》⑤，王夢鷗《禮記今注今譯》⑥，楊天宇《禮記譯注》⑦，吕友仁、吕咏梅《禮記全譯》⑧，錢玄等注譯《禮記》⑨，王文錦《禮記譯解》⑩，潛苗金《禮記譯注》⑪，魯同群選注《禮記》⑫，高明《大戴禮記今注今譯》⑬，方向東譯注《大戴禮記》⑭等。《周禮》《儀禮》《禮記》《大戴禮記》的今注今譯本，在方便讀者學習《三禮》的同時，也普及了禮學。

第三，禮學文獻研究。禮學文獻研究是指從禮學角度對禮學文獻的專書研究和從目録、版本、校勘等文獻學方面對禮學文獻進行的研究。

早在 1923—1934 年，葉聖陶依據世界書局影印阮刻本《十三經注疏》編纂《十三經索引》，用以查檢《十三經》經文句子，1934 年由

① 聞人軍《考工記譯注》，上海古籍出版社，2008 年 4 月。
② 戴吾三《考工記圖説》，濟南，山東畫報出版社，2003 年 1 月。
③ 楊天宇《儀禮譯注》（繁體版），上海古籍出版社，1994 年 7 月。楊天宇《儀禮譯注》（簡體版），上海古籍出版社，2004 年 7 月。
④ 彭林《儀禮全譯》，貴陽，貴州人民出版社，1997 年 10 月。
⑤ 王夢鷗《大小戴禮記選注》，重慶，正中書局，1944 年 4 月。
⑥ 王夢鷗《禮記今注今譯》，臺北，臺灣商務印書館，1969 年 11 月。
⑦ 楊天宇《禮記譯注》（繁體版），上海古籍出版社，1997 年。楊天宇《禮記譯注》（簡體版），上海古籍出版社，2004 年 7 月。
⑧ 吕友仁、吕咏梅《禮記全譯》，貴陽，貴州人民出版社，1998 年 12 月。
⑨ 錢玄、錢興奇、徐克謙、葉晨暉、張采民、魯同群《禮記》，長沙，岳麓書社，2001 年 7 月。
⑩ 王文錦《禮記譯解》，北京，中華書局，2001 年 9 月。
⑪ 潛苗金《禮記譯注》，杭州，浙江古籍出版社，2007 年 3 月。
⑫ 魯同群《禮記》，南京，鳳凰出版社，2011 年 1 月。
⑬ 高明《大戴禮記今注今譯》，臺北，臺灣商務印書館，1975 年 4 月。
⑭ 方向東《大戴禮記》，南京，江蘇人民出版社，2019 年 2 月。

上海開明書店出版；1932—1940年，哈佛燕京學社先後出版洪業編
《儀禮引得附鄭注及賈疏引書引得》《禮記引得》《周禮引得附注疏
引書引得》，是查檢《周禮注疏》《儀禮注疏》《禮記注疏》的工具書。
這三種索引，爲研讀《三禮》經注疏文提供了方便，一直到近年纔逐
漸淡出學者的視野。

　　中華人民共和國成立以來，禮學文獻主要收藏在公立圖書館
和科研高校單位。對於禮學文獻的著錄、研究主要見於各館藏書
目錄和題跋。1960年，趙萬里主編《中國版刻圖錄》[1]，介紹多種宋
元版禮學文獻，類似的著作有王重民《中國善本書提要》[2]，《北京圖
書館古籍善本書目·經部》[3]，黃永年、賈二强《清代版本圖錄》[4]，張
玉範、沈乃文主編《北京大學圖書館藏善本書錄》[5]等。另如傅增湘
《藏園群書經眼錄》[6]，李盛鐸《木犀軒藏書題記及書錄》[7]，杜澤遜
《四庫存目標注》[8]、《中國人民大學圖書館古籍善本書目》[9]，劉薔
《天禄琳琅知見書錄》[10]、《清華大學圖書館藏古籍善本書目》[11]等，也
著錄了一些禮學文獻。1989年林慶彰主編《經學研究論著目錄》

[1]　趙萬里主編《中國版刻圖錄》，北京，文物出版社，1960年10月。
[2]　王重民《中國善本書提要》，上海古籍出版社，1983年8月。
[3]　北京圖書館編《北京圖書館古籍善本書目·經部》，北京，書目文獻出版社，1987年
　　　7月。
[4]　黃永年、賈二强《清代版本圖錄》，杭州，浙江人民出版社，1997年5月。
[5]　張玉範、沈乃文主編《北京大學圖書館藏善本書錄》，北京大學出版社，1998年5月。
[6]　傅增湘《藏園群書經眼錄》，北京，中華書局，1983年9月。
[7]　李盛鐸著，張玉範整理《木犀軒藏書題記及書錄》，北京大學出版社，1985年12月。
[8]　杜澤遜撰，程遠芬編索引《四庫存目標注（附索引）》，上海古籍出版社，2007年1月。
[9]　中國人民大學圖書館古籍整理研究所編《中國人民大學圖書館古籍善本書目》，北
　　　京，中國人民大學出版社，1991年2月。
[10]　劉薔《天禄琳琅知見書錄》，北京大學出版社，2017年4月。
[11]　清華大學圖書館編《清華大學圖書館藏古籍善本書目》，北京，清華大學出版社，
　　　2003年1月。

（1912—1987）出版，1999 年《經學研究論著目録》（1988—1992）出版，1993 年《日本研究經學論著目録》（1900—1992）出版，這三部目録的編纂出版，爲學者瞭解近百年來經學、禮學研究提供了方便。王鍔《三禮研究論著提要》①爲研讀禮學、經學提供了一些重要綫索。

　　隨着禮學文獻的影印和數字化，禮學文獻版本研究有了長足發展，已經跳出僅限書名、卷册數、行款、題跋、藏書單位等版本特徵的著録，學界更加注重文字正誤、版本優劣、版本源流、遞藏軌迹以及先後印次差異、原本翻刻異同等問題，發表了一批很有價值的學術論文，如喬秀岩《〈禮記〉版本雜識》②、葉純芳與喬秀岩《影印南宋越刊八行本〈禮記正義〉編後記》③、張麗娟《南宋撫州本經書的刊刻與修補》④、廖明飛《〈儀禮〉注疏合刻考》⑤、張學謙《“岳本”補考》⑥等。出版了一些研究專著，如張麗娟《宋代經書注疏刊刻研究》⑦、程蘇東《從六藝到十三經》⑧、李霖《宋本群經義疏的編校與刊印》⑨，三書中有關禮學文獻的章節，值得關注。王鍔《〈禮記〉版本研究》⑩於《禮記》重要版本亦有討論。

　　禮學文獻專書研究方面，出版了一些高質量的學術著作，如侯

---

①　王鍔《三禮研究論著提要（增訂本）》，蘭州，甘肅教育出版社，2007 年 9 月。

②　喬秀岩《〈禮記〉版本雜識》，《北京大學學報（哲學社會科學版）》2006 年第 5 期。

③　葉純芳、喬秀岩《影印南宋越刊八行本〈禮記正義〉編後記》，《文獻學讀書記》，北京，生活·讀書·新知三聯書店，2018 年 9 月，第 422—455 頁。

④　張麗娟《南宋撫州本經書的刊刻與修補》，《版本目録學研究》第 3 輯，上海，復旦大學出版社，2012 年 1 月。

⑤　廖明飛《〈儀禮〉注疏合刻考》，《文史》第 1 輯，北京，中華書局，2014 年 2 月。

⑥　張學謙《“岳本”補考》，《中國典籍與文化》2015 年第 3 期。

⑦　張麗娟《宋代經書注疏刊刻研究》，北京大學出版社，2013 年 7 月。

⑧　程蘇東《從六藝到十三經》，北京大學出版社，2018 年 1 月。

⑨　李霖《宋本群經義疏的編校與刊印》，北京，中華書局，2019 年 1 月。

⑩　王鍔《〈禮記〉版本研究》，北京，中華書局，2018 年 11 月。

家駒《〈周禮〉研究》①、彭林《〈周禮〉主體思想與成書年代研究》②、王
關仕《〈儀禮〉服飾考辨》③、王夢鷗《禮記校證》④、王鍔《〈禮記〉成書
考》⑤、黃懷信《大戴禮記彙校集注》⑥、方向東《大戴禮記彙校集
解》⑦、李雲光《三禮鄭氏學發凡》⑧、錢玄《三禮名物通釋》⑨《三禮辭
典》⑩《三禮通論》⑪、沈文倬《宗周禮樂文明考論》⑫、張舜徽《鄭學叢
著》⑬、唐文《鄭玄辭典》⑭、楊天宇《鄭玄三禮注研究》⑮、葉國良《禮學
研究的諸面向》⑯《禮學研究的諸面向續集》⑰、《十三經辭典·周禮
卷》⑱、《儀禮卷》⑲、《禮記卷》⑳等。近二十多年來,隨着學術研究的
發展,有一大批碩博士研究生加入研究禮學文獻的隊伍,推出了一
批研究成果,如鄧聲國《清代〈儀禮〉文獻研究》㉑、徐淵《〈儀禮·喪

---

① 侯家駒《〈周禮〉研究》,臺北,聯經出版事業公司,1987 年 1 月。
② 彭林《〈周禮〉主體思想與成書年代研究》,北京,中國社會科學出版社,1991 年 9 月。
③ 王關仕《〈儀禮〉服飾考辨》,臺北,文史哲出版社,1977 年 12 月。
④ 王夢鷗《禮記校證》,臺北,藝文印書館,1976 年 12 月。
⑤ 王鍔《〈禮記〉成書考》,北京,中華書局,2007 年 3 月。
⑥ 黃懷信《大戴禮記彙校集注》,西安,三秦出版社,2005 年 1 月。
⑦ 方向東《大戴禮記彙校集解》,北京,中華書局,2008 年 7 月。
⑧ 李雲光《三禮鄭氏學發凡》,臺北,嘉新水泥公司文化基金會,1966 年 12 月。
⑨ 錢玄《三禮名物通釋》,南京,江蘇古籍出版社,1987 年 3 月。
⑩ 錢玄、錢興奇《三禮辭典》,南京,江蘇古籍出版社,1993 年 3 月。
⑪ 錢玄《三禮通論》,南京師範大學出版社,1996 年 10 月。
⑫ 沈文倬《宗周禮樂文明考論》,杭州,浙江大學出版社,1999 年 12 月。
⑬ 張舜徽《鄭學叢著》,武漢,華中師範大學出版社,2005 年 12 月。
⑭ 唐文《鄭玄辭典》,北京,語文出版社,2004 年 9 月。
⑮ 楊天宇《鄭玄三禮注研究》,北京,中國社會科學出版社,2008 年 2 月。
⑯ 葉國良《禮學研究的諸面向》,新竹,清華大學出版社,2010 年 11 月。
⑰ 葉國良《禮學研究的諸面向續集》,新竹,清華大學出版社,2017 年 12 月。
⑱ 湯斌主編《十三經辭典·周禮卷》,西安,陝西人民出版社,2010 年 1 月。
⑲ 胡大浚主編《十三經辭典·儀禮卷》,西安,陝西人民出版社,2010 年 1 月。
⑳ 王明倉、白玉林主編《十三經辭典·禮記卷》,西安,陝西人民出版社,2011 年 9 月。
㉑ 鄧聲國《清代〈儀禮〉文獻研究》,上海古籍出版社,2006 年 4 月。

服〉服叙變除圖釋》①、潘斌《宋代〈禮記〉學研究》②、李洛旻《賈公彥〈儀禮疏〉研究》③、瞿林江《〈欽定禮記義疏〉研究》④等，都是禮學文獻研究的重要成果。

金文、石刻、簡帛和敦煌遺書等出土文獻中，有一些與禮學文獻密切相關的典籍，像漢熹平石經、唐開成石經，武威漢簡、郭店楚簡、上博簡、清華簡以及敦煌遺書等，研究的代表作有陳夢家《武威漢簡》⑤、許建平《敦煌經籍叙錄》⑥、張涌泉主編《敦煌經部文獻合集》⑦、虞萬里《上博館藏楚竹書〈緇衣〉綜合研究》⑧、賈海生《周代禮樂文明實證》⑨、楊華《古禮新研》⑩等。這些出土文獻備受學術界關注，已經形成單獨的學科，如金石學、簡帛學、敦煌學等，故僅舉大略如上。

二、　禮學文獻整理研究的問題

中華人民共和國成立以來，特別是近三十年間的禮學文獻整理與研究，成就斐然，有目共睹，這是當代學人在繼承中華優秀傳統文化方面做出的重要貢獻。但是，禮學文獻整理研究仍然存在

---

① 徐淵《〈儀禮·喪服〉服叙變除圖釋》，北京，中華書局，2017 年 4 月。
② 潘斌《宋代〈禮記〉學研究》，長春，吉林人民出版社，2011 年 12 月。
③ 李洛旻《賈公彥〈儀禮疏〉研究》，臺北，萬卷樓圖書有限公司，2017 年 11 月。
④ 瞿林江《〈欽定禮記義疏〉研究》，揚州，廣陵書社，2017 年 12 月。
⑤ 甘肅省博物館、中國科學院考古研究所編《武威漢簡》，北京，文物出版社，1964 年 6 月。
⑥ 許建平《敦煌經籍叙錄》，北京，中華書局，2006 年 9 月。
⑦ 張涌泉主編《敦煌經部文獻合集》，北京，中華書局，2008 年 8 月。
⑧ 虞萬里《上博館藏楚竹書〈緇衣〉綜合研究》，武漢大學出版社，2009 年 12 月。
⑨ 賈海生《周代禮樂文明實證》，北京，中華書局，2010 年 9 月。
⑩ 楊華《古禮新研》，北京，商務印書館，2012 年 3 月。

一些問題。

　　在禮學及禮學文獻研究方面,因歷史的原因長期不受重視,以至於禮學號稱"冷門""絕學",不僅研究者少,且大量的禮學文獻難以看到。隨着經濟的發展和國家實力的迅速提升,近年來大量禮學文獻影印出版。但是,禮學文獻與其他古籍一起影印,至今未見有專門的"禮學文獻彙編"叢書。浙江大學古籍所策劃整理《中華禮藏》,已經出版了一批成果,但進展不快。《儒藏》整理本價格昂貴,閱讀不易。

　　在禮學文獻影印方面,目前部分影印禮學文獻在保留原書文字信息、不出錯誤、保證印刷質量、清晰美觀等方面還有提升空間。如《中華再造善本》影印余仁仲本《禮記注》卷一第一頁 A 面,因去底色處理太過,導致第八行右"字""音"之間成爲空格。查檢國家圖書館出版社《國學基本典籍叢刊》影印余仁仲本,空格是"一"字,來青閣影印本同,此乃《釋文》文字,原文是"欲,如字,一音喻"。再如,古籍在流傳過程中,往往在書中保留一些藏書家批注文字,大多以浮簽形式加在書中,時間一長,就會黏錯位置。古籍影印中,如果遇到浮簽,就應該加以整理,黏貼在相應的位置。《中華再造善本》影印《纂圖互注禮記》,其中有 22 條浮簽,没有一處黏貼對位置。所以,古籍影印,不是拿來就印,應該做一些專業處理,然後寫一篇題跋或提要,説明影印的版本依據以及有關情況,讓讀者儘可能瞭解這些珍本。

　　在禮學文獻整理方面,重要的文獻諸如《周禮注疏》《儀禮注疏》《禮記正義》《周禮正義》《儀禮正義》《禮記集解》《儀禮鄭注句讀》《禮經釋例》等均有了整理本,孫詒讓《周禮正義》有王文錦、汪少華兩位的整理本，相輔相成，後出轉精，是目前最好的《周禮正義》整理本。但就已經出版的禮學文獻整理本而言，尚存在三個問題：

第一，重複整理，無所適從。《周禮注疏》《儀禮注疏》《禮記正義》各自最少有三到四種整理本，類似的整理本還在整理出版中，這種現象，既浪費人力物力，又令讀者無所適從。不斷有人整理這些文獻，一說明此書重要，二說明學術界對已經出版的整理本不滿意，三說明重新整理仍然有提高的空間。已經出版的整理本，存在底本選擇不當、版本源流不明、缺乏校勘、校勘記不當、斷句錯誤、不符合古籍整理規範等問題。

第二，經注單疏，未見整理。《周禮》《儀禮》《禮記》的經注疏合刻本，已經多次整理出版，但沒有《周禮注》《儀禮注》《禮記注》《周禮疏》《儀禮疏》《禮記正義》等經注、單疏的整理本。隨着大量宋元善本的公佈，《三禮》的經注本、單疏本是禮學文獻整理研究的基礎，應該對經注本、單疏本（即使是殘卷）分開整理，以便滿足不同層次讀者的需求。

第三，重要文獻，無人問津。近年對禮學文獻的整理，除《三禮》經注疏合刻本和清代胡培翬、孫希旦、孫詒讓等人著作以外，其他諸如朱熹《儀禮經傳通解》、劉師培《周禮古注集疏》等，都是伴隨着《朱子全書》《儀徵劉申叔遺書》等整理而完成的。其他重要典籍如清《欽定三禮義疏》、徐乾學《讀禮通考》、蔡德晉《禮經本義》、金曰追《儀禮經注疏正訛》、杭世駿《續衛氏禮記集說》、戴禮《禮記通釋》等，尚無人問津。

禮學文獻研究出現上述問題，究其原因，主要有以下幾個方面不足：

　　第一,禮學文獻版本研究不够。經過多年的研究,我們已經知道《周禮》《儀禮》《禮記》等禮學基本文獻自宋代以來經歷了多次刊刻,有經注本、單疏本、注疏合刻本,經注本和注疏合刻本有附釋文、不附釋文之别,這些版本多次翻刻,元明清時期翻刻的經注本、注疏本與宋本之間是什麽關係? 孰優孰劣? 如果要整理點校,如何確定底本? 哪些可以作爲對校本和參校本? 這些問題,《周禮》《儀禮》仍有一些問題説不清楚,需要進一步研究。

　　第二,缺乏彙校成果。清代乾嘉時期,阮元主持撰寫《十三經注疏校勘記》,其中有《周禮注疏校勘記》《儀禮注疏校勘記》《禮記注疏校勘記》等,後經盧宣旬摘録,附在阮刻本《十三經注疏》中流傳。阮元的校勘成果,至今是我們閱讀《三禮》的主要參考文獻。另外,浦鏜《十三經注疏正字》、汪文臺《十三經注疏校勘記識語》、孫詒讓《十三經注疏校記》,日本人山井鼎、物觀《七經孟子考文補遺》中的禮學文獻校勘成果,仍然分散各處;就《儀禮注疏》而言,陳鳳梧本、應檟本、汪文盛本、閩本、監本、毛本、武英殿本、《四庫》本《儀禮注疏》各自有何差異?《儀禮注疏》17 卷本系統與張敦仁、阮元合刻《儀禮注疏》50 卷之間,文字異同如何? 差異何在? 等等,這些在已有整理本中未能全部吸收。所以,在一定程度上影響了《周禮注疏》《儀禮注疏》《禮記注疏》的整理水平。

　　第三,禮學文獻研究不够深入。鄭玄《周禮注》《儀禮注》《禮記注》是完整保留到現在的漢人注本,之前對鄭注的研究,多從訓詁學角度研究,如《鄭學叢著》《鄭玄辭典》等,從禮學角度的研究不够。"禮是鄭學",爲什麽説"禮是鄭學"? 鄭注在禮學文獻傳承中起到什麽樣的作用? 爲何鄭注取代了王肅注? 唐代撰寫《五經正義》，賈公彦撰寫《周禮疏》《儀禮疏》，爲何選擇鄭玄注本？孔穎達、賈公彦之後，一直到清代，纔出現類似的義疏或正義類著作如《儀禮正義》《周禮正義》，這又是爲什麽？宋元明學者在禮學文獻研究和傳承過程中做了哪些工作？朱子爲什麽要編纂《儀禮經傳通解》？清人設置三禮館的目的是什麽？如何看待《三禮義疏》？如何認識阮元重刻《十三經注疏》？每個時代出現的禮學文獻，與其同時代的政治、文化、學風有何關係？等等，這些問題有些已有研究，如張濤《乾隆三禮館史論》①對三禮館有關問題有深入分析。但大多問題，尚需要從某部禮學文獻入手，拓寬視野，深入探討。

至於禮學文獻的數字化，主要存在兩個問題：一是國内公立圖書館收藏的禮學文獻，大多没有數字化。即使部分已經數字化者，或難以得見，或使用不便。二是一些重要禮學文獻的數字化屬於個人行爲。禮學文獻的熱愛者和研究者製作成電子書，上傳網絡，友朋傳遞，有"盗版"嫌疑，没有名分。

三、禮學文獻整理研究的展望

隨着我國經濟的快速發展，國家實力的不斷强大，文化建設越來越重要。建立文化自信，不能是一句空話，應該付諸實踐，從事禮學文獻整理與研究，本身就是繼承中華優秀傳統文化的重要舉措。展望未來，禮學文獻整理研究尚有許多工作可做。

第一，編纂《禮學文獻集成》。中國文化的核心是經學，經學的

---

① 張濤《乾隆三禮館史論》，上海人民出版社，2015 年 12 月。

核心是禮學，禮學的核心是仁，内主誠信，崇尚明德；外在恭敬，推崇謙讓。禮學文獻是研究禮學的基石，所以，編纂一部《禮學文獻集成》，對前人研究禮學的成就進行總結，是傳承中華禮樂文明的重要工作。

第二，加快禮學文獻數字化。儘快將國家圖書館、上海圖書館、南京圖書館等公共圖書館的禮學文獻數字化，分期分批掃描上傳網絡，一則可保護善本古籍，二則可解決讀者閱讀利用的困難。建設禮學文獻專門數據庫，將禮學古籍文獻、研究專著、學術論文分别建檔，編纂查檢引用程序，爲學術研究服務。

第三，彙校《三禮注疏》。就目前學術研究的狀况來看，能够看到的禮學文獻版本和研究成果，已經遠遠超過阮元校刻《十三經注疏》之時。《三禮注疏》是禮學研究的核心，所以，一定要在阮刻本基礎上，充分吸收後來的研究成果，仿照山東大學杜澤遜教授《尚書注疏彙校》的做法，彙校目前能够看到的《三禮》經注疏版本，彙集有關校勘成果，爲整理高質量的《三禮注疏》奠定基礎。

第四，整理禮學文獻。禮學文獻雖然已經出版了好多種整理本，但因不明版本源流等原因，仍存在一些缺憾。在彙校《三禮注疏》的基礎上，整理出《周禮注》《周禮注疏》《儀禮注》《儀禮注疏》《禮記注》《禮記正義》等經注、注疏以及白文、單疏的整理本，提供給不同讀者研究使用。同時，選取整理不理想的禮學文獻和没有整理的禮學文獻，標點整理，供讀者研讀。

第五，編纂長編新注。就《三禮》而言，目前可供閱讀的注釋本，基本是清代以前學者撰寫的。自漢至清，歷代學者注疏《三禮》的資料，需要進一步清理總結，清理的最好方式是編纂長編，諸如

《周禮注疏長編》《儀禮注疏長編》《禮記注疏長編》，在長編的基礎上，總結過去，删繁就簡，撰寫新的注釋文本。我們正在編纂《禮記注疏長編》，已出版《曲禮注疏長編》《檀弓注疏長編》二種。

第六，專書研究和專題研究相結合。禮學文獻中很多的專書缺乏研究，很多禮學專題缺乏探討。如《儀禮疏》《儀禮經傳通解》《儀禮經傳通解續卷祭禮》《周禮義疏》《儀禮義疏》《儀禮正義》《讀禮通考》等，這些專書，都是禮學文獻的代表作，需要專門研究。中國是禮儀之邦，禮儀之邦的特徵是什麽？禮樂文明體現在哪裏？兩千多年的古代先賢如何解讀禮樂文明？漢代以來歷代制定的禮儀制度如何變遷？如何借鑒《三禮》？中華禮樂文明傳承的軌迹是怎樣的？歷代學者如何注解闡釋《三禮》？蘊含着什麽樣的思想？《三禮》對歷代政府產生了哪些影響？等等，這些問題，均需要專題討論。這樣的討論，均離不開禮學文獻。

第七，正確看待出土文獻與傳世禮學文獻的關係。出土的簡帛文獻、金石文獻以及敦煌遺書，爲研究禮學文獻提供了很重要的參照。但是，在利用出土文獻研究禮學文獻時，不能顧此失彼，妄加評判。我們現在看到的《周禮》《儀禮》《禮記》《大戴禮記》等文獻，經歷兩千多年流傳，其中包含了歷代學者的研究心血，大致定型，並影響中國社會兩千多年。大量簡帛文獻的出土，尤其是戰國竹簡的出土，説明傳世的部分文獻在戰國時期有不同傳本，這些竹簡本文字與傳世本有别，但不能因爲有差異，就説傳世本是錯的，簡帛是對的。如果真是那樣，爲什麽所謂"對"的没有流傳下來？而將"錯"的流傳於後世？出土文獻真實反映了不同時期文獻的面貌，至於誰對誰錯、孰優孰劣，需要認真研究。

　　第八，編著通俗讀本，普及禮學知識。中國是禮儀社會，禮無處不在，無時不行。中國人每天在禮儀社會中生活，然而對於很多禮學知識，知其然而不知其所以然，非禮之事，時常發生。因此，應該立足儒家經典，以《三禮》爲核心，編著各種生動活潑的通俗讀本，諸如《〈禮記〉選讀》之類的書籍，圖文並茂地宣傳禮學知識，讓行禮講禮深入人心。待條件成熟，制定適合時代的禮儀制度。

　　　　　　（原刊於《古籍整理出版情況簡報》2020 年第 1 期總 587 期）

宋蜀大字本《禮記注》考略

《禮記》之宋元版本，可分爲經注本、注疏本兩大類。經注本有蜀大字本、撫州本、余仁仲本、婺州本、紹熙本等，注疏本有八行本、宋十行本、元刻明修十行本等。近十多年以來，大多數《禮記》宋元版本掃描爲電子文件，上傳網絡，或影印出版，極大方便了學術研究。學術界對於撫州本、余仁仲本、婺州本、紹熙本《禮記注》和八行本、十行本《禮記注疏》的研究，有很大推進，學界大致清楚《禮記》諸本的刊刻時間、遞藏源流、版本優劣、淵源關係和學術價值。

遼寧省圖書館藏《禮記注》卷一至五，一函五冊（書號善〇〇〇三二）；中國國家圖書館藏《禮記注》卷六至二十，三函十五冊（書號一二三四三）。兩館所藏合璧，即爲一部完整的宋蜀大字本《禮記注》二十卷（下簡稱“蜀大字本”）。對於蜀大字本，前人有哪些認識？蜀大字本刊刻於何時？與撫州本、余仁仲本等相比，蜀大字本刊刻質量如何？與諸本是什麽關係？對於研讀《禮記》和研究中國古籍版本學、出版史以及地域文化傳承，蜀大字本有何學術價值？就以上問題，我們談一些粗淺的看法，以就教於大方之家。

一、 前人對於蜀大字本的認識

《天禄琳琅書目後編》卷二"宋版經部"云：

《禮記》（四函二十册），鄭康成注，二十卷。末總注經凡九
萬八千一百七十一言，注凡一十萬九千三百七十八言。

宋大字本。自孝宗以上諱皆闕筆，校正與余仁仲本同，惟
"斂首足形"，"首"作"手"，爲小異耳。闕補卷十九（十三）[1]。

彭元瑞等認爲此書是"宋大字本"，"自孝宗以上諱皆闕筆"與余仁
仲本相同。然謂"'斂首足形'，'首'作'手'，爲小異耳"，不確。"斂
首足形"見《檀弓上》，"斂手足形"見《檀弓下》，余仁仲本與此本同。
"手"乃"首"誤[2]，蓋以《檀弓下》之"斂手足形"比對《檀弓上》"斂首
足形"所致。

《中國版刻圖録》曰：

《禮記注》，漢鄭玄撰，宋刻本，成都。匡高二三·四釐米，
廣一六·一釐米。八行，行十六字。注文雙行，行二十一字。
白口，左右雙邊。此本疑即《九經三傳沿革例》著録之蜀學大
字本。存卷六至卷二十，凡十五卷[3]。

《中國版刻圖録》疑此本即《九經三傳沿革例》著録之宋"蜀學大字

---

① 清彭元瑞《天目琳琅書目後編》，《清人書目題跋叢刊》十，北京，中華書局，1995 年 8
月，第 254 頁。

② 清張敦仁《撫本禮記鄭注考異》（顧廣圻代撰），《顧校叢刊》本《禮記》，福州，福建人
民出版社，2020 年 6 月，下册第 1148 頁。

③ 北京圖書館《中國版刻圖録》，北京，文物出版社，1961 年 3 月，第 1 册第 43 頁。

本",刊刻於成都。另有上海圖書館藏《春秋經傳集解》二卷（卷九至十）、黃丕烈士禮居藏《周禮·秋官》二卷和《四部叢刊》影印之《孟子》,餘經俱佚。蜀大字本群經,"字大如錢,墨光似漆,蜀本之最精者"①。

《北京圖書館古籍善本書目》曰:"《禮記》二十卷,漢鄭玄注,宋刻本,十五册,八行十六字,黑口,左右雙邊。存十五卷（六至二十）。一二三四三。"②《中國古籍善本書目》經部記載宋刻本《禮記》二十卷,漢鄭玄注,北京圖書館、遼寧省圖書館藏殘本③。《中國古籍善本書目》認爲分藏遼寧省圖書館和北京圖書館之殘本,是宋刻本,當爲一書。

陳先行《古籍善本》謂上圖藏宋蜀刻大字本《春秋經傳集解》"字體爲顏真卿書體,與現幸存於世同屬大字群經本系統的《周禮·秋官》二卷、《禮記》殘卷及《孟子》,堪稱蜀刻本之代表作"④。陳氏又説:

> 其字體仿顏真卿《麻姑仙壇記》書體,大氣磅礴。避諱至"慎"字,當爲孝宗時四川官刻本,置於今存各類蜀刻本,允推白眉。岳氏《九經三傳沿革例》有"蜀大字舊本""蜀學重刊大字本"之著録,此刻疑屬後者。

在孝宗時,尚有八行十六字經注本群經系統,該系統又有

---

① 北京圖書館《中國版刻圖録》第 1 册第 43 頁。
② 北京圖書館《北京圖書館古籍善本書目》,北京,書目文獻出版社,1987 年 7 月,第 1 册第 73 頁。
③ 中國古籍善本書目編輯委員會編《中國古籍善本書目·經部》,上海古籍出版社,1989 年 10 月,第 189 頁。王鍔《三禮研究論著提要》(增訂本)第 241 頁。
④ 陳先行《古籍善本》,上海文藝出版社,2003 年 8 月,第 48 頁。

浙江、四川兩種刻本行世,則或爲人所忽略。浙江刻本今知者有晉郭璞注《爾雅》三卷(藏臺北故宮),歐體字,刻工有李何、魏奇、嚴智。四川刻本除此本外,別有漢鄭玄注《周禮·秋官》二卷(藏日本静嘉堂文庫,歸安陸氏舊物),刻工有王廳、子言、子林等。漢鄭玄注《禮記》二十卷(遼寧省圖書館藏卷一至五、國家圖書館藏卷六至二十),刻工有王子和、才美、王良、先用、祖方、祖大、祖六、王忠、王木、田祖、祖七等。漢趙岐注《孟子》十四卷(《續古逸叢書》底本,梁蕉林舊藏),刻工有關西、王朝。三本版式、行款、字體與《春秋經傳集解》完全一致;《禮記》刻工之祖氏兄弟,見諸蜀刻小字本《嘉祐集》(見本書)者有祖大、祖二。而無論浙本抑或蜀本,避諱皆至"慎"字,即幾乎同時刊刻,且都爲官刻大字本(當源出北宋監本),惟彼此之淵源,因缺乏相關文獻,且無同書傳本比較,難窺究竟[1]。

陳氏認爲《禮記注》是"蜀學重刊大字本","字體仿顏真卿《麻姑仙壇記》書體",南宋孝宗時期刻本,當源出北宋監本。

《第一批國家珍貴古籍名録圖録》第○○二六六號記載:

> 《禮記》二十卷,漢鄭玄注,宋刻本。匡高二三·八釐米,廣一七·二釐米,半葉八行,行十六字,小字雙行二十一字,白口,左右雙邊。有"天禄繼鑑""乾隆御覽之寶"等印。遼寧省圖書館藏,存五卷[2]。

《第一批國家珍貴古籍名録圖録》惟著録遼圖所藏前五卷,版框尺

---

[1]　陳先行《古籍善本》(修訂本),上海人民出版社,2020年8月,第77—80頁。
[2]　中國國家圖書館、中國國家古籍保護中心編《第一批國家珍貴古籍名録圖録》,北京,國家圖書館出版社,2008年12月,第2册第16頁。

寸與《中國版刻圖録》記載略有差異，蓋丈量卷頁不同所致。

張麗娟《宋代經書注疏刊刻研究》曰：

> 《禮記》二十卷，漢鄭玄注，南宋蜀刻本。孝宗諱"慎"字缺
> 筆，而卷八第 37 葉下"惇行孝弟"之"惇"、卷一五首葉"温柔敦
> 厚"之"敦"皆不避諱。刻工有：王木、蘇三、趙壽、趙福、張長、
> 王召、張召、王良、祖七、德成、袁永、鄭伯和、鄭和、伯和、王玘、
> 朱順、張正、祖万、王子和、祖八等①。

張氏指出《禮記注》避宋孝宗諱"慎"字，但不避宋光宗趙惇諱，增補
趙壽、趙福等刻工，且謂"今存世有數種南宋蜀刻大字本經書，一般
認爲即《九經三傳沿革例》所説的'蜀學重刊大字本'"②。

劉薔《天禄琳琅知見書録》曰：

> 《禮記》二十卷，宋蜀刻大字本。匡高二三·八釐米，廣一
> 七·二釐米，每半葉八行，行十六字，小字雙行二十一字，綫黑
> 口，左右雙邊。版心中記"禮記幾"及葉次，下有刻工姓名蘇
> 三、王水、王良、先用、祖六、田祖、田千、王會四、王俊、王木、王
> 忠、義、才美（美）、袁才（才）、趙壽、朱順、王子和、趙福、千六、
> 順二等。宋諱"聃""玄""弦""眩""殷""匡""筐""酳""恒""貞"
> "徵""頳""讓""樹""頊""桓""縝""慎"字闕筆。首卷卷端題"禮
> 記卷第六"。清宫舊裝，織錦函套，織錦書衣，黄綾書籤，題"宋
> 版禮記"。皮紙，略有蟲蛀。

> 此本墨如點漆，書品寬大，字大如錢，字體雍容，摹泐精

---

①　張麗娟《宋代經書注疏刊刻研究》，北京大學出版社，2017 年 6 月，第 100—101 頁。
②　張麗娟《宋代經書注疏刊刻研究》第 98 頁。

良，蜀本之最精者。遼圖與國圖兩家所藏，原爲一帙散出，海內僅存一部。每册俱鈐“天禄繼鑑”諸璽，前後副葉是鈐爲“大三璽”，無其他私人藏印。《賞溥傑書畫目》著録，宣統十四年（1922）九月十四日賞溥傑。國圖所藏十五册係出宮後輾轉自長春僞宮至瀋陽故宮，一九五九年由北京故宮撥交北京圖書館。《北京圖書館古籍善本書目》經部禮類著録，第七三葉。《第一批國家珍貴古籍名録圖録》第〇〇二六六號爲遼寧省圖書館所藏五卷，未著國家圖書館所藏同一部書的其餘十五卷①。

劉薔於《禮記注》，叙刻工，述諱字，明裝幀，辨聚散，讓我們得知《禮記注》由故宮流散之過程。

蜀大字本每卷前後副葉鈐蓋“五福五代堂古稀天子寶”“八徵耄念之寶”“太上皇帝之寶”，每卷首葉鈐蓋“天禄繼鑑”“乾隆御覽之寶”，末葉鈐蓋“天禄琳琅”“乾隆御覽之寶”。卷一至五首葉鈐蓋“東北圖書館所藏善本”“遼寧省圖書館善本”，卷六首葉、卷二十末葉鈐蓋“北京圖書館藏”。自卷七第十三葉開始，多葉鈐一長方形白文印，鈐蓋隨意，甚者鈐於葉邊，如卷八第三十五葉，部分被清宮重裝掩蓋，卷九多葉右上角有此印。此印模糊，鈐蓋當在清乾隆以前，或者更早。

蜀大字本是南宋孝宗時刻本，學界傾向於“蜀學重刊大字本”，是蜀本之最精者。原爲清宮舊物，後因賞賜溥傑，流散宮外，分藏兩館。

①　劉薔《天禄琳琅知見書録》第49—50頁。

二、 蜀大字本的刊刻時間

四川地區刊刻的經書，據《九經三傳沿革例》記載，有"蜀大字舊本""蜀學重刊大字本""中字本""中字有句讀附音本""蜀注疏"等①。"蜀注疏"是經注疏合刻本，"中字有句讀附音本"是經注附釋文本。那麼，蜀大字本究竟是"蜀大字舊本""蜀學重刊大字本"，抑或是"中字本"？

我們認爲，蜀大字本《禮記注》可能是《九經三傳沿革例》記載之"蜀大字舊本"，刊刻於南宋孝宗時期（1163—1189），或早於撫州本《禮記注》刊刻時間淳熙四年（1177）。

第一，蜀中字本《禮記注》圈點經注。《九經三傳沿革例》曰："監、蜀諸本，皆無句讀。惟建本始仿館閣校書式，從旁加圈點，開卷瞭然，於學者爲便，然亦但句讀經文而已。惟蜀中字本、興國本併點注文，益爲周盡。"②蜀中字本圈點經注，蜀大字本無圈點，肯定不是蜀中字本。

第二，蜀大字本經注文與《九經三傳沿革例》記載相同。《九經三傳沿革例》曰：

> 《記·曲禮》"二名不偏諱"，"偏"合作"徧"。《疏》曰："不偏諱者，謂兩字作名，不一一諱之也。"案：舊杭本柳文載子厚除監察御史，以祖名"察躬"辭，奉敕"二名不遍諱"，不合辭。據

① 元岳浚《九經三傳沿革例》，影印文淵閣《四庫全書》本，臺北，臺灣商務印書館，1986年3月，第183册第561頁。

② 元岳浚《九經三傳沿革例》，影印文淵閣《四庫全書》本，第183册第571頁。

此作"遍"字,是舊禮作"徧"字明矣,若謂二字不獨諱一字亦
通,但與鄭康成所注舊文意不合,可見傳寫之誤,然仍習日久,
不敢如蜀大字本、興國本輕於改也①。

《曲禮上》所言"二名不偏諱",意思是兩字名不一一避諱,"偏"當作
"徧"。《禮記注》經注文字傳習已久,《曲禮上》經注文皆作"偏",不
改爲"徧"。《檀弓下》:"二名不偏諱,夫子之母名徵在,言'在'不稱
'徵',言'徵'不稱'在'。"蜀大字本"偏"改爲"徧"②,與《九經三傳沿
革例》所言相符合。

《九經三傳沿革例》曰:

> 《檀弓》孔子過泰山側,問婦人之哭於墓者,實使子貢,而
> 興國及建諸本皆作子路。考之疏,亦不明言何人。及考石本、
> 舊監本、蜀大字本、越本注疏本皆作子貢,未知孰是。以《家
> 語》證之,則子貢也③。

檢覈諸本,《檀弓下》"孔子過泰山側"之"使子貢問之",唐石經、撫
州本、婺州本《禮記注》、八行本《禮記正義》皆作"子貢",蜀大字本
同④,余仁仲本《禮記注》作"子路",與《九經三傳沿革例》所載一致。

《九經三傳沿革例》曰:

> 《祭義》"濟濟者容也""容以遠",諸本間以王肅音爲口白
> 反,遂以"容"字作"客"字。及考石經、舊監本、蜀大字本及越
> 本注疏,並作"容"。《疏》云容以遠,謂事容貌非所以接親親

---

①③　元岳浚《九經三傳沿革例》,影印文淵閣《四庫全書》本第183册第573頁。
②　蜀大字本《禮記注》卷三第20頁A面第七行。
④　蜀大字本《禮記注》卷三第20頁B面第六行。

也。一字爲"容",一字爲"客",未之有也。今依疏義及石經等本並改作"容"①。

《祭義》曰:"濟濟者,容也遠也。漆漆者,容也自反也。容以遠,若容以自反也,夫何神明之及交? 夫何濟濟漆漆之有乎?""容也""容以遠",余仁仲本"容"作"客",蜀大字本作"容"②,《九經三傳沿革例》所言是。

第三,今存蜀刻本經書字體略異。關於蜀刻本字體,黄永年説:

> 宋蜀本"字體,大字本和小字本不同。大字本基本上是顔字的架子,但不同於建本的横細直粗,而是撇捺都長而尖利,滲入了中唐書法家柳公權的柳字的成分,在浙本的歐體、建本的顔體之外倒還別有風味,小注也是如此,不像南宋中期的建本那樣正文、小注有明顯的區別。小字體則撇捺不太尖利而點劃比較古拙,筆道也不甚匀稱,實在不如浙本、建本來得美觀"。③

黄氏對蜀刻本字體的分析,細緻入微。《天禄琳琅書目後編》謂蜀大字本"闕補卷十九(十三)",其意是説蜀大字本卷十九第十三葉原闕,是後補者,彭元瑞等已經注意到此葉與前後之差異。仔細比對,卷十九第十三葉、第十四葉與前後其他葉,版式行款一致,均爲半葉八行,行十六字,小字雙行二十一字,左右雙邊,然字體肥瘦不一。第十三、十四葉字體瘦勁,近柳公權,刻工是惡成;前後他

① 元岳浚《九經三傳沿革例》,影印文淵閣《四庫全書》本第 183 册第 574 頁。
② 蜀大字本《禮記注》卷十四第 9 頁 A 面第六行。
③ 黄永年《古籍版本學》,南京,江蘇教育出版社,2005 年 12 月,第 89 頁。

葉字體略肥,近顔真卿。檢覈全書,卷十五第十五葉似鈔配,字體
與卷十九第十三、十四葉接近,刻工是袁求。蜀大字本全書二十
卷,惟卷十五第十五葉,卷十九第十三、十四葉等三葉,字體一致,
與其他葉略異,顯然是闕三葉,用另一本鈔配、刷印補足。

　　清黄丕烈《蕘圃藏書題識》、陸心源《儀顧堂續跋》、傅增湘《藏
園群書經眼録》記載,黄丕烈藏《周禮注》二卷,僅存卷九、十《秋
官》,今藏日本静嘉堂文庫,黄丕烈定爲"殘蜀大字本",且曰:"此殘
鱗片甲,獨見蜀本規模,勝似後來諸宋刻(余所見有纂圖互注本,有
點校京本,有余氏萬卷堂本,有殘岳本)。"①傅增湘曰:"此本字體古
勁,近柳誠懸。與蜀大字本蘇文忠、蘇文定、秦淮海諸集極相近,黄
氏定爲蜀大字本,洵然。"②

　　上海圖書館藏《春秋經傳集解》二卷,殘存卷九、十。《上海圖
書館藏宋本圖録》曰:"此本仿顔真卿《麻姑仙壇記》書體,大氣磅
礴,寫刻精工,避諱至'慎'字,當爲孝宗時四川官刻本,置於今存各
類蜀刻本,允推白眉。"③清内府舊藏《孟子》十四卷,原書存佚不詳,
《續古逸叢書》《四部叢刊》據以影印,王國維謂《孟子》"字體作瘦金
書,當亦南渡後所翻北宋末監本也"④。陳先行謂《周禮》《禮記》《孟
子》"三本版式、行款、字體與《春秋經傳集解》完全一致""字體仿顔真
卿《麻姑仙壇記》書體"。張麗娟謂"以上圖中四本出現的相同字來比
較,如'上'字第三筆向上挑,'以'字中間連筆等,寫法極其相似"⑤。

---

① 　清黄丕烈《蕘圃藏書題識》卷一,《清人書目題跋叢刊》六,北京,中華書局,1993年1
　　月,第16頁。
② 　傅增湘《藏園群書經眼録》第1册第44頁。
③ 　上海圖書館編《上海圖書館藏宋本圖録》,上海古籍出版社,2010年9月,第272頁。
④ 　王國維《觀堂題跋選録(經史部分)》,《文獻》1981年第3期,第209頁。
⑤ 　張麗娟《宋代經書注疏刊刻研究》第103頁。

王國維謂《孟子》"字體作瘦金書"，傅增湘謂《周禮》字體"近柳誠懸"，陳先行謂《周禮》《禮記》《春秋經傳集解》《孟子》字體一致，仿顏真卿。結合蜀大字本《禮記》卷十九第十三至十四葉，發現諸書版式、行款一致，皆爲大字，惟字體有異。

我們推測：《禮記》與《春秋經傳集解》字體近顏真卿，可能是《九經三傳沿革例》記載之"蜀大字舊本"；《周禮》以及蜀大字本《禮記》卷十九第十三至十四葉和《孟子》字體近柳公權，可能是《九經三傳沿革例》之"蜀學重刊大字本"，蜀大字舊本字體近顏，蜀學重刊大字本字體近柳。

第四，蜀大字本《禮記》所補三葉校對略粗，注文有異。將蜀大字本《禮記》卷十五第十五葉、卷十九第十三至十四葉與撫州本、余仁仲本《禮記注》比勘，經注文字有差異。

1. 經文不同。卷十九第十三至十四葉自《大學》經文"德至善民之不能忘也"至鄭注"非以其志行薄與反以"。經文"惟民所止"，撫州本、余仁仲本《禮記注》同，第十三葉"惟"作"維"。

2. 鄭注有異。蜀大字本《禮記》所補卷十五第十五葉自《仲尼燕居》"序則亂於位也"至《孔子閒居》"哀樂相生是"。經文"皆由此塗出也"下，撫州本、余仁仲本《禮記注》有注文："服體，體服也，謂萬物之符長皆來爲瑞應也。衆之所治，衆之所以治也。衆之所亂，衆之所以亂也。目巧，謂但用巧目善意作室，不由法度，猶有奧阼賓主之處也。自目巧以下，古今常事，不可廢改也。"第十五葉無此七十五字注文。經文"昭然若發矇矣"下，撫州本、余仁仲本《禮記注》有注文："乃曉禮樂不可廢改之意也。"第十五葉注文作："此言禮之爲用，無所不在，失之則隨事致亂，爲政者可捨之而他求乎？

貴賤以爵言,長幼以齒言,遠近以親疏言,男女以同異言,外内以位序言也。"此五十六字,《禮記注》他本皆未見,且見於元陳澔《禮記集説·仲尼燕居》①。

　　《孔子閒居》"謂民之父母矣"下,撫州本、余仁仲本《禮記注》有注文:"原,猶本也。横,充也。敗,謂禍栽也。"第十五葉注文作:"《詩·大雅·泂酌》之篇。凱,樂也。弟,易也。横者,廣被之意,言三無五至之道廣被於天下也,四方將有禍敗之釁而必能先知者,以其切於憂民,是以能審治亂之幾也。"此六十一字,不見於《禮記注》他本,亦見於元陳澔《禮記集説·孔子閒居》②。兩段注文見於《禮記集説》,《禮記集説》"凡例"所列校讎經文使用版本中有"蜀大字本、宋舊監本",説明陳澔《禮記集説》與蜀大字本有關③。

　　3. 有脱文。《孔子閒居》是《禮記》第二十九篇,所補第十五葉作"第二十",脱"九"字。經文"何如斯可謂民之父母矣"下,撫州本、余仁仲本《禮記注》有注文:"凱弟,樂易也。"第十五葉脱此五字。經文"民之父母既得而聞之矣",第十五葉脱"之"字。

　　4. 有衍文。《孔子閒居》經文"志之所致",第十五葉"志"上衍"夫"字。

　　蜀大字本所補三葉,卷十五第十五葉"此言禮之爲用也"之"用"、卷十九第十三葉之"無所不用其極"之"用","周雖舊邦"之"周"字,寫法特殊,右上角皆有闕口,中間一竪上面出頭,與蜀大字本他葉寫法一致。刻工惠成、袁求也參與了蜀大字本《禮記注》卷十四、十五、十八、十九其他葉之雕刻。所補卷十九之二葉距離蜀大

① 元陳澔《禮記集説》,北京圖書館出版社,2005年12月,卷14第22頁。
② 元陳澔《禮記集説》卷14第22頁。
③ 元陳澔《禮記集説》卷首。

字舊本刊刻時間不遠。

　　第五,避諱和刻工。劉薔《天禄琳琅知見書録》謂蜀大字本有聃、玄、弦、眩、殷、匡、筐、酳、恒、貞、徵、禎、讓、樹、頊、桓、縝、慎等字闕筆避諱。仔細校覈,萑、弘、泫、縣、蠹、完、莞、畜、竪等字也闕末筆。宋人避諱甚嚴,玄、弦、眩、泫、縣避宋始祖趙玄朗諱,弘、殷避趙匡胤父親趙弘殷諱,匡、筐、酳避宋太祖趙匡胤諱,恒避宋真宗趙恒諱,貞、徵、禎、縝避宋仁宗趙禎諱,樹、竪避宋英宗趙曙諱,讓避宋英宗父親趙允讓諱,頊避宋神宗趙頊諱,畜避宋哲宗趙煦諱,桓、完、莞、萑避宋欽宗趙桓諱,慎、蠹避宋孝宗趙眘諱,全書避諱至"慎"字,其中縣、徵、酳、畜四字,有避有不避。

　　依據蜀大字本卷次先後,刻工有:王子和(卷一),才美、美、才(卷二、卷三),王良、良、朱順、先用、王、祖六、祖万、大、蘇三、王忠、會四、王木(卷四),田祖、祖七(卷五),蘇三、王木、卯卿(卷六),才、義、袁才(卷七),蘇三、卯卿(卷八),王會四、郭了、田千、千、千六、王木(卷九),趙寿、趙、王木(卷十),趙福、順二、順、王俊、二、趙(卷十一),王、良、張長、長四、王木、琛、王召、趙福、卯卿、蘇三、千六、朱(卷十二),張召(卷十三),王良、良、長四、祖七、惡成、琛(卷十四),王木、木、袁求、長四、四、鄭伯和、伯和、鄭和、和、王、鄭、万(卷十五),王玘(卷十六),朱順(卷十七),朱順、袁求、張召、惡成、鄭万八、王元、居保、張文見、張正(卷十八),王木、王良、良、祖六、王子和、惡成、王俊、王召二、召二(卷十九),王俊(卷二十)。

　　南宋初期,不附陸德明釋文的經注本,對於讀書人研讀經書,帶來不便。宋孝宗淳熙四年(1177),撫州公使庫刊刻《禮記注》,將《禮記釋文》四卷附刻於《禮記注》二十卷之後,這是釋文附經注本之最早形式①。就避諱而言,蜀大字本刊刻於南宋孝宗時期,然其不附釋文,保留半葉八行之版式,或早於撫州本刊刻時間淳熙四年。

三、蜀大字本優勝舉隅

近年來,學術界一致認爲,撫州本、余仁仲本《禮記注》、八行本《禮記正義》是《禮記》宋本中之上駟,十行本《禮記注疏》是閩本、監本、毛本和阮刻本之源,和珅本《禮記注疏》翻刻自宋十行本。那麼,蜀大字本與撫州本、余仁仲本、八行本、十行本、和珅本相比,刊刻質量究竟如何? 我們以蜀大字本爲底本,對校《中華再造善本》影印之撫州本、余仁仲本《禮記注》、八行本、十行本與山東省圖書館藏和珅本《禮記注疏》,就蜀大字本優勝者舉要如下:

1.《曲禮上》"昏定而晨省"鄭注:"定,安其牀衽也。省,問其安否何如?"(1/4/A/8②)

案:"定安",撫州本、余仁仲本、八行本、十行本、和珅本倒爲"安定"。《撫本禮記鄭注考異》(下簡稱"《考異》")曰:"讀'定'字逗,'安'字下屬。"③阮元《校勘記》(下簡稱"阮《校》")曰:"安定其牀衽也:岳本'安定'作'定安',嘉靖本同,《考文》引宋版同,《通典》六十八同。案:以'安其牀衽'訓'定'字,與以'問其安否何如'訓'省'

---

① 王鍔《再論撫州本鄭玄〈禮記注〉》,《中國經學》第 27 輯,桂林,廣西師範大學出版社,2020 年 11 月。王鍔《〈禮記〉版本研究》,北京,中華書局,2018 年 11 月。

② 1/4/A/8 指蜀大字本卷一第四葉 A 面第八行,下同。

③ 清張敦仁《撫本禮記鄭注考異》,"顧校叢刊"《禮記》下册第 1138 頁。

字,文法同。岳本爲是。《正義》亦云'定,安也'。"①張敦仁、阮元所言是。

2.《檀弓上》"飾棺牆,置翣"鄭注:"牆,柳衣。翣,以布衣木,如攝與。"(2/15/B/2)

案:"飾棺牆"下,撫州本、余仁仲本、八行本、十行本、和珅本有"牆之障柩猶垣牆障家"九字注文。《考異》曰:"撫本初刻並無此九字,最是。修版時,誤於他本,剜擠入之,故其添補痕迹,今猶宛然。"②阮《校》曰:"牆之障柩猶垣牆障家:閩、監、毛本同,岳本、嘉靖本同,衛氏《集說》亦有,《考文》古本無此九字。盧文弨云:'牆下注九字,古本無,乃疏中語也。'山井鼎云:'下注"牆,柳衣",此注爲衍文,明矣。'"③張敦仁、阮元所言是,蜀大字本無此九字注文。

3.《月令》"乃擇元辰,天子親載耒耜"鄭注:"元辰,蓋郊後吉亥也。"(5/3/B/3)

案:"吉亥",八行本同,撫州本、余仁仲本、十行本、和珅本作"吉辰",非。阮《校》曰:"蓋郊後吉辰也:閩、監、毛本同,嘉靖本同,衛氏《集說》同。惠棟校宋本'辰'作'亥',岳本同,《考文》引古本同,岳本《禮記考證》云:'吉亥,猶《詩》云"吉日維戊"。《疏》以《陰陽式法》,亥爲天,故耕用亥日。皇氏云:"正月建寅,日月會辰在亥,故耕用亥。"其明證也。本改作"吉辰",反失其義。'"④阮元説是。

4.《月令》"其祀竈,祭先肺"鄭注:"祭肺、心、肝各一,祭醊

①　清阮元校刻《十三經注疏》,北京,中華書局,1980 年 10 月,上册第 1236 頁下欄。
②　清張敦仁《撫本禮記鄭注考異》,"顧校叢刊"《禮記》下册第 1144 頁。
③　清阮元校刻《十三經注疏》上册第 1287 頁下欄。
④　清阮元校刻《十三經注疏》上册第 1360 頁上欄。

三。”(5/11/B/8)

案:“三”,八行本同,撫州本、余仁仲本、十行本、和珅本作“二”,非。阮《校》曰:“祭禮三:惠棟校宋本作‘三’,岳本同,《考文》引足利本同。此本‘三’誤‘二’,閩、監、毛本同,嘉靖本同,衛氏《集說》同。”①阮元説是。

5.《月令》“土潤辱暑”鄭注:“潤辱,謂塗濕也。”(5/18/B/1)

案:“濕”,八行本作“溼”,撫州本、余仁仲本、十行本、和珅本作“温”,非。阮《校》曰:“謂塗溼也:監、毛本作‘溼’。岳本作‘濕’,嘉靖本同,衛氏《集説》同。此本‘溼’誤‘温’,閩本同。〇按:溼,正字;濕,假借字。”②阮元説是。

6.《月令》“穿竇窖”鄭注:“穿竇窖者,入地隋曰竇,方曰窖。”(5/24/A/2)

案:“隋”,八行本同,撫州本、余仁仲本、十行本、和珅本作“圓”,非。阮《校》曰:“入地隋曰竇:毛本作‘隋’,岳本同。衛氏《集説》‘隋’誤‘惰’。《釋文》出‘隋曰’云:‘他果反,謂狹而長。’此本‘隋’誤‘圓’,閩、監本同,嘉靖本同。”③阮元説是。

7.《曾子問》:“夏后氏三年之喪,既殯而致事;殷人既葬而致事。”鄭注:“致事,還其職位於君。周卒哭而致事。”(6/19/A/1—2)

案:經文“殷人既葬而致事”下,撫州本有“周人卒哭而致事”七字。《考異》曰:“撫本此下有‘周人卒哭而致事’七字,以行字計數,

① 清阮元校刻《十三經注疏》上册第 1368 頁上欄。
② 清阮元校刻《十三經注疏》上册第 1376 頁下欄。
③ 清阮元校刻《十三經注疏》上册第 1378 頁中欄。

剜改添入也，初刻無之。唐石本及各本皆與初刻同。岳氏《沿革例》云：'注中"周卒哭而致事"一句，獨興國本大書而爲經文，曰"周人卒哭而致事"，視注復添一"人"字。'然則岳所見撫本未剜添也。今案《正義》云：'注"致事"至"致事"。'可見其本'周卒哭而致事'一句在注也，其下云'知周卒哭致事者'，又云'以此推之，故知周卒哭也'，説皆出於皇侃疏，可見經文自來無此一句也，興國本改注爲經，而撫本乃依之剜添，失之矣。又案興國本經有'周人卒哭而致事'七字，注無'周卒哭而致事'六字。他本則皆注有而經無，故岳氏云云，剜添乃兩有，亦不可通。山井鼎曰：'古本經有七字，足利本同。'彼非剜添而亦兩有，尤誤。其《正義》下又云'孔子既前含周人卒哭而致事，則無從金革之理'者，以子夏再問，仍是據周，故取注義合和説之。今《正義》'含'作'苔'者，誤字耳。或因此謂《正義》本有者，誤。唯今何休《公羊》宣元年注乃有之，本非一家，難以爲據者矣。"①經文惟撫州本有"周人卒哭而致事"七字，余仁仲本、八行本、十行本、和珅本無，蜀大字本亦無，張敦仁所言甚是。

　　注文"周卒哭而致事"，八行本同，撫州本、余仁仲本、十行本、和珅本"周"作"則"，非。《考異》曰："注則卒哭而致事：嘉靖本、十行以來本皆同。《沿革例》曰：'及考舊監本注"周"字乃作"則"。'是其誤久矣，岳本及山井鼎所據宋版作'周'，以《正義》證之，是也。"②阮《校》曰："周卒哭而致事：惠棟校宋本作'周'，岳本同，《考文》引足利本同。此本'周'誤'則'，閩、監、毛本同，嘉靖本同，衛氏《集説》同。浦鏜校云：'按皇氏疏，則"周人卒哭致事"，是鄭君從夏、殷

① 清張敦仁《撫本禮記鄭注考異》，"顧校叢刊"《禮記》下册第1162—1163頁。
② 清張敦仁《撫本禮記鄭注考異》，"顧校叢刊"《禮記》下册第1163頁。

推而知之,當是注文。而孔氏云"孔子既前答周人卒哭而致事",則又似屬經文而誤入注耳。'"①張敦仁、阮元所言是。

8.《內則》"左右佩用"鄭注:"目佩也。"(8/18/B/2)

案:"目",撫州本、余仁仲本、八行本、十行本、和珅本作"自",非。《考異》:"自佩也:山井鼎曰:'足利本"自"作"目"。'今案:詳鄭意,謂此經佩用之用目下諸物,作'目'蓋是也。"②張敦仁所言是,蜀大字本正作"目",一字千金。

9.《樂記》"此古樂之發也"鄭注:"《周禮·大師》職曰:'大祭祀,帥瞽登歌,合奏擊拊,下管播樂器,令奏鼓棘。'"(11/24/A/8)

案:"合奏",撫州本、余仁仲本、八行本、十行本、和珅本同,《周禮·春官·大師》作"令奏",是。"令奏",撫州本、余仁仲本、八行本、十行本、和珅本作"合奏",非。《考異》曰:"山井鼎曰:謹案《周禮》'合'作'令',下'合奏'同。今案此注中二'合'字皆'令'字之誤。鄭《周禮注》云:'擊拊,瞽乃歌也。''鼓棘,管乃作也。'是令奏之義。而此注引彼經者,正以'令奏'證'會守',上云'言衆皆待擊鼓乃作',謂待令奏乃作也,誤爲'合'字,失鄭意矣。又《正義》中諸'合'字今本皆同,但義亦多不可通,蓋本皆是'令'字,孔本此注,其未誤與?"③張敦仁所言甚是,蜀大字本上"令奏"誤"合奏",下正作"令奏",與《周禮》合,可證張説。

10.《祭法》"非此族也,不在祀典"下鄭注:"賞,賞善,謂禪

①　清阮元校刻《十三經注疏》下册第 1403 頁下欄。
②　清張敦仁《撫本禮記鄭注考異》,"顧校叢刊"《禮記》下册第 1171 頁。
③　清張敦仁《撫本禮記鄭注考異》,"顧校叢刊"《禮記》下册第 1184 頁。

舜封禹、稷等也。義終，謂既禪二十八載，乃死也。"(14/6/B/1)

案："義終"上，撫州本、余仁仲本、十行本、和珅本有"能刑謂去四凶"六字。《考異》曰："注能刑謂去四凶：各本與此同。唯山井鼎所據宋版無此六字，足利本亦然。今案無者是也。以《正義》證之，其解經云：'五刑有宅，是能刑有法也。'使有此注，必不違之而別爲説，是其本無此六字也。以《釋文》證之，其音經'去民'云'起吕反'。使有此注，即當附出於下，是其本亦無此六字也，但未知各本皆有者之所出。"①張敦仁所言是，蜀大字本無此六字可證。

11.《問喪》："絰者其免也，當室則免而杖矣。"鄭注："免，冠之細。"(18/10/A/4)

案："冠之細"，撫州本同，余仁仲本、八行本、十行本、和珅本"細"下衍"別"字。《考異》曰："注免冠之細：各本'細'下有'別'字。案《釋文》云：'冠之，古亂反。''別'字無明文。《正義》複舉有'別'字，又云：'言免是冠之流別也。童子當室，亞次成人，故得著免也。'據此讀於'別'句絶，下云'以次成人也'五字一句，蓋其本當云'免，冠之別'，而無'細'字。今本《正義》複舉有'細'字，又'流'下'別'作'例'，皆非也。其異本'別'作'細'，亦讀於'細'句絶。云'免，冠之細'者，如《玉藻》注云'黨，鄉之細也'，《投壺》注云'投壺，射之細也'之例。校者記作'別'之本於旁，因而誤入，故他本皆'細''別'兩有，撫本猶存異本之舊，故有'細'無'別'，而不與《正義》本合。"②張敦仁所説是，蜀大字本有"細"無"別"字。

① 清張敦仁《撫本禮記鄭注考異》，"顧校叢刊"《禮記》下册第 1194 頁。
② 清張敦仁《撫本禮記鄭注考異》，"顧校叢刊"《禮記》下册第 1209 頁。

12.《鄉飲酒義》“尊有玄酒，貴其質也”鄭注：“共尊者，人臣卑，不敢專大惠。”(20/7/A/3—4)

案：“不敢專大惠”，撫州本同。余仁仲本、十行本、和珅本“惠”下有：“鄉人、士、君子，《周禮》：‘天子六鄉。’鄭司農云：‘百里內爲六鄉，外爲六遂。’《司徒》職云：‘五家爲比，五比爲閭，四閭爲族，五族爲黨，五黨爲州，五州爲鄉。’鄉大夫，每鄉卿一人；州長，每州中大夫一人；黨正，每黨下大夫一人；族師，每族上士一人；閭胥，每閭中士一人；比長，五家下士一人。諸侯則三鄉。”且於“鄉人士”上有“○”號，作釋文。八行本將此一百○八字連爲注文，於“周禮”下有“云”字，非。阮《校》曰：“不敢專大惠：此本注止此句，閩、監、毛本、岳本、嘉靖本、衛氏《集說》同。山井鼎云：‘釋文“鄉人士君子”至“諸侯則三鄉”百八字，宋板與注“不敢專大惠”連接爲注，古本無，但後人依宋版誤補入之。’案山井鼎所據宋板，即惠棟所校宋本，惠棟於此處無明言，但於釋文‘周禮’下添注一‘云’字，似亦從宋本校者。此宋本在未附釋音之前，何由羼入釋文，疑百八字爲鄭氏注文所本有。自‘周禮天子六鄉’至‘諸侯則三鄉’百三字，統承上‘鄭云’之下，未見‘謂卿大夫士也’以上爲鄭云，‘周禮天子’以下，必不爲鄭云也。”①《考異》曰：“山井鼎此論甚是。宋板注疏附此釋文，誤連注末，既釋文元書及經注各本具存，即十行以來本注疏，亦不接連，便非難辨，古本補入注中，最爲巨謬。試思此百八字，首五字乃釋文標題，其不得越之而下取‘周禮’云云入注，明矣。乃陸自引《周禮》，解鄭此注之鄉州黨，如其上在於‘庠’之下，先引鄭注，後自引《學記》，以解庠序，同是一例，無煩遠舉，何至認作鄭注，生此繆

---

① 　清阮元校刻《十三經注疏》下冊第 1685 頁下欄。

轍乎？校古本者,亦可謂不善讀書矣。或謂山井鼎所據不附釋音,故此當作注,不知不附釋音而又間載一二條,在宋刻書中,最多如此者,今山井鼎所據,既無由驗果不附以否,而況用此又不足決其必注乎？凡書必博稽而後知其例,知其例而後是非無惑,否則,隨所見而懸揣之,正難免於因誤立説也。"①阮元説非,山井鼎、張敦仁所言甚是,蜀大字本可證。

　　蜀大字本或糾諸本之謬,或證撫州本、八行本之是,足見其可貴。

四、 蜀大字本與他本之關係

　　蜀大字本質量上乘,其與撫州本、余仁仲本有何關係？在《禮記》版本譜系中,與諸本有何淵源關係？我們以蜀大字本卷十六《中庸》篇爲例,羅列蜀大字本與撫州本、余仁仲本、八行本、十行本與和珅本之異文,比勘説明。

　　1. 注文"是謂道"。(16/1/A/5)案:撫州本、余仁仲本、十行本、和珅本同,八行本"是"作"之",非。

　　2. 注文"是其反中庸也"。(16/2/A/3)案:撫州本、余仁仲本、八行本、和珅本同,十行本"中"作"小",非。

　　3. 注文"亦不能久行"。(16/2/B/7)案:撫州本、余仁仲本、八行本、和珅本同,十行本"能"作"徒",非。

　　4. 經文"北方之强與"。(16/3/A/4)案:撫州本、余仁仲

---

① 　清張敦仁《撫本禮記鄭注考異》,"顧校叢刊"《禮記》下册第 1218 頁。

本、八行本、和珅本同，十行本"北"作"比"，非。

5. 注文"衽猶席也"。（16/3/A/8）案：撫州本、余仁仲本、八行本、和珅本同，十行本"席"作"庿"，非。

6. 注文"塞猶實也"。（16/3/B/3）案：撫州本、余仁仲本、八行本、和珅本同，十行本"實"作墨釘。

7. 注文"素讀如攻城攻其所傃之傃"。（16/3/B/4）案：撫州本、余仁仲本、八行本、和珅本同，十行本闕"素讀如攻城攻"六字。

8. 注文"隱身而行佹譎"。（16/3/B/5）案：撫州本、八行本同，余仁仲本、十行本、和珅本"佹"作"詭"。

9. 注文"恥之也"。（16/3/B/5）案：撫州本、余仁仲本、八行本、和珅本同，十行本"恥"作"取"，非。

10. 注文"廢猶罷止也"。（16/3/B/6）案：撫州本、余仁仲本、八行本、和珅本同，十行本"止"作墨釘。

11. 經文"遯世不見知而不悔"。（16/3/B/7）案：撫州本、余仁仲本、八行本、和珅本同，十行本"遯"作"遇"，非。

12. 注文"與讀爲贊者皆與之與"。（16/4/A/4）案：撫州本、余仁仲本、八行本、和珅本同，十行本"贊"作墨釘。

13. 注文"由此故與"。（16/4/A/5）案：余仁仲本、八行本、十行本、和珅本同，撫州本"與"作"歟"。

14. 注文"則魚躍於淵"。（16/4/B/2）案：撫州本同，余仁仲本、八行本、十行本、和珅本"於"作"于"，非。《考異》曰："案'於'字是也，此蓋注用今字。"①

---

① 清張敦仁《撫本禮記鄭注考異》，"顧校叢刊"《禮記》下册第 1201 頁。

15. 注文"此法不遠人尚遠之"。(16/4/B/7)案：撫州本、八行本同，余仁仲本、十行本、和珅本重"人"字，非。

16. 注文"素讀皆爲儴"。(16/5/B/4)案：撫州本、八行本同，余仁仲本、十行本作"儴皆讀爲素"，和珅本作"讀素素爲讀"，皆非。

17. 注文"畫曰正"。(16/6/A/2)案：撫州本、余仁仲本、八行本、十行本同，和珅本"曰"上衍"布"字。

18. 注文"始以漸致之高遠"。(16/6/A/3)案：撫州本、八行本、和珅本同，余仁仲本、十行本"漸"作"斬"，非。

19. 注文"瑟琴聲相應和也"。(16/6/A/5)案：撫州本、八行本、和珅本同，余仁仲本、十行本"瑟琴"倒作"琴瑟"。

20. 注文"明猶絜也"。(16/6/B/3)案：撫州本、八行本同，余仁仲本、十行本、和珅本"絜"作"潔"。

21. 經文"故栽者培之"。(16/7/A/3)案：撫州本、余仁仲本、八行本、和珅本同，十行本"栽"作"裁"，非。

22. 注文"栽或爲滋"。(16/7/A/4)案：撫州本、八行本同，余仁仲本、十行本、和珅本"滋"作"兹"。

23. 注文"殷之冑輿"。(16/7/B/5)案：余仁仲本、八行本、十行本、和珅本同，撫州本"冑"作"賢"，非。

24. 注文"斯禮達於諸侯大夫士庶人者"。(16/8/A/4)案：撫州本、余仁仲本、八行本、和珅本同，十行本"士"作"卜"，非。

25. 經文"五者天下之達道也"。(16/10/A/5)案：撫州本、余仁仲本、八行本、和珅本同，十行本"道"作"德"，非。

26. 注文"雖恩不同"。（16/11/B/5）案：撫州本、余仁仲本、十行本、和珅本同，八行本"恩"作"惡"，非。

27. 注文"天官不可私也"。（16/11/B/6）案：余仁仲本、八行本、十行本、和珅本同，撫州本"天"作"夫"，非。

28. 注文"考校其成功也"。（16/11/B/7）案：撫州本、余仁仲本、八行本、和珅本同，十行本"成"作墨釘。

29. 注文"一謂當豫也"。（16/12/A/3）案：撫州本、余仁仲本、八行本、和珅本同，十行本"一"作"二"，非。

30. 注文"疾病也"。（16/12/A/3）案：撫州本、余仁仲本、八行本、和珅本同，十行本"疾"作"疾"，非。

31. 注文"由至誠而有明得"。（16/13/A/3）案：撫州本、余仁仲本、八行本、十行本、和珅本"得"作"德"，是。

32. 注文"是賢人學以成之也"。（16/13/A/4）案：撫州本、余仁仲本、八行本、和珅本同，十行本"成"作"知"，非。

33. 注文"皆爲至誠能知者出也"。（16/14/A/1）案：撫州本、余仁仲本、八行本、和珅本同，十行本"出"作"巳"，非。

34. 注文"要在至誠"。（16/14/B/7）案：撫州本、余仁仲本、八行本、和珅本同，十行本"至"作"全"，非。

35. 經文"及其廣厚"。（16/15/A/4）案：撫州本、余仁仲本、八行本、和珅本同，十行本"厚"作"大"，非。

36. 經文"鮫龍"。（16/15/A/7）案：撫州本、余仁仲本、八行本、和珅本同，十行本"鮫"作"蛟"。

37. 注文"本由撮土"。（16/15/A/8）案：撫州本、余仁仲本、八行本、和珅本同，十行本"由"作"起"，非。

38. 注文"亦如此乎"。(16/15/B/1)案:撫州本、余仁仲本、八行本、和珅本同,十行本"亦"作"以",非。

39. 注文"耿耿小明也振猶收也"。(16/15/B/1)案:撫州本、余仁仲本、八行本、和珅本同,十行本作墨釘。

40. 注文"天所以爲天"。(16/15/B/4)案:撫州本、余仁仲本、八行本、和珅本同,十行本作墨釘。

41. 注文"地山川之云也"。(16/15/B/4)案:撫州本、余仁仲本、八行本、和珅本同,十行本作墨釘。

42. 注文"易曰君子以順德積小以高大是與"。(16/15/B/5)案:撫州本同,八行本"順"作"慎";余仁仲本、十行本、和珅本"高"上衍"成"字。

43. 注文"也峻高大也"。(16/15/B/6)案:撫州本、余仁仲本、八行本、和珅本同,十行本作墨釘。

44. 經文"然後"。(16/15/B/7)案:撫州本、余仁仲本、八行本同,十行本、和珅本"然"作"而",非。

45. 注文"政在人政由禮也凝猶"。(16/15/B/8)案:撫州本、余仁仲本、八行本、和珅本同,十行本作墨釘。

46. 注文"也廣大猶博厚也温讀如燖""學之孰矣後時習之謂之温"。(16/16/A/3)案:撫州本、余仁仲本、八行本、和珅本同,十行本作墨釘。

47. 注文"徵或爲登"。(16/17/A/4)案:撫州本、余仁仲本、八行本、十行本同,和珅本"登"作"證",非。

48. 注文"孔子祖述堯舜之道而制春秋"。(16/17/B/7)案:撫州本、余仁仲本、八行本、和珅本同,十行本"祖"作

"所",非。

49. 注文"不亦樂乎"。(16/18/A/1)案:撫州本、余仁仲本、八行本同,十行本、和珅本"亦"作"以",非。

50. 注文"浸潤萌芽"。(16/18/A/8)案:十行本、和珅本同,撫州本、余仁仲本、八行本"芽"作"牙",是。

51. 經文"爲能聰明叡知"。(16/18/B/1)案:撫州本、余仁仲本、八行本、和珅本同,十行本"叡"作"睿"。

52. 經文"霜露所墜"。(16/19/A/1)案:撫州本同,余仁仲本、八行本、十行本、和珅本"墜"作"隊"。

53. 注文"安有所倚"。(16/19/A/5)案:撫州本、余仁仲本、八行本、和珅本同,十行本"有"作"無",非。

54. 注文"人人自以被德尤厚"。(16/19/A/6)案:撫州本、八行本同,余仁仲本、十行本、和珅本"人人"上衍"故"字。

55. 注文"肫肫讀如誨爾忳忳之忳忳懇誠貌也"。(16/19/A/6)案:撫州本、八行本同,余仁仲本、十行本、和珅本"之"下有三"忳"字。阮《校》曰:"讀如誨爾忳忳之忳忳忳懇誠貌也:閩、監、毛本同,岳本、嘉靖本同,衛氏《集説》同。《考文》引宋板、古本'忳'字不重。段玉裁云:'"如"當作"爲",宋監本少一"忳"字,非也。'"①段玉裁所謂"宋監本",即指撫州本。

56. 注文"言聖人雖隱遯"。(16/19/B/8)案:撫州本、八行本同,余仁仲本、十行本、和珅本"遯"作"居",非。

57. 注文"視女在室獨居耳"。(16/20/A/3)案:撫州本、余仁仲本、八行本、和珅本同,十行本"耳"作"者"。

---

① 清阮元校刻《十三經注疏》下册第 1637 頁下欄。

58. 注文"言奏大樂於宗廟之中"。（16/20/A/5）案：撫州本、余仁仲本、八行本同，十行本"樂"作"假"，非。

59. 注文"此頌也"。（16/20/A/8）案：余仁仲本、和珅本、十行本同，撫州本、八行本"頌"作"顯"，非。

60. 經文"詩云"。（16/20/B/1）案：撫州本、八行本同，余仁仲本、十行本、和珅本"云"作"曰"，非。

61. 注文"言化民當以德"。（16/20/B/4）案：撫州本、余仁仲本、八行本、和珅本同，十行本"當"作"常"，非。

62. 注文"人無聞其聲音者無知其臭氣者"。（16/20/B/6）案：撫州本、八行本同，余仁仲本、十行本、和珅本"音者"作"音亦"，非。

就《中庸》篇經注文字異同看，蜀大字本與撫州本相同者有五十六條，不同者有六條；蜀大字本與余仁仲本相同者有四十五條，不同者有十七條；蜀大字本與八行本相同者有五十四條，不同者有八條；蜀大字本與十行本相同者有九條，不同者有五十三條；蜀大字本與和珅本相同者有四十四條，不同者有十八條。蜀大字本經注文與撫州本、八行本相同者很多，尤其是第八條、第二十條、第五十五條、第五十六條、第六十條、第六十二條等，從其他篇卷來看，基本一致，說明撫州本、八行本經注與蜀大字本同源。蜀大字本與余仁仲本相同者較少，他卷也是如此。余仁仲本是十行本、和珅本經注釋文之源，十行本經元明多次修版，產生很多錯誤和墨釘，和珅本在翻刻宋十行本時，用毛本校改，增加一些錯誤，故差異較大。

由《中庸》篇經注文字正誤言，蜀大字本正確者有五十九條（包括兩通者，下同），錯誤者有三條；撫州本正確者有五十八條，錯誤者有四條；余仁仲本正確者有五十三條，錯誤者有九條；八行本正確者有五十八條，錯誤者有四條；十行本正確者有十六條，錯誤者有四十六條；和珅本正確者有五十條，錯誤者有十二條。就《中庸》篇經注文比較而言，蜀大字本優於撫州本、余仁仲本和八行本等。

將蜀大字本與諸本對校，也發現一些錯誤，舉例如下：

1.《檀弓下》“則素服哭於庫門之外”鄭注：“素服曰，縞冠也。”(3/20/B/2)

案：“曰”，撫州本、余仁仲本、八行本、十行本、和珅本作“者”，是。

2.《月令》“取之不詰”鄭注：“此收斂尤急時。”(5/32/B/5)

案：“時”上，撫州本、余仁仲本、八行本、十行本、和珅本有“之”字，是。

3.《禮運》“故人皆愛其死，而患其生”鄭注：“則不苟死苟生也。”(7/9/A/1)

案：撫州本、余仁仲本、八行本、十行本、和珅本無“苟死”二字，是。

4.《緇衣》“刑不試而民咸服”鄭注：“言此緇衣者。”(17/15/B/1)

案：“此”下，余仁仲本、八行本、十行本、和珅本有“衣”字，是。

然就全書而言，經注文之訛脫衍倒要明顯少於諸本。

五、 蜀大字本的學術價值

　　蜀大字本是南宋孝宗時期刊刻的《禮記》經注本，從經學文獻學、古籍雕版印刷史等方面，我們應該如何評價其學術價值及其在經書文獻版本中的地位呢？ 將蜀大字本置於經學文獻學和宋代古籍雕版印刷史視域下，其學術價值和地位主要體現在以下幾個方面。

　　第一，蜀大字本具有重要的版本學和校勘學價值。在《禮記》版本中，有經注本、注疏本之別，經注本有蜀大字本、婺州本、撫州本、余仁仲本、紹熙本、岳本、嘉靖本等，注疏本有八行本、十行本、閩本、監本、毛本、武英殿本、《四庫》本、和珅本、阮刻本等，經注本、注疏本皆有附釋文與不附釋文之異。婺州本、撫州本經注與八行本接近，余仁仲本是十行本、和珅本和阮刻本等附釋文注疏本經注釋文之祖。婺州本《禮記注》殘存五卷，難窺全貌。清初以來，撫州本、余仁仲本遞藏於藏書家之間，備受學者稱贊，顧廣圻謂撫州本"於今日爲最古矣"，"古香醃馤，原本獨絕"，王欣夫謂余仁仲本"此萬卷堂本，尤爲寶中之寶"。今得蜀大字本掃描文件版，與撫州本、余仁仲本對校，或可糾謬，或爲旁證，前舉諸例，足以説明蜀大字本在版本學與校勘學之學術價值。

　　第二，蜀大字本爲研究宋代經書經注本提供佐證。五代國子監刊刻《九經》之舉，是首次利用雕版印刷技術傳播《禮記》等經典，對後世影響深遠。北宋、南宋國子監以及諸州郡縣官府、府學刊刻儒家經注本，皆是五代監本之流別。北宋國子監翻刻《九經》經注本,經常賞賜給王公大臣和府州學校,成爲國家標準經書讀本。南宋紹興年間,朝廷收取江南諸州書版入國子監,或重新刊刻舊監本圖籍,國子監經書逐漸齊備。時至今日,五代、北宋監本經書,難睹真容。

中國臺北"故宫博物院"收藏南宋孝宗時刻本《爾雅》三卷,半葉八行,行十六字,注雙行小字,行二十一字,白口,左右雙邊,避諱至"慎"字。日本南北朝時期(相當於中國元代)翻刻本《爾雅》,行款版式、避諱字體與中國臺北"故宫博物院"所藏相同,惟卷末有"經凡一萬八百九言,注凡一萬七千六百二十八言"二行及"將仕郎守國子四門博士臣李鶚書"一行,是現存文獻中唯一反映五代監本經書版本面貌的實物資料①。

關於五代兩宋監本版式,王國維《五代兩宋監本考》曰:

> (《爾雅》)其書每半葉八行,行大十六字,小二十一字,與唐人卷子本大小行款一一相近,竊意此乃五代南北宋監中經注本舊式。他經行款固不免稍有出入,然大體當與之同(如北宋刊諸經疏,雖每行字數各經不同,然皆半葉十五行)。如吴中黄氏所藏《周禮·秋官》二卷、昭文張氏所藏《禮記》殘卷、内府所藏《孟子章句》十四卷,皆與李鶚本《爾雅》同一行款,疑亦宋時監本、若翻監中之本。又後來公私刊本,若建大字本、興國軍本、盱江廖氏及相臺岳氏本,凡八行十七字之本,殆皆淵源於此②。

---

① 張麗娟《宋代經書注疏刊刻研究》第 42—56 頁。
② 王國維《五代兩宋監本考》,《宋元版書目題跋輯刊》,北京圖書館出版社,2003 年 6 月,第 3 册第 528 頁。

可見,半葉八行,行十六字,小字雙行,行二十一字,書末記録經注字數,是五代兩宋監本經注之版式特徵。撫州本《禮記注》於每卷末標注經注字數,於書尾記"凡二十萬一千九百九十二字,經九萬七千七百五十九字,注一十萬四千二百三十三字"。余仁仲本惟於每卷末標注經注釋文字數,於書尾不記經注釋文總字數。蜀大字本每卷末不記經注字數,於書尾記"經凡九萬八千一百七十一言,注凡一十萬九千三百七十八言",其版式行款、書尾記經注字數方式,與《爾雅》一致,但與撫州本、余仁仲本有別,説明蜀大字本是早於撫州本、余仁仲本且接近於五代北宋監本之《禮記注》版本,有可能是依據北宋監本之翻刻本。五代、北宋國子監刻經注八行本及其翻刻本,顯然對南宋高宗以來提舉兩浙東路茶鹽司雕刻八行注疏本有啓迪作用。結合他經經注本,蜀大字本對於我們認識宋代經書經注本之行款版式、字體特徵、刊刻源流以及經注疏本合刻等,提供了重要信息。

　　第三,蜀大字本是宋代四川地區經書刊刻之代表。四川地區極其重視經學文獻的傳承,自後蜀廣政元年(938)開始,至北宋宣和五年(1123),前後歷時兩百年,在成都府學刊刻完成蜀石經,經注俱刻,有石千數。四川也是我國雕版印刷術發達的地區之一,至今尚存一些兩宋時期的印刷實物。蜀石經與五代、北宋監本《九經》並行,成爲宋人校勘經書的重要版本。時至今日,學術界對於四川地區刊刻經書的情況,所知有限。就經書而言,《九經三傳沿革例》記載有蜀大字舊本、蜀學重刊大字本、中字本和中字有句讀附音本及注疏本,注疏本僅見日本宫内廳書陵部的《論語注疏》十卷①。就經注本

————————

① 　張麗娟《宋代經書注疏刊刻研究》第389—393頁。

而言,中字本和中字有句讀附音本已不存,大字本有《周禮》《禮記》《春秋經傳集解》《孟子》四經,《周禮》《春秋經傳集解》殘存二卷,《孟子》十四卷,原本不知下落,惟見《續古逸叢書》《四部叢刊》影印本,所以,《禮記》二十卷就顯得十分重要。蜀大字本不僅讓我們看到了四川地區經書經注本之面貌,其寫、刻、印俱佳,又保留數葉不同字體者,對於我們識別、考辨蜀大字舊本與蜀學重刊大字本,提供了旁證,堪稱宋代四川地區經書刊刻之代表性精品。

　　結語:今分藏於遼寧省圖書館《禮記注》卷一至五(書號善00032)和中國國家圖書館《禮記注》卷六至二十(書號12343),四函二十冊,二者合璧,即是一部完整的南宋孝宗時期刊刻的蜀大字本《禮記注》二十卷。蜀大字本匡高二三・八釐米,廣一七・二釐米,半葉八行,行十六字,小字雙行二十一字,白口,版心中題書名卷次,如"禮記一",下題葉碼、刻工,左右雙邊,部分葉面略有蟲蛀。《九經三傳沿革例》記載蜀刻經書有蜀大字舊本、蜀學重刊大字本、中字本、中字有句讀附音本,蜀大字本可能是蜀大字舊本,卷十五第十五葉似鈔配,卷十九第十三至十四葉,可能是用蜀學重刊大字本補闕。蜀大字舊本字體雍容,近顏真卿;蜀學重刊大字本字體古勁,近柳公權。與《禮記》撫州本、余仁仲本、八行本、十行本、和珅本等比勘,蜀大字本優於諸本,訛脫衍倒最少。就經注文字異同而言,蜀大字本與撫州本、八行本接近,應該同源,與余仁仲本、十行本、和珅本差距較大。結合宋代經書經注本刊刻流傳之實際,蜀大字本應該源自五代、北宋監本,在版式行款、書尾記經注字數等方面,與中國臺北"故宮博物院"收藏南宋孝宗時刻本《爾雅》三卷,高度一致。這些特徵，不僅讓我們看到了最爲接近五代、北宋監本的宋本《禮記注》，更爲可貴者，蜀大字本爲學術界認識宋代經書刊刻流傳、版本特徵以及四川地區經書雕版，提供了可以研究的實物例證。蜀大字本字大如錢，墨如點漆，其寫刻之精、錯訛之少、印刷之美、品相之佳，在宋版乃至中國雕版印刷史上，堪稱白眉！在《禮記》版本中，蜀大字本、撫州本、余仁仲本，三足鼎立，代表了南宋不同地域刊刻的不同形式的《禮記》經注本面貌，對此後的《禮記注疏》八行本、十行本等注疏合刻本，影響巨大。自唐石經、蜀石經，由蜀大字本、撫州本、余仁仲本，至八行本、十行本、閩本、監本、毛本、武英殿本、阮刻本及今日之各種整理本，讓我們清晰瞭解到唐宋以來《禮記》雕版印刷傳承的歷史。蜀大字本介於石經與撫州本以來諸本之間，上溯石經、五代與北宋監本，下啓八行注疏合刻本，更凸顯出其重要與地位。

（原名《序言》，刊於宋本《禮記》，國家圖書館出版社 2020 年 11 月）

再論撫州本鄭玄《禮記注》

　　南宋撫州本鄭玄《禮記注》（以《中華再造善本》影印者爲據，下簡稱“撫州本”），是流傳於今的宋刻本《禮記注》之一。前曾撰《撫州本〈禮記注〉研究》一文[①]，討論了撫州本的版本特徵、刻工、刊刻年代、遞藏源流、批語、圈點、題跋和文獻學價值等問題，時以撫州本爲底本，以《中華再造善本》影印的南宋紹熙年間福建建陽坊刻本《纂圖互注禮記》（下簡稱“紹熙本”）、南宋孝宗乾道初年婺州義烏酥溪蔣氏崇知齋刻巾箱本《禮記注》（下簡稱“婺州本”）爲對校本，以阮元校刻《十三經注疏》本《禮記注疏》爲參校本，將《禮記·檀弓》上、下篇中經注文字差異，逐一列出，説明撫州本之可貴。然限於時間，對撫州本與余仁仲本鄭玄《禮記注》、八行本《禮記正義》等其他《禮記》重要版本之間的文字異同，未曾比對，故難以準確評判它們之間的關係和優劣。當我們完成《禮記鄭注彙校》以後，通過《禮記》版本之間的文字校勘，對撫州本有了一些新的認識。今

①　王鍔《南宋撫州本〈禮記注〉研究》，《中國經學》第 11 輯，桂林，廣西師範大學出版社，2013 年 6 月，第 153—178 頁。

從鄭玄《禮記注》所見早期刻本、開鄭玄《禮記注》附《釋文》先例、八行本《禮記正義》經注源頭、校正《禮記》他本文字是非等方面,略加論述,凸顯撫州本之學術價值。

一、 鄭玄《禮記注》所見早期刻本

宋刻本《禮記注》存於今者有十五種[1],經《中華再造善本》等影印能看到者,惟有撫州本、余仁仲本、婺州本和紹熙本四種;宋刻《禮記》經、注、疏合刻本今存可見者惟有八行本《禮記正義》。

撫州本《禮記注》二十卷,一函六册,後附《禮記釋文》四卷四册,在流傳過程中,撫州本《禮記注》二十卷六册和《禮記釋文》四卷四册分離,被分別當作兩本書收藏。當撫州本《禮記注》六册和《禮記釋文》四册先後收藏於顧之逵小讀書堆時,經顧廣圻鑒定,確認這是一部書的兩個部分。顧廣圻於《禮記注》後題跋曰:

> 此撫州公使庫刻本《禮記》,是南宋淳熙四年官書,於今日爲最古矣。末有名銜一紙,裝匠誤分入《釋文》首,不知者輒認以爲舊監本,非也。嘉慶丙寅顧廣圻題。

嘉慶丙寅即嘉慶十一年(1806)。嘉慶二十五年(1820),顧廣圻又撰《禮記釋文跋》曰:

> 《禮記釋文》四卷(宋刻本):南宋槧本《禮記》,鄭氏注,六册,明嘉靖時上海顧從德汝修所藏,後百餘年,入昆山徐健庵

司寇傳是樓，兩家皆有圖記。乾隆年間，予從兄抱冲收得之，其於宋屬何刻？未有明文也。有借校者，臆斷爲毛誼父所謂舊監本，而同時相傳，皆沿彼稱矣。抱冲續又收得單行《釋文》兩種，一《禮記》，一《左傳》，亦皆南宋槧本，《禮記釋文》即此也。與《禮記》版式行字以至工匠記數，罔不相同，而名銜年月在焉。余於是始定《禮記》之即淳熙四年撫州公使庫刻也。庚辰孟秋處暑後五日，元和顧廣圻千里甫記於楓江僦舍①。

顧廣圻謂《禮記注》六册經顧從德、徐乾學，後收藏於顧之逵家，因"未有明文"，有人臆斷爲"舊監本"。今阮刻本《禮記注疏》"引據各本目録"列有撫州本《禮記釋文》四卷，未列撫州本《禮記注》，但於《禮記注疏校勘記》中，常言"宋監本"，實即撫州本。撫州本《禮記注》六册末尾，原有雕刻人銜名十行，首行有"撫州公使庫"五字，次行有"新刊注禮記二十卷并釋文四卷"十三字，末行有"淳熙四年二月日"七字（參圖一），這説明《禮記注》二十卷附《禮記釋文》四卷是南宋孝宗趙昚淳熙四年（1177）二月撫州公使庫刻本。

余仁仲本《禮記注》每卷末尾標注"禮記卷第幾"，兼記經、注、釋文字數，並鎸"余氏刊于萬卷堂""余仁仲刊于家塾""仁仲比校訖"等文字。避諱不甚嚴格，凡玄、殷、徵、匡、筐、貞、恒、桓、完等字，均缺末筆，然敬、讓、慎、惇字或缺末筆，或不缺②。今存余仁仲本除《禮記注》外，尚有《春秋經傳集解》《春秋公羊經傳解詁》《春秋穀梁傳》，皆附唐陸德明《釋文》，版式一致。其中《春秋公羊經傳解

① 清顧廣圻著，王欣夫輯《顧千里集》，北京，中華書局，2007 年 12 月，第 264 頁。
② 王鍔《南宋余仁仲本〈禮記注〉研究》，《國學季刊》2016 年第 1 期，濟南，山東人民出版社，第 31—65 頁。

詁》有余仁仲刊書識語曰："《公羊》《穀梁》二書,書肆苦無善本。……紹熙辛亥孟冬朔日建安余仁仲敬書。"(參圖二)

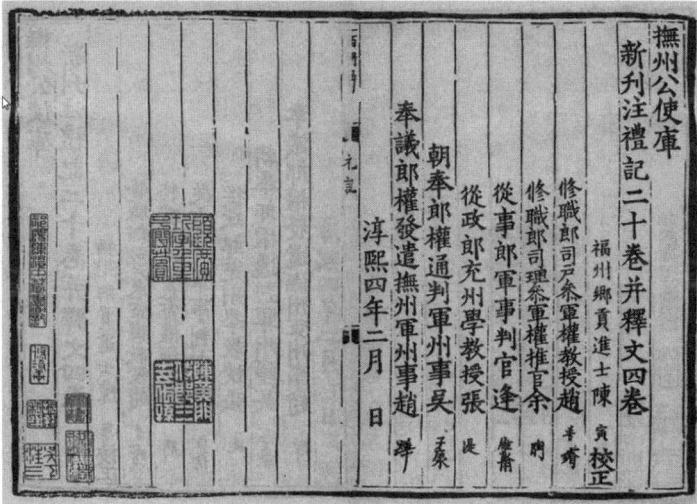

圖一:撫州本《禮記注》雕刻人銜名

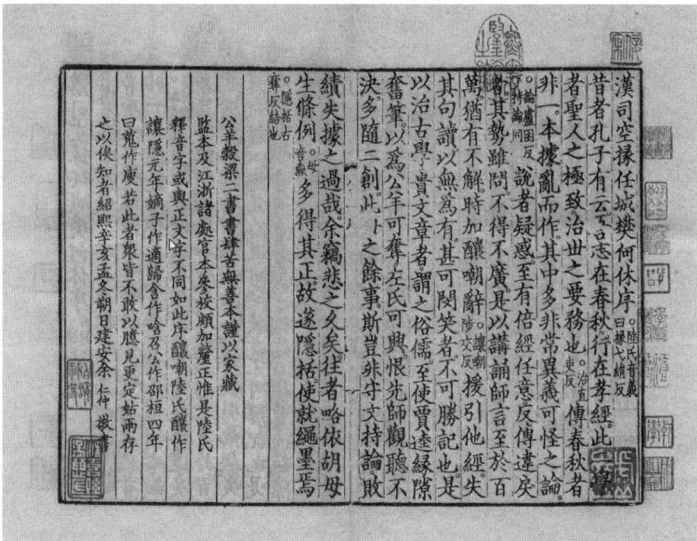

圖二:余仁仲本《春秋公羊經傳解詁》刊書識語

　　紹熙辛亥即南宋光宗紹熙二年（1191），此識語乃爲刊刻《公羊》《穀梁》二經所作，按照刊刻《九經》之順序，《禮記注》自然當刊刻於紹熙辛亥之前，余仁仲本《禮記注》避諱至“慎”字，則余仁仲本《禮記注》當刊刻於南宋孝宗時期（1163—1189）[1]。

　　婺州本《禮記注》二十卷，殘存卷一至五，一函三册，内容包括《曲禮上》至《月令》。卷一、卷五後有雙行墨圍牌記“婺州義烏酥溪蔣宅崇知齋刊”十二字。敬、竟、殷、弘、讓、徵、匡、筐、恒、玄、桓、完、樹、貞、慎等字缺末筆，則婺州本大致亦刊刻於南宋孝宗時期（1163—1189）[2]。

　　紹熙本《纂圖互注禮記》二十卷，避諱字有匡、筐、恒、桓、緪、慎、敦、惇、貞、禎、賴、殷、徵、玄、弦等，避宋光宗趙惇諱，則《纂圖互注禮記》是南宋紹熙年間（1190—1194）福建建陽坊刻本[3]。

　　八行本《禮記正義》七十卷，四函四十册，卷末有黃唐跋文（參圖三）曰：

　　　　六經疏義自京、監、蜀本皆省正文及注，又篇章散亂，覽者病焉。本司舊刊《易》《書》《周禮》，正經注疏萃見一書，便於披繹，它經獨闕。紹熙辛亥仲冬，唐備員司庾，遂取《毛詩》《禮記》疏義，如前三經編彙，精加讎正，用鋟諸木，庶廣前人之所未備。乃若《春秋》一經，顧力未暇，姑以貽同志云。壬子秋八

---

① 張麗娟《宋代經書注疏刊刻研究》第 132—156 頁。
② 王鍔《南宋婺州本〈禮記注〉研究》，《齊魯文化研究》2011 年第 1 期，濟南，泰山出版社，第 140—148 頁。
③ 王鍔《宋本〈纂圖互注禮記〉二十卷的流傳和文獻學價值》，《傳統中國研究》第 7 輯，上海人民出版社，2010 年 3 月，第 278—296 頁；王鍔《再論宋本〈纂圖互注禮記〉的特徵及其影印本》，《古文獻研究集刊》第 5 輯，南京，鳳凰出版社，2012 年 8 月，第 178—230 頁。

月三山黃唐謹識。

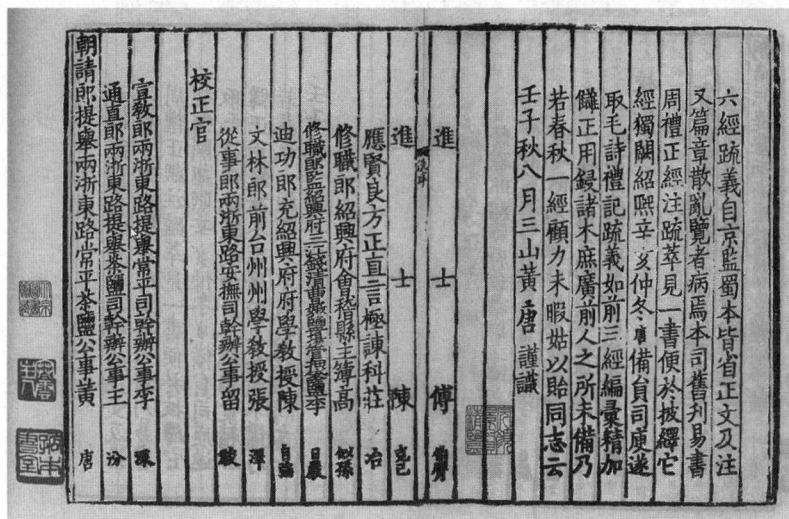

六經疏義自京監蜀本皆省正文又注，又篇章散亂覽者病焉，本司舊刊易書，周禮正經注疏萃見一書，便於披繹它經獨闕。紹熙辛亥仲冬，備貞司廣逮取毛詩禮記疏義如前三經編，量精加讎正，用錄諸本，庶廣前人之所未備，乃若春秋一經，顧力未暇，姑以貽同志云。壬子秋八月三山黃唐謹識。

進士　傅

進士　陳

應貢良方正直言極諫科注冶

修職郎紹興府會稽縣主簿高

修職郎監　清　　鹽李

迪功郎充紹興府府學教授陳

文林郎前台州州學教授張

從事郎兩浙東路安撫司幹辦事留

校正官

宣教郎兩浙東路提舉常平茶鹽司幹辦公事李

通直郎兩浙東路提舉茶鹽司幹辦公事王

朝請郎提舉兩浙東路常平茶鹽公事黃唐

圖三：宋紹熙三年兩浙東路常平茶鹽司刻八行本《禮記正義》黃唐跋文

黃唐以朝請郎任職提舉兩浙東路常平茶鹽公事①。此跋謂兩浙東路常平茶鹽司曾刊刻《周易正義》《尚書正義》《周禮注疏》，將正經注疏萃於一書，甚便閱讀。故黃唐於宋光宗紹熙二年（1191）十一月至三年（1192）八月彙刻《禮記正義》。

　　就目前能夠看到的宋刻本《禮記》而言，紹熙本《纂圖互注禮記》和八行本《禮記正義》刊刻於紹熙年間，余仁仲本、婺州本《禮記注》刊刻於南宋孝宗時期（1163—1189），結合附錄《釋文》以及《禮記》經注文字變化（詳後討論）情況可知，刊刻時間應該晚於撫州本。撫州本《禮記注》刊刻於南宋孝宗淳熙四年（1177）二月，應該是今存所見最早的《禮記》版本，距今已有八百四十一年了。

———————

① 　王鍔《三禮研究論著提要》（增訂本），蘭州，甘肅教育出版社，2007年9月，第29頁。

二、 開鄭玄《禮記注》附《釋文》之先例

陸德明《經典釋文》通衆家之學，分析音訓，考其異同，備受讀經者重視。然自成書以來，多單刊單行本①，於研讀經書，多有不便。故自南宋以來，爲便於誦習，刊刻儒家經典者，逐漸將《釋文》附入經注之下。就《禮記釋文》附入經注的過程來看，大致經歷了五個階段②。

第一，將《禮記釋文》四卷整體附刻在《禮記注》二十卷之後者，撫州本如此。撫州本是南宋孝宗淳熙四年（1177）二月，由撫州公使庫刊刻，《禮記釋文》四卷，板式與《禮記注》二十卷一致，亦半頁十行，順魚尾，上魚尾上記大小字數，下刻“記音”二字，下魚尾下記頁數和刻工，刻工余仁、余安、周昂、高安國、陳文等，亦刊刻《禮記注》；每卷末尾記字數，卷一末尾記“經五千四百一十四字，注一萬六千二百九十六字”（參圖四）。

將《禮記釋文》四卷整體附刻於《禮記注》二十卷之後，即將兩部書匯聚爲一部書，爲讀者閱讀《禮記》帶來極大方便，省去翻檢之勞，確實是一種創新。這樣的書，既便於讀者學習，也利於銷售，開鄭玄《禮記注》附《釋文》之先例。

---

① 虞萬里《〈經典釋文〉單刊單行考略》，《榆枋齋學術論集》，南京，江蘇古籍出版社，2001 年 8 月，第 732—759 頁。
② 我們曾在《〈禮記〉版本述略》一文中討論過此問題，然未能展開，故再次討論。王鍔《〈禮記〉版本述略》，《先秦文學與文化》第 5 輯，上海古籍出版社，2016 年 12 月，第 64—73 頁。

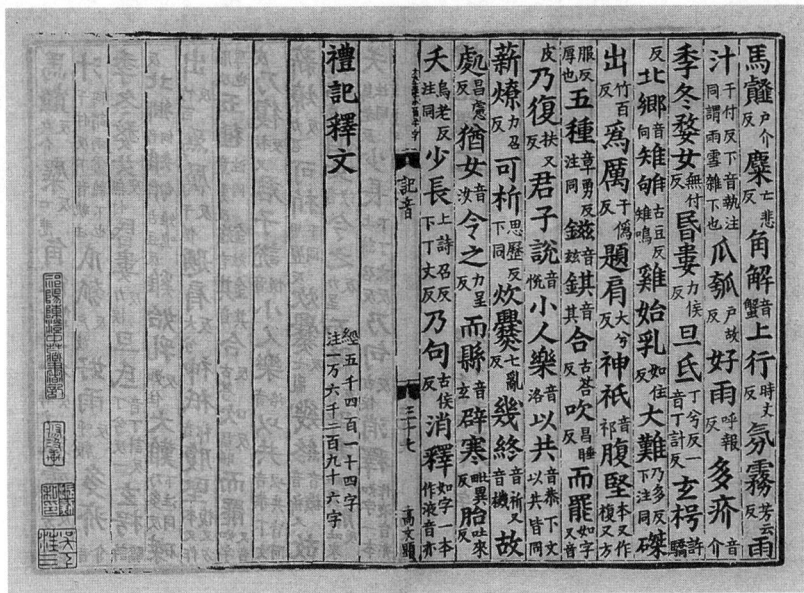

圖四：撫州本《禮記釋文》卷一第三十七頁

　　第二，將《禮記釋文》四卷打散，分段附刻在《禮記注》經文、注文之後者，興國于氏本如此。《九經三傳沿革例》所謂“于本音義不列於本文之下，率隔數頁，始一聚見，不便尋索”者。“建安余氏、興國于氏二本，皆分句讀，稱爲善本。”《句讀》云：“監蜀諸本，皆無句讀，惟建本始仿館閣校書式，從旁加圈點，開卷瞭然，於學者爲便，然亦但句讀經文而已。惟蜀中字本、興國本並點注文，益爲周盡，而其間亦有於大義未爲的當者。”《脱簡》云：“諸經惟《記》《禮》獨多見之。《玉藻》《樂記》《雜記》《喪大記》，注疏可考，興國本依注疏更定，亦覺辭意聯屬。”①

────────────

① 　元岳浚《九經三傳沿革例》，影印文淵閣《四庫全書》本，臺北，臺灣商務印書館，1986年3月，第183册第560頁下欄，第561頁上欄、下欄，第571頁上欄、下（轉下頁）

　　據《九經三傳沿革例》的記載,興國于氏刊刻的鄭玄《禮記注》,有兩個特點,一是句讀標點經文、注文,二是附有陸德明《釋文》,但其附錄《釋文》的形式,與撫州本有差異,是"率隔數頁,始一聚見",即將《禮記釋文》四卷打散,根據經注段落,逐段附錄於整段經注之後。這種附錄《釋文》的方式,與余仁仲本相比,是"不便尋索";但較之撫州本而言,已經方便許多。張麗娟經考證認爲,興國于氏本即"鶴林于氏",她認爲:"鶴林于氏本則保留了《釋文》的多字出字……十行注疏本與余仁仲本《釋文》在散入位置、文字内容等方面基本相同,它們之間有明顯的淵源關係。而鶴林于氏本則是另外一個系統,它與余仁仲本等並無沿襲關係,是由不同的編輯者遵循不同的編輯體例完成的另外一種獨特的附釋文文本。……鶴林于氏刻本《春秋經傳集解》正反映了這個演變中的過渡形態,它應該就是經注附釋文本較早甚或最早的源頭。"[1]興國于氏本《禮記注》已經散佚不存,但我們藉助於國家圖書館藏《春秋經傳集解》殘存二十九卷,大致能夠看到其附錄《釋文》的樣式,而這種附錄《釋文》的方式,應該是介於撫州本和余仁仲本附錄《釋文》方式之間的一種"過渡形態",而非"最早源頭"。

　　第三,將《禮記釋文》四卷打散,逐條附刻在《禮記注》經注文字之下者,余仁仲本如此。興國于氏本附錄《釋文》的方式,較之撫州本,雖然前進一步,但還是"不便尋索",故余仁仲在刊刻《禮記注》時,較之興國于氏本更進一步,即將《禮記釋文》打散,逐條附錄在經注文字之下。但是較之《禮記釋文》原文或撫州本所附,在基本

（接上頁）欄。張麗娟《宋代經書注疏刊刻研究》第 124—125 頁。王鍔《武英殿本〈禮記注〉平議》,《文史》2017 年第 1 期,第 145—180 頁。

① 　張麗娟《宋代經書注疏刊刻研究》第 130—131 頁。

保留《經典釋文》釋音字的前提下，對《禮記釋文》做了一些改造，張麗娟總結爲删去不必要的出字、規範出字形式、删去或簡化《釋文》中一些釋義文字、偶有反切改字與增加注音的情況①。

撫州本《禮記釋文》出文大字，釋文雙行小字，如《曲禮上》云："嚴，魚檢反，本亦作'儼'，同，矜莊皃。若思，如字，徐息嗣反。矜莊，居冰反。"其中"嚴""若思""矜莊"五個出字皆作大字，其餘爲雙行小字。余仁仲本在經文"儼若思"下，先刻注文："儼，矜莊貌。人之坐思，貌必儼然。"再隔一圓圈，刻釋文："儼，魚檢反，本亦作'嚴'，同，矜莊貌。思，如字，徐息嗣反。矜，居冰反。"兩相比較，余仁仲本確有删減出字，更改釋文順序等情況。余仁仲本這種附錄《釋文》的方式，一旦讀經者遇到疑難字詞，無需翻檢書頁，也不需翻檢《經典釋文》原書，即可涣然冰釋，極爲便利。紹熙本和嘉靖本之經文、注文和釋文，皆淵源於余仁仲本。

第四，爲適應文字讀音的變化，將余仁仲本所附《釋文》進一步删改者，廖本、岳本如此。南宋末期，廖瑩中在《九經三傳沿革例·音釋》一節認爲，余仁仲本《禮記注》附錄釋文之方式，"龐雜重贅，適增眩瞀"，需要改進。"音釋爲難字設也"，"其有音切雖多而祇同前音者，與別無他音而衆所共識者，未免擇其甚贅者，間削去，惟注亦然。釋文每有後可以意求及，更不重出，及後放此之説，則不必贅出，亦明矣"②，故廖氏對余仁仲本所附《釋文》進行删改，有改正釋文者，有簡化釋文者，有删除整條釋文者，有删去注音而保留釋義者，有删去《釋文》解説篇名文字者，有更改反切上下字者，有更

①　張麗娟《宋代經書注疏刊刻研究》第 177 頁。

②　元岳浚《九經三傳沿革例》，影印文淵閣《四庫全書》本，第 183 册第 564 頁上欄。

改反切注音姓氏者，有改反切爲聲調者，有改反切爲直音者，有將直音改爲反切注音者，有將《釋文》所載異文删去者，甚者有誤增釋文者，有不當删而删者，有删改釋文且重複注音者，有改寫釋文且增入文公音者。廖氏對陸德明《釋文》的删改，"一是反映了經學文獻在宋元以來的流傳面貌，二是反映了宋元以來文字讀音的變化情况，三是爲了適應更多讀者的需求，簡化注音方式"①。

元代岳浚據廖本翻刻《九經》，然廖本、岳本《禮記注》今已失傳。清代乾隆年間，武英殿又翻刻岳本《五經》，我們可以通過武英殿本《禮記注》，瞭解岳本（廖本）的體例。我們認爲："廖本以余仁仲本爲主校刻，岳本翻刻廖本，殿本注翻刻岳本，從余仁仲本到廖本、岳本、殿本注，一脉相承，余仁仲本《禮記注》應該是殿本注的源頭。""通過《九經三傳沿革例》和殿本注的實際情况，對釋文之删改，應該主要源自廖瑩中校刻之廖本《九經》，岳本和殿本注基本是承襲廖本而已。"②清武英殿本《禮記注》，乃廖本、岳本之流。

第五，爲了讀者閱讀的方便，以余仁仲本《禮記注》爲主，與孔穎達《禮記正義》配合，彙刻《附釋音禮記注疏》六十三卷，元十行本如此。自八行本《禮記正義》刊刻問世以後，在福建建陽地區又興起了一種新的注疏合刻本，這種合刻本將經文、注文、釋文和疏文彙刻一書，互相配合，以疏文、釋文配合經文、注文，這種彙刻方式，較之過去的經注本、八行本《禮記正義》，閱讀更加便利。今存宋劉叔剛刻十行本尚存《附釋音毛詩注疏》二十卷、《附釋音春秋左傳注疏》六十卷、《監本附音春秋穀梁注疏》二十卷三種，《附釋音禮記注

---

① 王鍔《武英殿本〈禮記注〉平議》，《文史》2017 年第 1 期，第 166—172 頁。
② 王鍔《武英殿本〈禮記注〉平議》，《文史》2017 年第 1 期，第 153、172 頁。

疏》六十三卷雖已亡佚,但有清乾隆六十年(1795)和珅翻刻本,基本保存了宋劉叔剛刻十行本的面貌。元泰定前後,以宋刻附釋文的注疏本爲底本,再加翻刻,元代書板傳至明代,遞經修補刷印,流傳甚廣,被稱作"十行本""正德本"。此後的明代閩本、監本、毛本,到清代的武英殿本、《四庫》本、阮刻本《十三經注疏》,其中《附釋音禮記注疏》六十三卷,其源頭皆可追溯到元十行本。而《禮記》附録《釋文》的方式,因爲這種方便閲讀且流傳深遠的注疏合刻本,爲世所重,廣爲人知。

就《禮記釋文》附録在《禮記》經注之下的刊刻過程來看,撫州本將《禮記釋文》四卷整體附刻在《禮記注》末尾,顯然是開《禮記釋文》附録經注之濫觴,對後世刊刻《禮記注》《禮記注疏》者有啓迪意義。

三、 與八行本《禮記正義》經注文同源

八行本《禮記正義》是以孔穎達《禮記正義》七十卷爲主,將《禮記注》之經注文字分附於疏文之前彙刻而成。那麼,八行本《禮記正義》之經注文字源於何本? 尚需研究。喬秀岩認爲唐石經、撫州公使庫、八行本爲一類,唐石經爲始祖,撫州本爲現存最精最完本[1]。我們通過從事《禮記鄭注彙校》工作,發現八行本《禮記正義》經注文字,與撫州本保持高度一致。兹就《曲禮下》篇鄭玄《注》文字,舉三例説明。

1.《曲禮下》曰:"大夫死衆,士死制。"鄭《注》曰:"死其所受於

---

① 喬秀岩《〈禮記〉版本雜識》,《北京大學學報(哲學社會科學版)》2006 年第 5 期。

君。衆,謂軍師。制,謂君教令所使爲之。"①"軍師",婺州本、八行本同,余仁仲本、紹熙本、嘉靖本《禮記注》、和珅本、十行本、閩本、監本、毛本、殿本、阮刻本《禮記注疏》作"君師",是。孔穎達《正義》曰:"'大夫死衆'者,大夫職主領衆將軍,若四郊多壘,則爲己辱,故有寇難,當保國,必率衆禦之,以死爲度。"②顧廣圻《考異》曰:"'軍'當作'君',此撫本之誤,各本不如此。《正義》引熊氏云'祇得死君之師衆'可證。山井鼎所據與此同,亦誤。"③死衆者,謂國家有寇難,大夫當率領國君之師保家衛國,直到戰死。

　　2.《曲禮下》曰:"君天下曰天子。朝諸侯,分職授政任功,曰予一人。"鄭《注》曰:"皆擯者辭也。天下,謂外及四海也。今漢於蠻夷稱天子,於王侯稱皇帝。《覲禮》曰:'伯父寔來,予一人嘉之。'余、予,古今字。"④"予一人嘉之","予",《儀禮·覲禮》、婺州本、八行本同,余仁仲本、嘉靖本《禮記注》、和珅本、十行本、閩本、監本、毛本、殿本、阮刻本《禮記注疏》作"余",非。顧廣圻《考異》曰:"注予一人嘉之:各本'予'作'余',今案,各本非也。此當經文作'余',注引《覲禮》作'予',前經不敢自稱曰'余小子',經固是'余'字矣,後經'天子未除喪曰予小子',疑亦是'余',其誤與此經同也。此經《正義》本當未誤,故《玉藻》正義云:'凡"自稱天子曰予一人"者,案《曲禮下》云:"天子曰余一人。"予、余不同者,鄭注《曲禮》云:"余、予,古今字耳。"蓋古稱予,今稱余,其義同。'孔之所言,最爲明晰。此《正義》中'予'字,非其舊也,《釋文》本亦當未誤,故經'余'無音,注'予'有音,次第在音注

────────────

①④　漢鄭玄注,撫州本《禮記注》,北京圖書館出版社,2003 年 7 月,卷 1 第 21 頁。

②　漢鄭玄注,唐孔穎達正義,呂友仁整理《禮記正義》,上海古籍出版社,2008 年 9 月,上冊第 164 頁。

③　清張敦仁《撫本禮記鄭注考異》,"顧校叢刊"《禮記》下冊第 1141 頁。

'皆擯'之下，云'予一人'，'依字音羊汝反。鄭云："余、予，古今字。"則同音餘。'陸之此言，亦謂讀注所引《覲禮》之'予'，同《禮記》此經之'余'也。其在《儀禮》之'予'，仍依字讀'羊汝反'，而無音矣。若此爲音經，則次第當在上，且又必當曰'依注音余'，或曰'音余'，出注始合前後之例，今皆不然，可知其爲音注無疑。唐石本作'予'，乃當時經已有譌者耳。如'豚曰腯肥'，以注引《春秋》'腯'字爲經字，經注遂不可通，是其比也。而岳本以來，復改此注之'予'以就經，失之甚矣。山井鼎曰：'古本經作"余"，又曰注作"予"，與《覲禮》合。'彼直據《覲禮》改注，又據注改經耳。凡其古本異同之近是者，大抵此類，兹亦聊出之。"①顧廣圻謂《曲禮下》此處經文"予一人"當作"余一人"，下"予小子"亦當作"余小子"，而注文"予一人"，余仁仲本、十行本、阮刻本等作"余一人"者，是錯誤的。

　　3.《曲禮下》曰："天子穆穆，諸侯皇皇，大夫濟濟，士蹌蹌，庶人僬僬。"鄭《注》曰："皆行容止之貌也。《聘禮》曰：'賓入門皇。'又曰：'皇且行。'又曰：'衆介北面蹌焉。'凡行容，尊者體盤，卑者體蹙。"②"蹌焉"，婺州本、八行本同，余仁仲本、嘉靖本《禮記注》、和珅本、十行本、閩本、監本、毛本、殿本、阮刻本《禮記注疏》作"鏘鏘焉"，非。阮元《校勘記》曰："衆介北面鏘鏘焉，閩、監、毛本同，岳本同，嘉靖本同，衛氏《集説》同，惠棟校宋本'鏘鏘焉'三字作'蹌焉'二字，宋監本同。齊召南《考證》云：'按：鄭用《聘禮·記》文，當作"衆介北面蹌焉"，此下疏亦作"蹌焉"，則"鏘鏘"二字並誤也。'○按：段玉裁云：'依《説文》當作"趞趞"，爲行兒。"蹌"訓動也。然則《禮》言行

---

① 　清張敦仁《撫本禮記鄭注考異》，"顧校叢刊"《禮記》下册第 1141 頁。
② 　漢鄭玄注，撫州本《禮記注》卷 1 第 24 頁。

容者,皆"跫"爲正字,"蹌"爲假借字.'"①顧廣圻《考異》曰:"各本
'鏘'下,更有'鏘'字,誤也。山井鼎所據與此同。毛居正曰:'"蹌"
作"鏘",誤。興國軍本作"蹌",是。宋監本與此同。'今案:《釋文》音
經'蹌蹌'云:'本又作鶬,或作鏘,同七良反。'是正文有作'鏘鏘',
注有作'鏘焉'之本,非無出也。但正文既從'蹌蹌',而注仍作
'鏘',則爲歧耳。《聘禮》作'蹌',《士冠禮》鄭注云'行翔而前鶬焉'。
可見'蹌''鶬''鏘'三文之非有異也。毛居正泥'鏘'爲'鏗鏘'字,
未得假借之理。《正義》所用本經、注,皆爲'蹌'字與? 或作者不
同。"②據《禮記釋文》,"蹌蹌",本又作"鶬鶬",或作"鏘鏘",同七良
反。鄭玄《注》文"衆介北面鏘焉",即源於經文之"鏘鏘",阮元、段
玉裁、顧廣圻所言甚是。

　　就以上三例鄭玄《注》文諸本之差異來看,無論文字對錯,撫州
本、婺州本、八行本經注文字完全一致,類似的例子,《檀弓》篇以
下,尚有不少。這説明婺州本、八行本經注文與撫州本同源。

四、 校正《禮記》他本文字是非

　　就我們從事《禮記鄭注彙校》的情況來看,撫州本是目前所見
最好的《禮記注》版本,可以校正《禮記》他本經注文字之是非。今
將撫州本與婺州本、余仁仲本和八行本進行比勘,略舉數例,以見
撫州本之可貴。

---

① 　清阮元校刻《十三經注疏》上册第 1271 頁下欄。
② 　清張敦仁《撫本禮記鄭注考異》,"顧校叢刊"《禮記》下册第 1142 頁。

（一）校正婺州本

婺州本《禮記注》殘存《曲禮》至《月令》數篇，是流傳於今的宋刻本《禮記注》之一，尚有部分訛誤，利用撫州本可以訂正。

1.《檀弓上》曰："子思曰：'喪三日而殯，凡附於身者，必誠必信，勿之有悔焉耳矣。三月而葬，凡附於棺者，必誠必信，勿之有悔焉耳矣。'"鄭玄《注》曰："言其日月，欲以盡心脩備之。附於身，謂衣裳；附於棺，謂明器之屬。"①"衣裳"，撫州本、余仁仲本、嘉靖本《禮記注》、八行本、和珅本、十行本、閩本、監本、毛本、殿本、阮刻本《禮記注疏》皆作"衣衾"，孔穎達《正義》同，婺州本"衣裳"是"衣衾"之誤。

2.《檀弓上》曰："戎事乘驪。"鄭玄《注》曰："戎，兵也。馬異色曰驪。"②"異色"，撫州本、余仁仲本、嘉靖本《禮記注》、八行本、和珅本、十行本、閩本、監本、毛本、殿本、阮刻本《禮記注疏》皆作"黑色"，經文前有"夏后氏尚黑"之文，陸德明《釋文》曰："驪，力知反，徐郎兮反，純黑色馬。"婺州本"異色"爲"黑色"之誤。

3.《檀弓上》曰："琴瑟而不平，竽笙備而不和。"③唐石經、撫州本、余仁仲本、嘉靖本《禮記注》、八行本、和珅本、十行本、閩本、監本、毛本、殿本、阮刻本《禮記注疏》"琴瑟"下有"張"字，婺州本脱"張"字。

（二）校正余仁仲本

余仁仲本《禮記注》，是紹熙本、岳本、嘉靖本《禮記注》和十行

---

① 漢鄭玄注，婺州本《禮記注》，北京圖書館出版社，2006 年 12 月，卷 2 第 2 頁。
② 漢鄭玄注，婺州本《禮記注》卷 2 第 3 頁。
③ 漢鄭玄注，婺州本《禮記注》卷 2 第 13 頁。

本以來《禮記注疏》經文、注文和釋文之源頭,其部分文字訛誤,直接被紹熙本、十行本、閩本、監本、毛本、阮刻本等繼承,利用撫州本,可以校正其文字訛錯。

1.《月令》曰:"命有司爲民祈祀山川百源,大雩帝,用盛樂。乃命百縣雩祀百辟、卿士有益於民者,以祈穀實。"鄭玄《注》曰:"陽氣盛而常旱,山川百源,能興雲雨者也。衆水始所出爲百源。必先祭其本乃雩。雩,吁嗟求雨之祭也。雩帝,謂爲壇南郊之旁,雩五精之帝,配以先帝也。自'靮鞞'至'梘敔'皆作,曰盛樂。凡他雩,用歌舞而已。百辟卿士,古者上古,若句龍、后稷之類也。"①"上古",嘉靖本《禮記注》、十行本、監本、毛本《禮記注疏》同;撫州本、婺州本、岳本《禮記注》、八行本、和珅本、閩本、殿本、阮刻本《禮記注疏》作"上公",孔穎達《正義》同,且云:"故左氏云'封爲上公,祀爲貴神'。"②當作"上公"爲是。

2.《曾子問》曰:"吾聞諸老聃曰:'昔者史佚有子而死,下殤也,墓遠。'"鄭玄《注》曰:"史佚,成王時賢史也。賢,猶有所不知。"③"成王",余仁仲本、岳本、嘉靖本《禮記注》、八行本、和珅本、十行本、閩本、監本、毛本、殿本、阮刻本《禮記注疏》同,撫州本作"武王",是。《考異》曰:"'成'字,非也。"孔穎達《正義》曰:"史佚,周初良史,武王、周公、成王時臣也,有子下殤而死。注'史佚,武王時賢史也',史佚,文王、武王時臣。"④諸本"武王"皆誤作"成王",惟撫州本不誤。

---

① 漢鄭玄注,唐陸德明釋文《宋本禮記》,《國學基本典籍叢刊》第3輯,北京,國家圖書館出版社,2017年9月,第2冊第21頁。
② 漢鄭玄注,唐孔穎達正義,呂友仁整理《禮記正義》上冊第667頁。
③ 漢鄭玄注,唐陸德明釋文《宋本禮記》第2冊第73頁。
④ 漢鄭玄注,唐孔穎達正義,呂友仁整理《禮記正義》中冊第817頁。

3.《内則》曰："擣珍：取牛、羊、麋、鹿、麕之肉，必脄，每物與牛若一，捶反側之，去其餌，孰出之，去其皽，柔其肉。"鄭玄《注》曰："脄，脊側肉也。捶，擣之也。餌，筋腱也。柔之，爲汁和也。汁和亦醢醯與？"①注文"脄"，嘉靖本《禮記注》、十行本《禮記注疏》同；撫州本《禮記注》、八行本、和珅本、閩本、監本、毛本、阮刻本《禮記注疏》"脄"作"脄"，是。"脊側肉"是解釋經文"脄"字。

（三）校正八行本

八行本《禮記正義》是《禮記》經文、注文和疏文最早的合刻本，今存者，中國國家圖書館藏一部全本，北京大學圖書館藏本殘存卷一至二；日本足利學校藏一部，山井鼎謂之"足利本"，卷三十三至四十爲室町時期補寫；日本東京大學東洋文化研究所藏本殘存卷六十三，京都大學附屬圖書館谷村文庫藏本殘存卷六十四②。《中華再造善本》影印國家圖書館藏本，今據以討論。

1.《檀弓上》曰："設披，周也；設崇，殷也；綢練設旐，夏也。"鄭玄《注》曰："夫子雖殷人，兼用三王之禮，尊之。披，柩行夾引棺者。崇牙。旗旐飾也。綢練，以練綢旐之杠。是旐，葬乘車所建也。旐之旒，緇布，廣充幅，長尋曰旐。《爾雅》説旐旗曰：'素錦綢杠。'"③"崇牙旗旐飾也"，和珅本、十行本、閩本、監本、毛本、殿本、阮刻本《禮記注疏》作"崇牙旐旗飾也"，皆非；撫州本、余仁仲本、婺州本、岳本、嘉靖本《禮記注》作"崇，崇牙。旐，旗飾也"，甚是。

---

① 漢鄭玄注，唐陸德明釋文《宋本禮記》第 2 册第 183 頁。
② 張麗娟《宋代經書注疏刊刻研究》第 427—428 頁。
③ 漢鄭玄注，唐孔穎達正義，八行本《禮記正義》，北京圖書館出版社，2003 年 12 月，卷 10 第 2 頁。

又，"杜""是旌"，撫州本、余仁仲本、婺州本、岳本、嘉靖本《禮記注》、和珅本、十行本、閩本、監本、毛本、殿本、阮刻本《禮記注疏》作"杠""此旌"，日本足利學校藏八行本《禮記正義》同①，是。阮元《校勘記》曰："崇牙旌旗飾也：閩、監、毛本同，衛氏《集説》同。岳本'崇'字重，宋監本同，《考文》引古本、足利本同。又云：'宋板"崇牙"上闕字，似脱一"崇"字，嘉靖本亦作"崇崇牙"。'"②細檢八行本《禮記正義》卷十第二頁，左下角第七行"行夾引""之杜是"、第八行"正義曰""此一節"十二字，是壞板經修補者，故將"杠此"誤刻爲"杜是"，日本足利學校藏不誤（參圖五）。

圖五：國圖藏八行本和日本足利學校藏八行本《禮記正義》卷十第二頁局部

---

① 漢鄭玄注，唐孔穎達正義，影印南宋越刊八行本《禮記正義》，北京大學出版社，2014年6月，上册第 213 頁上欄。
② 清阮元校刻《十三經注疏》上册第 1287 頁下欄。

2.《月令》曰："命相布德和令，行慶施惠，下及兆民。"鄭玄《注》曰："相，語三公，相王之事也。德，謂善教也。令，謂時禁也。慶，謂休其善也。惠，謂恤其不足也。天子曰兆民。"①注文"語三公"之"語"，婺州本同，撫州本、余仁仲本、岳本、嘉靖本、和本、十行本、閩本、監本、毛本、殿本、阮刻本作"謂"，孔穎達《禮記正義》同，是。

以上所舉數例，皆可見撫州本之珍貴。然撫州本亦有訛脫，茲舉一例。

《禮器》曰："祭祀不祈。"鄭玄《注》曰："祈，求也。祭祀不爲求福也。《詩》云：'自求多福。'由己耳。"②注文"由"上，余仁仲本、岳本、嘉靖本《禮記注》、八行本、和珅本、十行本、閩本、監本、毛本、殿本、阮刻本《禮記注疏》重"福"字，甚是，撫州本脫。

然就訛脫衍倒之總體比例來看，撫州本顯然低於《禮記》其他版本。

撫州本是今存所見鄭玄《禮記注》最早的宋刻本，開鄭玄《禮記注》附《釋文》之先例，其經注文字與婺州本《禮記注》、八行本《禮記正義》經注同源。將撫州本與婺州本、余仁仲本《禮記注》和八行本《禮記正義》等《禮記》代表性版本進行校勘，撫州本可校正《禮記》其他版本之訛脫衍倒，具有重要的學術價值。

（原刊於《中國經學》第 27 輯，廣西師範大學出版社 2020 年 11 月）

---

① 漢鄭玄注，唐孔穎達正義，八行本《禮記正義》卷 22 第 5 頁。
② 漢鄭玄注，撫州本《禮記注》卷 7 第 17 頁。

《禮記》校勘與版本錯訛溯源舉隅

　　唐代《五經正義》的編纂,《禮記》正式代替《儀禮》,成爲《五經》之一。宋代《四書》之《大學》《中庸》,分別是《禮記》第四十二篇、第三十一篇。《四書》《五經》是構建中華優秀傳統文化的核心經典,也是從事中華傳統文化者必讀之書。《禮記》自宋代以來,主要以刻本形式流傳,其版本可分白文本、經注本、單疏本和注疏本,經注本有蜀大字本、撫州本、婺州本、余仁仲本、紹熙本、岳本(殿本注)、嘉靖本,注疏本有八行本、元十行本、閩本、監本、毛本、殿本注疏、《四庫》本、和珅本與阮刻本等。經注本、注疏本皆有附釋文與不附釋文之別,經注本中,蜀大字本、婺州本、嘉靖本不附釋文,撫州本、余仁仲本、紹熙本、岳本(殿本注)附釋文;注疏本中,八行本不附釋文,元十行本、閩本、監本、毛本、殿本注疏、《四庫》本、和珅本、阮刻本皆附釋文。經注本之紹熙本、岳本、嘉靖本源自余仁仲本,十行本以下附釋文注疏本之經注釋文,亦祖余仁仲本。經過比勘衆本,經注本之中,蜀大字本最佳,其次是撫州本、余仁仲本;注疏本之中,八行本最早,和珅本精善,阮刻本是集大成之版本。然阮刻本文字錯誤,有源自宋本者,今以中華書局《十三經注疏》本《附釋音禮記注疏》六十三卷爲底本,舉二例説明。

　　1.《禮記·曲禮上》曰:"凡爲人子之禮,冬温而夏清,昏定而晨省。"鄭玄《注》曰:"安定其牀衽也。省,問其安否何如。"①

　　鍔案:"昏定而晨省"者,謂孝子傍晚爲父母鋪設卧席,早上問候請安。衽是卧席。

　　《撫本禮記鄭注考異》曰:"嘉靖本、岳本'安定'皆作'定安',山井鼎所據宋板注疏亦然,讀'定'字逗,'安'字下屬。"②顧廣圻據嘉靖本、岳本和足利本發現"定安"誤倒。

　　阮元《校勘記》曰:"閩、監、毛本作'衽',此本'衽'誤'在'。岳本'安定'作'定安',嘉靖本同,《考文》引宋板同,《通典》六十八同。案:以'安其牀衽'訓'定'字,與以'問其安否何如'訓'省'字,文法同。岳本爲是。《正義》亦云'定安'也。"③

　　"安定其牀衽也",撫州本、余仁仲本、八行本、和珅本、閩本、監本、毛本、殿本注疏、《四庫》本、阮刻本同;蜀大字本、婺州本、岳本、嘉靖本、足利本作"定安",是;十行本"衽"作"在",非。阮元亦指出"定安"誤倒,然其倒文當始於余仁仲本。

　　孔穎達《禮記正義》曰:"'昏定而晨省'者,上云'冬温夏清',是四時之法,今説一日之法。定,安也。晨,旦也。應卧,當齊整牀衽,使親體安定之後退。至明旦,既隔夜,早來視親之安否何如。先昏後晨,兼示經宿之禮。"孔説甚是,也證明"安其牀衽"訓"定",與"問其安否何如"訓"省"文法一致。(參看圖六至一三)

---

①　清阮元校刻《十三經注疏》上册第 1233 頁上欄。
②　清張敦仁《撫本禮記鄭注考異》,"顧校叢刊"《禮記》下册第 1137—1138 頁。
③　清阮元校刻《十三經注疏》上册第 1236 頁下欄。

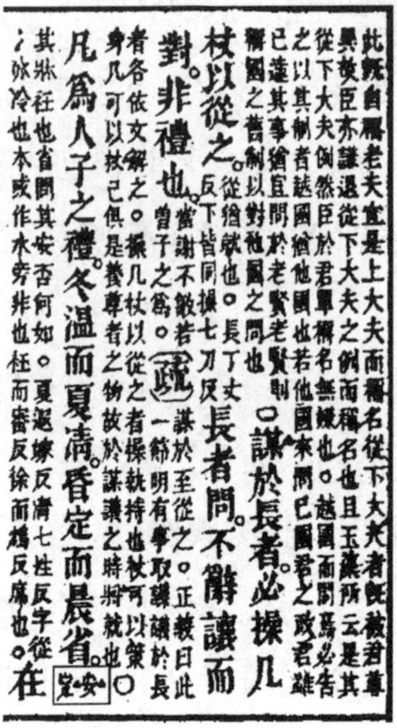

此既自稱老夫寔是上大夫而稱名從下大夫者既被君尊
異故臣亦謙退從下大夫之例而稱名也且玉藻所云是其
從下大夫例然臣於君單稱名無嫌也○越國而問焉必告
之以其制者越國猶他國也若他國來問己國君之政君雖
已達其事猶宜問於老賢老賢則
稱國之舊制以對他國之問也○謀於長者必操几
杖以從之。從猶就也○長丁丈反下皆同操七刀反 長者問不辭讓而
對非禮也。當謝不敏若曾子之爲○ 疏 謀於至從之○正義曰此一節明有事取謀謨於長
者各依文解之○操几杖以從之者操執持也杖可以策
身几可以扶己俱是養尊者之物故於謀謨之時將就也
凡爲人子之禮冬溫而夏凊昏定而晨省。安定
其牀衽也省問其安否何如○夏凊嫁反凊七性反字從
冫冰冷也本或作水旁非也衽而審反徐而鴆反席也○在

圖六：阮刻本《禮記注疏》卷一

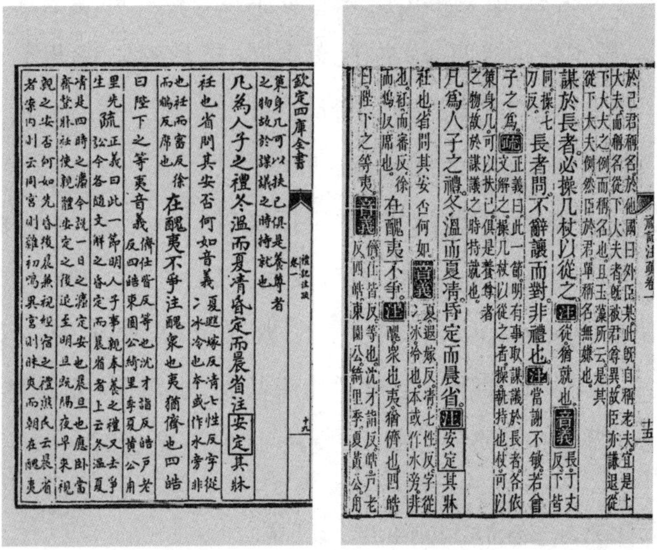

欽定四庫全書　禮記注疏 卷一　十九
策身几可以扶己俱是養尊者之物故於謀謨之時持就也
凡爲人子之禮冬溫而夏凊昏定而晨省注安定其牀
衽也省問其安否何如音義夏凊嫁反凊七性反字從冫冰冷也本或作水旁非
也衽而審反徐而鴆反席也 在醜夷不爭注醜衆也夷猶儕也四皓
曰陛下之等夷音義儕仕皆反等也沈才諧反皓戶老反四皓東園公綺里季夏黃公甪
里先生 疏正義曰此一節明人子事親奉養之禮又去爭訟今各隨文解之昏定而晨省者上云冬溫夏
凊是四時之法今說一日之法定安也晨旦也應臥當齊整牀衽使親體安定之後退至明旦既隅夜早來視
親之安否何如先昏後晨兼視之禮熊氏云晨省者案內則云問宮則雞初鳴異宮則昧爽而朝在醜夷

於己君稱名於他國曰外臣某此既自稱老夫宜是上大夫而稱名從下大夫者既被君尊異故臣亦謙退從
下大夫之例而稱名也且玉藻所云是其從下大夫例然臣於君單稱名無嫌也
謀於長者必操几杖以從之注從猶就也音義長丁丈反下皆同操七刀反
長者問不辭讓而對非禮也注當謝不敏若曾子之爲疏正義曰此一節明有事取謀議於長者各依文解之操几杖以從之者操執持也杖可以
策身几可以扶己俱是養尊者之物故於謀議之時持就也
凡爲人子之禮冬溫而夏凊昏定而晨省注安定其牀
衽也省問其安否何如音義夏凊嫁反凊七性反字從冫冰冷也本或作水旁非
也衽而審反徐而鴆反席也 在醜夷不爭注醜衆也夷猶儕也四皓
曰陛下之等夷音義儕仕皆反等也沈才諧反皓戶老反四皓東園公綺里季夏黃公甪
禮記注疏卷一　十五

圖七：文淵閣《四庫》本和殿本《禮記注疏》卷一

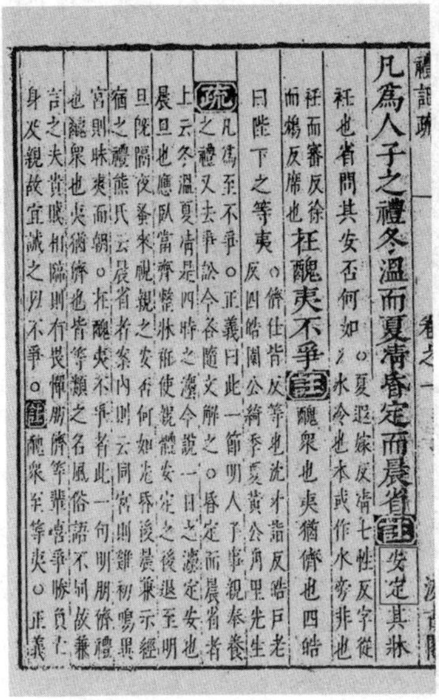

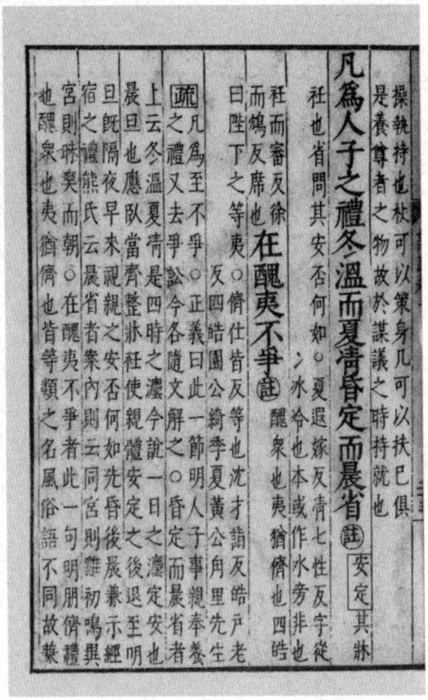

圖八：毛本和監本《禮記注疏》卷一

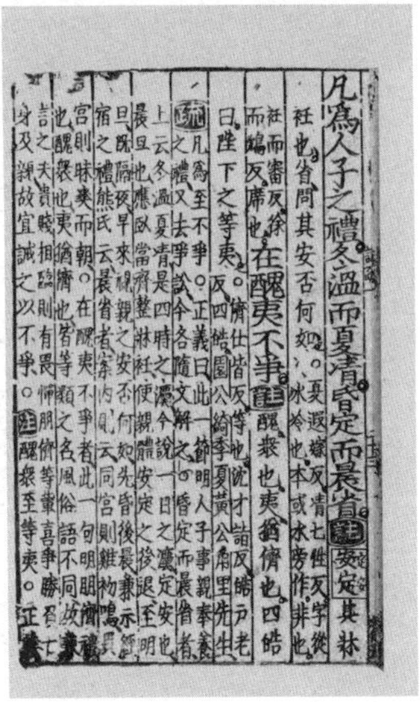

圖九：閩本和元十行本《禮記注疏》卷一

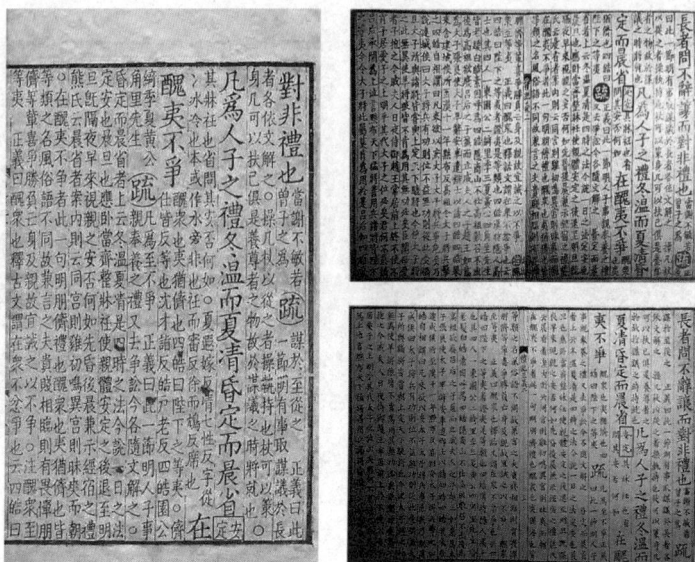

圖一〇：和珅本《禮記注疏》卷一與足利本、八行本《禮記正義》卷二

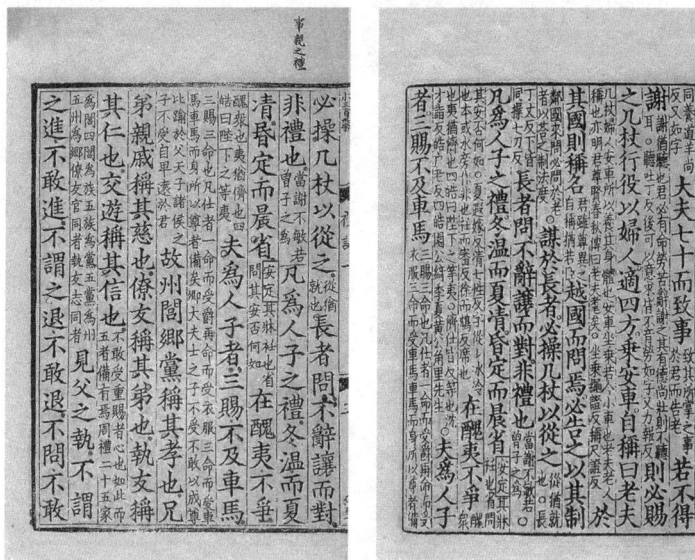

圖一一：撫州本和余仁仲本《禮記注》卷一

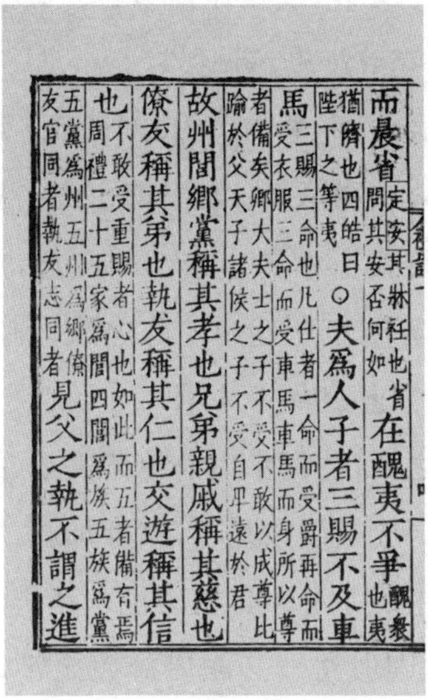

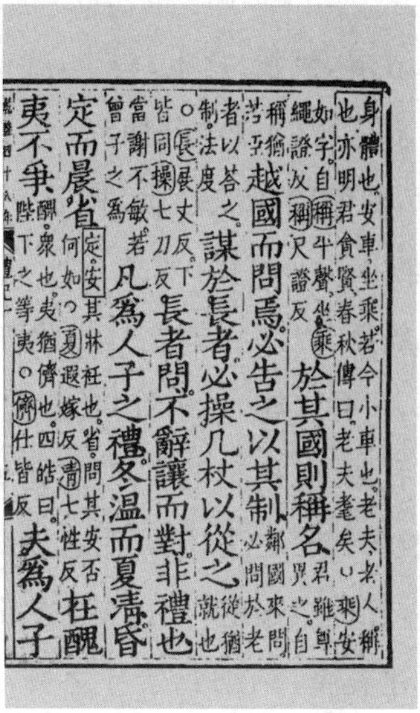

圖一二：嘉靖本和岳本（武英殿翻刻）《禮記注》卷一

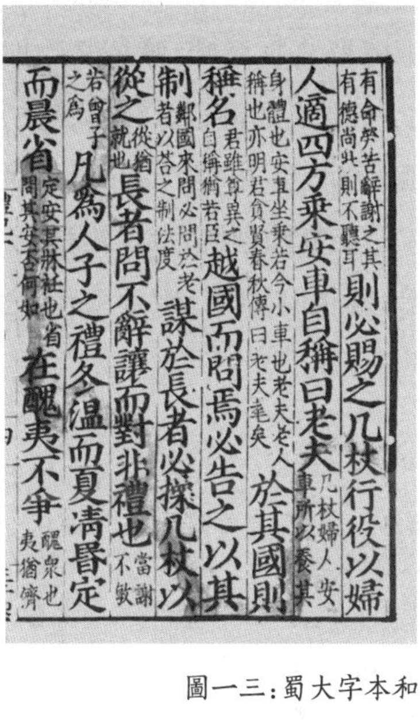

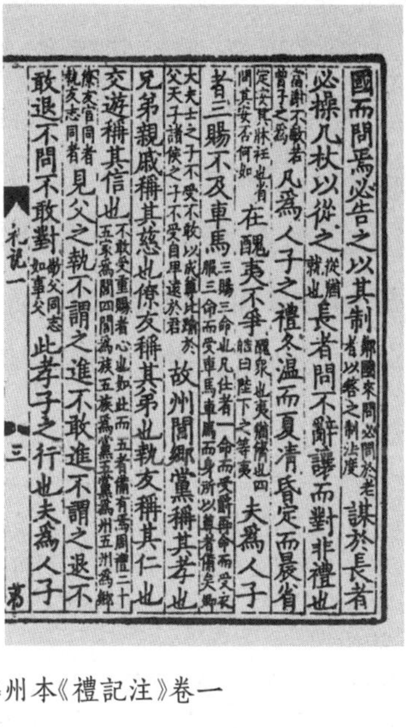

圖一三：蜀大字本和婺州本《禮記注》卷一

2.《禮記・檀弓上》："孔子之喪，公西赤爲志焉。飾棺，牆置翣，設披，周也；設崇，殷也；綢練設旐，夏也。"

鄭玄《注》曰："公西赤，孔子弟子，字子華。志，謂章識。牆之障柩，猶垣牆障家。牆，柳衣。翣，以布衣木，如攝與。夫子雖殷人，兼用三王之禮，尊之。披，柩行夾引棺者。崇，牙①。旐，旗飾也。綢練，以練綢旐之杠。此旐，葬乘車所建也。旐之旒，緇布廣充幅，長尋曰旐。《爾雅》說旐旗曰：'素錦綢杠。'"②

孔穎達《禮記正義》曰："孔子之喪，公西赤以飾棺榮夫子，故爲盛禮，備三王之法，以章明志識焉。於是以素爲褚，褚外加牆，車邊置翣，恐柩車傾虧，而以繩左右維持之，此皆周之法也。其送葬乘車所建旐旗，刻繒爲崇牙之飾，此則殷法。又韜盛旐旗之竿以素錦，於杠首設長尋之旐，此則夏禮也。既尊崇夫子，故兼用三代之飾也。"

"牆之障柩，猶垣牆障家，故謂障柩之物爲牆，障柩之物即柳也，外旁帷荒，中央材木，總而言之，皆謂之爲柳也。《縫人》注云：'柳，聚也，諸飾所聚。'前文注云'牆，柳'者，以經直云'周人牆置翣'，文無所對，故注直云'牆，柳也'。其實牆則柳也。《雜記》喪從外來，雖非葬節，以裳帷障棺，亦與垣牆相似，故鄭注'不毀牆'之下云：'牆，裳帷也。'皆望經爲義，故三注不同。"③

---

① 清阮元《禮記注疏校勘記》曰："崇牙旐旗飾也：閩、監、毛本同，衛氏《集說》同。岳本'崇'字重，宋監本同，《考文》引古本、足利本同，又云：'宋板"崇牙"上闕字，似脫一"崇"字。'嘉靖本亦作'崇崇牙'。"蜀大字本、撫州本、余仁仲本皆重"崇"字，甚是。

② 清阮元校刻《十三經注疏》上冊第 1284 頁中欄。

③ 清阮元校刻《十三經注疏》上冊第 1284 頁中欄、下欄。

　　鍔案:志者,章明志識,猶操辦。牆,又名柳,是覆蓋包裹靈柩的帷幔。翣,遮擋靈柩的扇形裝飾物,猶如漢代的扇子,即攝。披是帛製作的帶子,一端繫靈柩,一端由送喪者牽持,防止靈柩傾斜。崇即崇牙,送喪車上之旌旗邊緣製作成齒邊,猶如郵票邊。綢(tāo),韜也,用素錦纏繞旗杆。旐是寬二尺二寸、長八尺的黑布幡,即魂幡。這段經文意思是:孔子的喪事是弟子公西赤操辦的,棺木靈柩外設置帷幔即柳,柳牆上有翣,靈柩外繫絲帶,這是周代喪葬禮制;魂車上插有崇牙狀旌旗,這是殷商禮制;用素錦纏繞旗杆,旗杆上有一塊寬二尺二寸、長八尺的黑布幡,這是夏代禮制。公西赤爲尊榮夫子,特爲盛禮,使用三代禮制下葬老師。

　　《七經孟子考文補遺》曰:“‘牆之障柩猶垣牆障家’,無此九字,謹按:下注云‘牆柳衣’,此注衍文,古本近是。”山井鼎依據古本指出“牆之障柩猶垣牆障家”是衍文。

　　《撫本禮記鄭注考異》云:“各本‘牆’下有注云‘牆之障柩猶垣牆障家’,凡九字。蓋他本取《正義》語附載之,遂誤入鄭注也。撫本初刻並無此九字,最是。修板時誤於他本,剜擠入之,故其添補痕迹,今猶宛然。山井鼎云‘古本無此九字。謹按“下注云牆柳衣,此注衍文”’云云,與此初刻爲同矣。”①顧廣圻謂撫州本挖補“牆之障柩猶垣牆障家”。

　　阮元《校勘記》曰:“牆之障柩猶垣牆障家:閩、監、毛本同,岳本、嘉靖本同,衛氏《集說》亦有,《考文》古本無此九字。盧文弨云:‘牆下注九字,古本無,乃疏中語也。’山井鼎云:‘下注牆柳衣,此注

---

① 　清張敦仁《撫本禮記鄭注考異》,“顧校叢刊”《禮記》下册第 1144 頁。

爲衍文。'明矣。"①阮元指出衍文由來已久。

　　"牆之障柩猶垣牆障家",撫州本、余仁仲本、岳本、嘉靖本、八行本、和珅本、十行本、閩本、監本、毛本、殿本注疏、《四庫》本、阮刻本同;蜀大字本、婺州本無此九字,是。《禮記正義》有"牆之障柩猶垣牆障家"九字,可證山井鼎、顧廣圻、阮元所言甚是,蜀大字本、婺州本恰無此九字。

圖一四:阮刻本《禮記注疏》卷七

---

①　清阮元校刻《十三經注疏》上册第 1287 頁下欄。

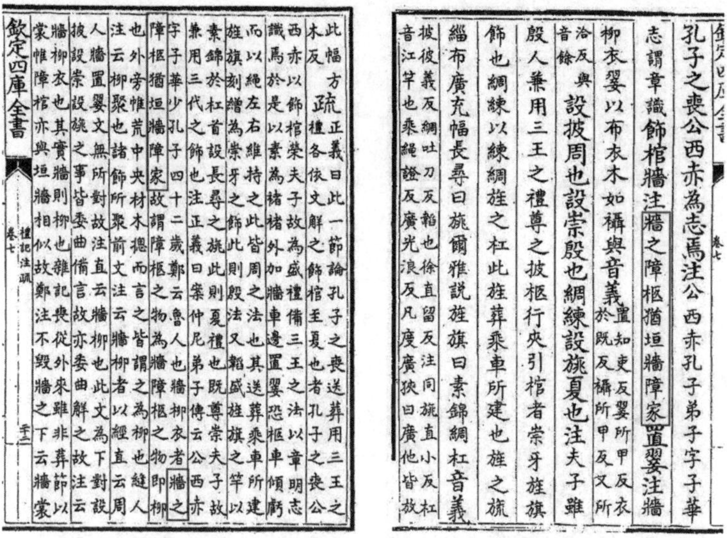

欽定四庫全書 卷七

孔子之喪公西赤為志焉注公西赤孔子弟子字子華
志謂章識飾棺牆注牆之障柩猶垣牆障家置翣注牆
柳衣翣以布衣木如襰與音義置知吏反翣所甲反衣於既反襰所甲反又所
洽反與音餘設披周也設崇殷也綢練設旐夏也注夫子雖
殷人兼用三王之禮尊之披柩行夾引棺者崇牙旌旗
飾也綢練以練綢旌之杠此旌葬乘車所建也旌之旒
緇布廣充幅長尋曰旐爾雅說旌旗曰素錦綢杠音義
披彼義反綢吐刀反韜也徐直留反注同旐直小反杠音江竿也乘繩證反廣光浪反凡度廣狹曰廣他皆放

此幅方木反疏正義曰此一節論孔子之喪送葬用三王之禮各依文解之飾棺王夏也者孔子之喪公
西赤以飾棺榮夫子故為盛禮備三王之法以章明志
識焉於是以素為褚褚外加牆車邊置翣恐柩車傾虧
而以繩左右維持之此皆周之法也其送葬乘車所建
旌旗刻繒為崇牙之飾此則殷法又韜盛旌旗之竿以
素錦於杠首設長尋之旐此則夏禮也既尊崇夫子故
兼用三代之飾也注正義曰案仲尼弟子傳云公西赤
字子華少孔子四十二歲鄭云魯人也牆柳衣者牆之
障柩猶垣牆障家故謂障柩之物為牆障柩之物即柳
也外旁帷荒中央材木揔而言之皆謂之為柳也縫人
注云柳聚也諸飾所聚前文注云牆柳者以經直云周
人牆置翣文無所對故注直云牆柳也此文為下對設
披設崇設旐之事皆委曲備言故亦委曲解之故注云
牆柳衣也其實牆則柳也雜記喪從外來雖非葬節以
裳帷障棺亦與垣牆相似故鄭注不毀牆之下云牆裳

欽定四庫全書 禮記注疏 卷七 十三

圖一五：文淵閣《四庫》本《禮記注疏》卷七

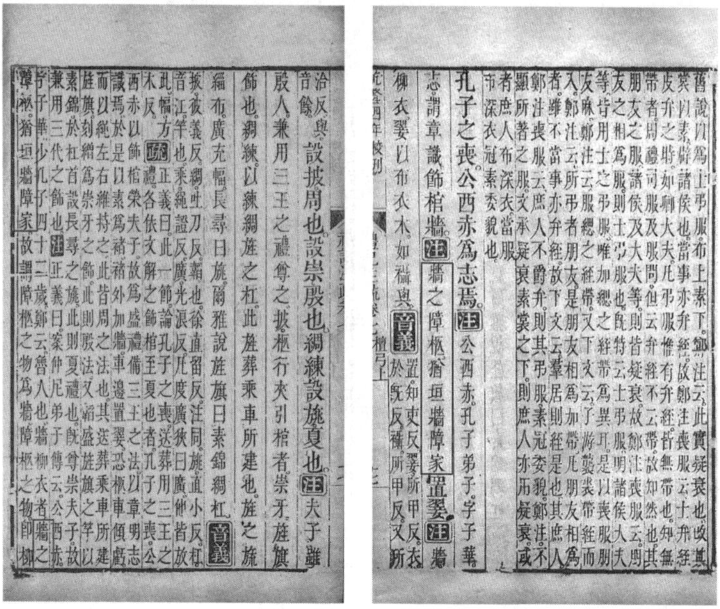

舊說以為士弔服布上素下鄭注云此實疑衰也改其
裳以素辟諸侯也當事亦弁絰故鄭注喪服云士弁絰
皮弁之時如卿大夫凡弔服惟有弁絰皆無帶也知無
帶者周禮司服及服問但云弁絰不云帶故知然也其
朋友之服諸侯及大夫等則皆疑衰故鄭注喪服云周
友之相為服則士弔服也既特云士弔服明諸侯大夫
等皆用士之弔服唯加緦之絰帶為異耳是以喪服朋
友麻鄭注云服緦之絰帶又下文云子游裼裘帶絰而
入鄭注云所弔者朋友是朋友相為加帶凡朋友相為
者雖不當事亦弁絰故下文云羣居則絰是也其庶人
鄭注喪服云庶人不爵弁則其弔服素冠委貌鄭注不
顯所著之服文承疑衰素裳之下則庶人亦弔疑衰或
者庶人布深衣當服
布深衣冠素委貌也

孔子之喪公西赤為志焉注公西赤孔子弟子字子華
志謂章識飾棺牆注牆之障柩猶垣牆障家置翣注牆
柳衣翣以布衣木如襰與音義置知吏反翣所甲反衣於既反襰所甲反又所

乾隆四年校刊 禮記注疏卷七檀弓上

洽反與音餘設披周也設崇殷也綢練設旐夏也注夫子雖
殷人兼用三王之禮尊之披柩行夾引棺者崇牙旌旗
飾也綢練以練綢旌之杠此旌葬乘車所建也旌之旒
緇布廣充幅長尋曰旐爾雅說旌旗曰素錦綢杠音義
披彼義反綢吐刀反韜也徐直留反注同旐直小反杠
音江竿也乘繩證反廣光浪反凡度廣狹曰廣他皆放
此幅方木反疏正義曰此一節論孔子之喪送葬用三王之禮各依文解之飾棺王夏也者孔子之喪公
西赤以飾棺榮夫子故為盛禮備三王之法以章明志
識焉於是以素為褚褚外加牆車邊置翣恐柩車傾虧
而以繩左右維持之此皆周之法也其送葬乘車所建
旌旗刻繒為崇牙之飾此則殷法又韜盛旌旗之竿以
素錦於杠首設長尋之旐此則夏禮也既尊崇夫子故
兼用三代之飾也注正義曰案仲尼弟子傳云公西赤
字子華少孔子四十二歲鄭云魯人也牆柳衣者牆之
障柩猶垣牆障家故謂障柩之物為牆障柩之物即柳

圖一六：武英殿本《禮記注疏》卷七

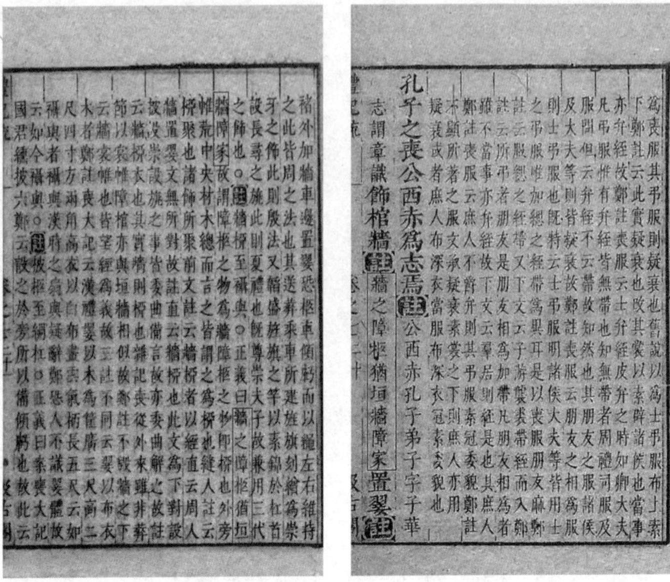

圖一七：毛本《禮記注疏》卷七

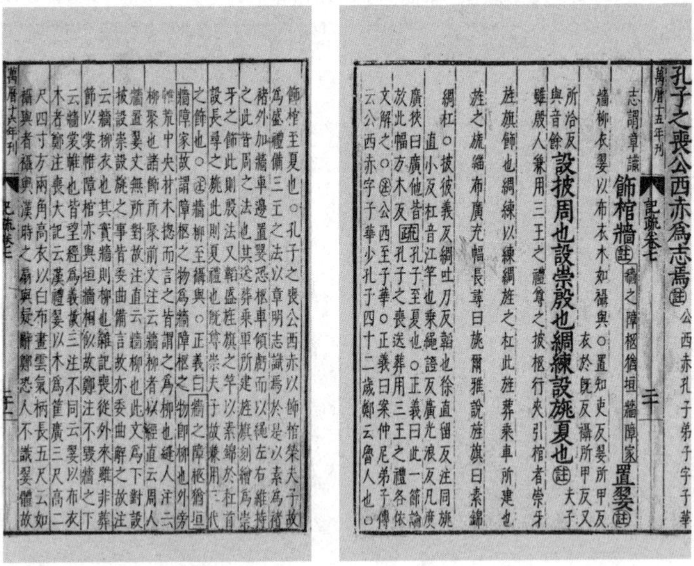

圖一八：監本《禮記注疏》卷七

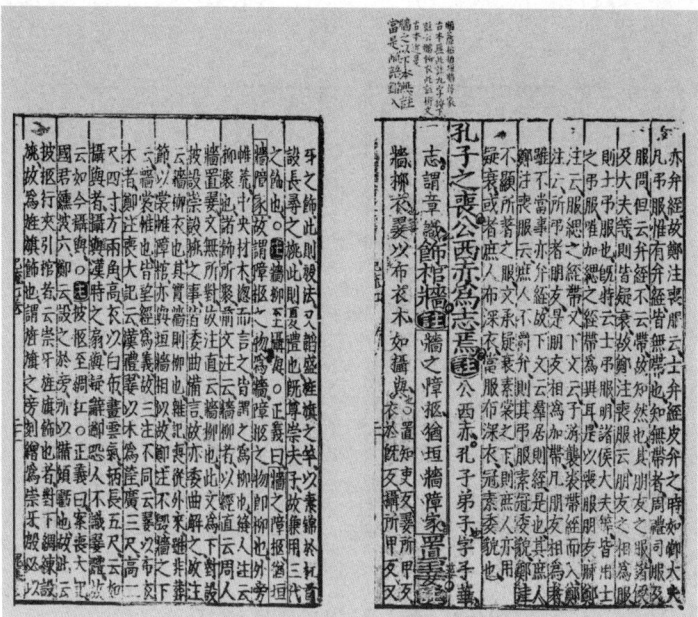

圖一九：閩本《禮記注疏》卷七

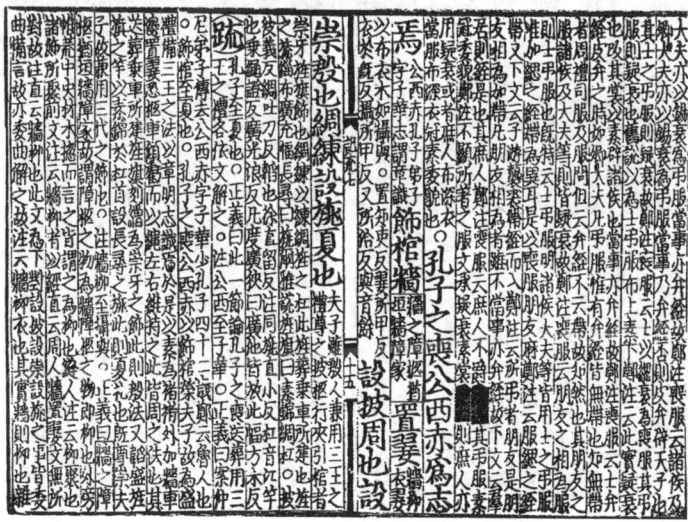

圖二〇：元十行本《禮記注疏》卷七

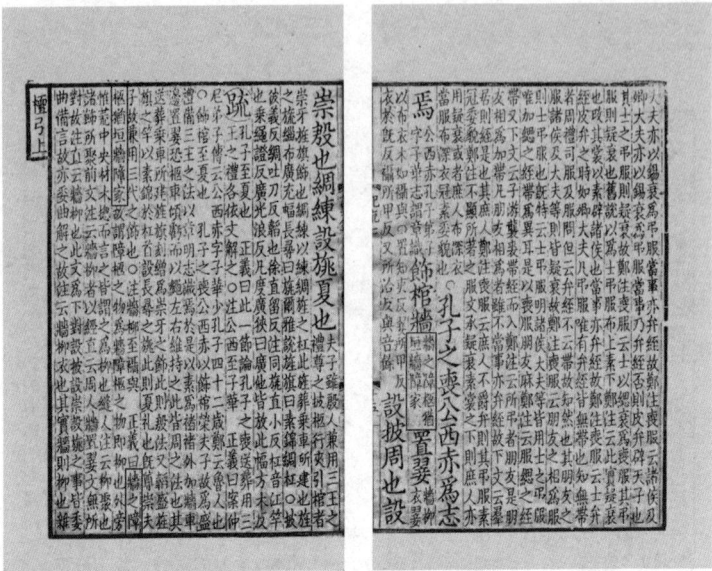

圖二一：和珅本《禮記注疏》卷七

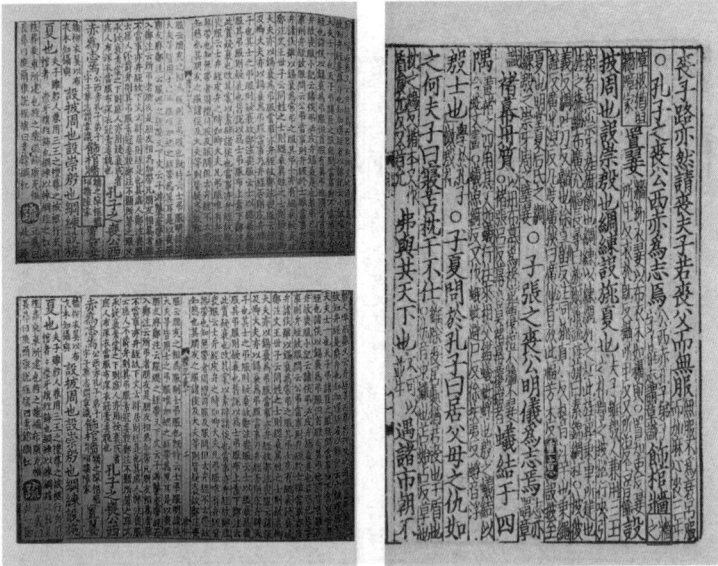

圖二二：足利本、八行本《禮記正義》卷十與紹熙本《禮記注》卷二

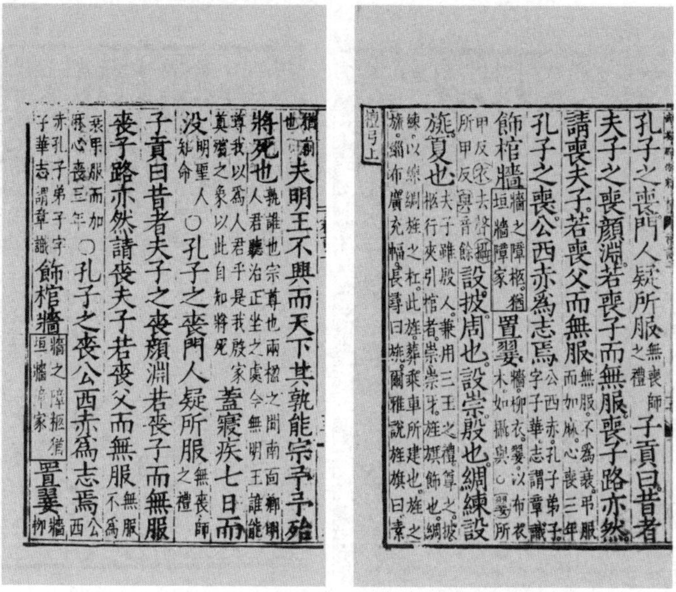
孔子之喪門人疑所服 子貢曰昔者
夫子之喪顏淵若喪子而無服喪子路亦然
請喪夫子若喪父而無服
孔子之喪公西赤爲志焉
飾棺牆 置翣
設披周也設崇殷也綢練設
旐夏也

猶賴夫明王不興而天下其孰能宗予予殆
將死也
蓋寢疾七日而
沒 ○孔子之喪門人疑所服
子貢曰昔者夫子之喪顏淵若喪子而無服
喪子路亦然請喪夫子若喪父而無服
○孔子之喪公西赤爲志焉
飾棺牆 置翣

圖二三：嘉靖本和岳本(武英殿翻刻)《禮記注》卷二

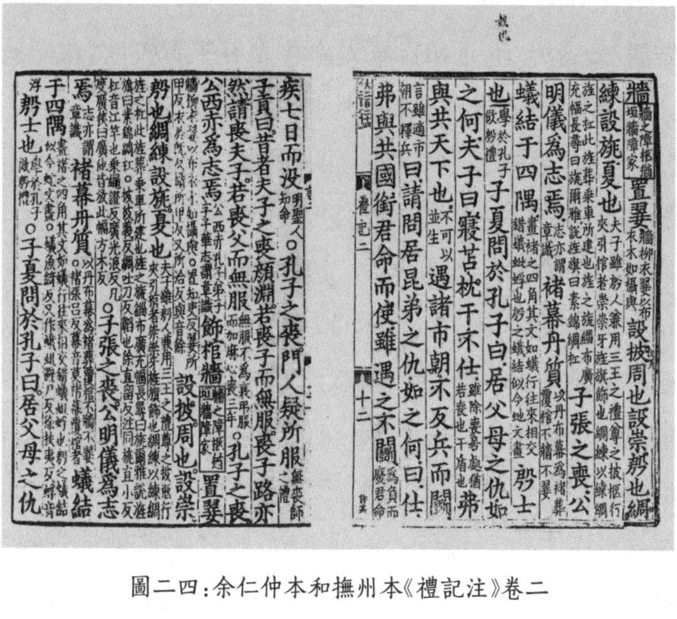
疾七日而沒 ○孔子之喪門人疑所服
子貢曰昔者夫子之喪顏淵若喪子而無服喪子路亦
然請喪夫子若喪父而無服 ○孔子之喪
公西赤爲志焉 飾棺牆 置翣
設披周也設崇
殷也綢練設旐夏也
○子張之喪公明儀爲志
焉 褚幕丹質 蟻結
于四隅 ○子夏問於孔子曰居父母之仇
殷士也

牆 置翣 設披周也設崇殷也綢
練設旐夏也 子張之喪公
明儀爲志焉 褚幕丹質
蟻結于四隅 殷士
也 子夏問於孔子曰居父母之仇如
之何夫子曰寢苫枕干不仕 弗
與共天下也 遇諸市朝不反兵而鬬
曰請問居昆弟之仇如之何曰仕
弗與共國銜君命而使雖遇之不鬬

圖二四：余仁仲本和撫州本《禮記注》卷二

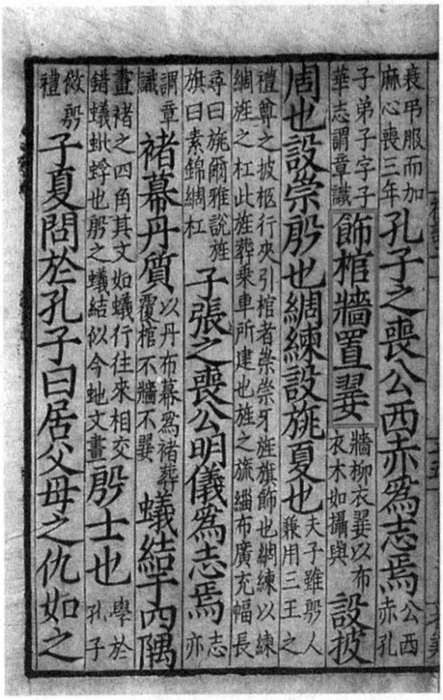

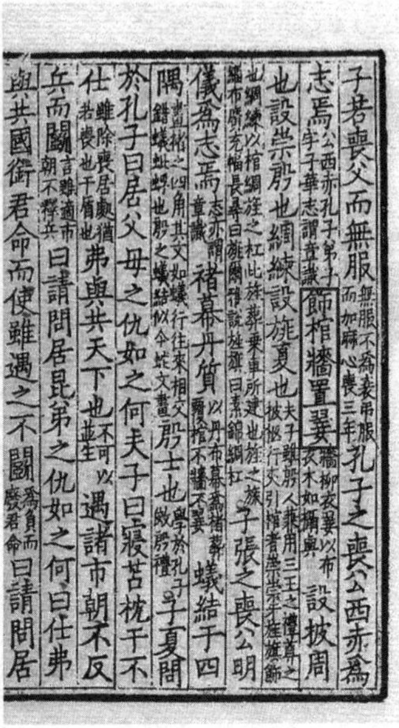

圖二五:蜀大字本和婺州本《禮記注》卷一

　　結語:顧廣圻、阮元和日本人山井鼎等學者校勘《禮記》,成就卓著。阮刻本“定安”倒作“安定”,撫州本、余仁仲本、八行本、十行本、閩本、監本、毛本、殿本注疏、《四庫》本、和珅本同,八行本此頁爲補配,説明阮刻本經注文祖本之余仁仲本已倒,幸有蜀大字本、婺州本、岳本、嘉靖本、足利本作“定安”,可得乙正。阮刻本之倒文源自元十行本,閩本、監本、毛本、殿本注疏、《四庫》本沿襲,依據宋劉叔剛本覆刻之和珅本一致,劉叔剛本經注釋文源自余仁仲本,余仁仲本亦倒,撫州本同,説明“定安”倒爲“安定”,源自宋本,岳本、嘉靖本刊刻時改正,有蜀大字本、婺州本、足利本等得以證明,非阮刻本及其祖本十行本始誤。阮刻本衍“牆之障柩猶垣牆障家”九字,撫州本、余仁仲本、岳本、嘉靖本、八行本、十行本、閩本、監本、毛本、殿本注疏、《四庫》本、和珅本同，惟蜀大字本、婺州本無，山井鼎、顧廣圻、阮元所言正確。阮刻本九字衍文乃疏文羨入鄭注，當來源於經注疏合刻本，八行本、十行本是注疏本，八行本早於十行本，今存足利本、八行本、元十行本、和珅本皆衍，則九字衍文當始見於八行本《禮記正義》、余仁仲本，撫州本據以挖補，實沿八行本之誤，此衍文亦源自宋本，非阮刻本始誤。阮刻本《禮記注疏》錯誤，源於宋本者不少，他書也有類似情況。所以，整理《十三經注疏》，當校勘現存可見之宋本，追本溯源，校正補缺，不能妄改，不可妄言，探尋源流，十分重要。

（原刊於《詩禮文化研究》第三輯，中西書局 2024 年 5 月）

東漢以來《禮記》的流傳

　　《禮記》四十九篇記載了許多現實生活中實用性較强的禮節儀式,尤其是詳盡地論述了各種典禮的意義和制禮的精神,極其透徹地宣揚了儒家的禮治思想,爲歷代政府提供了極富彈性的禮治理論。歷史和現實的經驗使當政者深刻地認識到,利用"禮治"爲中心的儒家思想,吸引廣大知識階層,規範世人的思想和行爲準則,是維護統治秩序並獲得長治久安的大政方針,故《禮記》贏得了歷代統治者的青睞。幾千年來,對中華民族意識形態影響最大的書是儒家的書,從所起作用的大小來估計,《禮記》與《論語》《孟子》相伯仲,但超過《荀子》,在整個封建社會中,出盡了風頭。清焦循曰:"以余論之,《周官》《儀禮》,一代之書也。《禮記》,萬世之書也。必先明乎《禮記》,而後可學《周官》《儀禮》。《記》之言曰:'禮以時爲大。'此一言也,以蔽千萬世制禮之法可矣。"①此言雖偏激,但説明了《禮記》逐漸走紅的原因。

①　清焦循《禮記補疏序》,《清經解　清經解續編》,南京,鳳凰出版社,2005 年 6 月,第 7 册第 8778 頁。

　　《禮記》在儒家經典和封建社會中的地位如此重要，所以，對《禮記》的流傳問題進行探討，是十分必要的。自鄭玄撰《禮記注》以後，《禮記》備受歷代學者和政府關注，注疏刊刻，代不乏人，對中國古代社會和傳統文化的發展，產生了巨大的影響。

　　本文分《禮記》在魏晉南北朝時期的流傳、《禮記》在隋唐五代時期的流傳、《禮記》在宋遼金時期的流傳、《禮記》在元明時期的流傳、《禮記》在清代的流傳、近百年《禮記》流傳回顧、《禮記》流傳之展望七個部分，對東漢以來《禮記》的流傳及其研究歷史進行總結梳理。

一、《禮記》在魏晉南北朝時期的流傳

　　三國兩晉南北朝時期，《禮記》的研究和流傳中，最可稱道者是《禮記》被列於學官，設置博士，成爲《五經》之一，地位超過《儀禮》，傳承不絕。

　　自曹魏於黃初元年（220）建國，到隋文帝於開皇九年（589）統一，歷時三百七十年。就政治格局而言，是中國歷史上比較長的分裂時期；然就學術文化、思想藝術之發展來講，却是非常繁榮的階段。佛教、道教興盛，與儒家文化互相影響；玄學產生，促使學者對儒家經典的解說，無論從形式或内容而言，都發生巨大改變。儒家《十三經》之注，除《孝經》外，漢人和魏晉人，各注六經，加上義疏之學的興盛和大量音釋之書的出現，魏晉南北朝時期的經學，爲唐代學者撰寫《五經正義》等書奠定了堅實的基礎。

　　魏晉南北朝時期對《禮記》的研究和傳承，異常活躍。鄭玄遍注群經，"即經學論，可謂小統一時代"①。東漢末年，傳習鄭氏學者，有趙商、冷剛、張逸、孫皓、劉炎、炅模、田瓊、王瓚、焦氏、崇精、王權、鮑遺、任厥、氾閎、崇翔、劉德、陳鑠、桓翱一十八人，可見鄭玄學説在三國時期的影響。

　　某一部文獻欲成爲儒家之"經"，必須滿足一個條件，就是該書被封建政府"法定"，具體程序是朝廷爲該書設立博士，或曰"列於學官"。《禮記》何時成爲儒家之"經"的呢？

　　《三國志》卷十三《魏書·鍾繇華歆王朗傳》："初，肅善賈、馬之學，而不好鄭氏，採會同異，爲《尚書》《詩》《論語》《三禮》《左氏》解，及撰定父朗所作《易傳》，皆列於學官。"②可見，王肅（195—256）之《禮記注》一完成，就列於學官。

　　《三國志》卷四《魏書·三少帝紀》齊王芳正始七年（246）："冬十二月，講《禮記》通，使太常以太牢祀孔子於辟雍，以顏淵配。"③高貴鄉公曹髦於甘露元年（256）夏四月幸太學，此時曹髦年十五歲，先後問《易》《尚書》《禮記》之義於諸儒，《易》博士淳于俊、《書》博士庾峻、《禮記》博士馬照應對，在談論《尚書》時，涉及鄭玄、王肅議論之差異④。以此而觀，三國魏時已設立《禮記》博士，馬照則爲文獻記載之第一位《禮記》博士。《禮記》在三國魏時入"經"是沒有問題的。

---

①　清皮錫瑞著，周予同注釋《經學歷史》，北京，中華書局，2008 年 8 月，第 151 頁。

②　西晉陳壽撰，南朝宋裴松之注，陳乃乾校點《三國志》，北京，中華書局，1995 年 12 月，第 2 册第 419 頁。

③　西晉陳壽撰，南朝宋裴松之注，陳乃乾校點《三國志》第 1 册第 121 頁。

④　西晉陳壽撰，南朝宋裴松之注，陳乃乾校點《三國志》第 1 册第 135—138 頁。

　　據《三國志》記載，劉劭與荀彧討論日食問題①，諸葛亮和賴恭討論甘皇后諡號②，均徵引《禮記》。三國蜀主劉備、名將姜維，亦好鄭氏學③。劉備臨終，遺囑劉禪，"可讀《漢書》《禮記》"④。蜀國許慈、胡潛、李譔皆好《三禮》。

　　據《經典釋文·叙録》《隋書·經籍志》的記載，三國時爲《禮記》作注者有王肅《禮記注》三十卷、孫炎《禮記注》三十卷和吳國射慈《禮記音義隱》等書，惜原書皆散佚，清人馬國翰等有輯本。

　　《晉書·禮上》："武帝泰始七年，皇太子講《孝經》通。咸寧三年，講《詩》通。太康三年，講《禮記》通。"⑤

　　《晉書·荀崧傳》："世祖武皇帝應運登禪，崇儒興學。經始明堂，營建辟雍，告朔班政，鄉飲大射。西閣東序，河圖秘書禁籍。臺省有宗廟太府金墉故事，太學有石經古文先儒典訓，賈、馬、鄭、杜、服、孔、王、何、顏、尹之徒，章句傳注衆家之學，置博士十九人。九州之中，師徒相傳，學士如林。"⑥又曰："元帝踐阼……時方修學校，簡省博士，置《周易》王氏、《尚書》鄭氏、《古文尚書》孔氏、《毛詩》鄭氏、《周官》《禮記》鄭氏、《春秋左傳》杜氏服氏、《論語》《孝經》鄭氏博士各一人，凡九人，其《儀禮》《公羊》《穀梁》及鄭《易》皆省不置。"⑦

　　西晉武帝司馬炎、東晉元帝司馬睿對經學的大力提倡，《禮記》

①　西晉陳壽撰，南朝宋裴松之注，陳乃乾校點《三國志》第 3 册第 617 頁。
②　西晉陳壽撰，南朝宋裴松之注，陳乃乾校點《三國志》第 4 册第 905—906 頁。
③　清皮錫瑞著，周予同注釋《經學歷史》第 151—153 頁。
④　西晉陳壽撰，南朝宋裴松之注，陳乃乾校點《三國志》第 4 册第 891 頁。
⑤　唐房玄齡等撰《晉書》，北京，中華書局，1974 年 11 月，第 3 册第 599 頁。
⑥　唐房玄齡等撰《晉書》第 7 册第 1977 頁。
⑦　唐房玄齡等撰《晉書》第 7 册第 1976—1977 頁。

也受重視。東晉時期，《禮記》地位甚至超過《儀禮》，這不僅反映在經學博士的設立上，皇子親習《禮記》，就是諸大臣在討論禮制時，也經常徵引《禮記》。

西晉太康九年（288）改建宗廟，社稷壇和宗廟俱需遷徙，晉武帝下詔曰：“社實一神，其并二社之祀。”①傅咸、摯虞徵引《禮記·祭法》《郊特牲》爲依據，上表反對，後晉武帝從二人之議，仍立帝社、太社二社。至晉元帝建武元年（317），“又依洛京立二社一稷。其太社之祝曰：‘地德普施，惠存無疆。乃建太社，保佑萬邦。悠悠四海，咸賴嘉祥。’其帝社之祝曰：‘坤德厚載，邦畿是保。乃建帝社，以神地道。明祀惟辰，景福來造。’”②

晉文帝司馬昭時，命荀顗、鄭沖等撰定《新禮》一百六十五篇。太康初年，尚書僕射朱整請摯虞等討論。摯虞上表說，喪服制度，鄭玄、王肅意見不一，荀顗等衹錄《喪服》經文而刪去《喪服傳》和先儒注釋，不便閱讀理解，“臣以爲今宜參採《禮記》，略取《傳》說，補其未備，一其殊義。可依準王景侯所撰《喪服變除》，使類統明正，以斷疑爭，然後制無二門，咸同所由”③。類似的討論中，徵引《禮記》的情況尚有。

據《經典釋文叙錄》《晉書·儒林列傳》《隋書·經籍志》的記載，文立、范隆、董景道、范宣等皆習《三禮》，范宣、徐邈等有《禮記音》等著作。

南朝宋文帝劉義隆元嘉十五年（438），徵雷次宗到鷄籠山開館講儒學，次宗精《三禮》《毛詩》，後又於鍾山筑招隱館，請其爲皇太

---

① 唐房玄齡等撰《晉書》第 3 册第 591 頁。
② 唐房玄齡等撰《晉書》第 3 册第 593 頁。
③ 唐房玄齡等撰《晉書》第 3 册第 582 頁。

子講《喪服》①。

南朝齊高帝蕭道成建元四年(482)建立國子學，中書令張緒擔任祭酒，教授國子監學生百五十人②。《南齊書·百官志》：“建元四年，有司奏置國學，……選經學爲先。”③齊武帝蕭賾永明二年(484)制定新禮時，王儉具體負責，在有關郊祀、明堂、雩祭、廟祭等禮儀制定中，王儉、何佟之常徵引《禮記》討論④；王儉又兼國子祭酒之職，對南朝齊國經學的發展，具有較大的推動作用。

南朝梁武帝蕭衍天監四年(505)設立國子學，設置《五經》博士各一人，明山賓、沈峻、賀瑒等皆爲博士。《梁書·儒林列傳》曰：

> 天監四年，詔曰：“二漢登賢，莫非經術，服膺雅道，名立行成。魏、晉浮蕩，儒教淪歇，風節罔樹，抑此之由。朕日昃罷朝，思聞俊異，收士得人，實惟疇獎。可置《五經》博士各一人，廣開館宇，招內後進。”於是以平原明山賓、吳興沈峻、建平嚴植之、會稽賀瑒補博士，各主一館。館有數百生，給其餼廩。其射策通明者，即除爲吏。十數年間，懷經負笈者雲會京師。又選遣學生如會稽雲門山，受業於廬江何胤。分遣博士祭酒，到州郡立學⑤。

明山賓、沈峻、賀瑒、何胤、皇侃等人，皆精通《三禮》。《梁書·儒林列傳》曰：

---

①　南朝梁沈約撰《宋書》，北京，中華書局，1974 年 10 月，第 8 冊第 2292—2294 頁。
②　南朝梁蕭子顯撰《南齊書》，北京，中華書局，1972 年 1 月，第 1 冊第 143 頁。
③　南朝梁蕭子顯撰《南齊書》第 1 冊第 315 頁。
④　南朝梁蕭子顯撰《南齊書·禮志》。
⑤　唐姚思廉撰《梁書》，北京，中華書局，1973 年 5 月，第 3 冊第 662 頁。

　　賀瑒字德璉，善《三禮》。四年，初開五館，以瑒兼《五經》
博士，別詔爲皇太子定禮，撰《五經義》。瑒悉禮舊事，時高祖
方創定禮樂，瑒所建議，多見施行。七年，拜步兵校尉，領《五
經》博士。所著《禮》《易》《老》《莊》講疏、《朝廷博議》數百篇，
《賓禮儀注》一百四十五卷。瑒於《禮》尤精，館中生徒常百數，
弟子明經對策至數十人。二子，革字文明，少通《三禮》，及長，
徧治《孝經》《論語》《毛詩》《左傳》。起家晉安王國侍郎、兼太
學博士，侍湘東王讀。敕於永福省爲邵陵、湘東、武陵三王講
禮。出爲西中郎湘東王諮議參軍，帶江陵令。王初於府置學，
以革領儒林祭酒，講《三禮》，荆楚衣冠聽者甚衆。弟季，亦明
《三禮》①。

　　沈峻、沈文阿父子，賀瑒及兒子賀革、賀季，皆兩代研讀《三
禮》，並制定當朝禮制，開館講授《禮記》等，聽者甚衆。《南史·儒
林列傳》曰：“（天監）七年，又詔皇太子、宗室、王侯始就學受業，武
帝親屈輿駕，釋奠於先師先聖，申之以讌語，勞之以束帛，濟濟焉，
洋洋焉，大道之行也如是。及陳武創業，時經喪亂，衣冠殄瘁，寇賊
未寧，敦獎之方，所未遑也。天嘉以後，稍置學官，雖博延生徒，成
業蓋寡。其所採綴，蓋亦梁之遺儒。”②南朝經學之繁榮，以梁爲最。

　　南朝陳傳習《三禮》者有沈文阿、沈洙、劉文紹、宋懷方、戚袞、
鄭灼、賀德基等，大多爲國子博士。《南史·儒林列傳》又曰：

　　戚袞字公文，吳郡鹽官人也。少聰慧，游學都下，受《三
禮》於國子助教劉文紹。一二年中，大義略舉。年十九，梁武

<hr />

①　唐姚思廉撰《梁書》第 3 册第 672—673 頁。
②　唐李延壽撰《南史》，北京，中華書局，1975 年 6 月，第 6 册第 1730 頁。

帝敕策《孔子正言》并《周禮》《禮記義》，衮對高第，除揚州祭酒從事史。就國子博士宋懷方質《儀禮》義。懷方北人，自魏攜《儀禮》《禮記》疏，秘惜不傳。及將亡，謂家人曰：“吾死後，戚生若赴，便以《儀禮》《禮記》義本付之，若其不來，即隨尸而殯。”爲儒者推許如此。鄭灼字茂昭，東陽信安人也。仕陳，武帝、文帝時，累遷中散大夫，後兼國子博士。灼性精勤，尤明《三禮》。少時，嘗夢與皇侃遇於途，侃謂曰：“鄭郎開口。”侃因唾灼口中，自後義理益進。賀德基字承業，世傳《禮》學。祖文發、父淹，仕梁俱爲祠部郎，並有名當世。德基於《禮記》稱爲精明，位尚書祠部郎。雖不至大官，而三世儒學，俱爲祠部郎，時論美其不墜①。

據《隋書·經籍志》等記載，整個南朝，庾蔚之、蕭衍、何佟之、何胤、皇侃、戚衮、鄭灼等皆有研究《禮記》的專著問世。

北魏道武帝拓跋珪初定中原，便以經術爲先，立太學，設置《五經》博士生員千有餘人。明元帝拓跋嗣時，改國子學爲中書學，設立教授博士。獻文帝拓跋弘天安初年，“詔立鄉學，郡置博士二人，助教二人，學生六十人。後詔大郡立博士二人，助教四人，學生一百人；次郡立博士二人，助教二人，學生八十人；中郡立博士一人，助教二人，學生六十人；下郡立博士一人，助教一人，學生四十人”②。孝文帝元宏太和中，“改中書學爲國子學，建明堂、辟雍，尊三老五更，又開皇子之學。及遷都洛邑，詔立國子、太學、四門小學。孝文欽明稽古，篤好墳籍，坐輿據鞍，不忘講道。劉芳、李彪諸

① 唐李延壽撰《南史》第 6 册第 1747—1750 頁。
② 唐李延壽撰《北史》，北京，中華書局，1997 年 3 月，第 9 册第 2704 頁。

人以經書進，崔光、邢巒之徒以文史達"①。宣武帝元恪時，"復詔營國學，樹小學於四門，大選儒生以爲小學博士，員四十人。雖黌宇未立，而經術彌顯。時天下承平，學業大盛，故燕、齊、趙、魏之間，橫經著録，不可勝數。大者千餘人，小者猶數百。州舉茂異，郡貢孝廉，對揚王庭，每年逾衆"②。北魏孝武帝元脩永熙中，"孝武復釋奠於國學，又於顯陽殿詔祭酒劉廞講《孝經》，黃門李郁説《禮記》，中書舍人盧景宣講《大戴禮・夏小正》篇，復置生七十二人"③。

北周武帝宇文邕亦重視儒術，《北史》曰：

> 保定三年，帝乃下詔尊太傅燕公爲三老。帝於是服衮冕，乘碧輅，陳文物，備禮容，清蹕而臨太學，袒割以食之，奉觴以酳之，斯固一世之盛事也。其後命轓軒而致玉帛，徵沈重於南荆。及定山東，降至尊而勞萬乘，待熊安生以殊禮。是以天下慕嚮，文教遠覃。衣儒者之服，挾先王之道，開黌舍、延學徒者比肩；勵從師之志，守專門之業，辭親戚、甘勤苦者成市。雖通儒盛業，不逮魏、晉之臣，而風移俗變，抑亦近代之美也④。

北魏、北周這些重視儒術政策的推行，推動了經學的繁榮。儒家經典中，"其《詩》《禮》《春秋》，尤爲當時所尚，諸生多兼通之。《三禮》並出遵明之門。徐傳業於李鉉、祖儁、田元鳳、馮偉、紀顯敬、吕黄龍、夏懷敬。李鉉又傳授刁柔、張買奴、鮑季詳、邢峙、劉晝、熊安生。安生又傳孫靈暉、郭仲堅、丁恃德。其後生能通《禮經》者，多是安生門人。諸生盡通《小戴禮》。於《周》《儀禮》兼通者

---

① ②　唐李延壽撰《北史》第 9 册第 2704 頁。
③　唐李延壽撰《北史》第 9 册第 2705 頁。
④　唐李延壽撰《北史》第 9 册第 2706—2707 頁。

十二三焉"①。

　　徐遵明師從王聰、張吾貴、孫買德、唐遷等人,精通《孝經》《論語》《尚書》《毛詩》《三禮》等,"是後教授門徒,每臨講坐,先持經執疏,然後敷講,學徒至今,浸以成俗。遵明講學於外二十餘年,海內莫不宗仰"。《北史》評價徐遵明"頗好聚斂,與劉獻之、張吾貴皆河北聚徒教授,懸納絲粟,留衣物以待之,名曰影質,有損儒者之風"②。學者如此,有失儒雅。

　　熊安生事徐遵明,服膺歷年,又受《禮》於李寶鼎,遂博通《五經》。北周武帝宇文邕曾登門拜訪,"親執其手,引與同坐。又詔所司給安車駟馬,令隨駕入朝,并敕所在供給。至京,敕令於大乘佛寺,參議五禮。宣政元年,拜露門博士、下大夫,時年八十餘"③。熊安生學爲儒宗,專以《三禮》教授弟子,自遠方至者千餘人。擅名於後者,有馬榮伯、張黑奴、竇士榮、孔籠、劉焯、劉炫等。所撰《周禮義疏》二十卷、《禮記義疏》三十卷、《孝經義》一卷,並行於世。

　　南北朝時期,受佛教影響,對儒家經典尤其是《三禮》的研究,極爲重視。改朝換代,製作新禮,均以《三禮》爲依據,而最重《禮記》。凡研究《三禮》者,皆通《禮記》,而兼通《周禮》《儀禮》者,僅十之二三。據筆者粗略統計,南北朝時期研究《三禮》的經學著作,《周禮》有 15 種,《儀禮》有 72 種,《禮記》有 32 種,總論《三禮》的著作有 9 種,通論禮學者 50 種,總計接近 180 種④,遠遠超過對其他經典的研究。《禮記》在經書中的地位,已經取代《儀禮》而居《五經》

---

① 唐李延壽撰《北史》第 9 册第 2708 頁。
② 唐李延壽撰《北史》第 9 册第 2720 頁。
③ 唐李延壽撰《北史》第 9 册第 2744—2745 頁。
④ 王鍔《三禮研究論著提要》(增訂本),蘭州,甘肅教育出版社,2007 年 9 月。

之一。皇侃、熊安生之《禮記義疏》,就是該時期《禮記》研究的代表作。

魏晉南北朝時期《禮記》的流傳,鄭玄、王肅《禮記注》備受重視,而王肅、馬照、摯虞、范隆、董景道、范宣、雷次宗、明山賓、沈峻、賀瑒、何胤、皇侃、徐遵明、熊安生等人,於傳授《禮記》,功不可没①。

陸德明《經典釋文》中之《禮記釋文》四卷②,既總結兩晉南北朝爲《禮記》注音的成績,又羅列《禮記》傳本之異文,爲後人研究《禮記》提供了寶貴的資料。

二、《禮記》在隋唐五代時期的流傳

隋唐五代時期,政府對《禮記》十分重視,顏師古專門考定《禮記》文字,孔穎達主持撰寫《禮記正義》,並列爲科舉考試的定本。唐開成年間,將《禮記》雕刻於石經。五代後周時期,又將《禮記》等儒家經書付之棗梨,雕版印刷,爲《禮記》的進一步流傳,奠定了堅實基礎。

隋文帝楊堅建國後,重視儒學。遵問道之儀,觀釋奠之禮,齊魯趙魏之學者,不遠千里,負笈追師,講頌之聲,不絶道路。隋煬帝繼位後,復開庠序、國子、郡縣之學,徵辟儒生,集一時之盛。房暉遠、馬光、劉焯、劉炫、褚暉、牛弘等,皆明《三禮》,爲世所重③。

---

① 關於南北朝經學之成績,焦桂美《南北朝經學史》有詳盡考述,可參考。焦桂美《南北朝經學史》,上海古籍出版社,2009 年 7 月。
② 唐陸德明撰,黄焯彙校《經典釋文》,北京,中華書局,2006 年 7 月,第 351—465 頁。
③ 唐李延壽撰《北史·儒林列傳》下第 9 册第 2741—2775 頁。

唐朝建國，重視文教。唐高祖李淵在國子學立周公、孔子廟，四時致祭，親行釋奠之禮。唐太宗爲秦王時，開文學館，招聘杜如晦、房玄齡、虞世南、陸德明、孔穎達等爲十八學士；繼位以後，設置弘文學館，精選天下文儒之士虞世南等，講論經義，商略政事。

唐太宗因儒家經典流傳久遠，文字訛謬，乃命顏師古“於秘書省考定《五經》，師古多所釐正，既成，奏之。太宗復遣諸儒重加詳議，於時諸儒傳習已久，皆共非之。師古輒引晉、宋已來古今本，隨言曉答，援據詳明，皆出其意表，諸儒莫不嘆服。於是兼通直郎、散騎常侍，頒其所定之書於天下，令學者習焉”[①]。

又命孔穎達等撰寫《五經正義》，孔穎達“與顏師古、司馬才章、王恭、王琰等諸儒受詔撰定《五經》義訓，凡一百八十卷，名曰《五經正義》。太宗下詔曰：‘卿等博綜古今，義理該洽，考前儒之異說，符聖人之幽旨，實爲不朽。’”[②]後因馬嘉運的批評，進一步修訂，直到高宗永徽四年（653）纔由政府正式頒佈天下，歷時二十多年。顏師古對《五經》的考定，孔穎達主持撰寫《五經正義》的完成，對《五經》的傳播，具有十分重要的意義。

貞觀十四年（640）、二十一年（647），先後下詔曰：

> 梁皇侃、褚仲都，周熊安生、沈重，陳沈文阿、周弘正、張譏，隋何妥、劉炫等，並前代名儒，經術可紀。加以所在學徒，多行其疏，宜加優異，以勸後生。可訪其子孫見在者，錄名奏聞，當加引擢。左丘明、卜子夏、公羊高、穀梁赤、伏勝、高堂生、戴聖、毛萇、孔安國、劉向、鄭衆、杜子春、馬融、盧植、鄭玄、

---

① 後晉劉昫等撰《舊唐書》，北京，中華書局，1995 年 7 月，第 8 冊第 2594 頁。
② 後晉劉昫等撰《舊唐書》第 8 冊第 2602—2603 頁。

服虔、何休、王肅、王弼、杜元凱、范甯等二十一人，並用其書，垂於國冑。既行其道，理合褒崇。自今有事太學，可與顏子俱配享孔子廟堂①。

其重視儒道如此。

武則天、唐玄宗時期，對儒家經典之重視，雖不及唐初，但講論經學，未嘗停止。唐玄宗命修撰《大唐開元禮》一百五十卷時，王喦曾建議刪削《禮記》而成，後因張説反對而罷，但《禮記》是重要參考書，乃是不争的事實。

唐文宗時，鄭覃以經術位至宰相，建議設置《五經》博士，並仿"熹平石經"，刊《石壁九經》一百六十卷於太學，即"開成石經"。"開成石經"雖不滿人意，名儒不窺②，但極有利於儒家經典《禮記》等的流傳。

唐朝傳習《禮記》的學者衆多，徐文遠、張士衡、孔穎達、賈公彦、王恭、李玄植、許叔牙、王元感、王方慶、褚无量、韋迪、高仲舒、韋叔夏等，皆精通《三禮》。徐文遠曾爲漢王諒講《禮記》；王恭爲太學博士，講論《三禮》，別立義證，甚爲精博③。

唐朝繼承並極大地發展了隋代創置的科舉制度，將考試科目分爲常科和制科，常科每年舉行，科目有秀才、明經等五十多種，明經又細分五經、三經、二經、學究一經、《三禮》、《三傳》、史科等。《新唐書·選舉志》曰：

凡《禮記》《春秋左氏傳》爲大經，《詩》《周禮》《儀禮》爲中

① 後晉劉昫等撰《舊唐書》第 15 册第 4941—4942 頁。
② 後晉劉昫等撰《舊唐書》第 2 册第 571 頁。
③ 後晉劉昫等撰《舊唐書·儒學列傳》及本傳。

經,《易》《尚書》《春秋公羊傳》《穀梁傳》爲小經。通二經者,大經、小經各一,若中經二。通三經者,大經、中經、小經各一。通五經者,大經皆通,餘經各一,《孝經》《論語》皆兼通之。凡治《孝經》《論語》共限一歲,《尚書》《公羊傳》《穀梁傳》各一歲半,《易》《詩》《周禮》《儀禮》各二歲,《禮記》《左氏傳》各三歲。凡明經,先帖文,然後口試,經問大義十條,答時務策三道①。

這些規定,影響中國文化一千多年,爲學子研讀傳承儒家經典《禮記》等,提供途徑。

唐朝在《禮記》研究上最大的成績是《禮記正義》七十卷的撰寫完成。如果説鄭玄《禮記注》初步奠定了《禮記》的地位,《禮記正義》就進一步加强了《禮記》在學術界的權威性,並使《禮記》正式進入《五經》。

《禮記正義》是孔穎達與朱子奢、李善信、賈公彥、柳士宣、范義頵、張權等共撰,貞觀十六年(642),又與前修疏人及周玄達、趙君贊、王士雄等修改定稿,最後由趙弘智審定。此書專門疏解鄭玄《禮記注》,主要依據南朝梁皇侃《禮記義疏》,參考北周熊安生之書,吸收他們的義疏成果,修撰而成。孔穎達《禮記正義序》曰:

> 去聖逾遠,異端漸扇,故大、小二戴共氏而分門,王、鄭兩家同經而異注。爰從晉宋,逮于周隋,其傳禮業者,江左尤盛。其爲義疏者,南人有賀循、賀瑒、庾蔚之、崔靈恩、沈重、范宣、皇甫侃等,北人有徐遵明、李業興、李寶鼎、侯聰、熊安生等。其見於世者,惟皇、熊二家而已。熊則違背本經,多引

---

① 宋歐陽修、宋祁撰《新唐書》,北京,中華書局,1975年2月,第4册第1160—1161頁。

外義，猶之楚而北行，馬雖疾而去逾遠矣；又欲釋經文，唯聚難義，猶治絲而棼之，手雖繁而絲益亂也。皇氏雖章句詳正，微稍繁廣，又既遵鄭氏，乃時乖鄭義，此是木落不歸其本，狐死不首其丘，此皆二家之弊，未爲得也。然以熊比皇，皇氏勝矣。雖體例既別，不可因循。今奉敕刪理，仍據皇氏以爲本，其有不備，以熊氏補焉，必取文證詳，悉義理精審，剪其繁蕪，撮其機要①。

《禮記正義》正文疏解《禮記》經文和鄭玄注文，確立“疏不破注”的原則，對鄭《注》或疏證，或補闕，或考鄭《注》之所據，對於皇侃、熊安生等人之異説，多加駁斥；全書引證繁富，尤其注意利用《三禮》經文及有關鄭《注》互證，考證比較詳博；爲醒目考慮，每篇之中還分節統釋段落大意。徵引所及，尚保存了不少佚書材料。

《禮記正義》在《五經正義》中成就最高，四庫館臣曰：

其書務伸鄭《注》，未免有附會之處。然採摭舊文，詞富理博，説禮之家，鑽研莫盡。譬諸依山鑄銅，煮海爲鹽，即衛湜之書尚不能窺其涯涘，陳澔之流益如莛與楹矣②。

吴承仕評介説：

《小戴》四十九篇，雜有古今文説，自鄭氏作《注》，條例滋繁。南北章疏，義有多門，甘其臭尚，畢生無厭。孔氏略本熊、皇，博採衆説，今欲上窺魏晉六朝舊義，惟恃此編，誠鄭學之喉襟、禮家之淵藪也。清儒於各經皆有新疏，唯《禮記》獨闕，將

---

① 清阮元校刻《十三經注疏》上册第 1222—1223 頁。
② 清紀昀等撰《欽定四庫全書總目》，北京，中華書局，1997 年 1 月，上册第 265 頁。

由孔《疏》翔實，後儒無以加，意包孕甚弘，非一人所能了也①。

這些評論是比較合理的。

《禮記正義》最早刊成於淳化五年（994），因淳化刊本訛誤較多，故命杜鎬、邢昺等人再加詳定，至咸平二年（999）校定完畢再版②。

《禮記正義》單疏本的版本，今可考見者有古卷子鈔本《禮記正義·曲禮》殘卷，存四百七十七行，每行二十六七字，有日本影印卷子本，《四部叢刊三編》據以影印。敦煌遺書中有 S. 1057《禮記正義·禮運》殘片、P. 3106B《禮記正義·郊特牲》殘卷、S. 6070《禮記正義·郊特牲》殘片等三件③。

刻本有北宋刊殘本《禮記正義》八卷（63—70），半頁十五行，每行二十六七字不等，白口，左右雙欄。卷 63 首頁首行頂格題"禮記正義卷第六十三"，首行下鈐"享延文庫"印，今藏日本享延文庫。《四部叢刊三編》據以影印。

唐玄宗開元八年（720），李元瓘建議明經科考試增加《周禮》《儀禮》《公羊傳》《穀梁傳》。《通典》卷十五曰：

> 《三禮》《三傳》及《毛詩》《尚書》《周易》等，並聖賢微旨，生人教業，必事資經，遠則斯道不墜。今明經所習，務在出身，咸以《禮記》文少，人皆競讀。《周禮》，經邦之軌則；《儀禮》，莊敬之楷模；《公羊》《穀梁》，歷代崇習。今兩監及州縣，以獨學無友，四經殆絕，事資訓誘，不可因循。其學生請各量配作業，並

---

①　吳承仕著，秦青點校《經典釋文序錄疏證》，北京，中華書局，1984 年 3 月，第 111 頁。
②　宋王應麟《玉海》卷四十三，影印文淵閣《四庫全書》本第 944 冊第 191 頁上欄。
③　許建平《敦煌經籍叙錄》，北京，中華書局，2006 年 9 月，第 208—210 頁。

貢人參試之日，凡習《周禮》《儀禮》《公羊》《穀梁》，並請帖十通五，許其入第。以此開勸，即望四海均習，九經該備。從之①。

開元十六年，國子祭酒楊瑒也提出同樣的建議。《舊唐書·楊瑒傳》曰：

> 且今之明經，習《左傳》者十無二三，若此久行，臣恐左氏之學，廢無日矣。臣望請自今已後，考試者盡帖平文，以存大典。又《周禮》《儀禮》及《公羊》《穀梁》殆將廢絶，若無甄異，恐後代便棄。望請能通《周》《儀禮》《公羊》《穀梁》者，亦量加優獎。於是下制，明經習《左氏》及通《周禮》等四經者，出身免任散官。遂著於式。由是生徒爲瑒立頌於學門之外②。

唐代分大、中、小經，乃依據經書字數。《禮記》《左傳》是大經，但就字數而言，《禮記》幾乎是《左傳》的一半，故研習者多。學子若需通二經、三經或五經，必須選大經一部，故選《禮記》者多，選《左傳》者少。中經是《詩經》《周禮》《儀禮》，但《周禮》《儀禮》顯然比《詩經》枯燥乏味，故研習者少。所以，《禮記》地位逐漸高於《儀禮》，此亦一重要原因。

五代時期，經書的流傳，最可稱道者是將《禮記》等雕版印刷。

《舊五代史·唐書·明宗紀》曰：長興三年二月"辛未，中書奏：'請依石經文字刻《九經》印版。'從之"③。

---

① 唐杜佑撰，王文錦等點校《通典》卷15《選舉》三，1988年12月，北京，中華書局，第1冊第355頁。
② 後晉劉昫等撰《舊唐書》第15冊第4820頁。
③ 宋薛居正等撰《舊五代史》，北京，中華書局，1976年5月，第2冊第588頁。《五代會要》："長興三年二月，中書門下奏：'請依石經文字刻《九經》印板，敕令國子監集博士儒徒，將西京石經本，各以所業本經，廣爲鈔寫，仔細看讀，然後偫召（轉下頁）

《舊五代史·漢書·隱帝紀》云：“（乾祐元年）五月己酉朔，國子監奏《周禮》《儀禮》《公羊》《穀梁》四經未有印版，欲集學官考校雕造。從之。”①

《五代會要》卷八：“周廣順三年六月，尚書左丞兼判國子監事田敏進印板《九經》書、《五經文字》《九經字樣》各二部，一百三十册。”②

《玉海》卷四十三：“後唐長興三年二月，令國子監校正《九經》，以西京石經本抄寫刻板，頒天下。四月命馬縞、陳觀、田敏詳勘。周廣順三年六月丁巳，十一經及《爾雅》《五經文字》《九經字樣》板成，判監田敏上之。”③

（接上頁）能雕字匠人，各部隨帙刻印板，廣頒天下。如諸色人要寫經書，並請依所印刻本，不得更使雜本交錯。’”蓋刻板之流行，實始於此。《愛日齋叢鈔》云：“《通鑑》載：‘後唐長興三年二月辛未，初令國子監校定《九經》，雕而賣之。’”又曰：“自唐末以來，所在學校廢絶，蜀毋昭裔出私財百萬營學館，且請板刻《九經》，蜀主從之。由是蜀中文學復盛。”又曰：“唐明宗之世，宰相馮道、李愚請令判國子監田敏校定《九經》，刻板印賣，從之。後周廣順三年六月丁巳，板成，獻之。由是雖亂世，《九經》傳佈甚廣。”王仲言《揮麈錄》云：“毋昭裔貧賤時，嘗借《文選》於交游間，其人有難色，發憤，異日若貴，當板以鏤之遺學者。後仕王蜀爲宰相，遂踐其言，刊之，印行書籍，創見於此。事載陶岳《五代史補》。後唐平蜀，明宗命太學博士李鍔書《五經》，仿其製作，刊板於國子監，爲監中刻書之始。”《倚覺寮雜記》云：“雕印文字，唐以前無之，唐末，益州始有墨板，後唐方鏤《九經》，悉收人間所有經史，以鏤板爲正。見《兩朝國史》。此則印書已始自唐末矣。案《柳氏家訓》序：中和三年癸卯夏，鑾輿在蜀之三年也，余爲中書舍人，旬休，閲書於重城之東南，其書多陰陽雜記、占夢相宅、九宮五緯之流。又有字書小學，率雕板，印紙浸染，不可盡曉。葉氏《燕語》正以此證刻書不始於馮道，而沈存中又謂板印書籍，唐人尚未盛行爲之，自馮瀛王始印《五經》，自後典籍皆爲板本。大概唐末漸有印書，特未盛行，後人遂以爲始於蜀也。當五季亂離之際，經籍方有託而流佈於四方，天之不絶斯文，信矣。”鍔案：以上乃《舊五代史》注文。據此，則經書始刻於蜀毋昭裔。

① 宋薛居正等撰《舊五代史》第 5 册第 1348 頁。
② 宋王溥《五代會要》卷八，影印文淵閣《四庫全書》本第 607 册第 512 頁。
③ 宋王應麟《玉海》卷四十三，影印文淵閣《四庫全書》本第 944 册第 188 頁。

　　王國維認爲，以上所云《九經》《五經》，實包括《易》《書》《詩》《周禮》《儀禮》《禮記》《春秋三傳》《孝經》《論語》《爾雅》，並附以《五經文字》《九經字樣》，與唐石經同[①]。

　　儒家經典《禮記》等刊刻於木板，始於後蜀毌昭裔，刊於成都。後唐長興三年（932），宰相馮道命田敏等仿雕《九經》，但《周禮》《儀禮》《公羊》《穀梁》未能刊刻。後漢乾祐元年（948），又命國子監雕刻《周禮》等四經，至後周廣順三年（953）刻板雕畢，由田敏奏上，歷經二十餘年。

　　文獻的雕版印刷流傳，具有劃時代的意義。此後，《禮記》的流傳就主要形式而言，進入了印刷傳播的時代。問學之士，無筆札之勞，得獲睹《禮記》全書矣！

三、《禮記》在宋遼金時期的流傳

　　兩宋時期，重用文官，故宋人也特別重視經術學問。"然其時君汲汲於道藝，輔治之臣莫不以經術爲先務，學士搢紳先生，談道德性命之學，不絕於口，豈不彬彬乎進於周之文哉！"[②]

　　北宋初年，學者治經，篤守古義，各承師傳，猶有漢、唐遺風，邢昺《論語正義》《孝經正義》《爾雅疏》解經，仍以漢、唐舊注爲據。劉敞、王安石以後，宋人解經之風，發生巨變，或折衷古訓，或獨抒己見，或疑經改經，或明體達用，尊崇德性，由道問學，理學興起。

―――――――――

① 王國維《五代兩宋監本考》，《宋元版書目題跋輯刊》第 3 冊第 527 頁。
② 元脫脫等撰《宋史》，北京，中華書局，1997 年 6 月，第 15 冊第 5031 頁。

《禮記》在兩宋的流傳狀況，主要表現在重視《禮記》研究，《禮記注》《禮記正義》《禮記釋文》的刊刻和匯刻，對《大學》《中庸》《儒行》等單篇的看重和翻印，衛湜《禮記集說》的撰寫，這是與兩宋重視儒家經典、書院教育分不開的。

宋太祖經常行幸國子監，表彰孝悌，創建殿試制度。宋仁宗命州郡建立學校，學校之設，遍佈天下。宋代科舉考試科目，有進士、《三禮》等常科。考試的內容和方式，重視對經書義理的闡發，而廢除唐代偏重記憶的帖經、墨義等方法。宋哲宗元祐四年（1089），乃立經義、詩賦兩科，具體規定如下：

> 凡詩賦進士，於《易》《詩》《書》《周禮》《禮記》《春秋左傳》內聽習一經。初試本經義二道，《語》《孟》義各一道，次試賦及律詩各一首，次論一首，末試子、史、時務策二道。凡專經進士，須習兩經，以《詩》《禮記》《周禮》《左氏春秋》爲大經，《書》《易》《公羊》《穀梁》《儀禮》爲中經，《左氏春秋》得兼《公羊》《穀梁》《書》，《周禮》得兼《儀禮》或《易》，《禮記》《詩》並兼《書》，願習二大經者聽，不得偏占兩中經[①]。

這種規定，《禮記》仍然是科舉考試的主要經典。

宋代書院大興，著名者有岳麓書院、白鹿洞書院等。朱熹《白鹿洞書院揭示》[②]告誡學子修養德行，博學審問，慎思明辨。這些措

---

① 元脫脫等撰《宋史》第 11 冊第 3620—3621 頁。
② 《白鹿洞書院揭示》："父子有親，君臣有義，夫婦有別，長幼有序，朋友有信。右五教之目。堯舜使契爲司徒，敬敷五教，即此是也。學者學此而已。而其所以學之之序亦有五焉，其別如左：博學之，審問之，慎思之，明辨之，篤行之。右爲學之序。學、問、思、辨四者，所以窮理也。若夫篤行之事，則自修身以至於處事接物，亦各有要，其別如左：言忠信，行篤敬，懲忿窒欲，遷善改過。右修身之要。正其義不謀其利，明其道不計其功。右處事之要。己所不欲，勿施於人，行有不得，（轉下頁）

施,對於經書尤其是《三禮》的傳授,作用也是顯而易見的。

　　兩宋時期,非常重視《三禮》的研究,傳習者很多。聶崇義、邢昺、孔維、李覺、王安石、王昭禹、易袚、葉時、李如圭、張淳、陳祥道、宋申、朱熹、黃榦、衛湜、黃震等皆好《三禮》。如邢昺嘗在東宮及内廷,爲宋太宗講《孝經》《禮記》等經典。孔維、李覺曾爲《禮記》博士。朱熹以《儀禮》爲經,分附《禮記》《大戴禮記》相關篇章,撰《儀禮經傳通解》三十七卷,然僅成家禮、鄉禮、邦國禮、王朝禮等部分,後其弟子黃榦、楊復續成喪禮、祭禮,名曰《儀禮經傳通解續》二十九卷。《儀禮經傳通解》及《續》,以《三禮》爲主,分類通考先秦禮制,甚便學者閱覽,清代江永《禮經綱目》、徐乾學《讀禮通考》、秦蕙田《五禮通考》、黃以周《禮書通故》,皆受其啓發而作,宋代《三禮》研究對後世之影響,可見一斑。

　　宋代教育的快速發展,導致儒家經典急需刊印,以供學子閱讀。就《禮記》而言,《禮記》白文、鄭玄《禮記注》、孔穎達《禮記正義》單疏本等,皆刊刻傳世,而南宋時期"纂圖互注重言重意類"經書如《纂圖互注禮記》等的刊印,則爲學子研讀《禮記》提供了極其便利的條件。

────────────

(接上頁)反求諸己。右接物之要。熹竊觀古昔聖賢所以教人爲學之意,莫非使之講明義理以修其身,然後推以及人,非徒欲其務記覽、爲詞章,以鈎聲名取利禄而已也。今人之爲學者既反是矣。然聖賢所以教人之法,具存於經,有志之士,固當熟讀深思而問辨之。苟知其理之當然,而責其身以必然,則夫規矩禁防之具,豈待他人設之而後有所持循哉? 近世於學有規,其持學者爲已淺矣! 而其爲法,又未必古人之意也。故今不復以施於此堂,而特取凡聖賢所以教人爲學之大端,條列如右,而揭之楣間,諸君其相與講明遵守,而責之於身焉。則夫思慮云爲之際,其所以戒謹而恐懼者,必有嚴於彼者矣。其有不然,而或出於此言之所棄,則彼所謂規者,必將取之固不得而略也。諸君其亦念之哉!"宋朱熹《晦庵集》卷74,影印文淵閣《四庫全書》本第1145冊第527—528頁。

　　《玉海》卷四十三曰："端拱元年三月，司業孔維等奉敕校勘孔穎達《五經正義》百八十卷，詔國子監鏤板行之。《禮記》則胡迪等五人校勘，紀自成等七人再校，李至等詳定，淳化五年五月以獻。"[①]淳化刻《禮記正義》書板錯誤較多，劉可名上書請校正，乃命崔頤等校勘，直到咸平二年（999）六月己巳由邢昺奏上新印《禮記正義》七十卷，賜諸王、輔臣人手一部[②]。

　　八行本《禮記正義》七十卷於南宋紹熙三年（1192）刊刻問世，此本將《禮記》經、注、疏匯刻於一起，後有黃唐跋文曰：

　　　　《六經》疏義自京、監、蜀本，皆省正文及注，又篇章散亂，覽者病焉。本司舊刊《易》《書》《周禮》，正經、注、疏萃見一書，便於披繹，它經獨闕。紹熙辛亥仲冬，唐備員司庾，遂取《毛詩》《禮記》疏義，如前三經編匯，精加讎正，用鋟諸木，庶廣前人之所未備。乃若《春秋》一經，顧力未暇，姑以貽同志云。壬子秋八月三山黃唐謹識[③]。

此本半頁八行，行十六字，小注雙行，行二十一二字，多或至二十六七字。刻工姓名有馬林、馬祖、徐仁等，玄、敬、匡、禎、勖、桓、構、慎、惇、敦等字闕筆。藏書印有"季振宜字詵兮號滄葦""北平孫氏""孔繼涵"等。八行本先後經季滄葦、孔繼涵、盛昱、景朴孫、袁克文、潘宗周等人遞藏，今收藏在國家圖書館。民國年間董康和潘宗周將其翻刻，後《中華再造善本》影印此書。清阮元校刻《十三經注

①　宋王應麟《玉海》卷43，影印文淵閣《四庫全書》本第944冊第191頁上欄。

②　宋王應麟《玉海》卷39《咸平禮記疏》，影印文淵閣《四庫全書》本第944冊第101頁下欄。王鍔《三禮研究論著提要》（增訂本）第266頁。

③　漢鄭玄注，唐孔穎達正義《禮記正義》70卷，《中華再造善本》影印，北京圖書館出版社，2003年12月，第40冊第29頁A面。

疏》時，未見此本，僅參考惠棟用八行本校勘汲古閣本之"校勘記"。南宋時期，劉叔剛刊印《附釋音禮記注疏》六十三卷，附有陸德明《禮記釋文》，半頁十行，世稱十行本，清和珅曾翻刻十行本《附釋音禮記注疏》六十三卷。

　　宋儒認爲《大學》《中庸》是與《周易》《尚書》《詩經》等同等重要的儒家經典，《大學》之"誠、正、修、齊、治、平"等修養德性之程序和《中庸》之"中庸之至德"的思想，對宋儒周敦頤、程顥、程頤、張載等影響甚大。朱熹撰《四書章句集注》《四書或問》《中庸輯略》等，將《大學》和《中庸》擡高到與經同等的地位，成爲讀經的"入門書"和"階梯"。對《大學》和《中庸》的重視，也極大地提高了《禮記》地位，擴大了《禮記》的影響。

　　在倡導尊德修身的宋代，對《儒行》也非常重視。宋太宗於淳化三年（992）下詔刻《儒行》篇賜於近臣和進士[1]。宋真宗於大中祥符元年（1008）作《戒諭辭》二道，賜出使京朝官和幕職、州縣官；又作《文七條》《武七條》，告誡文官當清心、奉公、修德、責實、明察、勸課、革弊，告誡武官當修身、守職、公平、訓習、簡閱、存恤、威嚴，要求文、武官員將《文七條》《武七條》刊石或書廳壁，奉以爲法；並"以《禮記·儒行》篇賜親民釐務文臣，其幕職、州縣官使臣賜敕戒礪。令崇文院刻板模印，送閣門，辭日分給之"[2]。《宋史·高閌傳》："紹興元年，時將賜新進士《儒行》《中庸》篇，閌奏《儒行》詞説不醇，請止賜《中庸》，庶幾學者得知聖學淵源，而不惑於他説。從之。"[3]然

---

① 　元脱脱等撰《宋史》第 11 册第 3608 頁、第 26 册第 9211 頁。
② 　元脱脱等撰《宋史》第 12 册第 4008—4009 頁。
③ 　元脱脱等撰《宋史》第 37 册第 12857 頁。

在北宋時，張載説：“某舊多疑《儒行》，今觀之，亦多善處。”①意見雖不一致，但基本代表了宋代學者的觀點。

　　衛湜《禮記集説》一百六十卷，始作於南宋寧宗開禧、嘉定間，歷時二十餘載而後成。寶慶二年（1226）衛湜爲武進令時表上於朝，紹定四年（1231）趙善湘爲之刻版於江東漕院，後趙九載、衛湜復加覈訂，自作前後序及跋，記録撰寫始末。是書採撫群言，最爲賅博，自鄭玄《注》而下，所取凡一百四十四家，其他書涉及《禮記》者，所採録者尚不在此數，而這些書，自鄭玄《注》及孔穎達《正義》外，原書多無存者。《經義考》卷一百四十二曰：“衛氏《集説》援引解義，凡一百四十四家，不專採成書也，如文集、語録、雜説及群經講論，有涉於《禮記》者，皆裒輯焉。”②此書採撫最爲繁富，有不知其書與不知其人者，凡四十九家，皆賴此書以傳，實禮家之淵海也。衛湜《禮記集説》就鄭玄至南宋寧宗時期研究《禮記》的著作，選取一百四十四家，彙集各家解説，列於經文之下，保存了極其豐富的《禮記》研究資料。宋黄震《讀禮記日鈔》、元陳櫟《禮記集義》，皆取衛湜《禮記集説》删節而成，間附以己見。清代纂修《禮記義疏》，取於此書特多；杭世駿撰《續衛氏禮記集説》一百卷，採集漢至清代學者二百餘家之説，皆以不雷同舊説和發明經義爲主，續補衛湜之不足。

　　遼聖宗耶律隆緒開泰元年（1012）八月，鐵驪那沙至賓州，“乞賜佛像、儒書，詔賜《護國仁王佛像》一，《易》《詩》《書》《春秋》《禮記》

①　宋衛湜《禮記集説·統説》，影印文淵閣《四庫全書》本第 117 册第 6 頁下欄。
②　清朱彝尊撰，侯美珍等點校，林慶彰等編審《點校補正經義考》，臺北，“中央研究院”中國文哲研究所，1998 年 6 月，第 4 册第 839 頁。

各一部"①。遼道宗耶律洪基仿行唐制，開科取士，設經義、詩賦科。道宗下詔"設學養士，頒《五經》傳疏，置博士、助教各一員"②。故各州紛紛建立學校、孔子廟，行釋奠禮，教授儒家經典。

金代科舉制度，仿照遼、宋，有經義等科。"凡經，《易》則用王弼、韓康伯注，《書》用孔安國注，《詩》用毛萇注、鄭玄箋，《春秋左氏傳》用杜預注，《禮記》用孔穎達疏，《周禮》用鄭玄注、賈公彥疏，《論語》用何晏集注、邢昺疏，《孟子》用趙岐注、孫奭疏，《孝經》用唐玄宗注。"③

《禮記》在遼、金的流傳，大致如此。

四、《禮記》在元明時期的流傳

元、明經學，後人多非之。皮錫瑞評價説：

　　帖經之記誦屬實，非數年不爲功；墨義之文字蹈空，即一時可猝辦。唐時帖括全寫注疏，議者病其不能通經。權德輿謂注疏猶可以質驗；不者，僅有司率情，上下其手，既失其末，又不得其本，則蕩然矣。宋用墨義，正如權德輿所料。又專用王氏新學，不尊古義。蘇軾以爲黃茅白葦，徐禧言竊襲人語不求心通者相半，此其所以並不及唐也。且宋以後，非獨科舉文字蹈空而已，説經之書，亦多空衍義理，橫發議論，與漢、唐注

---

① 元脱脱等撰《遼史》，北京，中華書局，1974 年 10 月，第 1 册第 171 頁。
② 元脱脱等撰《遼史》第 1 册第 253 頁。
③ 元脱脱等撰《金史》，北京，中華書局，1975 年 7 月，第 4 册第 1131 頁。

疏全異。科舉取士之文而用經義，則必務求新異，以歆動試官；用科舉經義之法而成説經之書，則必創爲新奇，以煽惑後學。經學宜述古而不宜標新，以經學文字取人，人必標新以別異於古。一代風氣成於一時之好尚，故立法不可不慎也。論宋、元、明三朝之經學，元不及宋，明又不及元[①]。

皮鹿門對科舉制度和經學之關係的論説，有一定道理。唐時帖經，以注疏爲根基；宋神宗變帖經爲墨義，空疏之風漸起。但對元、明經學的看法，未必恰當。

清代考據派之經學，實淵源於元、明經學。研究中國經學史，對元、明經學，絶不可以"空疏"二字一筆帶過，必須進行認真仔細的研究。對元、明經學的研究，臺灣學者已經走在學術前沿。林慶彰《明代考據學研究》[②]和主編的《明代經學國際研討會論文集》[③]、陳恒嵩《明人疑經改經考》[④]、楊晉龍主編之《元代經學國際研討會論文集》[⑤]等論著，大致可以反映元、明時期經學之成就。

《禮記》在元、明時期的流傳，可述者有吳澄《禮記纂言》的撰寫、陳澔《禮記集説》的廣爲傳播、《五經大全》的編纂以及《十三經注疏》的彙集刊印、私家藏書的興起等。

元朝建國以後，極力尊孔崇儒。唐開元二十七年（739）八月

① 清皮錫瑞著，周予同注釋《經學歷史》第 274 頁、第 277 頁、第 283 頁。
② 林慶彰《明代考據學研究》，臺北，臺灣學生書局，1983 年 7 月。
③ 林慶彰、蔣秋華主編《明代經學國際研討會論文集》，臺北，"中央研究院"中國文哲研究所籌備處，1996 年 6 月。
④ 陳恒嵩《明人疑經改經考》，臺北，東吳大學中研所碩士學位論文，1988 年，指導教師：賴明德教授。
⑤ 楊晉龍主編《元代經學國際研討會論文集》上、下冊，臺北，"中央研究院"中國文哲研究所籌備處，2000 年 10 月印行。

間，"贈孔宣父爲文宣王，顏回爲兖國公，餘十哲皆爲侯，夾坐。後嗣褒聖侯改封爲文宣公"①。宋真宗大中祥符元年（1008）十一月，趙恒幸孔林，加謚孔子爲"玄聖文宣王"，五年（1012）十二月，改謚"至聖文宣王"②。元武宗至大元年（1308）秋七月，加封孔子爲"大成至聖文宣王"③。明世宗嘉靖九年（1530）十一月，改封孔子爲"至聖先師孔子"④。

《元史·祭祀五》記載：

> 延祐三年秋七月，詔春秋釋奠於先聖，以顏子、曾子、子思、孟子配享。封孟子父爲邾國公，母爲邾國宣獻夫人。皇慶二年六月，以許衡從祀，又以先儒周敦頤、程顥、程頤、張載、邵雍、司馬光、朱熹、張栻、吕祖謙從祀。至順元年，以漢儒董仲舒從祀。齊國公叔梁紇加封啓聖王，魯國太夫人顏氏啓聖王夫人；顏子，兖國復聖公；曾子，郕國宗聖公；子思，沂國述聖公；孟子，鄒國亞聖公；河南伯程顥，豫國公；伊陽伯程頤，洛國公⑤。

元文宗天曆二年（1329）在大都建奎章閣，設置大學士二員，講授經學，後改爲學士院。元代的科舉制度，規定"取士以德行爲本，試藝以經術爲先士"⑥，注重朱熹《四書章句集注》。《元史·選舉一》曰：

---

① 後晉劉昫等撰《舊唐書》第 1 册第 211 頁。
② 元脱脱等撰《宋史》第 1 册第 139、152 頁。
③ 明宋濂等撰《元史》，北京，中華書局，1976 年 4 月，第 2 册第 484 頁。
④ 清張廷玉等撰《明史》，北京，中華書局，1974 年 4 月，第 2 册第 223 頁。
⑤ 明宋濂等撰《元史》第 6 册第 1892—1893 頁。
⑥ 明宋濂等撰《元史》第 7 册第 2015 頁。

太宗始取中原,中書令耶律楚材請用儒術選士,從之。元仁宗皇慶二年十一月,乃下詔曰:考試程式,蒙古、色目人,第一場經問五條,《大學》《論語》《孟子》《中庸》內設問,用朱氏《章句集注》。其義理精明,文辭典雅者爲中選。第二場策一道,以時務出題,限五百字以上。漢人、南人第一場明經、經疑二問,《大學》《論語》《孟子》《中庸》內出題,並用朱氏《章句集注》,復以己意結之,限三百字以上。經義一道,各治一經,《詩》以朱氏爲主,《尚書》以蔡氏爲主,《周易》以程氏、朱氏爲主,已上三經,兼用古注疏;《春秋》許用《三傳》及胡氏《傳》,《禮記》用古注疏,限五百字以上,不拘格律①。

科舉考試,《禮記》用鄭玄注和孔穎達疏。元武宗、元仁宗、元文宗採取的這些措施,體現了對儒學的重視,也影響了元代的經學研究。郝經、趙復、許衡、劉因、許謙、吳澄、陳澔、陳櫟等,皆元代著名之經學家,尤其是吳澄和陳澔於《禮記》研究之成績,值得表彰。

吳澄(1249—1333),字幼清,人稱“草廬先生”,元撫州崇仁(今江西崇仁)人。精《三禮》,著有《五經纂言》等書。《禮記纂言》三十六卷成書於吳澄晚年,仿魏徵《類禮》②之例,每卷爲一篇,每一篇之

---

① 明宋濂等撰《元史》第 7 册第 2017、2019 頁。

② 《舊唐書・魏徵傳》:“徵以戴聖《禮記》編次不倫,遂爲《類禮》二十卷,以類相從,削其重複,採先儒訓注,擇善從之,研精覃思,數年而畢。太宗覽而善之,賜物一千段,録數本以賜太子及諸王,仍藏之秘府。”《舊唐書・元行冲傳》:“初,有左衛率府長史魏光乘奏請行用魏徵所注《類禮》,上遽令行冲集學者撰《義疏》,將立學官。行冲於是引國子博士范行恭、四門助教施敬本檢討刊削,勒成五十卷,十四年八月奏上之。尚書左丞相張説駁奏曰:‘今之《禮記》,是前漢戴德、戴聖所編録,歷代傳習,已向千年,著爲經教,不可刊削。至魏孫炎始改舊本,以類相比,有同抄書,先儒所非,竟不行用。貞觀中,魏徵因炎所修,更加整比,兼爲之注,先朝雖厚加賞錫,其書竟亦不行。今行冲等解徵所注,勒成一家,然與先儒第乖,章句隔(轉下頁)

中,其文皆以類相從,上下意義,聯屬相通,釋其章句於左。三十六篇次第,亦以類相從,凡通禮九篇,喪禮十一篇,祭禮四篇,通論十二篇,各爲標目,即將《禮記》篇目重新排比歸類,與世所傳本異。《大學》《中庸》因入《四書》而不録;《投壺》《奔喪》因正經,亦不録;《冠義》《昏義》《鄉飲酒義》《射義》《燕義》《聘義》,因釋《儀禮》也不録。然其排比貫穿,頗有倫次,所解亦時有發明。《禮記纂言》將《禮記》内容按類編排,方便閲讀是長,删改經文是短。

陳澔(1261—1341)[1],字可大,號雲莊,元都昌縣(今屬江西九江)人。朱熹四傳弟子,曾長期隱居,後爲黄梅縣教諭、白鹿洞經師,著《禮記集説》十六卷。《禮記集説序》曰:"欲以坦明之説,使初學讀之,即瞭其義,庶幾章句通,則藴奥自見,正不必高爲議論而卑示訓詁之辭也。"[2]《四庫全書總目》云:

> 初,延祐科舉之制,《易》《書》《詩》《春秋》皆以宋儒新説與古注疏相參,惟《禮記》則專用古注疏,蓋其時老師宿儒,猶有存者,知禮不可以空言解也。澔成是書,又在延祐之後,亦未爲儒者所稱。明初,始定《禮記》用澔注,胡廣等修《五經大全》,《禮記》亦以澔注爲主,用以取士,遂誦習相沿。蓋説《禮記》者,漢、唐莫善於鄭、孔,而鄭注簡奥,孔疏典贍,皆不似澔

(接上頁)絶,若欲行用,竊恐未可。'上然其奏。於是賜行冲等絹二百四,留其書貯於内府,竟不得立於學官。行冲恚諸儒排己,退而著論以自釋,名曰《釋疑》。"後晉劉昫等撰《舊唐書》第8册2559頁、第10册第3178頁。魏徵改編《禮記》爲《類禮》二十卷,唐玄宗令元行冲等撰《義疏》五十卷,欲立學官,因張説反對,未果。後元行冲撰《釋疑》一篇,訴説苦衷。

① 陳澔之生卒年,蘇成愛考證有據,故從之。蘇成愛《〈陳氏禮記集説〉研究》,南京師範大學古典文獻學專業碩士學位論文,2007年,第11頁,指導教師:方向東教授。

② 元陳澔《禮記集説序》,上海古籍出版社,1987年8月,第1頁。

注之淺顯。宋代莫善於衛湜，而卷帙繁富，亦不似澔注之簡便。又南宋寶慶以後，朱子之學大行，而澔父大猷師饒魯，魯師黃榦，榦爲朱子之婿，遂藉考亭之餘蔭，得獨列學官。澔所短者，在不知禮制當有證據，禮意當有發明，而箋釋文句，一如注《孝經》《論語》之法，故用爲蒙訓則有餘，求以經術則不足。朱彝尊《經義考》以"兔園册子"詆之，固爲已甚，要其説亦必有由矣①。

四庫館臣之評價較爲公允，與鄭玄《注》、孔穎達《正義》、衛湜《集説》相比，是書確爲淺顯，但其簡便易學，故深受人們青睞。是書之版本，最早爲十六卷，明弘治間，書坊射利，合併爲十卷刊行，錯誤甚多，故於嘉靖間，福建地方政府發佈公告，令各地依照官版刊行，不得另行改刊，否則，將治重罪，此即分爲三十卷也。所以，《禮記集説》分卷有十六卷、十卷、三十卷之别，但内容實相同，有清以來，十卷本最爲流行②，極易查找。

陳澔《禮記集説》十六卷，因科舉考試，風行數百年，對《禮記》的傳播，功勞巨大。清成德有《陳氏禮記集説補正》三十八卷，亦反映陳書之影響。

明代政府，十分重視程朱理學對治國的作用。明太祖洪武三年（1370），恢復科舉制度，用《四書》和《周易》《尚書》《詩經》《春秋》《禮記》五經命題試士。《明史·選舉二》曰：

> 《四書》主朱子《集注》，《易》主程《傳》、朱子《本義》，《書》主

---

① 清紀昀等撰《欽定四庫全書總目》上册第 267 頁。
② 沈乃文《〈禮記集説〉版本考》，《國學研究》第 5 輯，北京大學出版社，1998 年 4 月，第 303—312 頁。王鍔《三禮研究論著提要》（增訂本）第 295—304 頁。

蔡氏《傳》及古注疏,《詩》主朱子《集傳》,《春秋》主《左氏》《公羊》《穀梁》三傳及胡安國、張洽《傳》,《禮記》主古注疏。永樂間,頒《四書五經大全》,廢注疏不用。其後,《春秋》亦不用張洽《傳》,《禮記》止用陳澔《集説》①。

洪武年間,科舉考試,《禮記》仍用鄭玄注和孔穎達疏。永樂十二年(1414)十一月,明成祖命胡廣、楊榮、金幼孜等纂修《四書五經大全》,十三年(1415)九月,《四書五經大全》完成奏上,用於科舉考試。其後,《禮記》改用陳澔《禮記集説》。

《禮記大全》三十卷,以陳澔《禮記集説》爲宗,陳氏書多主義理,疏於考證,《禮記大全》皆存其舊。上海圖書館藏有《禮記大全》三十卷之明初刻本,《四庫全書》收録此書。

有明一朝,研究《禮記》的學者很多,戴冠、黄乾行、宗周、聞人德行、徐師曾、王覺、徐養相、王圻、李天植、柯尚遷、馬時敏、姚舜牧、林兆珂、陳與郊、孫鑛、沈一中、湯三才、湯道衡、郝敬、余心純、劉宗周、秦繼宗、陳有元、楊梧、朱泰禎、陳鴻恩、童維岩、許士柔、黄道周、許兆金、楊鼎熙、朱朝瑛等,皆有《禮記》研究的著作問世②。心學代表人物之王陽明,研究《五經》,著《五經臆説》,對《禮記》發表己見。

在《禮記》的傳播史上,明代是非常重要的時期。這不僅表現在政府之重視和學者之研究,還表現在大量研究《禮記》著作的刊印流傳。

《禮記》經文、注、疏和釋文之匯刻,始於南宋,今所見最早之版

---

① 清張廷玉等撰《明史》第 6 册第 1694 頁。
② 王鍔《三禮研究論著提要》(增訂本)第 306—328 頁。

本是十行本，前已叙述。《十三經》各經注、疏全部匯刻，可考知者，始明嘉靖時李元陽。

李元陽（1497—1580），字仁甫，號中溪，明大理（今屬雲南）人。嘉靖五年（1526）進士，曾任江陰知縣。嘉靖中葉，李氏巡按閩中，同年江以達（1502—1550）官福建提學僉事，遂同刻群經注疏，因刻閩中，故稱閩本。閩本《附釋音禮記注疏》六十三卷，半頁九行，每行二十一字，小字雙行同，白口，四周單邊，首行題“漢鄭氏注，唐孔穎達疏，陸德明釋文”，次行題“明御史李元陽、提學僉事江以達校刊”。

萬曆時，北京國子監據閩本重雕《十三經注疏》，始萬曆十四年（1586），成於萬曆二十一年（1593），稱北監本，行款分卷，皆依閩本，惟注文改用小字單行，空左偏右，與閩本用中字不同，版心皆記刊刻年月。明崇禎元年（1628），毛晉汲古閣始刊《十三經注疏》，及至崇禎十三年（1640）告竣，其以北監本翻刻，行款訛脱，多依其舊。以上三本，分別稱嘉靖本、萬曆本、崇禎本。

明代將《十三經注疏》彙集刊刻，不僅爲學者研究經學提供了方便，也有利於《十三經》的流傳，《禮記》也不例外。此外，《禮記》白文、鄭玄《禮記注》、陳澔《禮記集説》在明代也多次刊印，如明弘治九年（1496）琴川周木刊《五經》、崇禎十二年（1639）金蟠刻《十三經古注》、崇禎十三年（1640）錫山秦氏求古齋刻《九經》、明刊本《五經》白文等，加之明朝當代學者研究《禮記》著作的雕版問世，均擴大了《禮記》的傳播。

漢代以來，書籍雖經“十厄”，多次經歷兵燹，大多散佚，但歷代政府，也極其重視書籍的庋藏，使許多重要典籍得以流傳後世。

在文獻流傳史上，私家藏書，值得大書特書。私家藏書，肇始於兩宋，晁公武、陳振孫、尤延之，乃藏書大家，傳鈔收藏之餘，仔細整理，編著《郡齋讀書志》《直齋書録解題》《遂初堂書目》問世，爲後人考察前代文獻流傳，提供了寶貴資料。

明代受宋元影響，加之經濟的發展，商業的繁榮，藏書蔚然成風。就《禮記》收藏而言，項元汴收藏宋刻本《禮記注》、文徵明之子文彭收藏宋刻本《纂圖互注禮記》、毛晉收藏宋巾箱本《禮記注》和《監本纂圖重言重意互注禮記》等，也爲《禮記》的流傳，付出了辛勤的勞動。

五、《禮記》在清代的流傳

清朝建立以來，在思想文化方面，以“崇儒重道”爲基本國策，表彰經學，尊重先儒。《清史稿·儒林列傳》曰：

> 清興，崇宋學之性道，而以漢儒經義實之。御纂諸經，兼收歷代之説；四庫館開，風氣益精博矣。國初講學，如孫奇逢、李顒等，沿前明王、薛之派，陸隴其、王懋竑等，始專守朱子，辨僞得真。高愈、應撝謙等，堅苦自持，不愧實踐。閻若璩、胡渭等，卓然不惑，求是辨誣。惠棟、戴震等，精發古義，詁釋聖言。後如孔廣森之於《公羊春秋》，張惠言之於孟、虞《易》説，凌廷堪、胡培翬之於《儀禮》，孫詒讓之於《周禮》，陳奐之於《毛詩》，皆專家孤學也。且諸儒好古敏求，各造其域，不立門户，不相黨伐，束身踐行，闇然自修。周、魯師儒之道，可謂兼古昔所不

能兼者矣①。

清代學術尤其是經學的發展脉絡，大致如此。有清科舉取士，繼承明代八股取士制度，仍從《四書》《五經》中命題，《禮記》專用陳澔《禮記集説》。《清史稿·選舉三》：

> （順治）二年，頒《科場條例》。禮部議覆，給事中龔鼎孳疏言："故明舊制，首場試時文七篇，二場論、表各一篇，判五條，三場策五道。應如各科臣請，減時文二篇，於論、表、判外增詩，去策改奏疏。"帝不允，命仍舊例。首場《四書》三題，《五經》各四題，士子各占一經。《四書》主朱子《集注》，《易》主程《傳》、朱子《本義》，《書》主蔡《傳》，《詩》主朱子《集傳》，《春秋》主胡安國《傳》，《禮記》主陳澔《集説》。其後《春秋》不用胡《傳》，以《左傳》本事爲文，參用《公羊》《穀梁》。乾隆間，改會試三月，殿試四月，遂爲永制②。

清代初年，尊崇孔子、朱熹，康熙命李光地等人編纂《朱子全書》，允許朱熹配享孔廟；在朝廷開經筵、日講，講授以儒家經典《四書》《五經》爲主，同時命大臣編纂《日講易經解義》十八卷、《御纂周易折中》二十二卷、《日講書經解義》十三卷、《欽定書經傳説匯纂》二十四卷、《欽定詩經傳説匯纂》二十卷、《日講春秋解義》六十四卷、《欽定春秋傳説匯纂》三十八卷、《日講禮記解義》六十四卷③等。

---

① 趙爾巽等撰《清史稿》，北京，中華書局，1998年1月，第4册第3355頁。
② 趙爾巽等撰《清史稿》第1册第849頁。
③ 乾隆於《御製日講禮記解義序》曰："皇祖聖祖仁皇帝稽古右文，命儒臣日值講筵，《五經》《通鑑》以次進講，薈萃群言，發明旨要，臚爲解義，積有成編，譯以國書，頒示中外。各製序言弁其端，而授諸梓。《易》《書》《詩》三經先竣，《春秋》若干卷，刻於雍正年間。惟《禮記》卷帙浩繁，藁本存翻書房，久之未竟厥業。朕御極（轉下頁）

乾隆命大臣編纂《御纂周易述義》十卷、《欽定詩義折中》二十卷、《御纂春秋直解》十五卷。這些舉措，對於清代經學研究的推動作用是空前的。

《禮記》在清代的流傳，大致從政府開"三禮館"並組織學者注釋《三禮》、大量學者投身《三禮》研究、收藏並刊印前代和當代《禮記》研究成果等方面，可觀察到概貌。

乾隆元年（1736），清高宗鑒於其祖父聖祖爲《周易》《尚書》《詩經》《春秋》四經編纂"義疏"，惟《三禮》獨缺，乃開"三禮館"，任命鄂爾泰、張廷玉、朱軾、甘汝來爲總裁，方苞、李清植、任啓運等爲副總裁，一時精於《三禮》之學者褚錦、惠士奇、杭世駿、蔡德晉、吳廷華、姜兆錫等任纂修之職，修纂《三禮義疏》。他在《御製三禮義疏序》中認爲：

> 《三禮》之傳遠矣！《周禮》六官，河間獻王上之；《儀禮》十七篇，《禮記》四十九篇，高堂生、戴聖傳之。漢、唐以來，箋疏訓釋，無慮數十家，考其義，或相牴牾，先儒嘗譏其聚訟，要其掇拾灰燼之餘，傳先王制作之舊，得什一於千百，好古者所爲，鄭重而愛惜之也。我皇祖聖祖仁皇帝表章群經，既御纂《周易折中》，而《詩》《書》《春秋》，則以分授儒臣纂輯義疏，頒佈海內，惟《三禮》未就。朕御極之初，儒臣上言："今當經學昌明，禮備樂和之會，宜纂輯《三禮》，以蕆《五經》之全。"爰允其請，開館編校，越十有一年冬，告竣。夫禮之所爲，本於天，殽於

（接上頁）之初，允儒臣請，纂修《三禮義疏》，因取《日講禮記解義》原本，參校異同，歸於一是，並命翻譯授梓，以備《五經》之全。敬列皇祖御製原文於前，而略述大概，以志成書歲月。"《日講禮記解義》，影印文淵閣《四庫全書》本第123册第1頁。據此，《日講禮記解義》刊印於乾隆年間。

地,達之人倫日用,行於君臣、父子、兄弟、夫婦、朋友之間,斯須不可去者。天不變,道亦不變,此其本也。其制度、品節、服物、采章,隨時損益,屢變以適其宜者,禮之文也。三代去今,數千年矣,修其教而教明,循其道而道行,謂三代至今存可也,何則? 其本得也。若其用之朝廷,邦國名物器數之具,周旋進退之儀,雖先王處此,必將變通以適其宜,而不泥於其迹。故言禮者,惟求其修道設教之由,以得夫禮之意而已。顧其教之不泯道之所由傳,未嘗不賴於經。好學深思之士,讀其書,有惜不能俯仰揖讓於其間者。先王製作之精意,尚可想見於抱殘守闕之餘,則經傳之爲功也,大矣! 鼎彝鈎劍之遺,篆籀之迹,流傳有自,尚摩挲而寶護之,況製作之精意所賴以傳者歟? 獨其貿於衆説,無所取衷,爰命校纂諸臣,芟煩截浮,約文申義,敷暢厥旨,至其説之不可强同者,稍爲辨正,而仍其舊,蓋其承傳各異,必牽合附會,比而同之,則其惑也滋甚,故無取焉。刻既成,爲之叙論,以發其端,俾隆禮者有所考云。乾隆十三年冬十月朔①。

乾隆纂修《三禮義疏》之目的,一是紹續祖業,二因禮是"修道設教"之本,《三禮》傳述聖賢格言,有切身心要旨,治國之"精義",存乎其間,乃命大臣"芟煩截浮,約文申義,敷暢厥旨",纂修《欽定周官義疏》四十八卷、《欽定儀禮義疏》四十八卷、《欽定禮記義疏》八十二卷。《四庫全書總目》評介《禮記義疏》云:

　　御定《三禮義疏》之第三部也。經文四十九篇,釐爲七十

---

① 《欽定周官義疏》,影印文淵閣《四庫全書》本第98册第1—2頁。

七卷,附載圖五卷。其詮釋七例,亦與《周官義疏》同。《三禮》以鄭氏爲專門,王肅亦一代通儒,博觀典籍,百計難之,弗勝也。後儒所見,曾不逮肅之棄餘,乃以一知半解,譁然詆鄭氏不聞道,韓愈所謂"不自量"者,其是類歟!然《周官》《儀禮》皆言禮制,《禮記》則兼言禮意,禮制非考證不明,禮意則可推求以義理,故宋儒之所闡發,亦往往得別嫌明微之旨。此編廣摭群言,於郊社、樂舞、裘冕、車旗、尊彝、圭瓚、燕飲、饗食,以及《月令》《内則》諸名物,皆一一辯訂,即諸子軼聞,百家雜説,可以參考古制者,亦詳徵博引,曲證旁通,而辯説則頗採宋儒,以補鄭注所未備。其《中庸》《大學》二篇,陳澔《集説》以朱子編入《四書》,遂删除不載,殊爲妄削古經。今仍録全文,以存舊本。惟章句改從朱子,不立異同,以消門户之争。蓋言各有當,義各有取,不拘守於一端,而後見衡鑒之至精也。至於御纂諸經,《易》不全用程《傳》《本義》而仍以程《傳》《本義》居先,《書》不全用蔡《傳》而仍以蔡《傳》居先,《詩》不全用朱《傳》而仍以朱《傳》居先,《春秋》於胡《傳》,尤多所駁正刊除,而尚以胡《傳》標題,列《三傳》之次,惟《禮記》一經,於陳澔《集説》僅棄瑕録瑜,雜列諸儒之中,不以冠首,仰見睿裁精審,務協是非之公,尤足正胡廣等《禮記大全》依附門牆、隨聲標榜之謬矣[1]。

《欽定禮記義疏》凡例曰:

> 説禮諸家,或專尚鄭、孔,或喜自立説而好排注疏,紛紛聚訟。兹各虚心體究,無所專適,惟説之是者從之。至於義理之

---

[1] 清紀昀等撰《欽定四庫全書總目》上册第 270—271 頁。

指歸，一奉程朱爲圭臬云。《三禮》同爲聖典，而戴《記》旨非一端，必博徵群籍，以求精解確證，故自竹書汲冢、周秦諸子、《帝王世紀》及《史》《漢》等，皆在採録。其諸儒，由鄭氏而下至本朝儒家，專訓戴經外，或注他經，或在別説，義有當引，咸採擇以入①。

可見，《欽定禮記義疏》之編纂，對陳澔《禮記集説》棄瑕録瑜，補充《大學》《中庸》二篇，徵引前賢舊説，剪裁補正而成。

《日講禮記義疏》六十四卷、《欽定禮記義疏》八十二卷以及《大清通禮》的修纂印行，不僅對清代初期以前研究《禮記》的成果，在一定程度上進行了總結，更重要者，表明了清代統治者對《禮記》等禮書的態度。這種表態，無疑促進了清代學者研究《三禮》的熱情，其導向領航作用，不可低估。

清朝建國伊始，在政府和部分學者尊崇朱子理學的同時，顧炎武、黄宗羲等學者，以反對宋明理學、恢復漢代經學爲己任，他們反對空談義理，主張篤志六經，學主實證，精研深究。故四庫館臣評價顧炎武説："學有本原，博贍而能通貫，每一事必詳其始末，參以證佐而後筆之於書，故引據浩繁而牴牾者少。"②顧炎武之思想，對清代學者研究經學，影響甚巨。閻若璩、胡渭、惠棟、錢大昕、戴震等，注重考證，以考據爲畢生事業，蓋有以也③。

清代研究《三禮》之學者，有張爾岐、徐乾學、萬斯大、蔡德晉、毛奇齡、盛世佐、李光地、李光坡、方苞、吳廷華、金曰追、沈彤、褚寅

<hr>

① 清鄂爾泰等撰《欽定禮記義疏》，影印文淵閣《四庫全書》本第 124 册第 3 頁。
② 清紀昀等撰《欽定四庫全書總目》上册第 1596 頁。
③ 漆永祥《乾嘉考據學研究》，北京，中國社會科學出版社，1998 年 12 月。

亮、秦蕙田、江永、惠士奇、惠棟、戴震、金榜、阮元、程瑶田、孫希旦、朱彬、胡匡衷、胡培翬、凌廷堪、任大椿、孔廣森、張惠言、邵懿辰、黃以周、孫詒讓等。就《禮記》研究的著作而言，除前述外，以孫希旦《禮記集解》和朱彬《禮記訓纂》最爲有名。

孫希旦(1736—1784)，字紹周，浙江瑞安人。乾隆四十三年(1778)，以一甲第三賜進士及第。曾參與纂修《四庫全書》。著有《禮記集解》六十一卷。孫詒讓説：“先生獨闢塗徑，研精《三禮》。博考精思，於禮經制度，參互研覈，致多心得。其釋戴《記》，兼綜漢、唐、宋諸儒，及近代顧炎武、戴震之説，擇善而從，無所偏主。……其學求之近代，當與張稷若、江慎修相頡頏。”①

《禮記集解》在孫希旦生前並未刊行，後經項凡山、孫鏘鳴、孫衣言等三人整理謄清，於咸豐十年(1860)六月，由孫氏兄弟開始雕版，同治七年(1868)三月，全書鐫刻印完成，即盤古草堂刻本，前後歷經八年。孫希旦歷時十多年，參考鄭玄、孔穎達、吕大臨等人之説，漢、宋兼採，箋釋經文，訓詁名物，闡釋禮義，對《禮記》進行了全面注解。《禮記集解》最通行的版本是中華書局1989年2月出版的沈嘯寰、王星賢點校本。關於該書的價值，萬麗文《孫希旦〈禮記集解〉研究》②曾做過較深入的研究，可參考。

朱彬(1753—1834)，字武曹，號郁甫，清揚州府寶應縣(今屬江蘇揚州)人。著有《禮記訓纂》四十九卷，該書參考漢至清代學者九十多人的研究成果，仔細斟酌，擇取精義，保存舊説，箋釋簡明。

---

① 清孫詒讓撰，潘猛補校補《温州經籍志》，上海社會科學院出版社，2005年9月，上册第135—136頁。
② 萬麗文《孫希旦〈禮記集解〉研究》，南京師範大學古典文獻學專業碩士學位論文，2007年6月，指導教師：王鍔教授。

《禮記訓纂》最早由朱士達於咸豐元年（1851）刊刻於宜禄堂。1996年9月中華書局出版饒欽農點校本，是目前最爲通行的版本。藍瑶《朱彬〈禮記訓纂〉研究》[①]對該書有較深入的探討，可參考。

在清代前期，經歷康熙、雍正、乾隆三朝的治理，迎來了"康乾盛世"。農業的繁榮，手工業中造紙業的發展和鹽商的興起，爲清代學術文化的興盛，奠定了堅實的基礎。清代學者藏書、買書、讀書、刻書、賣書的文化熱潮在全國尤其在北京和江南形成風氣。

清代學者對宋、元版書籍，特別鍾愛；乾嘉以後，各地藏書家對明版書，也十分重視。有關《禮記》的宋元明版書籍，也自然成爲藏書家追捧的對象。吳騫、阮元曾藏宋板《禮記》白文。宋刊巾箱本《禮記》二十卷，經毛晉、汪士鐘、瞿紹基遞藏，今藏國家圖書館。今藏國家圖書館的宋刻遞修本《禮記注》二十卷，曾經黃丕烈、韓應陛、張爾耆等人收藏。宋淳熙四年（1177）撫州公使庫刻《禮記注》二十卷，經季振宜、徐乾學、汪士鐘、楊以增等收藏，今藏國家圖書館。宋刻本《纂圖互注禮記》二十卷，經查慎行、張蓉鏡、傅增湘等收藏，今藏國家圖書館。宋刻本衛湜《禮記集説》一百六十卷曾經明朱大韶、秦蕙田收藏，今藏國家圖書館。影寫宋刻本衛湜《禮記集説》一百六十卷曾經季振宜、傅增湘、李盛鐸收藏，今藏北京大學圖書館。明鈔本衛湜《禮記集説》一百六十卷曾經吳焯、孫仰曾、丁丙收藏，今藏南京圖書館。天禄琳琅亦藏有很多善本，如宋刻本《禮記注》二十卷、明嘉靖本《三禮注》等。

清代刻書業非常發達，自武英殿到各地方之書局，多次翻印儒

家經典；私家刻書，也成爲風尚。乾隆命將《禮記》翻譯成滿文，並於乾隆四十八年（1783）由武英殿刊印滿漢合璧本《御製翻譯禮記》三十卷，今藏臺灣"故宫博物院"圖書館。武英殿先後刻《禮記注》《附釋音禮記注疏》等。十年前，余於甘肅蘭州古籍書店，見到清光緒年間蘭州書局刊印的陳澔《禮記集説》四册，題名"官板禮記"，板式闊大，字大如錢，十分精美。

私人如和珅曾翻刻宋十行本《附釋音禮記注疏》六十三卷，今藏復旦大學圖書館。張敦仁曾影刻宋淳熙四年（1177）撫州公使庫本《禮記注》二十卷，並請顧廣圻撰《考異》二卷，附於書後。顧廣圻《禮記考異跋》曰：

> 顔黄門有言，校定書籍，亦何容易，自揚雄、劉向，方稱此職耳。蓋以校書之弊有二，一則性庸識闇，强預此事，本未窺作者大意，道聽而塗説，下筆不休，徒增蕪累；一則才高意廣，易言此事，凡遇其所未通，必更張以從我，時時有失，遂成瘢痕，二者殊塗，至於誣古人、惑來者，同歸而已矣。廣圻竊不自量，思救其弊，每言書必以不校校之，毋改易其本來，不校之謂也；能知其是非得失之所以然，校之之謂也。今古餘先生重刻宋撫本《禮記》，悉以元書而别撰《考異》，以論其是非得失，可云實獲我心者也。觀乎《考異》之爲書，舉例也簡，持論也平，斷決也精，引類也富，大抵有發疑正讀之功，無繭絲牛毛之苦，去鑿空騰説之損，收實事求是之益，豈但有功於此書也哉？夫固使弊於校者，箴其膏肓而起其廢疾矣，是爲跋[1]。

---

[1] 清顧廣圻撰《顧廣圻書目題跋·思適齋集》卷14，《清人書目題跋叢刊》六，第551頁下欄—552頁上欄。

顧廣圻"不校校之"的校勘原則，即源於此。

就經學而言，清人匯刻經學研究叢書，總結清代以前和清代學者研究經學的成果，最爲著名者有《通志堂經解》《十三經注疏》《四庫全書·經部》《清經解》《清經解續編》等叢書的編纂。而《禮記》的流傳，與這些叢書的編纂密切相關。

《通志堂經解》一千八百六十卷，收書一百四十種，清徐乾學編，康熙十九年（1680）刊，"通志堂"是納蘭性德的堂號。該叢書網羅唐宋元明經解而成，尤以元明兩代居多，收錄衛湜《禮記集説》一百六十卷和納蘭性德《陳氏禮記集説補正》三十八卷。

清阮元重刊宋本《十三經注疏》，始於嘉慶二十一年（1816），刊成於二十二年（1817），但此舉乃淵源於盧文弨。四庫館臣纂修《四庫全書》時，尚不知《十三經》經、注、疏別行之説，其分別"經注""義疏""釋文"之別行，亦始於盧文弨。此後，錢大昕、段玉裁始大暢其論。《清史稿·盧文弨傳》載其言曰：

> 唐人之爲義疏也，本單行，不與經、注合。單行經、注，唐以後尚多善本，自宋後附疏於經、注，而所附之經、注非必孔、賈諸人所據之本也，則兩相齟齬矣。南宋後又附《經典釋文》於注、疏間，而陸氏所據之經、注，又非孔、賈諸人所據也，則齟齬更多矣。淺人必比而同之，則彼此互改，多失其真，幸有改之不盡，以滋其齟齬，啓人考覈者，故注、疏、釋文合刻，似便而非古法也①。

盧文弨特識多類此。後盧文弨弟子臧庸將其手校《十三經注疏》見

---

① 趙爾巽等撰《清史稿》第 4 册第 3378 頁。

示於段玉裁、阮元，於是始有重刊《十三經注疏》之議論，段玉裁、阮元、顧廣圻等人皆持此說。嘉慶四年（1799），阮元任浙江巡撫，建“詁經精舍”，集天下學者，輯《十三經注疏校勘記》（初名《考證》），由段玉裁主持此事，分任其事者有何元錫、臧庸、顧廣圻等人。此書成於嘉慶十一年（1806），由阮元文選樓刊刻於嘉慶十三年（1808）。然因段玉裁、顧廣圻失和，使重刊《十三經注疏》延誤到嘉慶二十年（1815），始謀重刻（段玉裁歿於嘉慶二十年九月八日）。《十三經注疏》之重刻始於嘉慶二十一年（1816），歷時十九個月，至嘉慶二十二年（1817）秋刻成。其中《禮記正義》六十三卷，以元十行本爲底本，參校嘉靖本、萬曆本、崇禎本等而成。此本後經多次翻印，成爲學術界使用最廣泛的版本。

乾隆三十八年（1773）春開館纂修《四庫全書》，至乾隆四十七年（1782）《四庫全書》修成，歷時十年之久。文淵閣《四庫全書》收書三千四百六十一部，七萬九千三百零九卷，其中《禮記》類收錄《禮記正義》六十三卷、宋張虙《月令解》十二卷、衛湜《禮記集說》一百六十卷、吳澄《禮記纂言》三十六卷、陳澔《禮記集說》十卷、胡廣《禮記大全》三十卷，明黃道周《月令明義》四卷、《表記集傳》二卷、《坊記集傳》二卷、《緇衣集傳》二卷、《儒行集傳》二卷，《日講禮記解義》六十四卷、《欽定禮記義疏》八十二卷、黃宗羲《深衣考》一卷、納蘭性德《陳氏禮記集說補正》三十八卷、李光坡《禮記述注》二十八卷、方苞《禮記析疑》四十八卷、邵泰衢《檀弓疑問》一卷、江永《禮記訓義擇言》八卷、《深衣考誤》一卷，總計二十種五百九十四卷；列入“存目”者有《批點檀弓》二卷等四十一種五百五十五卷。

阮元所輯《清經解》，又名《學海堂經解》，道光九年（1829）廣東學海堂刊。共選録顧炎武等七十三人所著一百八十三種，凡一千四百卷。王先謙所輯《清經解續編》，又名《南菁書院經解》，光緒十四年(1888)南菁書院刊。共選録顧炎武等一百一十人所著二百零九部，一千四百三十卷。《清經解》和《清經解續編》共收録《三禮》類著作八十八種，研究《禮記》的著作，若江永《禮記訓義擇言》、焦循《禮記補疏》等，皆於《禮記》有所發明①。

其他如清康熙八年(1669)紫陽朱氏崇道堂刊《五經》、康熙至乾隆間内府刊《御纂七經》、乾隆七年(1742)怡府明善堂刊《五經四子書》、嘉慶十年(1805)揚州鮑氏樗園刊《五經四書讀本》、嘉慶十三年(1808)黄淦刊《七經精義》、嘉慶十六年(1811)揚州十笏堂刊《御案五經》、清同治中金陵書局刊《十三經讀本》等②，均有益於《禮記》的傳播。

六、　近百年《禮記》流傳回顧

清光緒三十一年(1905)，清政府廢除科舉考試制度，舉國學子讀經的歷史宣告結束。近百年的中國歷史，政治格局、主流思想、學術環境、考試制度，與綿延兩千多年的中國封建社會相比，均有很大的差異。經學研究成爲個別知識分子的個人喜好，儒家經典傳承的重擔也落在了他們的肩上。出版商或因喜愛中國傳統文化，或爲謀利，爲儒家經典的傳佈，也付出了艱辛的勞動。

---

① 虞萬里《〈正續清經解〉編纂考》，《清經解　清經解續編》第 1 册第 1—28 頁。
② 上海圖書館編《中國叢書綜録》，上海古籍出版社，1986 年 2 月。

　　清代乾嘉學術，對後世學術之發展，影響深遠。章太炎、王國維、梁啓超、劉師培、黃侃等，皆沿乾嘉學者治學之舊路，成爲一代國學大師。就《三禮》研究而論，錢玄、王文錦、楊向奎、孔德成、沈文倬等，乃近百年《三禮》研究的代表人物。錢玄《三禮名物通釋》①《三禮辭典》②《三禮通論》③，王文錦《禮記譯解》④和他整理的《大戴禮記解詁》⑤《周禮正義》⑥《禮書通故》⑦，楊向奎《宗周社會與禮樂文明》⑧，沈文倬《宗周禮樂文明考論》⑨《菿闇文存》⑩等，均是《三禮》研究的代表作。

　　近百年的《禮記》流傳，體現在三個方面。一是大量《禮記》研究的傳世著作，以購藏、捐贈等不同形式，分別收藏到國家、省、市圖書館、博物館和大學圖書館。二是攝影、印刷、計算機技術的進步，出版界對傳世《禮記》研究著作不斷影印出版，供讀者研究和閱讀。三是伴隨古籍整理事業的發展，出版了一批對《禮記》進行"今注今譯"的著作，對一些《禮記》研究著作，進行校點，整理出版，這些工作，迅速擴大了《禮記》在學術界的傳播。

　　關於歷代研究《禮記》的著作，尤其是清代以前的善本古籍，祇要查閱相關圖書目録如《北京圖書館古籍善本書目》《北京大學圖

---

① 錢玄《三禮名物通釋》，南京，江蘇古籍出版社，1987 年 3 月。
② 錢玄、錢興奇《三禮辭典》，南京，江蘇古籍出版社，1993 年 3 月。
③ 錢玄《三禮通論》，南京師範大學出版社，1996 年 10 月。
④ 王文錦《禮記譯解》上、下册，北京，中華書局，2001 年 9 月。
⑤ 清王聘珍撰，王文錦點校《大戴禮記解詁》，北京，中華書局，1983 年 3 月。
⑥ 清孫詒讓撰，王文錦、陳玉霞點校《周禮正義》，北京，中華書局，1987 年 12 月。
⑦ 清黃以周撰，王文錦點校《禮書通故》。
⑧ 楊向奎《宗周社會與禮樂文明》（修訂本），北京，人民出版社，1992 年 5 月。
⑨ 沈文倬《宗周禮樂文明考論》，杭州，浙江大學出版社，2001 年 6 月。
⑩ 沈文倬《菿闇文存》上、下册，北京，商務印書館，2006 年 6 月。

書館藏善本書録》《清華大學圖書館藏善本書目》《中國古籍善本書目‧經部》《國立故宮博物院善本舊籍總目》等，就可以大致瞭解《禮記》研究的善本古籍的情況。八行本《禮記正義》七十卷經季滄葦、孔繼涵、盛昱、完顔景賢、袁克文、潘宗周等人遞藏，最後庋藏於國家圖書館；潘宗周因收藏此書，顏其藏書處曰"寶禮堂"。北京大學圖書館藏《重言重意禮記》，原是李盛鐸藏書。傅增湘、李盛鐸、袁克文、潘宗周、董康、周遑①等，都是當時有名的大藏書家，從他們的藏書題跋中，都可看到《禮記》流傳的影子。

　　古籍影印，在中國已有百年歷史。張元濟於 1919 年在上海商務印書館開始影印《四部叢刊》，1934 年影印《四部叢刊續編》，1935—1936 年影印《四部叢刊三編》，其中就有《纂圖互注禮記》《禮記要義》《禮記正義》殘卷等書。1930 年上海中華書局排印《袖珍古書讀本》、1936 年在上海中華書局排印《四部備要》、1935—1937 年上海商務印書館排印《叢書集成初編》等叢書，其中就有《禮記注》《附釋音禮記注疏》《禮記訓纂》《禮記注疏校補》《禮記訓義擇言》等書。

　　20 世紀 80 年代以來，古籍影印進入異常繁榮的階段，大量古籍以叢書形式影印出版。近三十年來古籍之影印，以臺灣影印文淵閣《四庫全書》爲發端，古籍影印形成高潮。就"四庫"系列而言，首先是 1982—1986 年臺灣商務印書館影印文淵閣《四庫全書》，裝爲一五〇〇册；1989 年，上海古籍出版社又據以影印；2000 年，上海人民出版社將文淵閣《四庫全書》影印爲電子版；2004 年，廈門鷺江出版社又據以影印。2005 年，北京商務印書館影印文津閣《四庫

---

① 李國慶編著，周景良校《弢翁藏書年譜》，合肥，黃山書社，2000 年 9 月。

全書》。2006 年,杭州出版社影印文瀾閣《四庫全書》^①。

1990 年,臺北"故宫博物院"將《摛藻堂四庫全書薈要》影印,收書四百六十餘種,裝爲五百册,其中研究《禮記》的著作有《禮記注疏》六十三卷、衛湜《禮記集説》一百六十卷、陳澔《禮記集説》十卷、《日講禮記解義》六十四卷、《欽定禮記義疏》八十二卷五種。

1996—2002 年,上海古籍出版社影印《續修四庫全書》,此叢書搜羅《四庫全書》未收及清代乾隆以後問世之古籍五千三百八十餘種,裝爲一八○○册。其中研究《禮記》的著作有三十二種六百三十卷。

1997 年,齊魯書社影印《四庫全書存目叢書》,專門收録《四庫全書存目》所著録清代乾隆以前産生之歷代典籍四千五百餘種,裝爲一二○○册。其中研究《禮記》的著作有三十八種七百一十三卷。

對近百年《禮記》研究影響最大的叢書影印,是中華書局影印的《十三經注疏》。該書《影印説明》指出:

> 《十三經注疏》是文史研究工作者經常要查檢的書。清代由阮元主持校刻的一部,號稱善本,但卷帙浩繁,不便查檢。原世界書局將阮刻本縮印爲兩巨册,使用較方便,我們現據以影印,以應急需。影印前曾與清江西書局重修阮本及點石齋石印本覈對,改正文字譌脱及剪貼錯誤三百餘處。縮印本新增的目録也有不少譌脱,現改正重排。阮刻本在有校勘的地方均加〇表示,縮印本改用▲號,現仍其舊^②。

---

① 吳格《一名圖書館員眼中之古籍影印本》,《古籍影印出版叢談》,天津古籍出版社,2006 年 8 月,第 51—62 頁。
② 清阮元校刻《十三經注疏》上册《影印説明》第 1 頁。

　　當時中華書局影印《十三經注疏》，是"以應急需"，這是符合實際的。此本截至 2003 年 2 月第七次印刷，印數已達五三五○○冊。學術研究工作者撰寫論著，需要參考《禮記》時，大多使用中華書局影印的《十三經注疏》本《禮記注疏》，阮元校刻《十三經注疏》影響之深遠，於此可見。

　　古籍影印，雖給學人帶來極大便利，但影印古籍之質量，參差不齊，就是爲學界稱道的《四部叢刊》，尚存在許多遺憾。尤其是近年影印的古籍，選題重複、版本選擇不佳、印刷質量模糊不清等現象，影響了讀者使用。

　　首次對《禮記》進行"今注今譯"的著作是王夢鷗的《禮記今注今譯》。該書以阮元校刻《十三經注疏》之石印本《禮記注疏》爲底本，進行注譯。每篇皆先爲解題，解釋篇名、內容，然後分段注譯。此書風行臺灣，印刷多次。天津古籍出版社 1988 年重印。

　　大陸最有影響的"今注今譯"本《禮記》有楊天宇《禮記譯注》、呂友仁《禮記全譯》、王文錦《禮記譯解》。

　　《禮記譯注》書前有"《禮記》簡述""譯注説明"。"《禮記》簡述"分關於《禮記》的來源與編纂、關於《禮記》的內容與分類、《禮記》在漢代的傳本與鄭注《禮記》、漢以後的《禮記》學、怎樣讀《禮記》五部分，討論《禮記》相關問題。"譯注説明"實該書注譯之凡例。該書以中華書局影印阮元校刻《十三經注疏》本《禮記》爲底本，依照原書分爲四十九篇，每篇包括解題、原文、注解、譯文和小結五個部分。解題主要説明該篇的命題之義、主要內容，部分解題探討了該篇的寫作年代和作者。注釋對各種名物和禮儀制度進行解釋，譯文以直譯爲主。小結概括該節大意，兼附前人對該節的考辨文字。

書後附"主要引用書目"。該書於 1997 年出版繁體字本,印數八千冊。後經修改刪減,於 2004 年 7 月出版了簡體字本,簡體字本至 2007 年 4 月,已經印刷五次,印數達八千六百冊。此書注釋詳盡,徵引豐贍;解題簡明,譯文清晰。

　　《禮記全譯》書前有"前言","前言"分關於《禮記》的書名、《禮記》四十九篇的編者與作者、《禮記》的内容與《禮記》的地位的日益提高、《禮記》的鄭注和孔疏、有關譯注工作的交代五個部分,探討相關問題。該書經文以八行本《禮記正義》爲主,分爲四十九篇,每篇包括題解、原文、注釋、譯文四部分。該書的注譯方法,正如作者所説:"在注解時,腦子裏始終存在着顔師古注《漢書》時的幾句話:'凡舊注是者,則無間然,具而存之,以示不隱。其有指趣略舉,結約未伸,衍而通之,使皆備悉。若泛説非當,蕪辭競逐,苟出異端,徒爲煩冗,祇穢篇籍,蓋無取焉。舊所闕漏,未嘗解説,普更詳釋,無不洽通。'我們也知道這樣有點懸得太高,自不量力;但我們還知道'取法乎上,得乎其中;取法乎中,得乎其下'的道理。所以我們祇能盡自己最大的努力,做到不自欺,不欺人。"①書後附録主要參考書。該書於難解禮制,詳爲解説,注釋簡明,譯文流暢,惟裝幀較差,稍加翻檢,即爲散葉,甚爲遺憾!

　　《禮記譯解》書前有"前言",簡單介紹《禮記》概况和譯解原則。王文錦説:"黄侃先生批校的《禮記》較精,本書的《禮記》正文即採用黄先生的校本,另施新式標點,並調整了段落。本書的注,僅在標出原文某些字的標準讀音和選録一些重要的校勘。注音仿楊伯峻先生《春秋左傳注》例,用同音字來標音。《禮記》正文有訛誤處,

---

① 　吕友仁、吕咏梅《禮記全譯》上册第 16 頁。

即出校指出，譯文依校文，而正文仍然保持原貌，不敢擅動。本書有譯有解，故名譯解：凡平文大意，即採用直譯方式，譯文緊隨原文，亦步亦趨；而遇到簡奧、艱澀或涉及名物制度的語句而直譯不足以明原旨者，就酌予申釋疏解。不論是譯還是解，都本着傳統理解去表述，不曾刻意求新。"①全書以黃侃的《手批白文十三經》本之《禮記》爲底本，每篇分原文、注音和譯解三部分。注音採用直音法，注釋極略，譯文詳明，對難解之名物制度，於譯文解説，甚便閱讀。

　　對《禮記》研究著作的點校整理，最有影響的是沈嘯寰、王星賢點校的《禮記集解》、饒欽農點校的《禮記訓纂》和龔抗雲點校的《禮記正義》三書。前兩種，前已介紹，不再討論。

　　《禮記正義》是龔抗雲點校，王文錦審定。該書以 1979 年中華書局影印清嘉慶二十一年阮元校刻《十三經注疏》本爲底本，在整理時，"原則上以全面吸收清阮元《十三經注疏校勘記》和清孫詒讓《十三經注疏校記》的成果爲主。凡阮校或孫校已有明確是非判斷者，依據之對底本正文進行改正；無明確是非判斷者，出校記説明，對於因文字出入而可能導致所證事實完全不相符合或性質形成較大差異的，整理者略作考證以決定取捨"。此書於 1999 年 12 月出版標點本，即簡體字本②；2000 年 12 月出版整理本，即繁體字本③。這是首次對《禮記正義》進行整理，也就是説，首次對《禮記》經文、鄭玄注、孔穎達疏、陸德明釋文進行點校，整理者僅僅參考孫詒讓

①　王文錦《禮記譯解》上册《前言》第 7 頁。
②　漢鄭玄注，唐孔穎達正義，唐陸德明釋文，龔抗雲整理，王文錦審定《禮記正義》上、中、下册，北京大學出版社，1999 年 12 月，《凡例》第 3 頁校勘。
③　漢鄭玄注，唐孔穎達正義，唐陸德明釋文，龔抗雲整理，王文錦審定《禮記正義》，《十三經注疏》整理本第 12—15 册。

的校勘成果,對阮刻本之校勘成果,經過删减,並未全面吸收,也未參校《禮記正義》的其他版本,故缺憾較多,對此,已有學者撰文,進行批評①。但此整理本的出版,擴大了《禮記》的影響,促進了《禮記》的流傳。

七、《禮記》流傳之展望

反觀近百年的《禮記》流傳,其主要成績之一是對清代及其以前學者研究《禮記》的著作大量影印出版,尤其是代表性的著作如《禮記注》《禮記正義》《禮記集解》《禮記訓纂》等,多次翻印。《四庫全書》《續修四庫全書》《四庫全書存目叢書》《十三經注疏》《清經解》《清經解續編》《四部叢刊》《四部備要》《國學基本叢書》《叢書集成初編》等大型叢書的不斷影印,使流傳到今天的百分之九十八的《禮記》研究著作,讀者都能看到。這種狀況,爲《禮記》在以後的繼續流傳奠定了基礎,也引起我們對《禮記》流傳的一些思考。

《禮記》是儒家的重要經典,也是歷代封建政府制定當朝禮制的重要依據。縱觀《禮記》流傳的歷史,筆者發現,在整個封建社會中,《禮記》的傳播,是與歷代政府的重視、選拔人才制度和科舉制度分不開的。以儒家思想爲指導的封建政府,爲了維護自己的統

---

① 日本野間文史《讀李學勤主編之〈標點本十三經注疏〉》,《經學今詮三編——中國哲學》,瀋陽,遼寧教育出版社,2002 年 4 月,第 681—724 頁。吕友仁《〈十三經注疏·禮記注疏〉整理本平議》,《中國經學》第 1 輯,桂林,廣西師範大學出版社,2005年 11 月,第 100—131 頁。常虛懷《〈禮記正義〉校讀札記》,南京師範大學古典文獻學專業碩士學位論文,2007 年 6 月,指導教師:方向東教授。

治，對《禮記》從不同角度進行解説和研究，重視《禮記》的流傳，是
情理之中的事。自隋唐以來，《禮記》又作爲入身仕途的必讀經典，
學者對《禮記》的研讀，也是必須之事。而近百年的《禮記》流傳，與
以前大不一樣。《禮記》已不是人人閱讀的經典，祇是流傳到今天
的古代文獻，或者説是流傳到今天的儒家經典文獻。《禮記》的地
位大大降低，似乎已不具備指導性，更不是綱領性"文件"，僅僅是
一本古書而已。

　　社會在發展，也在不斷進步，人們的思想觀念，也在發生變化。
現代社會，每一位讀書人可以根據自己的愛好，有選擇讀書的權
利，《禮記》被大多數讀書人選中的概率，越來越小。就是個別喜歡
儒家經典或傳統文化的學者、讀書人，也不會對《禮記》頂禮膜拜，
更不會在讀《禮記》時"焚香净几"。個別學者，能够出於探索中國
古代文化的奧秘，心平氣和地閱讀、研究《禮記》，已經是《禮記》之
萬幸。

　　正由於以上原因，近百年的《禮記》流傳，主要停留在對《禮記》
研究著作的影印出版上，這其中尚不排除個別人爲了名利的因素。
近百年幾次國學熱潮，也在某種程度上促進了《禮記》的傳播。但
《禮記》在今後的流傳，也令人擔憂。《禮記》在將來怎樣流傳呢？
令筆者深思！考慮再三，筆者認爲，要使《禮記》流傳下去，學術界
必須要做好以下幾件工作：

　　1. 仔細閱讀，準確評判。自戴聖編纂《禮記》以來，歷代學者研
究《禮記》的著作，根據目録學著作的著録，有上千種之多，完整流
傳到今天的著作，也有數百種。經過學者的辛勤工作，影印出版，
重要的著作，我們都能看到，可以仔細鑽研。時代不同，學術必異。

每一時代，欲學術進步，必須要總結前代學術，否則，會學無根基，不知所嚮。

近五十多年的《禮記》研究，對歷代學者研究《禮記》的成績，或注重翻印原著，或從文獻學角度總結流傳狀況。就個案研究而言，最大成績是探討《禮記》記載之禮制、對《禮記》經文進行注譯普及和對鄭玄《禮記注》的研究，如錢玄《三禮通論》《三禮辭典》和張舜徽《鄭學叢著》、楊天宇《鄭玄三禮注研究》等。對孔穎達《禮記正義》、衛湜《禮記集說》、陳澔《禮記集說》、孫希旦《禮記集解》、郭嵩燾《禮記質疑》[①]等代表著作的研究和斷代《禮記》研究史的總結很不够。所以，有必要對各個時代《禮記》研究的著作，通過仔細閱讀，結合當代學術史的背景，加以認真總結，爲我們今天研究《禮記》做好基礎工作，以免研究重複，浪費精力。

2. 精心彙校，集解疏釋。儒家經典文獻，不同時代，學者均有解說，每到一定時候，便有學者對前代成績進行總結，校勘傳本錯訛，彙集諸家解說，此乃中國文獻流傳之優良傳統。

《禮記》在東漢末年，鄭玄撰《禮記注》，總結東漢時期《禮記》研究狀況。唐代，由孔穎達主持撰寫《禮記正義》七十卷，總結魏晉南北朝時期《禮記》研究的成績，對鄭玄《禮記注》也進行解說。南宋末期，衛湜撰《禮記集說》一百六十卷，彙集前代解說一百四十三家。及至清代，杭世駿撰《續衛氏禮記集說》一百卷，採集漢至清代二百餘家之說；阮元以元十行本爲底本，校勘《附釋音禮記注疏》六十三卷。然《禮記》研究，始終没有出現像孫詒讓《周禮正義》一樣

---

① 周忠《〈禮記質疑〉研究》，南京師範大學古典文獻學專業碩士學位論文，2008 年 6 月，指導教師：王鍔教授。此文對《禮記質疑》的優缺點，已做部分總結。

的集大成著作。

可以撰寫一部《禮記彙校集注》，總結《禮記》研究成績。此書主要內容有二：一是以宋八行本《禮記正義》爲底本，用宋淳熙本《禮記注》、宋紹熙本《纂圖互注禮記》、宋十行本《禮記注疏》、明嘉靖本《禮記注疏》、清武英殿本《禮記注疏》、文淵閣《四庫》本《禮記注疏》、阮元校刻本《禮記注疏》以及敦煌殘卷、郭店和上博簡《緇衣》等篇，在吸收前人校勘成果的基礎上，對《禮記》經文精心彙校，校正訛誤。二是參考鄭玄《禮記注》、孔穎達《禮記正義》、魏了翁《禮記要義》、宋衛湜《禮記集説》、元吳澄《禮記纂言》、陳澔《禮記集説》、明郝敬《禮記集解》、清王夫之《禮記章句》、杭世駿《續衛氏禮記集説》、鄂爾泰等《禮記義疏》、孫希旦《禮記集解》、朱彬《禮記訓纂》、郭嵩燾《禮記質疑》以及朱熹、張廷玉、方苞、江永、吳廷華、鄭元慶、戴震、盧文弨、金曰追、王念孫、俞樾、戴禮、黃侃等人成果，按先後次序，彙集各家注釋，刪繁去重，排列精義，後以“案語”形式，評判得失，發表個人見解。如果能夠完成《禮記彙校集注》，則可對《禮記》的主要研究成果進行總結，有利於開展進一步研究。

另外，尚可以八行本《禮記正義》爲底本，以宋十行本《禮記注疏》、明嘉靖本《禮記注疏》、明萬曆本《禮記注疏》、明崇禎本《禮記注疏》、清武英殿本《禮記注疏》、文淵閣《四庫》本《禮記注疏》、阮元校刻的嘉慶本《十三經注疏》之《禮記注疏》爲對校本，完成《禮記注疏彙校》工作，以便《禮記》的流傳。

3. 立足人情，闡釋禮義。《禮記》是歷代封建政府制定當代禮儀制度的重要參考書，地位在《儀禮》《周禮》之上。《禮記·禮器》曰：“禮，時爲大，順次之，體次之，宜次之，稱次之。”製作禮制的要點和順序是要注意時代特點,順應人倫,區別對象,合乎人情,與人的身份相稱。忠信是禮之本,義理是禮之文,制定禮儀,不講忠信義理,則難以實行,故孔子説:"喪禮,與其哀不足而禮有餘也,不若禮不足而哀有餘也。祭禮,與其敬不足而禮有餘也,不若禮不足而敬有餘也。"①喪禮主哀,祭禮主敬,乃人之常情。子游問孔子,應該如何置辦喪具,孔子回答説:"稱家之有亡。"子游曰:"有無惡乎齊?"孔子回答説:"有,毋過禮。苟亡矣,斂首足形,還葬,縣棺而封,人豈有非之者哉?"②孔聖人之通情達理,令人景仰。

禮要順應時代發展,合乎人之情性,這是《禮記》的思想精華。北宋時期,司馬光參考《禮記》《儀禮》而作《書儀》,朱子之《家禮》,借鑒《書儀》而作,風行數百年,並影響周邊國家韓國、朝鮮和日本。當今時代,與古代大不相同,但作爲禮儀文明古國,對儒家禮儀文化之傳承,乃是必須之事,否則,人之欲望,難以節制,和諧生活,衹是空言。

郭店楚簡和上博簡的發現公佈,引起國際學界對儒家禮儀文化的高度關注。2005年10月,"首屆中國經學國際學術研討會"在清華大學召開之時,徐復老爲會議題賀詞曰:"明六經之恉,通當代之務。"③"通經致用",乃清代學術之特徵,顧炎武極力提倡。徐老此言,蓋有深意也。

我們研究《禮記》,如果衹是標標點點,之乎者也,那還不如不讀。筆者以爲,研讀《禮記》之最終目的,是利用《禮記》的優秀思想,爲當代社會服務。所以,在對《禮記》從文獻學角度深入研究的

---

① 清阮元校刻《十三經注疏》上册第 1285 頁上欄。
② 清阮元校刻《十三經注疏》上册第 1291 頁下欄。
③ 彭林主編《中國經學》第 2 輯,桂林,廣西師範大學出版社,2007 年 5 月。

基礎上，一定要總結《禮記》思想，立足人情，對《禮記》中諸如"親親、仁民、忠信、孝敬"等思想，進行符合時代的闡釋，大力宣揚，使其成爲中華文化的精髓，代代相傳，永放光芒。

4. 順應時代，電子傳播。中國古文獻之載體，經歷甲骨、金石、簡牘和紙張，目前已進入電子時代，這是科學技術的進步，是值得高興的技術飛躍。在《禮記》流傳的歷史上，簡牘、石碑、紙張，都曾是非常重要的載體。戰國楚簡、石經、宋元明版《禮記》，至今是我們閱讀和研究的主要文獻。

近二十年來，計算機技術突飛猛進，發展非常迅速。就存儲而言，從很小的硬盤、軟盤、U盤、外掛硬盤再到光盤等，存儲量越來越大，網絡技術也隨之發展。這些技術，爲古籍的傳播，提供了極大的便利。就《禮記》而言，文淵閣《四庫全書》《續修四庫全書》《四部叢刊》等，皆有電子版；網絡資源中，隨處都可下載到《禮記》經文，這是可喜的成績。

但在電腦、網絡技術飛速發展的今天，網絡版《禮記》，大多不注明版本，加之漢字處理技術，尚存在一定局限，《禮記》文字歧異現象比較突出，這一狀況，如不改觀，將受到很大限制。

電子版或網絡版《禮記》，如想有較大改進，必須請有關專家進行認真仔細校勘，並按照古籍整理規範，整理出規範的版本，再利用電腦技術，將其網絡化或電子化，提供給更多的讀者使用。祇有如此，纔有利於《禮記》在將來的傳播。所以，我們需要《禮記》研究專家和計算機專家的通力合作，爭取將重要的《禮記》版本電子化，哪怕是做成 PDF 格式，也是有意義的事。對此，筆者翹首以待。

當然，《禮記》在將來的流傳，圖書館的功用是極其重要的。古籍保護和利用的關係問題,一直是圖書館界和學術界爭論不休而又至關重要的問題,保護的目的是爲了有效地利用。衹强調保護,不允許利用,是違背圖書館功用的。對圖書館而言,衹要是讀者合理地使用古籍,圖書館就應該滿足。再好的古籍,不讓使用,和廢紙没有區别。但《禮記》等古文獻如何能長久流傳,也是圖書館工作者必須面對的課題,需要科學的精神和負責任的態度。

結語:《禮記》自戴聖編纂完成,已經流傳了兩千多年。兩千多年來,《禮記》備受歷代政府和學者的重視,其主要原因是,《禮記》乃中華禮儀文明之重要源頭,儒家重要經典。《禮記》雖以“記”命名,但自四十九篇撰寫完成之日起,在學者和政府心目中,其地位與“經”同等重要;戴聖以傳播《禮經》起家,後因編纂《禮記》,又獲得大儒之名,《禮記》地位也逐漸上升。三國魏時,《禮記》升格爲“經”,並設立《禮記》博士。唐代,唐太宗組織孔穎達等撰寫《五經正義》,《禮記》代替《儀禮》,正式進入《五經》之列。此後,凡言《五經》,乃指《周易》《尚書》《詩經》《禮記》《春秋左氏傳》五部儒家經典。宋代建國后,重用文臣,學術界尊崇儒家之德性,尤其是受“顔子所好何學”之啓發,宋學開始注重内省,提倡“明體達用”;學者也非常重視《大學》《中庸》《儒行》等,特别注重個人品德的修養,“四書”體系建立。元初,陳澔撰《禮記集説》,明初修訂《禮記大全》,以陳澔書爲主,明代政府又規定科舉考試,《禮記》以陳澔書爲主,此規定一直延續到科舉考試被廢除。近百年來,印刷技術發展迅速,尤其是電腦照排和電子化過程,進一步擴大了《禮記》的傳播。

緣人情制禮,依人性作儀,防人淫侈,救人凋敝,乃社會和諧之目標也。《曲禮上》曰：

> 道德仁義，非禮不成；教訓正俗，非禮不備；分爭辨訟，非禮不決；君臣上下，父子兄弟，非禮不定；宦學事師，非禮不親；班朝治軍，涖官行法，非禮威嚴不行；禱祠祭祀，供給鬼神，非禮不誠不莊。是以君子恭敬、撙節、退讓以明禮。鸚鵡能言，不離飛鳥；猩猩能言，不離禽獸。今人而無禮，雖能言，不亦禽獸之心乎！夫唯禽獸無禮，故父子聚麀。是故聖人作，爲禮以教人，使人以有禮，知自別於禽獸。

禮之功用，於此可見。

《曲禮上》又説："夫禮者，所以定親疏，決嫌疑，別同異，明是非也。禮不妄説人，不辭費。禮不逾節，不侵侮，不好狎。修身踐言，謂之善行。行修言道，禮之質也。禮聞取於人，不聞取人。禮聞來學，不聞往教。"《論語·學而》曰："禮之用，和爲貴。"禮對人類社會之重要，《禮記》《論語》等文獻，已經闡述得非常清晰。

正因有如此豐富的禮學思想，《禮記》纔能長久流傳，也將繼續傳播。

（原刊於《井岡山大學學報》2010 年第 5、6 期）

清孫希旦《禮記集解》平議

自漢以降，對儒家經典，不斷有人作注作疏，訓詁經文，疏解經注，考察制度，闡釋義理。此項工作，因時代、學術背景、著書宗旨和作者的不同，差別很大。不同時期，對"注解類"文獻如何評價，因人而異，因書有別。然大致而言，考察作者的著書宗旨、對前人成果的抉擇去取、徵引資料的廣博與否、是否注重專書特點等，應該是評價"注解類"文獻的基本標準。

孫希旦(1736—1784)《禮記集解》(下簡稱《集解》)是清代《禮記》研究的代表作。對《集解》學術價值之評判，前人雖有評介，仍感不够具體。故在已有研究成果的基礎上，從《集解》的成書及序跋、《集解》研究綜述、《集解》注釋之優點、《集解》注釋之缺點等方面，對《集解》進行平議，總結孫氏《禮記》研究之成績和缺陷，以就教於大方之家。

一、《集解》的成書及序跋

　　孫希旦於乾隆四十三年（1778）以一甲第三賜進士及第，歷任内閣中書、四庫館纂修官、翰林院編修、武英殿分校官、國史館和三通館纂修官，曾參與纂修《四庫全書》，一生博覽群書，尤精《三禮》，後專治《禮記》①。

　　乾隆三十六年（1771）以後，孫氏專心研治《禮記》，遇鄭《注》孔《疏》有未當者，以己意解釋，爲《禮記注疏駁誤》；乾隆四十四年（1779）丁母憂期間，主講中山書院，參考諸家之書，注解《禮記》全書，更名爲《禮記集解》，凡五十卷。然十分可惜的是，《集解》在孫氏生前並未刊行。

　　清道光十三四年間（1833—1834），孫詒讓的兩位舅爺項鴈湖、項几山兄弟開始整理孫氏《集解》，然項几山祇校勘了前十卷，未果而罷。咸豐三年（1853），孫詒讓叔父孫鏘鳴從孫氏曾孫孫裕昆處拿到《集解》稿本，以及孫氏研讀過的《三禮注疏》、衛湜《禮記集説》等書，參考校訂，整理寫定《集解》爲六十一卷。咸豐十年（1860），孫詒讓父親孫衣言携弟孫鏘鳴刊刻《集解》，適逢太平天國運動，已刻書版焚毁十之五六，後經補刻，至同治七年（1868）三月，《集解》全部刻完刊印，距離孫氏去世已八十四年了。

　　最早對《集解》進行評介者是阮元，其《禮記集解叙》曰：

　　　　《禮記》四十九篇，傳於小戴，漢橋元之七世祖橋仁，始傳其學。迨漢末高密鄭氏始爲之注，精覈簡貴，後人莫及。直至

①　孫延釗《孫敬軒先生年譜》，《甌風雜志》1934—1935 年第 4—6、11—16、23—24 期。

趙宋開禧間，衛湜始復爲《集説》一百六十卷，所採集者鄭以下一百四十四家，可謂博且精矣。乃此百餘家，自鄭《注》孔《疏》外，原書無一存者，因固陋而棄古籍，是可慨已！蓋自元陳澔雲莊《禮記集説》成，明人樂其簡便明顯，遂以取士，而衛氏説退。自是學者不求它解，日益固陋。所以朱竹垞詆陳書爲兔園册也。瑞安孫敬軒前輩，不欲以詞林文采見長，而以學禮爲事。《曲禮》三千，一言以蔽之曰："毋不敬。"故自號敬軒，能於三千求其説，不厭其繁，於是統四十篇，而日尋繹之，自鄭氏以下孔沖遠、朱子以來，共□□□□家之説，用其所長，捨其所短，辨其所誤，析其所疑，復自下己意以發明昔人所未發，又於每節之下作爲釋文，於是《禮記》之義畢著矣。瑞安後學項氏傅霖，將欲槧之於木，來乞序言，誠嘉事也，固述大略歸之。道光十八年四月，館後輩儀徵阮元叙[①]。

據阮元《禮記集解叙》，蓋項几山在整理《集解》時，請阮元作序，阮《叙》作於道光十八年（1838），當時《集解》尚未整理完成。

孫鏘鳴《序》曰：

《小戴》之學，鄭《注》孔《義》而外，宋櫟齋衛氏之書綜羅最博，而無所折衷，黃東發以爲浩瀚未易徧觀。自雲莊陳氏《集説》出，明人樂其簡易，遂列學官，至今承用，然於禮制則援據多疏，禮意則發明未至，學者弗心饜也。我家敬軒先生，乾隆戊戌廷對，以第三人及第，爲學一宗程、朱，研精覃思，於書無所不窺，旁涉天官、地輿、鐘律、曆算，而致力於《三禮》尤深，著

---

① 清孫詒讓撰，潘猛補校補《溫州經籍志》，上海社會科學院出版社，2005年9月，上册第136頁。

《禮記集解》六十一卷。余舅氏鴈湖、几山兩先生屢謀鋟版而未果。咸豐癸丑，鏘鳴自粵右歸，被朝旨治團於鄉，從其曾孫裕昆發篋出之，則纍然巨編。首十卷，几山先生所精校，録藏其副，餘則朱墨雜糅，塗乙紛糾，蓋稿雖屢易，而增改尚多，其間剪紙黏綴，歲久脱落，往往而是。乃索先生所治《三禮注疏》本及衛氏《集説》於裕昆所，皆逐字逐句，丹黃已徧，讎勘駁正之説，札記於簡端者幾滿，遂爲之參互考訂，逾歲而清本定。庚申六月開雕，中更寇亂，迄同治戊辰三月始成，集貲鳩工，藉同人之力爲多。夫《禮》四十九篇，先王之遺制，聖賢之格言賴是傳焉。而雜出於漢儒之所輯，去聖已遠，各記所聞，其旨不能盡一，於是訓詁家紛紜聚訟，莫決從違。是書首取鄭《注》、孔《義》，芟其繁蕪，掇其樞要，下及宋、元以來諸儒之説，靡不博觀約取，苟有未當，裁以己意。其於名物制度之詳，必求確有根據，而大旨在以經注經，非苟爲異同者也。至其闡明禮意，往復曲暢，必求即乎天理人心之安，則尤篤實正大，粹然程、朱之言也。先生易簀時，年未逾五十，於是書已三易稿。於乎！功亦勤矣。今距先生之卒不及百年，其在館閣時，清節峻望，無有能道之者。讀是書，抑可想見先生之爲人也。族子鏘鳴謹序①。

孫衣言《敬軒先生行狀》曰：

其於諸經，尤深於《三禮》。辛卯以後，始專治《小戴》，《注》説有未當，輒以己意爲之詁釋，謂之《注疏駁誤》。己亥居

① 孫鏘鳴《禮記集解序》，清孫希旦撰，沈嘯寰、王星賢點校《禮記集解》，北京，中華書局，1995 年 5 月，上册第 1—2 頁。

憂,主中山書院,乃益取宋、元以來諸家之書,推廣其説,爲《集解》五十卷,其大指在博參衆説,以明古義,而不爲詭詞曲論。故論者謂先生之言禮,其於名物制度,考索精詳,可以補漢儒所未及;而深明先王製作之意,以即乎人心之所安,則又漢儒所不逮也①。

孫詒讓評介《集解》説:

家敬軒先生,當乾隆初,經學大師提倡未盛,先生獨闢途徑,研精《三禮》,博考精思,於禮經制度,參互研覈,致多心得。其釋戴《記》,兼綜漢、唐、宋諸儒,及近代顧炎武、戴震之説,擇善而從,無所偏主。校正經文,若《曲禮》"醯醬處内",從《釋文》定作"醯醬"。"豚曰腯肥",據《注》及《釋文》,當作"豚肥"。《樂記》"志微、噍殺之音作",據《漢書》當作"纖微"。"使之行商容而復其位",據《家語》當作"使人"。《祭法》"七代之所更立者,禘郊宗祖",俗本多作"祖宗",據孔《疏》正之(此與《唐石經》及宋本合),並確有依據。至於鄭《注》,間有訛誤,輒爲糾正。如據《雜記》"女子祔於王母則不配",又"兄弟之殤則練冠祔",證殤不限適庶,皆有祔與除服之祭,正《曾子問》注謂"庶殤不祭"之誤。(注説依祭法推之。先生此書則謂"祭法自《國語》展禽語外,多不可信"。)據《燕禮》無賓酢主君之禮,定《郊特牲》"三獻之介,君專席而酢焉"謂饗禮,正注"以介爲賓,賓爲苟敬"據《燕禮》爲説之誤。據《顧命》天子路寢之制與《覲禮》在廟言"几俟於東箱",正《玉藻》注天子廟及路寢與明堂同

① 孫衣言《敬軒先生行狀》,清孫希旦撰,沈嘯寰、王星賢點校《禮記集解》上册第5—6頁。

制之誤。若此之類，並貫穿經文，推玩得之，不爲意必之説。其餘記文關涉《儀禮》《周禮》兩經者，皆一一疏釋其義，注義簡奧。孔、賈兩《疏》述鄭，或有違戾，亦爲疏通證明。其學求之近代，當與張稷若、江慎修相頡頏。雖復禘主人鬼，論襲趙匡；祧非遠廟，義違祭法，不免小有疏舛。然精審之處，終非方靈皋諸人所能及也。原稿本五十卷，仲父止庵先生校刊時，析爲六十一卷，今以五十卷著於録，從其朔也①。

孫鏘鳴在項几山整理本基礎上，參考孫氏讀《禮記注疏》批閱的劄記，歷時一年多，將《集解》整理寫定，並與其兄孫衣言，付梓梨棗，刊刻流傳。孫氏兄弟及孫衣言之子、經學大師孫詒讓，皆盛贊《集解》之價值，孫詒讓認爲其學問超越方苞，與張爾岐、江永相等，《集解》"擇善而從，無所偏主"，"校正經文"、糾正注疏之誤，大多結論，皆"貫穿經文，推玩得之，不爲意必之説"。在祖父、叔祖父和父親的影響下，孫詒讓之子孫延釗又編撰《孫敬軒先生年譜》，表彰其學術成就。正是在孫詒讓家數代人之關注和表彰之下，孫氏《集解》，始漸爲人所知。

二、《集解》研究綜述

近代國學大師章太炎、梁啓超在談到清代《禮記》學研究時，章太炎認爲清人於《禮記》没有新疏②。梁啓超在論述清代學術時説：

---

①　清孫詒讓撰，潘猛補校補《温州經籍志》上册第 135—136 頁。
②　章炳麟著，徐復注《訄書詳注》，上海古籍出版社，2000 年 12 月，第 165 頁。

"清儒於《禮記》,局部解釋之小書單篇少,但全部箋注,尚未有人從事。其可述者,僅杭大宗世駿之《續禮記集説》。其書仿衛湜例,爲録前人説,自己不下一字。所録自宋元人迄於清初,别擇頗精審,遺佚之説多賴以存。例如姚立方的《禮記通論》,我們恐怕没有法子再得見,幸而要點都採擷在這書裏頭,纔能知道立方的奇論和特識,這便是杭書的功德。次則郭筠仙嵩燾的《禮記質疑》,對於鄭注所匡正不少。將來有著《禮記》新疏的人,這兩部書總算最好的資料了。朱彬的《禮記訓纂》未見,不敢批評。《禮記》單篇别行之解釋,有皮鹿門錫瑞之《王制箋》、康長素有爲之《禮運注》、劉古愚光蕡之《學記臆解》,各有所新發明。……(《禮記》)這部書始終未有人發心做新疏,總算奇事。"①

民國時期,章、梁二位爲何没有談到孫氏《集解》,緣由不得而知。然高明撰《禮記概説》,對《集解》推崇備至,他説:

> 我們綜觀清代學者有關《禮記》的著作,深覺納蘭性德的《陳氏禮記集説補正》、朱彬的《禮記訓纂》和孫希旦的《禮記集解》尤應特别引起我們的注意。元明以來,陳澔的《禮記集説》爲政府規定的應考士子必讀的書,已成爲權威的著作,但這書實在淺陋,自有納喇性德的書,纔打倒了它權威的地位,而使後人得以開拓心胸,對《禮記》作更深入的探討,這種摧陷廓清的功勞是不可淹没的。朱彬的《禮記訓纂》,是薈萃乾隆、嘉慶以來學者研究的成果,來與注疏相發明,是足以代表清代考據學派研治經學的風氣。孫希旦的《禮記集解》,則由考據而入

---

① 梁啓超《中國近三百年學術史》,太原,山西古籍出版社,2001年10月,第185頁、第198頁。

義理，儼然要鎔漢宋於一爐，而自成一家了。這三部書實在可以代表清儒研究《禮記》的三個途徑，所以我們應該特別予以注意。……孫希旦的這部書，對於名物制度的考索，顯然是當時考據學派所提倡的漢學；而對於禮制義理的追尋，則又顯然是歸依程朱的宋學。他是想鎔冶考據與義理、漢學與宋學於一鑪的，這樣地研究《禮記》，較之朱彬的偏重考據，確是更進一步；雖然他和朱彬同時，年輩且較高，但他的成就確實是走在朱彬前面的①。

1989 年 2 月，沈嘯寰、王星賢二位將孫氏《集解》點校整理，由中華書局出版；1990 年 1 月，臺北文史哲出版社將《集解》在臺灣再版，《集解》逐漸受到學術界重視。沈嘯寰《本書點校説明》説：

清人對《二戴記》的研究成果超過前代，著述頗豐，有王聘珍的《大戴禮記解詁》、孔廣森的《大戴禮記補注》、朱軾的《禮記纂言》、朱彬的《禮記訓纂》等等，其中孫希旦所著的《禮記集解》尤爲著稱。……孫氏的《集解》共六十一卷，以各篇《記》文分隸於其下。除《學》《庸》二篇僅著篇目，下標"朱子《章句》"，不錄《記》文外，其餘四十七篇，每篇篇首基本上都作了題解。每節除沿用鄭《注》、孔《疏》而外，更博採宋、元以來各家之説，旁蒐遠紹，頗爲詳備。末加己見，對每一節的字、詞、句幾乎都作了詮釋，析疑解惑，大有助於研究古代經濟、政治、文教以及禮俗、制度。其於前人之説有異議者，則提出辯難，亦頗有創見。故其書頗爲晚近學者所採用，《辭海》中也有不少條目援

---

① 高明《禮記概説》，《禮學新探》，香港中文大學聯合書院中文系，1963 年 11 月，第 86 頁、第 95 頁。

引其説。對於文句的斷讀,孫氏亦時有新解①。

沈氏之評説,符合《集解》實際。

1996 年,吕友仁撰《指瑜爲瑕的校記何其多──讀點校本〈禮記集解〉劄記之一》一文,糾正了沈氏點校本的一些"校記"失誤。1999 年 6 月,在林慶彰指導下,黄智信撰寫碩士學位論文《朱彬〈禮記〉學研究》②,文章第七章《朱彬、孫希旦〈禮記〉學之比較》,介紹了孫氏生平、著述和《集解》的整理刊刻經過、體例等概況,並將《集解》和朱彬《禮記訓纂》進行比較,黄智信認爲:

> 我們將朱彬《禮記訓纂》與《禮記集解》作比較,以看出兩書之異同:一、孫書考據與義理並重,長與義理之發揮;朱書由考據以明義理,精於字義訓詁之考訂;二、孫書詳明,朱書精審;三、孫書易懂,朱書可據。因爲孫、朱二氏治學途徑的不同,所以《集解》與《訓纂》各有特色,合則兩立,分則兩傷。兩書可以互爲補充,但任何一書,都無法取代另一書③。

黄氏對《集解》和《訓纂》比較之結論,是可信的。又,筆者拙著《三禮研究論著提要》對《集解》版本曾做過考察④。

除上所述外,一直没有人對《集解》進行專書研究。有鑒於此,2004 年 9 月,筆者命弟子萬麗文以《孫希旦〈禮記集解〉研究》爲題,對《集解》進行專題研究,歷時三年,完成碩士學位論文。該文分孫

---

① 清孫希旦撰,沈嘯寰、王星賢點校《禮記集解》上册第 3—5 頁。
② 黄智信《朱彬〈禮記〉學研究》,東吴大學中國文學研究所碩士學位論文,1999 年 6 月,指導教師:林慶彰教授。2010 年 11 月 14 日,"2010 年中國經學國際學術研討會"期間,在馮曉庭之協助下,林慶彰惠贈此文,得以閲讀,謹致謝意!
③ 黄智信《朱彬〈禮記〉學研究》第 152—154 頁。
④ 王鍔《三禮研究論著提要》(增訂本)第 343—344 頁。

希旦的生平和著述、《禮記集解》的成書及其版本、《禮記集解》的内容體例和特點、點校本《禮記集解》校讀劄記四部分,考察了孫氏的生平、著作,尤其是對《集解》的體例、特點進行了分析,作者認爲,《集解》的特點和價值主要表現在以下方面:

1. 漢學、宋學並重,漢宋兼採;2. 注釋既重校勘訓詁,又重義理闡釋;3. 以經注經,以經證經;4. 對名物制度,考釋精詳;5. 融會貫通,總結禮例;6. 從内容入手,分析篇名含義;7. 博採衆説,發表己見;8. 對鄭《注》孔《疏》之訛誤,輒爲糾正。孫希旦《禮記集解》是在對前人研究成果認真研讀和總結的基礎上撰寫而成的,在某種程度上來講,孫氏對乾嘉以前主要學者研究《禮記》的成果,進行了一次認真清理,無論從其注解《禮記》方法,抑或考釋禮制和名物,訓詁字詞,糾正前人之失誤等方面,都有超越前人之處,這也正是《禮記集解》的價值所在①。

碰巧的是,在 2007 年 6 月,臺灣銘傳大學應用中國文學系碩士研究生徐瑋琳完成《孫希旦〈禮記集解〉駁議鄭注之研究》一文,該文分緒論、孫希旦生平及《禮記集解》原委、孫希旦駁議鄭注——禮制篇、孫希旦駁議鄭注——訓詁禮器篇、結論五章,重點研究孫氏對鄭《注》之駁議。徐瑋琳的結論是:

孫希旦所處清中葉時期,正是漢學、考據學蔚爲風尚時,而當時官方和民間宋學仍擁有極大勢力,以致孫希旦《禮記集

---

① 萬麗文《孫希旦〈禮記集解〉研究》,南京師範大學文學院古典文獻學專業碩士學位論文,2007 年 6 月,指導教師:王鍔教授,第 16—38 頁。

解》雖博採鄭注、孔疏及宋、元諸儒之説，然實亦漢、宋兼採之作，這點從其引書中，以漢、宋時人爲多，漢唐時期引書約有三十三人，宋元時期則有四十三人，而清人僅五人，且除引顧炎武有十一次之多外，其他如萬斯大二次、胡渭二次、李光地一次、戴震四次，皆未超過五次。由此可知，此書受清代考據學風影響所作之考訂，並不明顯，反而較偏宋學。……孫希旦《禮記集解》針對鄭注中禮制、禮義之考證欠詳、望文生訓，或穿鑿附會處，加以指證並駁議其非，其駁議方式又可分"直言鄭注之非""婉言鄭注之非""並存、待考"三種，"直言鄭注之非"者共計九十二條，"婉言鄭注之非"者共計三十一條，"並存、待考"者共計三十一條。孫希旦對《禮記》之注解，長於義理之發揮①。

萬麗文、徐瑋琳二位的文章，不僅考述了孫氏生平、著作，尤其是對《集解》的特點、價值進行研究，結論基本符合實際。但是，徐瑋琳文章通過孫氏注解，逐條辨析，主要揭示孫氏駁議鄭《注》之非，這是其優點；然其缺陷是未能將孫氏《集解》置於《禮記》研究史中，總結《集解》之優點。萬麗文文章對《集解》進行綜合研究，總結了《集解》之優點和缺陷，超越以往，這是文章的亮點；然因作者缺乏對清代學術史和《禮記》研究史的整體把握，總結略顯空泛，不夠具體。所以，再次對《集解》進行平議，仍有必要。

---

① 徐瑋琳《孫希旦〈禮記集解〉駁議鄭注之研究》，臺灣銘傳大學應用中國文學系碩士班碩士學位論文，2007 年 6 月，指導教師：林平和教授。2010 年 11 月 14 日，"2010年中國經學國際學術研討會"期間，在馮曉庭之協助下，林慶彰惠贈此文，得以閱讀，謹致謝意！

三、《集解》注釋之優點

漢學重考據，宋學重義理，似乎是學界的共識。然清代學者，對此早有不同之卓見。清胡培翬説：

> 人之言曰："漢學詳於訓詁名物，宋學詳於義理。"以是歧漢、宋而二之，非也。漢之儒者，未嘗不講求義理；宋之儒者，未嘗不講求訓詁名物，義理即從訓詁名物而出者也。特漢承秦焚書之後，典籍散亡，老師宿儒之傳，不絕如綫。漢儒網羅蒐討，務期博採而兼收之，故於名物訓詁特詳。宋承五代之弊，人心盲昧，正學不明，故宋儒以言心言性爲急。此亦運會使然，非其有偏重也。考據之學，至今特盛者，宋之大儒研求性命精微之旨，先其大者，而亦不遺乎小。後人得其糟粕，耳食空談一切，儒先古誼，輕於背棄，以致聲音、訓詁之不詳，而訛文脱字日多，制度、名物之不講，而蔑古荒經者衆。國朝諸儒乃特矯正之，詳加釐訂，一一必求其實據，不敢逞私臆斷，亦運會使然，非以爭勝於前人也①。

漢學未嘗不顧義理，宋學未嘗不事考據。客觀而言，漢學偏重於字詞名物之訓詁考證，宋學傾向於經傳義理之發揮闡釋，二者殊途同歸，主旨皆是明經傳之義理，戴震等學者也有同樣之見解②。

---

① 清胡培翬撰，黃智明點校，蔣秋華校訂《胡培翬集》，臺灣"中央研究院"中國文哲研究所，2005 年 11 月，第 164 頁。
② 戴震《題惠定宇先生授經圖》説："然病夫《六經》微言，後人以歧趨而失之也。言者輒曰：有漢儒經學，有宋儒經學，一主於故訓，一主於理義。此誠震之大不（轉下頁）

　　乾隆年間,正是宋學日漸式微,乾嘉考據學逐漸興盛之時。孫氏專治《禮記》,大概始於乾隆三十六年,即辛卯年(1771),至乾隆四十九年,即甲辰年(1784)去世,除校勘《玉海》等工作外,主要精力在撰寫《集解》。通過研讀《集解》,筆者認爲,與朱彬《禮記訓纂》相比,《集解》最突出的優點有四:

　　1. 偏向宋學,闡述禮義。嘉慶以前,經學研究,呈現四大特點。一是清政府以"崇儒重道"爲基本國策,表彰經學,尊重先儒,尤其推崇朱子和程朱理學。爲了樹立朱子學説的正統地位,康熙年間命朱熹配享孔廟,並先後組織學者編定《朱子全書》《日講四書解義》等書,宣揚朱熹理學;科場考試,士子作答不得逾越朱注,程朱理學被官方確定爲正宗學術,炙手可熱,湯斌、李光地等理學名臣,成爲士民的楷模。二是因顧炎武、黃宗羲等學者之提倡,學主實證的漢學也逐漸興起,惠棟撰《易漢學》,公開打出"漢學"旗幟,沈彤、余蕭客、錢大昕、江永、戴震等學者的出現,標志着漢學進入鼎盛時期。三是惠棟、錢大昕、戴震、段玉裁等學者雖然崇尚漢學,然亦未擯棄宋學,輕薄宋儒。戴震曰:"僕生平著述之大,以《孟子字義疏證》爲第一,所以正人心也。"[1]戴震將《孟子字義疏證》排列爲第一,也反映其學術傾向。四是禮學研究的興盛。《日講禮記解義》《讀

(接上頁)解也者。夫所謂理義,苟可以捨經而空憑胸臆,將人人鑿空得之,奚有於經學之云乎哉! 惟空憑胸臆之卒無當於賢人聖人之理義,然後求之古經。求之古經而遺文垂絶,今古懸隔也,然後求之故訓。故訓明則古經明,古經明則賢人聖人之理義明,而我心之所同然者,乃因之而明。賢人聖人之理義非它,存乎典章制度者是也。松崖先生之爲經也,欲學者事於漢經師之故訓,以博稽三古典章制度,由是推求理義,確有據依。彼歧故訓、理義二之,是故訓非以明理義,而故訓胡爲;理義不存乎典章制度,勢必流入異學曲説而不自知。其亦遠乎先生之教矣。"清戴震《戴震集》,上海古籍出版社,2009 年 6 月,第 214 頁。

[1]　清戴震《戴震集》第 452 頁。

禮通考》《五禮通考》《三禮義疏》《大清通禮》的相繼完成，張爾岐、李光坡、徐乾學、方苞、江永、秦蕙田、杭世駿、蔡德晉等禮學研究大家的出現，清政府對禮學研究的重視，尤其是"三禮館"的建立等，都是禮學研究繁榮的表現①。

前人談及清代經學研究，多言"漢宋兼採"是重要特點。皮錫瑞《經學歷史》說："國初諸儒治經，取漢、唐注疏及宋、元、明人之說，擇善而從。由後人論之，爲漢、宋兼採一派；而在諸公當日，不過實事求是，非必欲自成一家也。"②清人注釋儒家經典，必須要認真研讀漢、唐、宋、元、明人著作，擇善而從，這是經學研究之趨勢。孫氏注釋《禮記》傾向於宋學，《集解》大量徵引宋人著述，推崇朱子學說，表現出濃厚的宋學風格，故孫衣言說："乃益取宋、元以來諸家之書，推廣其說，爲《集解》五十卷。"究其緣由，一是深受宋人治

① 皮錫瑞說："雍、乾以後，古書漸出，經義大明。惠、戴諸儒，爲漢學大宗，已盡棄宋詮，獨標漢幟矣。惠周惕子士奇、孫棟，三世傳經。棟所造尤邃，著《周易述》《古文尚書考》《春秋補注》《九經古義》等書。論者擬之漢儒，在何邵公、服子慎之間。而惠氏紅豆山齋楹帖云：'六經宗孔、孟，百行法程、朱。'是惠氏之學未嘗薄宋儒也。戴震著《毛鄭詩考正》《考工記圖》《孟子字義疏證》《儀禮正誤》《爾雅文字考》，兼通曆算聲韻，其學本出江永，稱永學自漢經師康成後，罕其儔匹。永嘗注《朱子近思錄》，所著《禮經綱目》，亦本朱子《儀禮經傳通解》。戴震作《原善》《孟子字義疏證》，雖與朱子說經牴牾，亦衹是爭辯一理字。《毛鄭詩考正》嘗採朱子說。段玉裁受學於震，議以震配享朱子祠。又跋朱子《小學》云：'或謂漢人言小學謂六書，非朱子所云，此言尤悖。夫言各有當；漢人之小學，一藝也；朱子之小學，蒙養之全功也。'段以極精小學之人，而不以漢人小學薄朱子《小學》。是江、戴、段之學未嘗薄宋儒也。宋儒之經說雖不合於古義，而宋儒之學行實不愧於古人。且其析理之精，多有獨得之處。故惠、江、戴、段爲漢學幟志，皆不敢將宋儒抹殺。學求心得，勿爭門戶；若分門戶，必起訐爭。……國朝經學凡三變。國初，漢學方萌芽，皆以宋學爲根柢，不分門戶，各取所長，是爲漢、宋兼採之學。乾隆以後，許、鄭之學大明，治宋學者已尟。說經皆主實證，不空談義理。是爲專門漢學。"皮氏對嘉慶以前學者於漢、宋學態度之總結，可謂客觀。清皮錫瑞著，周予同注釋《經學歷史》，北京，中華書局，2008 年 8 月，第 313 頁、第 341 頁。

② 清皮錫瑞著，周予同注釋《經學歷史》第 305 頁。

學風尚之影響,二是乾隆以前經學研究思潮之必然。

孫氏注重闡釋禮意,則與《禮記》的内容相關。就《三禮》而言,《周禮》《儀禮》主要記載周代官職和禮制,《禮記》除記載禮制外,多言禮意。古聖先賢之微言精義,屢見《禮記》,小則可以正心修身,大則可以齊家治國平天下,自古及今,上自天子,下至百姓,無不取材於此書。孫氏精研《禮記》,對《禮記》的内容有更深刻之理解。

《曲禮上》曰:"博聞强識而讓,敦善行而不怠,謂之君子。君子不盡人之歡,不竭人之忠,以全交也。"鄭玄《注》:"敦,厚。歡,謂飲食。忠,謂衣服之物。"孔穎達《正義》曰:"此明君子所行之事也。飲食是會樂之具,承歡爲易。衣服比飲食爲難,必關忠誠籌度,故名忠。各有所以也。明與人交者,不宜事事悉受。若使彼罄盡,則交結之道不全;若不竭盡,交乃全也。"①孫氏《集解》曰:

> 識,記也。博聞强識以窮理,而居之以讓,則不自滿假,而所知日益精。敦善行以修身,而不至於怠,則日新不已,而其德日益進。斯可爲成德之君子矣。
>
> 呂氏大臨曰:"君子躬自厚而薄責於人。責人厚而莫之應,此交之所以難全也。歡,謂好於我。忠,謂盡心於我。好於我者,望之不深,則不至於倦而難繼也,'酬酒不舉三酌,油油而退'是也。盡心於我者,不要其必力致,則不至於不能勉而絶也,'每有良朋,烝也無戎'是也。"愚謂歡以情之見於外者言,忠以意之主於中者言。盡人之歡,竭人之忠,則應之者難

---

① 漢鄭玄注,唐孔穎達正義,呂友仁整理《禮記正義》,上海古籍出版社,2008 年 9 月,上册第 94—95 頁。

而交道苦矣，故君子戒之①。

鄭玄、孔穎達對"博聞强識而讓"一句，除注釋"識"字外，没有進一步解説。孫氏則直接解説，認爲博聞强識可窮理，謙讓自持，則所知益精；敦行善行，堅持不懈，德行日進，則爲成德君子。鄭玄和孔穎達對"歡""忠"字的解釋，顯然有誤，但孔穎達有補充説明。吕大臨的解釋要比鄭、孔清晰很多，但比較而言，孫氏"以情之見於外者"解"歡"，"以意之主於中者言"解"忠"，更加符合經文本義。正如孫氏所言："盡人之歡，竭人之忠，則應之者難而交道苦矣，故君子戒之。"②

孫氏如此解説《禮記》禮意，在《集解》中比比皆是。

2. 博稽約取，裁以己意。《禮記》是儒家經典中之大經，自鄭玄撰《禮記注》以後，《禮記》在儒家經典中的地位，日益重要。唐貞觀年間，《禮記》超越《儀禮》，成爲《五經》之一，自此以後，未有改變。宋代以來，無論談及《四書》或《五經》，均與《禮記》關係密切。《禮記》中之《大學》《中庸》《儒行》等篇，也深受政府和學者之關注。所以，自東漢至清代，歷代研究《禮記》的著作很多，超過《周禮》和《儀禮》。

孫氏在撰寫《集解》時，可供參考的《禮記》研究著作甚多，如何取捨，就顯得特別重要。根據徐瑋琳統計，孫氏徵引前人著作甚多，漢唐時期有三十三家，宋元時期有四十三家，明清時期十五家，合計九十一家③，可謂豐贍。但孫氏對前人成果，並非如宋衛湜《禮

---

① 清孫希旦撰，沈嘯寰、王星賢點校《禮記集解》上册第71—72頁。
② 清孫希旦撰，沈嘯寰、王星賢點校《禮記集解》上册第72頁。
③ 徐瑋琳《孫希旦〈禮記集解〉駁議鄭注之研究》第36—42頁。

記集説》一樣,祇作簡單的排比羅列,而是在廣博稽考的基礎上,比較得失,謹慎選擇,裁以己意。

孫氏注釋,先列鄭玄、孔穎達等人之説,次列宋元人之説,然後以"愚謂"開頭,發表己見;或直接選取前人之説,也有直接發表己見者。通讀《集解》,孫氏對前賢紛紜之説,慎擇約取,以己意裁斷。

《曲禮上》曰:"若夫,坐如尸,立如齊,禮從宜,使從俗。"鄭玄《注》曰:"言若欲爲丈夫也。《春秋傳》曰:'是謂我非夫。'視貌正。磬且聽也。齊,謂祭祀時。事不可常也。晉士匄帥師侵齊,聞齊侯卒,乃還,《春秋》善之。亦事不可常也。牲幣之屬,則當從俗所出。《禮器》曰:'天不生,地不養,君子不以爲禮,鬼神不饗。'"陸德明《釋文》曰:"夫,方于反,丈夫也。齊,側皆反,本亦作'齋',音同,注同。匄,本亦作'句',音蓋。還,音旋,後放此。使,色吏反。幣,徐扶世反。弗享,許兩反。"①孫氏《集解》曰:

《釋文》:夫,方于反,丈夫也。齊,側皆反,本亦作"齋",音同。使,色吏反。○今按夫當音扶,發語辭。舊讀爲"丈夫"之夫,非是。

鄭氏曰:"坐如尸,視貌正。立如齊,磬且聽也。齊,謂祭祀時。事不可常也。"孔氏曰:"尸居神位,坐必矜莊。言人雖不爲尸,所在坐處,必當如尸之坐。人之立時雖不齊,亦當如祭前之齊,磬折屈身。案《士虞禮》云:'無尸者,主人哭,出,復位,祝闔牖户,如食間。'是祭時主人有聽法。"吳氏澄曰:"祭之日,爲尸者有坐而無立,故坐以尸爲法;祭者有立而無坐,故立以齊爲法。"愚謂齊,鄭氏以祭時言,孔氏以祭前言。祭時有立

---

① 漢鄭玄注,唐孔穎達正義,吕友仁整理《禮記正義》上册第11頁。

無坐，故立言如齊，注説爲長。又注以磬且聽言如齊，蓋謂祭祀之時，主人磬折致恭，而僾見、愾聞，如將受命然也。疏引《士虞禮》"祝闔户，如食間"，以釋注義，亦非是。尸之坐，齊之立，因事而致其敬者也。君子之坐立常如此，則整齊、嚴肅而惰慢、邪僻之氣無自而入矣。○朱子曰：劉原父云："《大戴禮·曾子事父母篇》曰：'孝子惟巧變，故父母安之。若夫坐如尸，立如齊，弗訊不言，言必齊色，此成人之善者也，未得爲人子之道也。'此篇蓋取彼文，而'若夫'二字失於删去。鄭氏不知其然，乃謂二句爲丈夫之事，誤矣。"

　　朱子曰：宜，謂事之所宜，若男女授受不親，而祭與喪則相授受之類。俗，謂彼國之俗，若魏李彪以吉服弔齊，齊裴昭明以凶服弔魏，蓋得此意。愚謂禮之爲體固有一定，然事變不一，禮俗不同，故或權乎一時之宜，或隨乎他國之俗，又有貴乎變而通之者也①。

孫氏解釋此段文字，徵引鄭玄、孔穎達、陸德明、劉敞、朱熹、吳澄等人之説，並對前人注解依據己意節選，同意者直接徵引，不同意者，辯駁申説，發表己見。"若夫"同意劉敞、朱熹之説，認爲當删去。"立如齊"，同意鄭玄、吳澄之解釋，並指出孔氏之非。對"禮從宜、使從俗"，在朱熹基礎上，進一步申説，認爲禮俗不同，貴乎變通。

　　3. 依據詳明，考索禮制。《禮記》與《周禮》《儀禮》一樣，記載了許多周代禮制。有些禮儀制度，記載簡略，或與他書記載不一，或因後人解釋的不同，多有歧義。凡遇到此類問題，孫氏常引經據典，考索禮制。如《檀弓上》曰："孔子曰：'拜而後稽顙，頹乎其順

---

① 　清孫希旦撰，沈嘯寰、王星賢點校《禮記集解》上册第5—6頁。

也;稽顙而後拜,順乎其至也。三年之喪,吾從其至者。'"對此經文,孫氏解釋説:

　　鄭氏曰:拜而後稽顙,此殷之喪拜也。顙,順也。先拜賓,順於事也。稽顙而後拜,此周之喪拜也。顙,至也。先觸地無容,哀之至。重者尚哀戚,自期如殷可。孔氏曰:拜者,主人拜賓。稽顙者,觸地無容也。顙然,不逆之意也。拜是爲賓,稽顙爲己,先賓後己,顙然而順序也。顙,惻隱貌也。先觸地無容,後乃拜賓,是爲親痛深貌,惻隱之至也。知二者是殷、周之喪拜者,以孔子所論每以二代相對。故下《檀弓》云"殷人既封而弔,周人反哭而弔,殷已慤,吾從周"。又云"殷朝而殯於祖,周朝而遂葬"。皆以殷、周相對,故知此亦殷、周相對也。殷之喪拜,自斬衰以下,緦麻以上,皆拜而後稽顙,殷尚質故也。周則杖期以上皆先稽顙而後拜,不杖期以下乃作殷之喪拜。愚謂拜者,以首加手而拜也。稽顙者,觸地無容也。蓋拜所以禮賓,稽顙所以致哀。故先拜者於禮爲順,而先稽顙者於情爲至,蓋當時喪拜有此二法,而孔子欲從其至者。鄭、孔以二者爲殷、周喪拜之異,非也。《士喪禮》《雜記》每言"拜稽顙",皆據周禮也,則拜而後稽顙非專爲殷法明矣。○《周禮·大祝》"辨九拜":一曰稽首,先拱兩手至地,加首於手,又引首至地,稽留而後起也。二曰頓首,如稽首之爲,但以首叩地而不稽留也。三曰空首,加首於手,首不至地,故曰空首。四曰振動,謂長跪而不拜手者,蓋凡人有所敬則竦身而跪,以至其變動之意,若秦王於范雎,跪而請教是也。五曰吉拜,如頓首爲之,而尚右手者也。六曰凶拜,即拜而後稽顙、稽顙而後拜是也。拜而後稽顙者,亦如稽首之爲。但稽首尚左手,稽顙尚右手;稽首以首平至於地,稽顙但引其顙以觸地也。若稽顙而後拜,則先以顙觸地,而後以首加手,爲空首之拜也。七曰奇拜,謂一拜也。八曰褒拜,謂再拜也。凡稽首皆再拜,稽顙皆一拜,頓首、空首則或一拜,或再拜,各視其輕重而爲之。九曰肅拜,跪引手而下之也。吉拜以稽首爲至重,頓首次之,空首爲輕。稽首者,臣拜君之法。故《左傳》孟武伯曰:"非天子,寡君無所稽首。"自敵以上用頓首,尊者答卑者之拜則空首。若振動,則因事爲之,非常禮也。喪拜以凶拜爲重,吉拜爲輕。凶拜惟施於三年,自期以下皆吉拜耳。婦人吉事皆肅拜,凶拜則稽顙爲重,手拜爲輕。手拜,即空首也。但婦人之肅拜施於吉事則尚右手,稽顙空首,施於喪事則尚左手,與男子相反耳。肅拜惟婦人有之,男子則或肅而已,不肅拜也。立而下手曰肅,跪而下手曰肅拜。介胄之士不拜,而郤至三肅使者,故知但肅者不名肅拜也。凡拜皆跪,凡再拜者,皆跪而一拜,興而又跪一拜。婦人有俠拜,無再拜[①]。

此章記載孔子之言,是三年之喪中孝子的兩種不同拜法,先拜而後叩頭表示對賓客之尊敬,於禮爲順;先叩頭而後拜突出孝子哀痛之情,於情爲至。三年之喪,應該強調哀痛之心,故孔子同意第二種拜法。鄭玄、孔穎達認爲"拜而後稽顙"是殷商的拜法,"稽顙而後拜"是周代的拜法。孫氏認爲,這兩種拜法是當時通行的兩種拜法,但對於三年之喪而言,孝子"稽顙而後拜",更合乎孝子當時之心情,故孔子認同此種拜法。二者之差異,並非殷、周拜法之不同。

----

① 　清孫希旦撰,沈嘯寰、王星賢點校《禮記集解》上册第167—168頁。

　　孫氏依據《周禮·春官·大祝》，考辨九拜之同異。段玉裁（1735—1815）年長孫氏一歲，撰有《釋拜》一文。孫氏考索"九拜"之意，是否早於段氏，不得而知。然孫氏對"九拜"之解釋，有自己的創見。何爲振動？自漢杜子春以來，衆説不一，杜子春認爲是踴，鄭興以爲是擊掌，鄭玄認爲是拜時振動，孫詒讓認爲是與音樂節拍相應之拜禮，而孫氏認爲，振動是"長跪而不拜手者，蓋凡人有所敬則竦身而跪，以至其變動之意"，甚有新義。對拜禮之總結，也非常清晰。

　　4.《三禮》互證，總結禮例。《禮記》記載的禮制，多與《周禮》《儀禮》關係密切。孫氏在注疏《禮記》時，經常《三禮》互證，群經互證，以"凡""凡言"開頭，或以"愚謂"起始，總結禮例。如言稽首、稽顙、頓首、空首之拜數曰："凡稽首皆再拜，稽顙皆一拜，頓首、空首則或一拜，或再拜，各視其輕重而爲之。"又曰："愚謂凡拜，男尚左手，左，陽也。其拱亦然。凶事則尚右手，反吉也。婦人則吉事尚右，凶事尚左。"[①]

　　《王制》曰："天子、諸侯宗廟之祭，春曰礿，夏曰禘，秋曰嘗，冬曰烝。天子犆礿、祫禘、祫嘗、祫烝。諸侯礿則不禘，禘則不嘗，嘗則不烝，烝則不礿。諸侯礿犆，禘一犆一祫，嘗祫，烝祫。"此段文字，涉及禘、祫等祭祀之不同，前人解説不一，紛紜複雜。孫氏徵引《三禮》《三傳》等記載，總結説：

　　　　愚謂禘有大小，祫亦有大小。禘之大者，惟天子得行之；
　　　其小者爲夏祭，天子則祫禘，諸侯則一犆一祫者也。大祫則天
　　　子、諸侯皆有之；其小者，則三時之祭，升群廟之主合食於太

廟，而不及毀廟者也。祫者，合祭之名。三時之祫，合群廟之主而祭於太廟，大祫，合群廟及遷廟之主而祭於太廟，所祭有多寡，而其爲合祭則一也。且礿、禘、烝、嘗者，祭名之異也。曰袷曰祫者，祭禮之別也。袷礿者，謂以袷祭而爲礿也。祫禘、祫嘗、祫烝者，謂以祫祭而爲禘、嘗、烝也。天子則言祫於禘、嘗、烝之上，諸侯則言祫於禘、嘗、烝之下，記者文便，非有義例也。……大禘大祫之說，先儒聚訟，其所論大約有四：一曰二祭之大小，二曰所祭之多寡，三曰祭之年，四曰祭之月。然以《大傳》《公羊傳》及《周禮·司勳》之所言考之，則禘大祫小，禘止於天子，祫逮於諸侯；禘惟祭始祖所出之帝，而以始祖配之，祫祭則合祭群主，而並及於功臣。若其祭之年月，則祫祭五年再行。然禘本夏祭，而大禘因其名，則禘必於夏行之可知也。烝祭謂之大烝，則天子之大祫因冬烝行之也。是諸侯之大祫因秋嘗行之也。諸侯大祫不於烝而於嘗，辟天子之禮也。大禘大祫皆因時祭之月：大禘以夏；大祫，天子以冬，諸侯以秋。遇大祭之月，則時祭不復舉，祭不欲數故也。惟大禘之年不可考，然以祫祭五年再行推之，亦必不每歲行之可知矣①。

據孫氏總結可知：礿、禘、嘗、烝是春夏秋冬之祭名。祫者，合祭之名。禘、祫之祭，皆有大小。就大禘、大祫而言，大禘祭祀衹有天子可以舉行，時間是在夏天，祭祀對象是始祖所出之帝，以始祖配祭，多少年舉行一次，不得而知；大祫祭祀天子、諸侯皆可舉行，天子大祫祭祀在冬天舉行，諸侯大祫祭祀在秋天舉行，祭祀對象是合祭群主，兼及功臣，每五年舉行一次。就小禘、小祫而言，小禘祭祀是夏

---

① 　清孫希旦撰，沈嘯寰、王星賢點校《禮記集解》上冊第349—352頁。

天舉行，天子的小禘祭祀每年都是合祭，而諸侯的小禘祭祀是一年合祭一年分祭，輪換進行；小祫是三時之祭祀，升群廟之主合食於太廟，毀廟之主不參與祭祀。

禘祫之祭，聚訟已久，孫氏歸納，是否正確，尚可討論[①]。然如此清晰的歸納，對於閱讀《三禮》以及其他經典，是非常有意義的。

綜觀孫氏《集解》的特點，筆者認爲，孫氏在注釋《禮記》時，對經學研究的目的十分清晰，即小學祇是讀書研經的工具，紬繹經典之"義理"，力圖踐行，方是終極目的；對於專書研究者而言，把握該書內容及其特點，十分重要，孫氏對《禮記》研讀有年，深知該書"記禮言義"之特徵，尤致力於對禮制、禮意、禮例的考察，所以，其注釋特點，與他書迥異。

四、《集解》注釋之缺點

孫氏四十八歲仙逝，當時《集解》尚未謄清，祇是初稿，後經項几山、孫鏘鳴等人之整理、校勘、謄鈔，方雕刻付印。所以，難免存在一些缺陷，主要表現在以下三點：

1. 過分依賴和相信宋學。研讀《集解》全書，孫氏注解《禮記》，有明顯的宋學傾向，對宋元時期學者的研究成果十分重視，前已論

[①] 錢玄説："一、祫不是祭名，祇有禘祭。二、《春秋》所記祇有閔公二年、文公二年爲三年喪畢之禘祭。《禘祫志》所舉極大部分《春秋》無文，或與喪畢之祭無關。三、'五年一禘，三年一祫'，'五年再殷祭'，爲漢讖緯之説，先秦無此文，亦無此禮。總之，鄭玄《禘祫志》所述不可信。但考諸先秦文獻，春秋時，天子、諸侯於喪畢，行一次禘禮，或集衆廟之主合祭於太祖廟，或祭於新死者之廟，以審定新死者昭穆之位。"錢玄《三禮通論》第482頁。

述。在《中庸》《大學》二篇，注"朱子《章句》"四字，未作注釋，起碼說明三點，一是尊崇朱熹《大學章句》《中庸章句》，是當時學術風尚，《欽定禮記義疏》也是如此；二是認爲朱熹的《大學章句》《中庸章句》注解得很好，無需再注釋；三是同意朱熹調整《大學》文句次序，將《大學》分爲一經十傳。但《大學》《中庸》作爲《禮記》中之兩篇，既然對《禮記》作"集解"，對《大學》《中庸》不作"集解"，是很遺憾的。

《集解》於《儒行》第四十一篇解釋説："孔子爲魯哀公陳儒者之行也。吕氏大臨曰：儒者之行，一出於義理，皆吾性分所當爲，非以是自多而求勝於天下也。此篇之説，有誇大勝人之氣，少雍容深厚之風，竊意末世儒者將以自尊其教，謂孔子言之，殊可疑。然考其言，不合於義理者殊寡，學者果踐其言，亦不愧於爲儒矣，此先儒所以存於篇也與？"①孫氏徵引吕大臨之説，懷疑《儒行》言論的真實性，但没有充分的證據②。

2. 對清代初期研究成果重視不够。乾隆以前，清人研究《禮記》的著作有很多，著名者有王夫之《禮記章句》、李光坡《禮記述注》、納蘭性德《陳氏禮記集説補正》、張廷玉等《日講禮記解義》、朱軾《校補禮記纂言》、方苞《禮記析疑》、江永《禮記訓義擇言》、杭世駿《續衛氏禮記集説》、任啓運《禮記章句》、姜兆錫《禮記章義》和《禮記義疏》等③。據藍瑶統計，朱彬《禮記訓纂》徵引清人錢大昕、顧炎武、閻若璩、胡渭、戴震、江永、朱軾、惠棟、方苞、邵晉涵、王念孫、王引之、劉臺拱、段玉裁、金榜、程瑶田、李惇、盧文弨等近二十

---

① 清孫希旦撰，沈嘯寰、王星賢點校《禮記集解》下册第 1398 頁。
② 筆者曾經討論過，請參考《〈禮記〉成書考》第 45—52 頁。
③ 王鍔《三禮研究論著提要》（增訂本）第 329—343 頁。

家之説,非常重視當代學者成果的吸收,其中徵引江永一百二十一次,王念孫一百零三次,王引之一百一十八次。孫氏一直在京爲官,應該有比較好的條件讀到這些書,或與這些學者有往來。然查看全書,徵引清人成果,袛有五六家而已,名曰"集解",對同時代人成果參考如此少,是沒有看到,還是時間來不及,不得而知,但未免遺憾。

3. 個別疏解不當。《禮記》是記載周代禮儀制度之專書,孫氏以解讀禮制、禮意爲主,創見很多,但仍有個別注釋不當。如《曲禮上》:"謀於長者,必操几杖以從之。"《集解》曰:

> 鄭氏曰:"從猶就也。"孔氏曰:"操,執持也。杖可以策身,几可以扶己,俱是養尊者之物,故於謀議之時持就也。"呂祖謙曰:"古者弟子見長者,不敢以賓客之禮見。長者處未必無几杖,所以操而從之者,蓋存養其弟讓之心也。與長者語,須是虛心而受,若率爾而對,自以爲能,便是實了此心,雖有法語之言,精微之理,亦不能入。"①

陳澔《禮記集説》卷一引應氏曰:"操几杖以從,非謂長者所無也,執子弟之役,其禮然耳。"②呂祖謙、應氏、陳澔所説,求之太過,俱誤。鄭玄、孔穎達所言甚是。孫氏兼存鄭玄、孔穎達、呂祖謙三人之説,未加按語,相互矛盾。操者,執也,持也。從,跟隨。操几杖以從之者,謂弟子請教於長者之時,若長者起身移動,則持長者所使用之几杖以從,非謂持几杖去請教也。此禮民間猶行,均可驗證也。

---

① 清孫希旦撰,沈嘯寰、王星賢點校《禮記集解》上册第 16 頁。
② 元陳澔《禮記集説》,上海古籍出版社,1991 年 9 月,第 2 頁。

　　結語: 從作者的著書宗旨、對前人成果的抉擇去取、徵引資料的廣博與否、是否注重專書特點等方面考察,孫氏先後任職翰林院、武英殿、四庫館、國史館和三通館,曾參與纂修《四庫全書》,校勘《玉海》,修纂《契丹國志》《大金國志》,一生博覽群書,史學造詣極高,尤精《三禮》。孫氏《集解》廣搜博稽,闡述禮意,考索禮制,依據詳明;群經互證,《三禮》會通,總結禮例,條理清晰,確實是一部對清代以前研究《禮記》的成果進行認真清理總結的著作,是清代學者研究《禮記》的代表作。孫詒讓謂《集解》"貫穿經文,推玩得之,不爲意必之説。其餘記文關涉《儀禮》《周禮》兩經者,皆一一疏釋其義,注義簡奥。孔、賈兩《疏》述鄭,或有違戾,亦爲疏通證明"。高明謂孫希旦"是想鎔冶考據與義理、漢學與宋學於一鑪的,這樣地研究《禮記》,較之朱彬的偏重考據,確是更進一步;雖然他和朱彬同時,年輩且較高,但他的成就確實是走在朱彬前面的"。如此評價,是符合實際的。

　　(原刊於《能仁學報》第 13 期,香港能仁專上學院 2014—2015 年度印行)

三種《禮記正義》整理本平議

——兼論古籍整理之規範

　　清人阮元說："竊謂士人讀書，當從經學始，經學當從注疏始。空疏之士，高明之徒，讀注疏不終卷而思臥者，是不能潛心研索，終身不知有聖賢諸儒經傳之學矣。至於注疏諸義，亦有是非。我朝經學最盛，諸儒論之甚詳，是又在好學深思、實事求是之士，由注疏而推求尋覽之也。"①誠哉斯言！整理經學研究代表作《十三經注疏》，是經學研究的基礎，也是經學研究之必須。

　　1999 年 12 月，北京大學出版社出版了《十三經注疏》整理委員會整理的《十三經注疏》（標點本），即"簡體橫排"本（下簡稱"簡體版"），其中《禮記正義》上、中、下三冊，龔抗雲整理，王文錦審定；2000 年 12 月，北京大學出版社出版了《十三經注疏》整理委員會整理的《十三經注疏》（整理本），即"繁體豎排"本（下簡稱"繁體版"），其中《禮記正義》是第 12、13、14、15 四冊，龔抗雲整理，王文錦審定。《十三經注疏》標點本、整理本的出版，爲讀者研究儒家經典提供了很大的便利，這是需要肯定的；但因整理工作不够規範，有欠妥之

---

① 　清阮元《重刻宋板注疏總目録》，清阮元校刻《十三經注疏》上册第 2 頁。

處,該書出版後,日本學者野間文史、我國學者吕友仁等曾撰文批
評其缺陷①。

2001 年 6 月,臺灣新文豐出版公司出版了中華叢書《十三經注
疏》分段標點本,總計二十册,該書由"國立編譯館"主編,《十三經
注疏》整理小組總召集人是周何。根據書首曾濟群、趙麗雲、周何
三位的"序"得知,此計劃始倡議於 20 世紀 80 年代初,1987 年 9 月
正式開展工作。工作分六個階段,一是《十三經注疏》分段標點,二
是《十三經》資料彙編,三是《十三經》導讀,四是《十三經》新注新
譯,五是《十三經詁林》,六是《十三經》分類研究。其中第一階段的
工作是將各經注疏標點、斷句、分段,便於讀者閱讀和檢索。而分
段標點的整理工作歷時十餘年,其中《禮記注疏》是第 10、11、12 三
册,由田博元分段標點,繁體竪排。

鑒於阮元校刻本存在"選擇底本不當、分卷無例、校對未精"等
不足,西北大學和上海古籍出版社於 1992 年共同發起成立了"新版
《十三經注疏》整理本編纂委員會",負責整理新版《十三經注疏》。
編委會由張豈之、周天游任正副主編,草擬了有關方案和體例,邀
請國內十多位青年才俊參與點校整理工作。張豈之、周天游《十三
經注疏整理本序》説:"各經均追本溯源,詳加考校,或採用宋八行
本爲底本,或以宋早期單注、單疏本重新拼接,或取晚出佳本爲底
本,在儘量恢復宋本原貌的基礎上,整理出一套新的整理本,來彌
補阮刻本的不足,以期對經學研究、對中國傳統文化研究能起到推
動作用,滿足廣大讀者的需要。"2008 年 9 月,上海古籍出版社出版

---

① （日）野間文史《讀李學勤主編之〈標點本十三經注疏〉》,《經學今詮三編——中國哲
　學》第 24 輯,第 681—725 頁;吕友仁《〈十三經注疏·禮記注疏〉整理本平議》,《中
　國經學》第 1 輯,桂林,廣西師範大學出版社,2005 年,第 100—131 頁。

了吕友仁整理的《禮記正義》上、中、下三册，繁體竪排。該書是新版《十三經注疏》整理本之一種，書前有張豈之、周天游《十三經注疏整理本序》和吕友仁《校點前言》。

《禮記正義》題名漢鄭玄注，唐孔穎達疏，是《禮記》研究的代表作。然自清嘉慶年間阮元主持校勘整理以後，一直無人對《禮記正義》進行校勘整理，學者研讀《禮記》，基本上以阮元校刻本爲依據，這種現象，延續到了 20 世紀末期。龔抗雲整理的《禮記正義》六十三卷（下簡稱"龔本"）、田博元整理的《禮記注疏》六十三卷（下簡稱"田本"）、吕友仁整理的《禮記正義》七十卷（下簡稱"吕本"）三種整理本的出版問世，從總體上改變了阮元校刻本《禮記正義》獨占鰲頭的局面，不僅反映了經學研究的成績，也爲讀者研讀《禮記》、鑽研經學，提供了極大的便利。

對古籍進行整理，是我國的優良傳統。關於古籍整理和研究的歷史，孫欽善的《中國古文獻學史》[1]有詳盡的總結。古籍整理工序主要包括撰寫凡例、選擇底本、標點、校勘、撰寫序跋、附録六個部分[2]。本文即從此六個方面，對龔本、田本、吕本《禮記正義》進行比較，平議三本之優缺點，兼及論述古籍整理之規範。

一、　整理本《禮記正義》凡例

古籍整理，是古籍研究和其他古代學術研究的基石，是一項嚴

---

① 孫欽善《中國古文獻學史》，北京，中華書局，1994 年 2 月。
② 黄永年《古籍整理概論》，上海書店出版社，2001 年 1 月。

肅認真的學術研究工作。整理某一部古籍，一定要考察該書的作者、内容、版本流傳和研究現狀等，在考察的基礎上，制定詳盡周密的“整理凡例”，告訴讀者，整理者是如何工作的。“凡例”既是整理者整理該書時遵循的原則，也是讀者閲讀該書的門徑。所以，“凡例”的内容，一般應該包括底本的選擇、參校本的確定、校勘原則、校勘記的撰寫、標點符號的使用、文字處理等準則制定的説明。

　　龔本前冠有“整理説明”與“凡例”。但是“整理説明”與“凡例”均是針對整理《十三經注疏》總體制定的，並非專指《禮記正義》而言，所以，儘管“凡例”分爲七條，依次説明整理本的性質、選用底本、整理者工作内容、對阮刻本附録的處理、標點、文字處理、校勘等原則，標點、文字處理、校勘等原則下，又分細則，説明標點符號的用法，繁簡字、通假字、避諱字的處理和校勘問題。基本符合古籍整理規範與要求，但對整理《禮記正義》的對校本和參校本這個重要問題没有交代。

　　田本是中華叢書《十三經注疏》分段標點本的一部，其“凡例”是就整理《十三經注疏》全帙而言，由周何制定的，名爲“十三經注疏分段標點凡例”。該“凡例”分爲底本、目次、分段、增目、標點符號和補正六條，依次説明整理本依據的底本、每經目録序次、分段標準、增加的名目、標點符號的用法和對底本訛誤錯簡的處理原則。從中可知田本《禮記注疏》僅以清江西南昌府學阮元重刊宋本《十三經注疏》附《校勘記》本爲底本，進行分段標點的。没有參校本，没有進行校勘。

　　吕本雖然是新版《十三經注疏》整理本之一種，但整理原則與他經不一，是整理者針對《禮記》的特殊情況獨立制定的。整理者在《校點前言》的“校勘所用底本參校本及前人成果”“幾點説明”中，對整理《禮記正義》時採用的底本、參校本、前賢校勘成果的吸收、陸德明《禮記釋文》的增補、八行本和阮刻本之異同、經文的錯簡問題、標點問題和校勘記的撰寫等，一一作了詳盡説明。如針對八行本與阮本的若干不同，説明如下：

　　第一，分卷不同。八行本七十卷，阮本六十三卷。八行本尚存孔穎達《禮記正義》原貌，阮本則否。第二，分章有異。大體而論，八行本與阮本之分章相同，但也有少量分章不同的情況。如此本卷十二《檀弓下》“喪禮，哀戚之至也”至“孔子善殷”，八行本總爲一章，而阮本則破爲二十一章。根據孔疏概括章旨之語，阮本分章非是。如果更覈以早出的古鈔殘本、單疏殘本，益證八行本之分章爲是。但這並不意味着八行本的分章一無錯處。八行本分章也有不合理之處，祇不過這種情況較少而已。第三，每章之後的孔疏導語問題。所謂孔疏導語，是指孔疏對所疏經文標明起訖的文字，一般採用“××至××”的格式。阮本可以説全書都有導語，八行本則僅卷八、卷九、卷二十五、卷二十六有導語，卷十、卷二十七、卷五十僅個別章後有導語，除此以外，其餘各卷均無導語。參之以古鈔殘本、單疏殘本，此種導語宜有。這次補加導語的原則是：古鈔殘本、單疏殘本、阮本均有導語者，首先考慮從古鈔殘本、單疏殘本，否則即從阮本；所據本之導語如果過長，則刪繁就簡，一般取“××至××”式；由於八行本與阮本分章不盡相同，所以，有些導語祇能酌情自擬。第四，孔疏中表示被釋句之方法有異。表示被釋句的方法，阮本是在被釋句後加“者”字，而八行本則往往不用"者"字,而用被釋句後空一格的方法表示。此蓋二本體例不同。惠棟、阮元不明乎此,屢屢出校,不勝其煩。潘宗周看出了個中門道,就説這種情況"無關文義,不復校正",甚是。第五,孔疏中表示一句話疏解完畢的標志有異。這種標志,阮本用一小圓圈表示,八行本則用空一格表示。此亦無關文義。單疏殘本所用標志與八行本同,這表明八行本的作法可能更接近唐人《正義》原貌。以上五點,在此作一總的交待,校勘記中,除特殊情況外,不再出校①。

整理者不僅説明了八行本和阮刻本《禮記正義》在分卷、分章、導語、釋句方法和格式方面有差異,而且對整理《禮記正義》時所做的工作,作了交代。

就古籍整理凡例而言,龔本、田本和吕本的優缺點是非常明顯的。龔本、田本的"凡例",均是爲整理阮元校刻《十三經注疏》總體而制定,並非專爲整理《禮記正義》而設。所以,就整理《禮記正義》而言,龔本、田本的"凡例",就顯得有些大而無當;相反,吕本確定的原則,不僅符合古籍整理規範,而且有利於《禮記正義》整理實施。

二、 整理本《禮記正義》底本的選擇

選擇底本是古籍整理工作中最重要的且起決定性作用的工序,應盡可能地選擇現存最好的版本作爲底本,要選擇好的底本,

---

① 漢鄭玄注,唐孔穎達正義,吕友仁整理《禮記正義》上册第 11—12 頁。

又需要具備多方面的學識和功夫。《禮記正義》的整理,當然也是如此。

　　阮元在整理《十三經注疏》時,對各經底本,均謹慎選擇。當時流傳的儒家經典經、注、疏合刻本有宋十行本、明嘉靖本、萬曆本和崇禎本。阮元説:

> 　　十行本爲諸本最古之册。此後有閩板,乃明嘉靖中用十行本重刻者。有明監板,乃明萬曆中用閩本重刻者。有汲古閣毛氏板,乃明崇禎中用明監本重刻者。輾轉翻刻,訛謬百出。明監板已毀,今各省書坊通行者,惟有汲古閣毛本。此本漫漶不可識讀,近人修補,更多訛舛。元家所藏十行宋本有十一經,雖無《儀禮》《爾雅》,但有蘇州北宋所刻之單疏板本,爲賈公彥、邢昺之原書,此二經更在十行本之前。元舊作《十三經注疏校勘記》,雖不專主十行本、單疏本,而大端實在此二本。……近鹽巡道胡氏稷亦從吳中購得十一經,其中有可補元藏本中所殘缺者,於是宋本注疏可以復行於世,豈獨江西學中所私哉?①

　　十行本是嘉靖本、萬曆本、崇禎本之祖,惟缺《儀禮》和《爾雅》。就《禮記正義》而言,有更早的八行本,當時藏於吳用儀家,惠棟利用此八行本校勘崇禎間毛氏汲古閣刻本,校得訛字 4704 字,脱字 1145 字,缺文 2217 字,文字有異者 2625 字,衍文 971 字②。阮元明知八行本《禮記正義》佳於十行本,但八行本已被孔繼涵收藏,無緣

---

① 《重刻宋板注疏總目録》,清阮元校刻《十三經注疏》第 1—2 頁。
② 王鍔《字大如錢,墨光似漆——八行本〈禮記正義〉的刊刻、流傳和價值》,《圖書與情報》2006 年第 5 期,第 106—111 頁。

得見,故在整理《禮記正義》時,衹得選擇十行本《禮記注疏》爲底本①,而參考惠棟的校勘成果,由洪震煊“考其同異”②。阮元在整理《禮記正義》時,以十行本爲底本,不選擇八行本,乃條件所限,未能滿意③,這是應予諒解的。

阮元校刻《十三經注疏》開雕於嘉慶二十一年(1816)仲春,次年仲秋刻成,歷時十九個月④。負責雕刻刊印《十三經注疏》者是盧宣旬(來庵),初印即清嘉慶南昌府學刻《十三經注疏》本,不無訛誤。南昌府學教授朱華臨於道光六年(1826)撰《重校宋本十三經注疏跋》曰:

> 董其事者,武寧明經盧君來庵也。嗣官保(阮元)升任兩廣制軍,來庵以創始者樂於觀成,板甫就,急思印本呈制軍,以慰其遺澤西江之意。局中襄事者未及細校,故書一出,頗有淮風別雨之訛,覽者憾之。後來庵游幕湘南,以板移置府學明倫堂,遠近購書者皆就印焉。時余司其事,披覽所及,心知有舛誤處,而自揣見聞寡陋,藏書不富,未敢輕爲改易。今夏制軍自粵郵書,以倪君模所校本一冊寄示,適奉新余君成教亦以所校本寄省。倪君所校計共九十三條,余君所校計共三十八條,予因合二君所校之本,詳加勘對,親爲檢查,督工逐條更正,是書益增美備。⑤

---

① 《宋本十三經注疏並經典釋文校勘記凡例》,清阮元、王先謙編《清經解 清經解續編》,南京,鳳凰出版社,2005年6月,第5册第6591頁。
② 《禮記注疏校勘記序》,清阮元校刻《十三經注疏》上册第1227頁。
③ 汪紹楹《阮氏重刻宋本〈十三經注疏〉考》,《文史》第3輯,北京,中華書局,1963年10月,第25—60頁。
④ 汪紹楹《阮氏重刻宋本〈十三經注疏〉考》,《文史》第3輯,第27—28頁。
⑤ 《重校宋本十三經注疏跋》,清阮元校刻《十三經注疏》上册第4頁。

可見,南昌府學刻本《十三經注疏》,有初印和道光六年朱華臨修改之差異。嗣後,廣東書局於清同治十年(1871)、江西書局於同治十二年、上海脉望仙館於光緒十三年(1887)、湖南寶慶務本書局於光緒十八年、上海點石齋於光緒二十三年、上海掃葉山房於民國十三年(1924)、上海錦章圖書局於民國二十一年、上海世界書局於民國二十四年先後重印阮刻本《十三經注疏》;1957年,北京中華書局又排印《十三經注疏》①。1979年,中華書局以原世界書局石印本《十三經注疏》爲底本,與清江西書局重修本及點石齋石印本覈對,改正文字訛脫及剪貼錯誤三百餘處,於1980年10月影印問世②。這就是近三十年間學術界廣泛使用的中華書局影印本《十三經注疏》。

今天整理《禮記正義》,就整理條件而言,要比阮元整理《十三經注疏》時好得多,八行本《禮記正義》及其影印本,十行本、嘉靖本、萬曆本、崇禎本、清武英殿本、文淵閣《四庫全書》本等《十三經注疏》刻本、鈔本與影印本,國家圖書館等館均有藏本③,阮元校刻的《十三經注疏》之各種版本,也不難查找。

龔本、田本、吕本《禮記正義》,都是整理本《十三經注疏》之一種。據龔本簡體版"凡例",龔本《禮記正義》"以1979年中華書局影印清嘉慶二十一年阮元校刻《十三經注疏》(簡稱阮刻)爲底本"④;然龔本簡體版"整理説明"説:"1979年中華書局據原世界書局縮印本阮刻《十三經注疏》進行了影印,並曾與清江西書局重修阮本及

①　上海圖書館編《中國叢書綜録·總目》,上海古籍出版社,1982年12月,第1冊第594頁。
②　《影印説明》,清阮元校刻《十三經注疏》上冊第1頁。
③　王鍔《三禮研究論著提要》(增訂本)第269—277頁。
④　"凡例",漢鄭玄注,唐孔穎達正義,龔抗雲整理《禮記正義》(簡體版),北京,北京大學出版社,1999年12月,第1冊第1頁。

點石齋石印本覈對，改正文字訛脱及剪貼錯誤三百餘處。此次點校整理，即以中華書局影印阮元刻本爲底本。"①"凡例"和"整理説明"，互相矛盾。

1979 年，中華書局影印的《十三經注疏》是以原世界書局石印本爲底本的，並未以清嘉慶二十一年阮元校刻《十三經注疏》爲底本影印，不知龔本的底本究竟是中華書局影印的嘉慶刻本，還是世界書局本？因爲，阮元校刻《十三經注疏》自嘉慶間初刻到後來翻刻，諸本之間有差異。筆者猜測，龔本的底本是中華書局影印的原世界書局本。龔本以此作爲底本，無可厚非，但在"凡例"與"整理説明"中應對所用底本交代準確。

1955 年 4 月，臺灣藝文印書館根據嘉慶江西南昌府學重刻宋版，影印成十六開本四合一版面之《十三經注疏》。田本即以清江西南昌府學阮元重刊宋本《十三經注疏》附《校勘記》者爲底本，底本應該是藝文印書館之影印本。田本作爲《十三經注疏》分段標點本之一種，選擇藝文印書館之影印本爲底本，亦無可厚非。

但是，吕本以中國書店 1985 年出版的景宋紹熙本《禮記正義》即"八行本"爲底本。姑且不論阮元校刻本各本之間的差異長短，龔本、田本以阮元校刻本《十三經注疏》爲底本，顯然沒有以八行本《禮記正義》爲底本好。相關情況對比，吕友仁《〈十三經注疏·禮記注疏〉整理本平議》一文有詳盡論述，兹不贅言。吕本以八行本《禮記正義》爲底本，整理工作的先天優勢是不言而喻的。

---

① "整理説明"，漢鄭玄注，唐孔穎達正義，龔抗雲整理《禮記正義》(簡體版)，第 1 册第 3 頁。

三、整理本《禮記正義》的標點

標點，古謂之句讀。對古籍加新式標點，乃是近百年之事。1951 年 9 月公佈的《標點符號使用法》和中華書局總編室草擬的《古籍點校通例》（初稿），對古籍標點工作的規範化，作用甚大①。古籍標點，尤其是對《十三經注疏》這樣的古籍進行標點，確實是一件極其艱難的工作。没有人敢保證自己標點的古籍没有錯誤，但標點錯誤太多，破句大量出現，也是不應該的。

龔本標點的錯誤問題，《〈十三經注疏·禮記注疏〉整理本平議》一文指出其破句之誤一百二十八例，引文錯誤七十例，而且這些錯誤，並非全部，祇是"在一般性流覽中發現的，如果從頭到尾認真讀一遍，恐怕錯誤會更多"②。吕氏文章列舉的錯誤，主要出現在簡體本。今就吕氏所列舉斷句錯誤者十條，與繁體本、田本、吕本一一對校，以見三本標點之差異。

> （1）29 頁孔疏："居不主奥"者，主猶坐也。奥者，室内西南隅也。室嚮南户，近東南角，則西南隅隱奥無事③，故呼其名爲奥。
>
> 吕按："室嚮南户，近東南角"，當作"室嚮南，户近東南角"④。

---

① 黄永年《古籍整理概論》第 110 頁。
② 《中國經學》第 1 輯，第 111 頁。
③ "無事"，吕友仁文章作"五事"，乃手民之誤，龔本不誤。《中國經學》第 1 輯，第 112 頁。
④ "29 頁孔疏"至"户近東南角"，是吕氏《〈十三經注疏·禮記注疏〉整理本平議》原文，惟於"按"字前加一"吕"字，以示區別，下同。

鍔按:繁體本亦誤,將"户"字上讀。(第 12 册第 34 頁上欄)

田本作:室嚮南,户近東南角則西南隅隱奥無事,故呼其名爲奥(第 10 册第 58 頁下欄)。"東南角"下當加逗號。

吕本作:室嚮南,户近東南角,則西南隅隱奥無事,故呼其名爲奥(上册第 35 頁)。是。

(2) 30 頁孔疏:"視於無形"者,謂視而不見父母之形,雖無聲無形,恒常於心想像,似見形聞聲,謂父母將有教,使己然也。

吕按:"謂父母將有教"後之逗號應删。本句意思是説,就好像父母將要對自己有所教導或者有所使唤那樣。

鍔按:繁體本亦誤,"教"後逗號當删(第 12 册第 35 頁上欄)。

田本作:謂父母將有教使已然也(第 10 册第 59 頁下欄)。標點不誤,但"己"誤作"已",疑手民之誤。

吕本作:謂父母將有教使已然也(上册第 36 頁)。是。

(3) 39 頁孔疏:"其傳辭司儀之交擯也。"

吕按:當作"其傳辭,《司儀》之'交擯'也"。鄭注《周禮·秋官·司儀》云:"交擯者,各陳九介,使傳辭也。"

鍔按:繁體本作:其傳辭,司儀之交擯也(第 12 册第 45 頁上欄)。"司儀"當加書名號。

田本作:其傳辭、司儀之交擯也(第 10 册第 73 頁下欄)。標點錯誤,將"傳辭"與"司儀"並列。

吕本作:其傳辭,《司儀》之"交擯"也(上册第 50 頁)。是。

(4) 57 頁鄭注:"先食戴,後食穀。穀,尊也。"

吕按:當作"先食戴,後食穀,穀尊也。"此觀孔疏可知。按孔疏云："純肉爲陰,陰,卑也。帶骨爲陽,陽,尊也。尊,故後食之。"

鍔按:繁體本作:先食裁,後食骰。骰,尊也(第12册第66頁上欄)。誤。

田本作:先食裁,後食骰,骰,尊也(第10册第99頁下欄)。誤。

吕本作:先食裁,後食骰,骰尊也(上册第70頁)。是。

　　(5) 59頁孔疏:此皆是公食。下大夫禮云:"若上大夫,八豆、八簋、六鉶、九俎、庶羞二十也。"

吕按:"公食"後句號當删。所謂"公食下大夫禮",意謂國君設宴招待下大夫之禮。詳《儀禮·公食大夫禮》賈公彦疏(清阮元校刻《十三經注疏》上册第1079頁中欄)。

鍔按:繁體本作:此皆是公食。下大夫禮云:"若上大夫,八豆、八簋、六鉶、九俎、庶羞二十也"(第12册第68頁上欄)。誤。

田本作:此是公食下大夫禮云,若上大夫八豆、八簋、六鉶、九俎、庶羞二十也(第10册第101頁下欄)。不確。

吕本作:此皆是公食下大夫禮云。若上大夫,八豆、八簋、六鉶、九俎,庶羞二十也(上册第74頁)。是。

　　(6) 63頁:正義曰:"齊,醬屬也。齊、醬、菹,通名耳。"

吕按:"齊、醬、菹,通名耳",當作"齊,醬菹通名耳"。鄭注《周禮·天官·醢人》云"齊,菹醬"可證。

鍔按:繁體本作:正義曰:"齊,醬屬也。齊、醬、菹,通名耳"(第12册第73頁上欄)。誤。

田本作:《正義》曰:齊,醬屬也。齊、醬、菹,通名耳(第10册第110頁上欄)。誤。

吕本作:正義曰:"齊,醬屬也",齊,醬菹通名耳(上册第79

頁）。是。

（7）90 頁孔疏：《淮南子》云："上有叢蓍，下有伏龜。卜筮實問於神，龜筮能傳神命以告人。故《金縢》告大王、王季、文王云'爾之許我'，乃卜三龜，一襲吉。是能傳神命也。"

呂按：《淮南子》之文没有這麽長，《金縢》之文也没有這麽短。當作：《淮南子》云："上有叢蓍，下有伏龜。"卜筮實問於神，龜筮能傳神命以告人。故《金縢》告大王、王季、文王云："爾之許我，乃卜三龜，一襲吉。"是能傳神命也。（按：《淮南子》云云，見《説山訓》）

鍔按：繁體本作：《淮南子》云："上有藂蓍，下有伏龜。卜筮實問於神，龜筮能傳神命以告人。故《金縢》告大王、王季、文王云'爾之許我'，乃卜三龜，一襲吉。是能傳神命也"（第 12 册第 105 頁上欄）。誤。

田本作：《淮南子》云：上有藂蓍，下有伏龜。卜筮實問於神，龜筮能傳神命以告人。故《金縢》告大王、王季、文王云：爾之許我乃卜三龜，一襲吉是能傳神命也。（第 10 册第 150 頁下欄）對《淮南子》引文的斷句正確，但對《金縢》引文的斷句有誤。

呂本作：《淮南子》云："上有藂蓍，下有伏龜，卜筮實問於神，龜筮能傳神命以告人。故《金縢》告大王、王季、文王云：爾之許我，乃十三龜，一襲吉①。是能傳神命也"（上册第 119 頁）。誤。呂本將全文作爲《淮南子》文，又將"卜"誤爲"十"。

（8）91 頁孔疏：鄭云："若一吉一凶，雖筮逆猶得卜之也。"則《洪範》所云者是也。

---

① 《尚書正義·金縢》曰："一習吉。"孔傳："習，因也。以三王之龜卜，一相因而吉。"清阮元校刻《十三經注疏》上册第 196 頁下欄。

吕按：鄭玄無此語。“若一吉一凶”云云，乃孔穎達疏文。此由失校而誤標。據古鈔殘本，“鄭云”作“鄭所云者是也”，是。此數句經整理後，當作：鄭所云者是也。若一吉一凶，雖筮逆猶得卜之也，則《洪範》所云者是也。

鍔按：繁體本作：鄭云：“若一吉一凶，雖筮逆猶得卜之也。”則《洪範》所云者是也（第 12 册第 106 頁下欄）。誤。

田本作：鄭云：若一吉一凶雖筮逆猶得卜之也。則《洪範》所云者是也（第 10 册第 151 頁下欄）。誤。

吕本作：鄭所云者是也①。若一吉一凶，雖筮逆，猶得卜之也，則《洪範》所云者是也（上册第 120 頁）。是。

(9) 98 頁孔疏：今作《曲禮記》者，引此他篇雜辭而來，爲此篇發首有“故”也。

吕按：當作：今作《曲禮》，記者引此他篇雜辭而來，爲此篇發首有“故”也。

鍔按：繁體本作：今作《曲禮記》者，引此他篇雜辭而來，爲此篇發首有“故”也（第 12 册第 115 頁上欄）。誤。

田本作：今作《曲禮》，記者引此，他篇雜辭而來爲此篇發首有故也（第 10 册第 162 頁下欄）。不確。

吕本作：今作《曲禮》，記者引此他篇雜辭而來爲此篇，發首有“故”也（上册第 129 頁）。不確，“爲此篇”當屬下讀。

(10) 100 頁孔疏：云“乘車”，則君皆在左。若兵、戎、革、路，則君在中央，御者居左。

---

① 吕本《校勘記》曰：“鄭所云者是也，原作‘鄭云’二字，義不可通。阮本同。今據古鈔殘本補足。”漢鄭玄注，唐孔穎達正義，吕友仁整理《禮記正義》上册第 145 頁。

呂按：當作：云(浦鏜校：疑"凡"之誤)乘車，則君皆在左。若兵戎革路，則君在中央，御者居左。(兵戎，謂軍事行動。革路，又叫兵車，天子五路之一，打仗時乘用，見《周禮‧春官‧巾車》。)這裏標作"若兵、戎、革、路"，誤。

鍔按：繁體本作：云"乘車"，則君皆在左。若兵、戎、革、路，則君在中央，御者居左(第 12 册第 116 頁下欄)。誤。

田本作：雖處左而不敢自安，故恒馮式云：乘車則君皆在左，若兵戎革路則君在中央，御者居左，故成二年韓厥代御居中①(第 10 册第 164 頁上欄)。

田博元對兵戎、革路的理解没有問題。但將"馮式"作爲人名，加專名綫，將"乘車"至"居中"作爲"馮式"説的話，謬矣！《曲禮上》曰："乘路馬，必朝服，載鞭策，不敢授綏，左必式。"意思是臣子駕馭國君之車路馬，一定要穿上朝服，雖然帶有馬鞭，但備而不用，也不敢把登車的繩子遞給別人，並要站在路馬的左邊，必須憑軾致敬。馮式是憑軾致敬，非人名。

呂本作：雖處左，而不敢自安，故恒馮式。云乘車則君皆在左，若兵戎革路，則君在中央，御者居左(上册第 131 頁)。是。

以上十條，均《曲禮上》之注疏文字。經過對比，呂文章列舉龔本簡體版斷句的錯誤，繁體版亦誤；田本有八條錯誤，兩條不確切，且有其他訛誤；呂本有一條錯誤，一條不確切。相對而言，《禮記正義》之文字，《曲禮》篇是比較容易斷句的。通過對比，龔本、田本和呂本之標點優劣，可見一斑。

呂本對經文的標點，也十分嚴謹。整理者針對"經文異讀的標

---

① 爲説明問題，將田本前後文字補足。

點問題"説:"在這個問題上,我們採取的做法是基本從鄭從孔。因爲經、注、疏三者一體,如果不據鄭注、孔疏去標點經文,那麼解釋經文的鄭注、孔疏將無法標點。這並不表示我們盲從,而是不得不如此。如果別家之説確有道理,則採取出校説明的辦法。"①

　　兹舉一例:吕本《禮記正義》卷一:"若夫,坐如尸,立如齊,禮從宜,使從俗。"鄭玄注"若夫"曰:"言若欲爲丈夫也。"孔穎達《疏》曰:"'若夫'者,凡人若爲丈夫之法,必當如下所陳,故目丈夫於上,下乃論其行以結之。"②按照鄭玄、孔穎達的解釋,必須在"若夫"二字下斷句。然宋以來學者,對"若夫"二字有不同解説,故整理者在"校勘記"中説:

　　　　陳澔《禮記集説》引朱熹云:"劉原父云:此乃《大戴·曾子事父母》篇之辭,曰:'孝子惟巧變,故父母安之。若夫坐如尸,立如齊,弗訊不言,言必齊色,此成人之善者也,未得爲人子之道也。'此篇蓋取彼文,而'若夫'二字失於删去,鄭氏不知其然,乃謂此二句爲丈夫之事,誤矣。"今按劉説見《七經小傳》,朱説又見《朱子語類》。自劉、朱二氏倡爲此説,後之治《禮記》者無不和而同之。如劉、宋二氏説,"若夫"當連下爲句③。

　　對經文異讀和標點如此處理,是科學的,也是符合古籍整理規範的。龔本、田本對異讀問題,則没有明確的規定和説明,就"若夫"條來看,也是儘可能依據鄭注、孔疏的解説而標點。總體而言,吕本標點,顯然優於龔本和田本。

---

①　《校點前言》,漢鄭玄注,唐孔穎達正義,吕友仁整理《禮記正義》上册第 13 頁。

②　漢鄭玄注,唐孔穎達正義,吕友仁整理《禮記正義》上册第 11 頁。

③　漢鄭玄注,唐孔穎達正義,吕友仁整理《禮記正義》上册第 17 頁。

四、整理本《禮記正義》的校勘

校勘，是古籍整理工作中非常重要的一道工序。對古籍尤其是唐宋以前的經典古籍進行整理，因流傳版本衆多，訛錯衍倒現象比較嚴重，校勘工作是必不可少的。

阮元在整理《十三經注疏》時，在確定好底本以後，於每經前面，均列"引據各本目録"，羅列校勘該書時使用的版本。阮元校刻《十三經注疏》本《禮記正義》的"引據各本目録"，分經本、經注本、注疏本、校本和釋文五類。經本有石經、南宋石經，經注本有岳本、嘉靖本，注疏本有附釋音本、閩本、監本、毛本、衛氏《集説》，校本有惠棟校宋本、盧文弨校本、孫志祖校本、段玉裁校本、考文宋板、浦鏜校本，釋文有通志堂本、葉本、撫州公使庫本。大多數版本下，以雙行小字形式説明該本的特徵。如"附釋音本"下曰："此即所謂十行本，據十行本以校各本，故又稱十行本爲此本。此本爲南宋時原刻，中有明正德時補頁，山井鼎即據以爲正德本是也。""惠棟校宋本"下曰："宋刊本《禮記正義》七十卷，不附釋音，惠棟據以校汲古閣本。""衛氏《集説》"下曰："宋衛湜《禮記集説》，通志堂刻本，其中載注疏不全，亦間有删節改次，不可盡據。惟當其未經删節改次之處，所據之本，究係真宋本。"[1]

從《禮記正義》"引據各本目録"看，阮元在校勘《禮記正義》時，幾乎將當時所能找到的《禮記》白文本、經注本、注疏本和名家校本、《釋文》本一網打盡。阮元校勘《禮記正義》，所使用的校勘文

---

[1]　《禮記注疏校勘記序》，清阮元校刻《十三經注疏》上册第 1227—1228 頁。

獻,可以分爲五類,一是利用傳世原始文獻進行校勘,如岳本、嘉靖本、閩本、監本、毛本;二是利用碑刻文獻校勘,如石經、南宋石經等;三是利用轉引文獻校勘,如衛氏《集説》本,因衛湜《禮記集説》保留了部分宋板《禮記正義》的原貌;四是注意吸收當代名家校勘研究的成果,如惠棟校本、盧文弨校本、孫志祖校本、段玉裁校本、浦鏜校本等,惠棟、盧文弨、段玉裁等,都是清代乾嘉時期校勘學大家;五是借鑒國外學者研究的成果,如日本山井鼎、物觀《七經孟子考文補遺》①的成果。距今二百年前的阮元,在整理《禮記正義》時,有如此卓識,令人欽佩!

龔本簡體版在"凡例"中"校勘"部分,有六點説明,爲便於討論,徵引如下:

> 1. 此次整理,原則上以全面吸收清·阮元《十三經注疏校勘記》(簡稱"阮校")和清·孫詒讓《十三經注疏校記》(簡稱"孫校")的成果爲主。凡阮校或孫校已有明確是非判斷者,依據之對底本正文進行改正;無明確是非判斷者,出校記説明,對於因文字出入而可能導致所證事實完全不相符合或性質形成較大差異的,整理者略作考證以決定取捨。2. 所有校勘均置於相應的頁下。……3. 校勘一般不照鈔原文,按統一格式對阮、孫二校的原文作適當改寫,力求簡明扼要,並在校勘行文中分別標明"阮校""孫校"。4. 凡阮校或孫校未作是非判斷,僅引用他人或他書的按語,校勘行文中則不標"阮校"或

---

① "引據各本目録"將"考文宋板"下文字,標點爲"日本山井鼎《物觀·七經孟子考文補遺》"漢鄭玄注,唐孔穎達正義,龔抗雲整理《禮記正義》(簡體版)第1册第11頁,誤;龔本繁體版不誤。物觀是人名,非書名。山井鼎撰《七經孟子考文》,物觀撰《補遺》。

"孫校",而直接標明爲某人或某書的觀點。5. ……校勘中凡
僅涉及版本異同而未標明"阮校""孫校"者,均爲吸收阮校的
成果。6. 凡整理者自己的校勘成果,均加"按"字。如同條有
幾個人或書的觀點,則整理者的按語列在最後。如前面的按
語中不可避免要出現"按"字,則標"今按"或"整理者按"字樣,
以示區別。①

此"校勘凡例"可以概括爲以下幾條:一是全面吸收了阮元和
孫詒讓的校勘成果。二是對阮元、孫詒讓有明確是非判斷者,對底
本進行改正;無明確是非判斷者,略作考證決定取捨。三是將所有
校勘記放置於當頁下。四是對阮元、孫詒讓的校勘記進行了改寫;
校勘中凡僅涉及版本異同而未標明"阮校""孫校"者,均爲吸收阮
校的成果。五是作者自己的校勘成果用"按""今按""整理者按"加
以區別。

但龔本簡體版祇吸收了阮元、孫詒讓的校勘成果,並未利用其
他《禮記正義》的版本或阮元校刻《十三經注疏》本《禮記正義》進行
校勘,對王引之、孫希旦、俞樾、王國維、黃侃等學者的校勘成果,也
沒有吸收。那麼,其校勘成果從何處而來? 令人莫名所以。難怪
呂氏文章列舉出龔本簡體版失校七十一例。就是校勘記的撰寫,
也不符合學術規範②。

翻閱龔本簡體版的"校勘記",發現加"按""今按""整理者按"
者較少。幾乎所有的"校勘記",是删改阮元"校勘記"而成,偶爾增

---

① "凡例",漢鄭玄注,唐孔穎達疏,龔抗雲整理《禮記正義》(簡體版)第 1 册第 3—
4 頁。
② 《中國經學》第 1 輯,第 104—111 頁。

加孫詒讓“校勘記”。大多數“校勘記”分成兩部分，一部分直言
“×，×、×本同”，或作“×，原作×”；一部分作阮校：“×本×作×”
等。如第 1 頁第一、四條校勘記如下：

>“禮記”，閩、監、毛本同。《考文》云：“宋板無‘禮記’二字。”
>阮校：“案此‘禮記’二字不當冠此節正義上，當次在‘曲禮上第
>一’下，如此本二卷以後題式，庶爲得之。”

>“大”，惠棟校宋本同，閩、監、毛本作“太”。阮校：“案《禮
>運》作‘大’。經典‘太’字多作‘大’。《荀子·禮論》‘以歸大
>一’，楊琼[①]注云：‘大讀爲太。’”

阮元校刻本《禮記正義》的相關“校勘記”原文如下：

>禮記　閩、監、毛本同。《考文》云：“宋板無‘禮記’二字。”
>案此“禮記”二字，不當冠此節正義上，當次在“曲禮上第一”
>下，如此本二卷以後題式，庶爲得之。

>故禮運云夫禮必本於大一　惠棟校宋本同，閩、監、毛本，
>“大”作“太”。案《禮運》作“大”。經典“太”字多作“大”。《荀
>子·禮論》“以歸大一”，楊倞注云：“大讀爲太。”[②]

比較這兩條校勘記，龔本簡體版除在阮元兩條校勘記文字中
間增加“阮校”二字外，内容没有任何變化，反而將阮元原來的校勘
記割裂爲二，這種做法，除了容易引起讀者誤解外，毫無意義。

繁體版的“校勘凡例”增加爲九點説明，與簡體版之説明比較，
《禮記正義》的整理，注意吸收了朱彬《禮記訓纂》的成果，也擇要吸

---

① 　“楊琼”乃“楊倞”之誤，阮元校刻本不誤，龔本繁體版亦不誤。
② 　《禮記正義》卷一校勘記，清阮元校刻《十三經注疏》上册第 1235 頁上欄。

收了近現代學術界有關的校勘、辯證、考異和正誤等方面的成果，這是一個進步。但"校勘記"的撰寫格式仍同於簡體版。如第 10 頁第四、五條和第 11 頁第三條校勘記如下：

> "咎"，閩、監、毛本、岳本、惠棟宋本作"舅"，嘉靖本、宋監本同。阮校："案作'咎'者，《釋文》本也；作'舅'者，正義本也。今正義本亦作'咎'，則後人依《釋文》改之。疏中'舅'字尚仍其舊。衛氏《集説》亦作'晉舅犯'。"孫校："撫州本作'舅'。"

> "賢者至勿有"，惠棟校宋本無此五字。按：惠校本疏下多不標經文起訖，後不一一出校。

> "慢"，閩、監、毛本同。《考文》云："宋板'慢'作'恨'。"朱彬《禮記訓纂》作"恨"。

阮元校刻本《禮記正義》的"校勘記"原文如下：

> 晉咎犯　閩、監、毛本同，岳本同，惠棟校宋本"咎"作"舅"，嘉靖本同，宋監本同。案：作"咎"者，《釋文》本也；作"舅"者，《正義》本也。今《正義》本亦作"咎"，則後人依《釋文》改之。疏中"舅"字，尚仍其舊。衛氏《集説》亦作"晉舅犯"。○凡宋監本與監本同者，不載。

> 賢者至勿有　惠棟校宋本無此五字。

> 憎謂己所嫌慢　閩、監、毛本同。惠棟校宋本"己"作"已"。《考文》云："宋板'慢'作'恨'。"①

比較這三條校勘記，龔本繁體版增加了一些校勘內容，第 10 頁第四條校勘記吸收了孫詒讓的校勘成果，第五條校勘記增加了"按

---

① 《禮記正義》卷一校勘記，清阮元校刻《十三經注疏》上册第 1235 頁下欄。

惠棟校宋本"等十九字校勘内容,但没有具體説明,不知依據何在;第11頁第三條校勘記,增加了"朱彬禮記訓纂作恨"八字,因有説明,知道是與《禮記訓纂》對校的結果。而其他没有增加校勘内容的校勘記,與簡體版一樣,除在文字中間增加"阮校"字樣外,具體校勘内容没有變化。

所以,龔本在校勘方面,除吸收了孫詒讓、朱彬等的校勘成果外,對前人諸多的《禮記》研究和校勘成果極少借鑒,且對阮元的"校勘記"任意改動,不符合古籍整理規範。

田本"十三經注疏分段標點凡例"没有説明對校本,對《禮記正義》没有進行校勘,祇是分段和標點。然其"補正"曰:

1. 原文有訛誤,而阮《校》未見者,列其正字於誤字之下,並加【 】以表示之,如:"志相傳【得】也"。如屬脱漏,而阮《校》未見者,則加( )以表示之,如:"(韭,音九)。"2.《疏》文有錯簡,而阮《校》未見者,移正其文字於適當之後,加( )並説明如下,如:"(以上文字原誤植於前《經》之《疏》文内,今移正於此)。"若阮《校》已發現其爲錯簡者,《校》文依舊,其錯簡之文字移正於適當位置後,仍加( )並説明其下,如:"(以上文字原誤植於前《經》之《疏》文内,今依阮《校》移正於此)。"①

據此可知,田本依據阮刻本對相關的訛字、脱漏和錯簡進行了處理。另外,田本調整了阮刻本的原有格式,在經文、注文、釋文、疏文和校勘記前,增加【經】、【注】、【釋文】、【疏】、【校】等字,以示清晰;經文以段爲單位,在相應經文後加數字序號①②③等,然後將

---

① 《十三經注疏分段標點凡例》,漢鄭玄注,唐賈公彦疏,田博元點校《禮記注疏》第10册第3頁。

注文按照①②③逐行排列；疏文也是逐條逐行排列；對原有"校勘記"，於每類首條上冠以【經】、【注】、【疏】等字，每類又逐行逐條排列，行格齊一，沒有刪減文字。這樣的格式，加之每頁有界行，經文是黑體字，板式清晰，閱讀方便。

田本對《禮記正義》沒有利用其他版本進行校勘，所以，也就沒有新的校勘成果，祇是對阮刻本《禮記正義》的"校勘記"進行標點而已。

呂本對整理《禮記正義》時所使用的參校本和採用的前賢校勘成果，作了詳細説明。呂本使用的參校本，經文有《唐石經》、北宋二體石經《禮記·檀弓》殘石、宋高宗御書石經中的《中庸》殘碑。經注本有清武英殿仿宋岳珂刻本、清張敦仁影刻宋淳熙四年撫州公使庫本、宋刻本《纂圖互注禮記》，另參考了黃永武《敦煌寶藏》中的《禮記》殘卷。注疏本有清嘉慶二十年南昌府學刻《十三經注疏》本中的《附釋音禮記注疏》本、古鈔本《禮記正義·曲禮下》殘卷、《四部叢刊》影印的北宋殘本《禮記正義》（單疏殘本）；另外還參校了魏了翁《禮記要義》和衞湜《禮記集説》，因爲二書保留了部分宋本《禮記正義》的原貌。

呂本採用的前賢校勘成果有阮元《禮記注疏校勘記》、日本山井鼎和物觀《七經孟子考文補遺》、浦鏜《禮記正誤》、王引之《經義述聞》、張敦仁《撫本禮記鄭注考異》、王夫之《禮記章句》、孫希旦《禮記集解》、朱彬《禮記訓纂》、孫詒讓《十三經注疏校記》、汪文臺《十三經注疏校勘記識語》、俞樾《群經平議》、王國維校阮本、黃侃《手批白文十三經》、王祖畬《禮記經注校證》、潘宗周《禮記正義校勘記》、于鬯《香草校書》十六種。據筆者所知，在校勘方面研究《禮

記正義》的代表性成果,整理者幾乎都參考了。此舉一例,吕本卷一在"禮記鄭氏注"有"校勘記"説:

> 禮記鄭氏注　此五字原脱,阮本同。阮校云:"'曲禮上第一'下當有'禮記鄭氏注'五字。《石經》、嘉靖本皆有,《正義》本亦當有。觀此節《正義》云'《禮記》者,一部之大名;《曲禮》者,當篇之小目。既題《曲禮》於上,故著《禮記》於下,以配注耳',是解'禮記'二字。又'鄭氏者,姓鄭,名玄'云云,是解'鄭氏'二字;'注者,即解書之名'云云,是解'注'字。皆隨文詮解也。"山井鼎説與阮同,《考文》引足利本亦有此五字,因據補。①

吕本補"禮記鄭氏注"五字,在"校勘記"中説明緣由,充分吸收了阮元和山井鼎的校勘成果。其"校勘記"撰寫之規範與深度,較之龔本,不可同日而語。

因八行本没有附陸德明《禮記釋文》,故吕氏在整理時,經過比勘,以清嘉慶十一年(1806)張敦仁影刻本《釋文》爲底本,將《禮記釋文》補加,參校本有宋刻宋元遞修本、徐乾學《通志堂經解》本、盧文弨《抱經堂叢書》本、阮刻本所附《禮記釋文》、黄焯《經典釋文彙校》等。對《禮記釋文》的補加,如此謹慎,也顯示了整理者的卓識。

吕本對經文的錯簡、"校勘記"中"諸本"一詞之含義和八行本、惠棟校宋本、《考文》所引宋板是一書等問題,也作了交代。

吕本排版格式是經文大字,注、疏、釋文是小字;經文分段,先大字經文,下雙行小字是注文和釋文,經文和釋文之間用"○"隔開;疏文放置於整段經文後,標一【疏】字,每條疏文均單獨起行;

---

① 漢鄭玄注,唐孔穎達正義,吕友仁整理《禮記正義》上册第 16 頁。

"校勘記"置於每卷末，板式清晰。

就《禮記正義》之校勘而言，呂本也遠優於龔本、田本。

五、　整理本《禮記正義》的序跋和附録

一部規範的整理本古籍，一般在書前後有序跋。黄永年説：

> （序跋）這不是整理古籍的方法而是整理的一個工序，但任何古籍在整理後都少不了這個撰寫序跋的工序。當然，祇有在做好其他工序的基礎上纔有可能寫出好序跋，但真正要寫出好序跋，還得有更多的學問。
>
> （序跋）(1) 要告訴讀者爲什麼要整理點校或注譯這部古籍……因爲這是談意圖，談目的。如果没有，讀者就會問整理它幹什麼呢？(2) 要介紹古籍撰作者的生平事迹，如有原注，還要講注者的生平事迹。……(3) 要簡要地對本書的内容作介紹，如有原注也要介紹。……介紹内容優劣要對讀者真正有幫助。……(4) 要講清楚所用底本的版本及其淵源優劣，還要講其他各種版本的淵源優劣，從而向讀者交待選擇底本和對校本的理由。……(5) 要講清楚自己如何給本書作校勘，作注釋，作今譯，作索引。要講方法，講體例，講清楚爲什麼要用這種方法，採取這種體例。可以講得具體些，包括遇到過什麼困難、如何克服都可以講，這對讀者閱讀本書以及瞭解校勘注譯者的真實水平都有好處。……有的書除有序、有出版説明外，還冠有凡例，則校勘、注、譯以及作索引的具體方法和體例

可放在凡例裏詳細講,序裏祇要把工作的情況大體交待一下就可以,否則易於重複。(6)工作中得到過誰的幫助,接受過誰的指導,承用了誰的見解,吸取了誰的成果,都必須一一交待清楚。這不是客套,而是對學問、對讀者忠實。此外,序和跋要注意分工,如果序裏已把所有的事情都講得很清楚,就不必再寫跋。①

黃永年對整理古籍時撰寫序跋的重要性、序跋的内容和撰寫序跋的要求進行了闡述,充分説明了序跋在整理古籍中的重要地位。

龔本、田本和吕本,三書都有序,均無跋,這未嘗不可,但三書的序言有差異。

龔本前有李學勤"序"和"整理説明"。李序論述了"六經"的名稱來源、《十三經》和《十三經注疏》的形成過程、阮刻本《十三經注疏》的價值和整理《十三經注疏》的意義,是一篇精彩的序言。"整理説明"闡述《十三經》之來歷、學術價值和《十三經注疏》彙刻的經過,同時對標點、文字處理、校勘和吸收研究成果等作了説明。另外保留了阮刻本《十三經注疏》和阮刻本《禮記正義》原有之序,對讀者閱讀本書,具有導航作用。但是如前所述,李學勤"序"和"整理説明"及"凡例"均是針對《十三經注疏》整理的總體設計,並非專指《禮記正義》等一經的整理而言,有宏觀而無微觀,而對於《十三經注疏》這樣的既極其重要,産生形成又極其長遠的經部叢書來説,其中的每一部經書都歷經漫長的文本定型與地位確認的曲折歷程,光有一篇總序的介紹,無疑是不够的。

---

① 黃永年《古籍整理概論》第7頁、第164—165頁。

　　田本的情況類似龔本。前有曾濟群、趙麗雲、周何三位各撰寫的一篇"序"，但亦是綜述整理《十三經注疏》的緣起、經過和阮刻本《十三經注疏》的價值，從中可以瞭解他們整理《十三經注疏》的艱辛。針對《禮記正義》，整理者也沒有單另撰寫序跋。

　　呂本則迥然不同。除了書前有張豈之、周天游撰寫的《十三經注疏整理本序》，論述了《十三經注疏》的重要性、阮刻本《十三經注疏》的缺陷、重新整理《十三經注疏》的緣由和大原則，《禮記正義》整理者呂友仁又撰寫了《校點前言》，從六個方面論述了《禮記》的書名、《禮記》四十九篇的編者與作者、《禮記》的内容與《禮記》地位的日益上升、鄭注和孔疏的優缺點、校勘底本參校本和前人成果之吸收以及校勘原則等問題，將整理《禮記正義》相關的問題，交代得既詳盡到位又明白清楚，既説明了整理者所做的工作和方法，也闡述了《禮記》以及鄭《注》孔《疏》的價值，充分體現了整理者治學之認真和對讀者的忠實態度。

　　附録也是古籍整理中很重要的一道工序，如何收集資料並進而編爲附録，是有講究的，也是我國古籍整理的優良傳統。黄永年論述"編纂附録的目的"時説：

　　　　（1）收集有關作者的材料，以便讀者對作者有較多的瞭解，這對讀本書往往很有幫助。（2）收集有關本書的材料。（3）疏（收）集有關本書刊刻的材料，這對讀本書當然更有直接幫助。因此，編附録是件有益的工作，祇要有可能，在整理古籍以及影印古籍時應該重視這項工作。①

---

① 黄永年《古籍整理概論》第 167 頁。

　　祗要對閱讀整理本有用的資料，尤其是有關作者、內容和刊刻的材料，都是非常重要的，都可作爲附録。

　　龔本和田本在書後没有編製附録，而吕本書後則有附録。吕本附録包括《四庫全書總目》中《禮記正義》提要、阮元《〈禮記注疏〉校勘記序》、陳鱣《宋本〈禮記注疏〉跋》、惠棟《〈禮記正義〉七十卷跋》、李盛鐸《〈禮記正義〉七十卷跋》、袁克定《〈禮記正義〉七十卷跋》、張元濟《〈禮記正義〉七十卷跋》、潘宗周《〈禮記正義〉校勘記附識》、潘世兹《重印〈禮記正義〉校勘記序》、張元濟《〈禮記正義〉古鈔殘本及單疏殘本跋》十篇。這些跋文，比較詳盡地論述了八行本《禮記正義》的流傳及其校勘價值，十分重要[①]。整理者將其彙集附於書後，爲讀者提供了重要的資料，也凸顯了整理者的高見。

　　以上通過對龔本、田本和吕本的比較，我們可以看出，吕本在凡例的制定、底本的選擇、對校本的確定、標點、校勘和序跋的撰寫、附録的收集等方面，都做得十分規範。吕友仁曾撰有《禮記全譯》《周禮譯注》二書，撰寫過十多篇有關《三禮》研究的論文，對《三禮》有很深的研究，其豐厚的積纍，保證了上海古籍出版社《禮記正義》整理本的質量。可以説，吕本是一部超越阮元校刻《十三經注疏》本《禮記正義》的高水準的古籍整理著作，也是當今《禮記正義》的最佳整理本。

　　古籍整理是嚴謹、科學的學術研究工作，也是研究國學的基礎。基礎的堅固與否，直接關係到國學研究的水準。我們常對清代乾嘉學術稱讚有加，一個很重要的原因就是清代學者在整理古籍方面，成績卓越，超乎前輩。就經學典籍的整理和研究來說，無

---

① 　王鍔《三禮研究論著提要》（增訂本）第 269—277 頁。

論是《通志堂經解》《四庫全書》經部、《清經解》《清經解續編》的編纂，還是《十三經注疏》的整理，都爲後人研究經學，打下了堅實的基礎。我們今天整理古籍，理應比清人做得更好，但實際情況不如人意，個中原委，值得深長思之。

（原刊於《中華文史論叢》2009 年第 4 期）

編纂《禮記注疏長編》瑣記

　　王寧玲編纂的《禮記注疏長編·檀弓卷》（下簡稱《檀弓注疏長編》），是《禮記注疏長編》之一。

　　《禮記彙校集注》既是在完成一份恩師李慶善先生佈置的作業，也是我研讀《禮記》的一個夢想。何日能够交付，何時夢想成真，不得而知。2008 年仲夏，以《禮記彙校集注》爲題申報高校古委會項目，獲得重點資助，此項工作算是正式開始。但是，具體如何彙校《禮記》，如何彙集諸家注釋，頗感爲難！彙校主要針對《禮記》經文，集注是彙集歷代學者注解《禮記》的注疏，這是非常明確的。問題是在真正開始工作時，發現遠遠比自己設想的要困難很多！

　　《禮記》是大經。據撫州本《禮記注》統計，《禮記》經文有九七七五九字，不足十萬字；注文一〇四二三三字，經注合計二〇一九二字。如果祇彙校經文，校勘十多種版本，應該是一件比較“容易”完成的工作。翻檢拙著《三禮研究論著提要》著錄有關《禮記》版本之後，很快就意識到，宋代以來，《禮記》經文的流傳，或與鄭玄注文一起刊刻，多數附陸德明釋文；或與孔穎達《禮記正義》一起，以注疏本的形式流傳。所以，如果抛開鄭玄注文和陸德明釋文，僅僅彙校《禮記》經文，就會帶來句讀、按斷等諸多不便。

經過反復思考，決定將《禮記》經文、注文和所附陸德明釋文一起彙校。彙校底本選取南宋紹熙年間《纂圖互注禮記》，此本因《四部叢刊》的影印，廣爲人知，除經文、注文和釋文外，另附重言、重意和互注，雖有“兔園册子”之譏，但完整體現了宋代學者認爲在研讀《禮記》時所應該有的所有信息，選擇它作爲彙校底本，不僅彙集了《禮記》經文、注文和釋文，也得知《禮記》中相同的經文有哪些，同樣意思的經文有哪些，與其他經典可以互相印證的句子有哪些，部分名物，附有繪圖，方便理解，對於閱讀《禮記》來說，再好不過了！對校本選取撫州本、余仁仲本、婺州本、岳本、嘉靖本、叢刊本《禮記注》和八行本、和珅本、十行本、阮刻本《禮記注疏》及撫州本《禮記釋文》等，以足利本、閩本、監本、毛本、殿本、吕友仁整理《禮記正義》等爲參校本，並參考《四庫全書考證》《十三經注疏正字》《撫本禮記鄭注考異》《七經孟子考文補遺》《經典釋文彙校》等校勘成果進行彙校，完成《禮記鄭注彙校》，以“校勘記”形式不厭其煩地呈現了《禮記》各本之間經文、注文和釋文的差異，對於讀者瞭解《禮記》版本的優劣和相互關係，極爲方便，但缺點是不便閱讀。

所以，我們在《禮記鄭注彙校》的基礎上，以國家圖書館出版社《國學基本典籍叢刊》影印余仁仲本《禮記注》爲底本，吸收《禮記鄭注彙校》的成果，以撫州本、婺州本、紹熙本、岳本、嘉靖本《禮記注》和八行本、和珅本、十行本、阮刻本《禮記注疏》及撫州本《禮記釋文》等爲對校本，以足利本、閩本、監本、毛本、殿本《禮記注疏》和黄

焯整理《經典釋文彙校》、日本藏《禮記釋文》四卷（傅增湘舊藏）等
爲參校本，糾正底本訛脱衍倒，逐一説明校改依據，完成《禮記注》
整理本。《禮記鄭注彙校》《禮記注》整理本的完成，也就等於完成
了《禮記彙校集注》之"彙校"部分。

　　至於"集注"工作，涉及三個問題：一是選擇何書爲主，彙編資
料；二是選擇哪些《禮記》文獻，排比注釋；三是如何挑選注解，按斷
是非。第一、二個問題是關鍵，解決了前兩個問題，第三個問題便
迎刃而解了。要解決好這三個問題，惟一有效的辦法，就是編纂一
部《禮記注疏長編》。

　　自漢代以來，注釋《禮記》的文獻，數以千計，浩如煙海，但無不
以鄭玄《禮記注》、唐孔穎達《禮記正義》爲指歸，編纂《禮記注疏長
編》，以《禮記注疏》爲主，是最爲合適的。宋代以降，《禮記注疏》版
本有兩大類：一類是八行本《禮記正義》，一類是十行本《附釋音禮
記注疏》。八行本《禮記正義》是南宋紹熙三年（1192）兩浙東路茶
鹽司刻本，除中國國家圖書館收藏八六四〇號《禮記正義》七十卷
外，其餘七部皆爲殘本。國圖所藏全本，原爲潘宗周寶禮堂藏書，
但卷四十八脱去疏文一〇一四字，且不附釋文，顯然不便作爲《禮
記注疏長編》的基礎。十行本系統中，宋劉叔剛刻十行本、和珅翻
刻本與元刻明修十行本、閩本、監本、毛本、武英殿本、《四庫》本、阮
刻本《禮記注疏》，一脉相承，是南宋以來學者研讀《禮記注疏》最爲
常用的文本。但是，宋劉叔剛刻十行本已經不知所蹤，和珅翻刻本
有據毛本校改者，且無説明；閩本、監本、毛本、武英殿本、《四庫》本
《禮記注疏》受元刻明修本影響，存在大量墨釘、缺字、訛錯甚至缺
頁，無法卒讀。惟有阮刻本《禮記注疏》，雖以元刻明修十行本爲底

本，但利用撫州本《禮記注》、閩本、監本、毛本《禮記注疏》，以及惠棟等人校勘成果校勘，並暗自吸收和珅翻刻宋十行本優點，形成了一部文字完整且附有七千餘條校勘記的新版本，一經刊刻，備受學者青睞，風靡學界近兩百年。所以，編纂《禮記注疏長編》，理當以阮刻本《附釋音禮記注疏》爲主，既可完整保留《禮記》經文、鄭玄注文和孔穎達疏文，附錄陸德明釋文，又保留了阮元的《禮記注疏校勘記》，便於彙集，也有利於研讀。早在 2013 年季春，余帶領學禮堂弟子瞿林江、張琪、王寧玲、井超、李佩、葉國盛、邱亮等同學，將中華書局 1980 年影印阮刻本《十三經注疏》之《附釋音禮記注疏》六十三卷整理爲電子版，供學禮堂同學學習使用。這個整理本，經學禮堂師生不斷修改，就成爲編纂《禮記注疏長編》的基礎文本。

有了阮刻本《附釋音禮記注疏》的整理本，就要選擇編纂《禮記注疏長編》的文獻。經過思考，借鑒前人編纂經書長編的經驗，確定兩個選書標準：一是注釋《禮記》的著作，二是歷代注釋《禮記》著作中的代表作。根據這樣兩個標準，除阮刻本《附釋音禮記注疏》內已經包括的鄭玄《禮記注》、孔穎達《禮記正義》和陸德明《經典釋文·禮記釋文》之外，又從《三禮研究論著提要》著錄的《禮記》類著作中，選取宋衛湜《禮記集說》、元吳澄《禮記纂言》、陳澔《禮記集說》、明郝敬《禮記通解》、清納喇性德《陳氏禮記集說補正》、方苞《禮記析疑》、江永《禮記訓義擇言》、甘汝來等《欽定禮記義疏》、杭世駿《續禮記集說》、孫希旦《禮記集解》、王引之《經義述聞》、朱彬《禮記訓纂》、郭嵩燾《禮記質疑》十三部注解類著作，作爲編纂《禮記注疏長編》的文獻來源。前後相加，編纂《禮記注疏長編》依據的文獻就有十六部。鄭玄《禮記注》是現存最早的《禮記》注本，涵蓋漢代鄭興、鄭衆等人注解，孔穎達《禮記正義》是集漢魏晉南北朝隋人注解《禮記》的集大成之作，陸德明《禮記釋文》是彙集魏晉南北朝人爲《禮記》注音之作，選擇這三部文獻，不會有異義。選擇其他十三部文獻，原因有三：

第一，這十三部文獻基本可以展示宋元明清時期學者注解《禮記》的面貌。宋衛湜《禮記集說》、元吳澄《禮記纂言》、清甘汝來等《欽定禮記義疏》、杭世駿《續禮記集說》、江永《禮記訓義擇言》五部著作，對之前的《禮記》注解類文獻，均有集注之功。衛湜《禮記集說》摭拾一百四十四家之說，最爲賅博。

第二，這十三部文獻基本是注解《禮記》的代表作。如陳澔《禮記集說》、明郝敬《禮記通解》、孫希旦《禮記集解》、朱彬《禮記訓纂》四部著作，是元明清時期注解《禮記》的名著。尤其是陳澔《禮記集說》，作爲科舉取士教材，影響深遠，故有清納喇性德《陳氏禮記集說補正》之作。孫希旦《禮記集解》、朱彬《禮記訓纂》二書，是清代學者注解《禮記》類文獻中的佼佼者。

第三，對前人注解質疑辨惑，精見迭出。兩宋以下，對於漢唐學者注解《禮記》之作，多有不同意見，及至清代，學者涵咏經文，懷疑鄭孔，於《禮記》解讀，提出新見，或言之有據，或質疑問難。方苞《禮記析疑》、王引之《經義述聞》、郭嵩燾《禮記質疑》三部書，正好體現了清代初期、中期和晚期學者對鄭玄、孔穎達等人注疏《禮記》的看法，故納入編選文獻。

《檀弓》"簡策重大"，分爲上、下篇。據撫州本《禮記注》，《檀弓上》有五四二二字，《檀弓下》有五〇八一字，合計一〇五〇三字，是

《禮記》中字數最多的一篇。《檀弓》就内容而言，主要是記載喪葬禮，大致可分爲孔子與弟子討論喪葬禮、孔子弟子之間或再傳弟子討論喪葬禮、虞夏商周喪葬禮之差異和春秋戰國之喪葬禮四個部分，可補《儀禮·士喪禮》《既夕禮》之未備。《檀弓注疏長編》根據阮刻本分節，將《檀弓上》分爲一一九節，《檀弓下》分爲九五節，依循《曲禮注疏長編》體例，分上、下篇標注序號，方便檢索。阮刻本《附釋音禮記注疏》六十三卷，《檀弓注疏》有五卷，自卷六至卷十。今據孔疏分節，離析《檀弓注疏長編》爲三十卷。

《禮記注疏長編》本爲撰寫《禮記彙校集注》而作，當編纂寫定部分篇目時，覺得於研究經學、禮學和中國傳統文化，不無裨益，故依《禮記》四十六篇序次，逐篇編纂，分篇付梓，作爲經學研究之資料。就《檀弓注疏長編》而言，《禮記注疏長編》對於研究中國傳統文化，有以下作用：

第一，爲禮學研究提供豐富資料。《周禮》《儀禮》《禮記》《大戴禮記》等禮學文獻，是記錄先秦時期中華禮樂文明的重要典籍。隨着歷史的演進，《禮記》地位扶搖直上，超過《周禮》《儀禮》，成爲《五經》之一。《禮記》中《大學》《中庸》二篇，被單獨提取，與《論語》《孟子》合編爲《四書》。《四書》《五經》是傳承中華傳統文化的核心文獻，其中都有《禮記》的内容，尤其是宋元以來，《禮記》備受世人關注。《禮記注疏長編》將漢至清代十六部《禮記》文獻中的注釋資料，以《禮記》經文篇次和時代先後，彙編爲一書，爲禮學研究提供了豐富的資料。

《檀弓注疏長編》三·一一四曰："國亡大縣邑，公、卿、大夫、士皆厭冠，哭於大廟三日，君不舉。或曰：君舉而哭於后土。"鄭玄

《注》曰："軍敗失地,以喪歸也。厭冠,今喪冠,其服未聞。后土,社也。"孔穎達《正義》曰:

> 厭冠,喪冠也。國既失地,是諸侯無德所招,故諸臣皆著喪冠而哭於君之大廟三日也。失地爲先祖所哀,故在廟也。"君不舉"者,"舉"謂舉樂也。臣入廟三日哭,故君亦三日不舉樂也。后土,社也。又有或者,言亦舉樂而自於社中哭之。

根據鄭玄、孔穎達注釋,此段可翻譯爲:國家如果丟失了大的縣邑,公、卿大夫、士都要頭戴喪冠,在太廟哭三天,國君不享受音樂演奏。另一種説法是,國君聽完音樂後哭於社廟。

但是,鄭玄對於經文中兩個"舉"字,未作注解。孔穎達訓"舉"爲"舉樂",覺得不一定恰當,故又保留異説曰:

> 然二處之哭,鄭皆不非,未知孰是。庾蔚云:"舉者,謂舉饌。"引《周禮・膳夫》:"王日一舉。"又:"王齊日三舉。"《注》云:"殺牲盛饌曰舉。"案:庾蔚及前通合而爲用也。

根據這段疏文,孔穎達提供兩點意見:一是鄭玄對太廟和社廟之哭沒有非議,不知是否正確;一是庾蔚根據鄭玄《周禮・天官・膳夫》"王日一舉"之注"殺牲盛饌曰舉"認爲,舉是舉饌,即宰殺牲肉享用。衛湜《禮記集説》徵引應氏説:"不舉,自貶損也。曰'君舉'者,非也。"杭世駿《續禮記集説》徵引朱軾曰:"舉而哭,謂君率諸臣共哭也。不舉,謂諸臣自哭,不待君之舉也。"朱軾以"率"訓"舉"。"舉"字如何解釋,涉及周代飲食、祭祀禮制。針對以上各家之見,郭嵩燾《禮記質疑》認爲:

> 兩"舉"字連文而義各別。《周禮・膳夫》:王日一舉,以樂

侑食,邦有大故則不舉。鄭《注》:"殺牲盛饌曰舉。""大故,寇戎之事。"《玉藻》:諸侯日特牲,朔月少牢。《論語》叙魯樂師有亞飯、三飯、四飯之名。《王制》所謂"日舉以樂",蓋天子、諸侯同之,舉必以樂。經言"三日不舉",自謂不特殺,非謂不舉樂也。下云"君舉而祭於后土",又別爲祭告之禮,不承上爲文。《師氏》:"凡祭祀、賓客、會同、喪紀、軍旅,王舉則從。"舉者,通辭也。《肆師》:"凡師甸,用牲於社。"《小宗伯》:"凡會同、軍旅、甸役之禱祠,爲位。國有禍烖,亦如之。"《大司馬》:"若師有功,愷樂獻於社;不功,則厭而奉主車。"鄭《注》:"主,謂遷廟之主及社主在軍者。""奉,送也,送主歸於廟社。"是凡軍旅之事,出入必於社。《詩》:"靡神不舉。"《曲禮》:"凡祭,有其舉之。"《王制》:"山川神祇,有不舉者,爲不敬。""君舉"者,謂君自告祠於社而哭之。孔《疏》不達其義,《集説》遂引應氏之言,以爲"君舉"非也,殆失之遠矣。

郭氏的意見是"君不舉"之前是一段,"或曰"以下是另外一段。"君不舉"之"舉"是不殺牲,非不舉樂。"君舉"之"舉"是祠社,是祭告之禮。比較諸家之説,郭氏解釋,言之有據。

　第二,全面展示歷代學者注解經學文獻的體式。早在先秦時期,對於"六經"之解讀,就有傳、記等不同形式。自漢代以來,又出現注、箋、詁訓、章句、集解、疏、義疏、正義、集説、纂言、通解、訓纂、質疑等不同名目。注釋方式有一個漸變演化的過程,就傳、注而言,孔穎達《禮記正義》曰:

　　"注"者,即解書之名。但釋義之人,多稱爲"傳"。傳,謂傳述爲義,或親承聖旨,或師儒相傳,故云"傳"。今謂之"注"

者，謙也，不敢傳授，直注己意而已。若然，則“傳”之與“注”，各出己情。皇氏以爲自漢以前爲“傳”，自漢以後爲“注”。然王肅在鄭之後，何以亦謂之“傳”？其義非也。

《禮記注疏長編》較爲集中地呈現了相同或不同注釋體式的資料，反映了兩千多年來學者闡釋儒家經典文獻的方式和思路，爲現代學者研讀儒家經學文獻和重新注釋古文獻提供了豐富的營養。

編纂《禮記注疏長編》時，我們發現，宋以後學者注釋《禮記》，無不以鄭《注》孔《疏》爲據，條理注疏，闡釋禮義，補正發揮，質疑辯難。《檀弓注疏長編》三·二曰：

> 事親有隱而無犯，左右就養無方，服勤至死，致喪三年。事君有犯而無隱，左右就養有方，服勤至死，方喪三年。事師無犯無隱，左右就養無方，服勤至死，心喪三年。

此一節記載事親、事君及事師之法。鄭玄《注》曰：

> 隱，謂不稱揚其過失也。無犯，不犯顏而諫。《論語》曰：“事父母幾諫。”左右，謂扶持之。方，猶常也。子則然，無常人。勤，勞辱之事也。致，謂戚容稱其服也。凡此以恩爲制。既諫，人有問其國政者，可以語其得失，若齊晏子爲晉叔向言之。不可侵官。方喪，資於事父。凡此，以義爲制。心喪，戚容如父而無服也。凡此，以恩義之間爲制。

衛湜《禮記集説》在條理鄭《注》孔《疏》後，彙集長樂陳氏、嚴陵方氏、馬氏、山陰陸氏、廬陵胡氏、臨川王氏、橫渠張氏、河南程氏之説。就方氏之説，多家引用，繁簡有別，剪裁之法，值得玩味。

衛湜徵引方氏曰：

"就養"者，就而養之，且不離也。"服勤"者，服其勤勞而不釋也。於養言"左右"，則養無所不至矣。於勤言"至死"，則勤無時或已矣。"致喪"者，言盡其所至也。孔子曰："子生三年，然後免於父母之懷。三年，天下之通喪。"以爲報之，不如是不足以盡其所至焉。非親也，孰爲之生？非君也，孰爲之治？非師也，孰爲之教？君、親之與師，亦相須而後成吾之身者也，所命之名雖異，所致之功則同。吾之所以報之者，宜如何哉？亦惟其稱而已。故其喪之也，或以"致"，或以"方"，或以"心"，雖各不同，至於所以盡三年之隆則一也。欒共子曰："民生於三，事之如一。"蓋謂是矣。其序先親而後君者，內外之分也；先君而後師者，貴賤之等也。

吳澄《禮記纂言》徵引方氏曰：

"就養"者，就而養之不離也。"服勤"者，服其勤勞不釋也。養言"左右"，則養無所不至矣。勤言"至死"，則勤無時或已矣。非親孰生，非君孰治，非師孰教，吾所以報之者，其喪之，或以"致"，或以"方"，或以"心"，雖各不同，所以盡三年之隆則一也。其序先親後君，內外之分也；先君後師，貴賤之等也。

《欽定禮記義疏》將方氏之説歸於"通論"類：

養言"左右"，則養無不至。勤言"至死"，則勤無時已。君、親與師相須而後成我之身者，喪之雖各不同，所以盡三年之隆一也。欒共子曰："民生於三，事之如一。"其序先親而後君者，內外之分；先君而後師者，貴賤之等。

孫希旦《禮記集解》先引方氏曰：

> 君、親與師相須而成我之身，喪之雖各不同，所以盡三年之隆
> 一也。

後總結説：

> 愚謂幾諫謂之隱，直諫謂之犯。父子主恩，犯則恐其責善
> 而傷於恩，故有幾諫而無犯顏。君臣主義，隱則恐其阿諛而傷
> 於義，故必勿欺也而犯之。師者，道之所在，有教則率，有疑則
> 問，無所謂隱，亦無所謂犯也。就養者，近就而奉養之也。左
> 右無方，言或左或右而無定所也。致，極也，致喪，謂極其哀戚
> 以在喪也。

比較諸家之言，孫氏之言，説理透徹，符合經旨。

第三，提供解讀儒家經典的範本。《禮記》記載先秦禮制，備受學者推崇。《檀弓》中有關喪葬禮的很多事例，究竟應該如何解讀，解讀的標準或依據是什麼？品讀注釋，可見他們經常依據周禮，評判是非，倡導仁義，事爲之制，曲爲之防，於難解經文，闕疑存異，不強解事，值得今人學習仿效。《檀弓注疏長編》四•五三曰：

> 陳子車死於衛，其妻與其家大夫謀以殉葬，定而後陳子亢
> 至。以告曰："夫子疾，莫養於下，請以殉葬。"子亢曰："以殉
> 葬，非禮也。雖然，則彼疾當養者，孰若妻與宰？得已，則吾欲
> 已；不得已，則吾欲以二子者之爲之也。"於是弗果用。

陳子車是齊國大夫，去世以後他的妻子和家宰準備用活人殉葬。子車弟弟陳子亢認爲，用活人殉葬是非禮的行爲，最好不做。如果非要用活人殉葬，他認爲陳子車的妻子和家宰最爲合適，導致殉葬

之事祇好作罷。對這樣一段經文,基本没有難以解讀的文字。鄭玄注釋,一是注釋陳子車和子亢之人,二是説明子亢擔心勸諫不起作用,纔用這種方式。後人解説,大致如此。惟宋代方慤曰:

> 以生者而從之於死,則傷乎不仁;於死者而養之以生,則傷乎不知,非君子之所當爲也。子亢以義拒之,不亦宜乎?宰,即家大夫也。

方氏認爲,殉葬不仁不智,非君子行爲,"以義拒之,不亦宜乎"。這樣的解讀,緊貼經文,立足周禮,指出殉葬是"不仁不知"之舉,更非君子之行爲,直接明白地告訴讀者,人該做什麼,不該做什麼,爲富不仁,是可耻的!

《檀弓注疏長編》四·四六曰:"人喜則斯陶,陶斯咏,咏斯猶,猶斯舞,舞斯愠,愠斯戚,戚斯嘆,嘆斯辟,辟斯踊矣。品節斯,斯之謂禮。"孔穎達就對"舞斯愠"有懷疑,認爲:

> 如鄭此禮本云"舞斯愠"者,凡有九句。首末各四,正明哀樂相對。中央"舞斯愠"一句,是哀樂相生,故一句之中,有"舞"及"愠"也。而鄭諸本亦有無"舞斯愠"一句者,取義不同。而鄭又一本云"舞斯蹈,蹈斯愠",益於一句,凡有十句,當是後人所加耳,亦不得對。而盧禮本亦有"舞斯愠"之一句。而王禮本又長,云"人喜則斯循,循斯陶",既與盧、鄭不同,亦當新足耳。

陸德明《釋文》於"愠斯戚"曰:"此喜怒哀樂相對,本或於此句上有'舞斯愠'一句并注,皆衍文。"衛湜《禮記集説》徵引劉敞曰:

> 人喜則斯陶,陶斯咏,咏斯猶,猶斯舞,舞斯愠,愠斯戚,戚斯嘆,嘆斯辟,辟斯踊。案人舞宜樂,不宜更愠,又不當漸至辟

踊，此中間有遺文矣。蓋本曰人喜則斯陶，陶斯咏，咏斯猶，猶斯舞，舞斯蹈矣。人悲則斯慍，慍憤不足，慍斯戚，戚斯嘆，嘆斯辟，辟斯踊矣。自喜而下五變而至蹈，自悲而下亦五變而至踊，所謂"孺子慕者"也。

對劉氏之解讀，《欽定禮記義疏》辨正説：

> 陳氏澔曰："舞斯慍"一句，終是可疑，今且據疏。劉氏欲於"猶斯舞"之下增一"矣"字，而删"舞斯慍"三字，今亦未敢從。
>
> 本文是論喪之宜有踊，而以喜之舞蹈形之，斷以悲喜兩開爲是。"舞斯慍"句中脱"蹈矣，人悲則"五字耳。況鄭他本又有"舞斯蹈"，無"舞斯慍"，爲據乎？若謂中間一句哀樂相生，則此孺子之慕豈因舞蹈之過而來？下言"絞衾""蔞翣"，豈歌舞羽籥之變必用此邪？孔疏添"踊則笑"相對，更支。

比較各家之説，孰是孰非，難以判斷。一直到郭店楚簡出土《性自命出》一篇，有類似文字，彭林《〈郭店楚簡·性自命出〉補釋》（收入《郭店楚簡研究》）一文隸定如下：

> 喜斯慆，慆斯奮，奮斯咏，咏斯猷，猷斯舞，舞，喜之終也。慍斯憂，憂斯戚，戚斯歎，歎斯辟，辟斯通，通，慍之終也。

《性自命出》的出土，説明前人的懷疑絶不是空穴來風。比較而言，對這段文字的解讀，宋代劉敞的推測補充，最爲接近《性自命出》的記載。有人常説宋人重義理輕考據，就此而看，恰好相反。透過諸家對此段文字的解讀，我們得知古人在遇到疑問時，是如何思考注釋的，或存疑，或存異，或考辨，或推測，極具啓發性，宋代學者的疑經思想，其價值也在於此。

　　王寧玲，安徽南陵人，現爲南京信息職業技術學院講師。先後在南京師範大學古典文獻學專業攻讀學士、碩士和博士學位，2017年獲文學博士學位。長期致力於禮學文獻整理與研究，完成博士學位論文《先秦喪葬名物叢考》，整理《檀弓注疏長編》等一百多萬字，目前正在主持教育廳高校哲社項目"清代禮學文獻中五服圖表的整理與研究"（2021SJA0713）的工作。她專心喪葬禮研究，曾將《三禮》中有關喪葬禮資料，分門別類，彙集爲《喪葬禮資料彙編》，條理秩然。有鑒於此，特邀請她編纂《禮記·檀弓》《雜記》《喪大記》三篇之注疏長編。《檀弓注疏長編》始於 2013 年 12 月，2015 年 1 月 8 日完成初稿。

　　學禮堂讀書會於 2016 年 11 月 25 日起開始會讀《檀弓注疏長編》，至 2019 年 3 月 25 日讀畢，歷時兩年又五個月。參與會讀的碩、博士研究生有王寧玲、張琪、井超、李學辰、侯婕、劉曉咏、陶曉婷、李猛元、曹晉婷、王少帥、董政、吕梁、孫術蘭、蔣林佳、劉婧恩、葉静燕、金子楊、劉佳怡十八位同學。會讀期間，王寧玲根據大家的會讀意見，修改初稿，形成二稿。7 月下旬以來，余專心審閱二稿，析分卷次，調整格式，改正訛誤，修正句讀，最終定稿，計九十萬字。

　　炎炎夏日，揮汗如雨，不知不覺，已近一月矣！或有不當，懇請方家不吝賜教！

　　（原刊於《澳門文獻信息學刊》總第 28 輯，澳門文獻資訊學會 2021 年 12 月）

《四庫全書總目》"周禮注疏"提要辨證

　　清代編纂《四庫全書》時，對收錄的每種文獻都撰寫提要一篇。根據撰寫提要的流程，提要一般可分爲分纂稿、書前提要和《四庫全書總目》(下簡稱"《總目》")三種類型，每種提要類型又有不同文本，分纂稿是不同學者分別撰寫者，書前提要有《四庫全書薈要》提要和《四庫全書》提要兩大類，《四庫全書》書前提要有文淵閣、文溯閣、文津閣、文瀾閣等之別，《總目》有稿本、殿本、浙本之異[1]。

　　《總目》經部禮類《周禮注疏》提要，與《四庫全書薈要》、文淵閣《四庫全書》等書前提要有無差別？《總目》謂《周禮》"與二《禮》多相矛盾"，矛盾何在？説《周禮注疏》"今本四十二卷，不知何人所併"，事實如此嗎？以上疑問，前人關注不夠。我們比較現存五篇《周禮注疏》提要，結合《周禮》《儀禮》《禮記》的内容和南宋時期《周禮注疏》的彙編刊刻情况，試圖從《總目》與書前提要之異同、《總目》謂"與二《禮》多相矛盾"探析、《周禮注疏》卷數之分合演變三個

①　江慶柏《〈四庫全書薈要總目提要〉概述》，《四庫全書薈要總目提要》，北京，人民文學出版社，2009年11月，第52頁。

方面,考察異同,釋疑辨證,以就教於方家。

一、《總目》與書前提要之異同

《周禮注疏》提要,現存有《總目》和《四庫全書薈要》、文淵閣、文溯閣、文津閣、文瀾閣《四庫全書》書前提要五篇。

《總目》經部禮類一曰:

> 《周禮注疏》四二卷(內府藏本)漢鄭玄注,唐賈公彥疏。玄有《易注》,已著録。公彥,洺州永年人。永徽中,官至太學博士。事迹具《舊唐書·儒學傳》。《周禮》一書,上自河間獻王,於諸經之中,其出最晚。其真偽亦紛如聚訟,不可縷舉。惟《横渠語録》曰:“《周禮》是的當之書,然其間必有末世增入者。”鄭樵《通志》引孫處之言曰“周公居攝六年之後,書成歸豐,而實未嘗行。蓋周公之爲《周禮》,亦猶唐之顯慶、開元《禮》,預爲之以待他日之用,其實未嘗行也。惟其未經行,故僅述大略,俟其臨事而損益之。故建都之制不與《召誥》《洛誥》合,封國之制不與《武成》《孟子》合,設官之制不與《周官》合,九畿之制不與《禹貢》合”云云(案此條所云,惟《召誥》《洛誥》《武成》《孟子》,顯相舛異,至《禹貢》乃唐虞之制,《周官》乃梅賾古文《尚書》,《王制》乃漢文帝博士所追述,皆不足以爲難,其說蓋離合參半),其說差爲近之,然亦未盡也。夫《周禮》作於周初,而周事之可考者,不過春秋以後。其東遷以前三百餘年,官制之沿革,政典之損益,除舊佈新,不知凡幾。其初去

成、康未遠，不過因其舊章，稍爲改易，而改易之人，不皆周公
也。於是以後世之法竄入之，其書遂雜。其後去之愈遠，時移
勢變，不可行者漸多，其書遂廢。此亦如後世律令條格，率數
十年而一修，修則必有所附益。特世近者可考，年遠者無徵，
其增刪之迹，遂靡所稽，統以爲周公之舊耳。迨乎法制既更，
簡編猶在，好古者留爲文獻，故其書閱久而仍存。此又如《開
元六典》《政和五禮》，在當代已不行用，而今日尚有傳本，不足
異也。使其作僞，何不全僞六官，而必闕其一，至以千金購之
不得哉？且作僞者必剽取舊文，借真者以實其贋，古文《尚書》
是也。劉歆宗《左傳》，而《左傳》所云"禮經"，皆不見於《周
禮》。《儀禮》十七篇，皆在《七略》所載《古經》七十篇中；《禮
記》四十九篇，亦在劉向所録二百十四篇中。而《儀禮·聘禮》
賓行饔餼之物、禾米芻薪之數、籩豆簠簋之實、鉶壺鼎甕之列，
與《掌客》之文不同。又《大射禮》天子、諸侯侯數侯制，與司射
之文不同。《禮記·雜記》載子、男執圭，與《典瑞》之文不同。
《禮器》天子、諸侯席數與《司几筵》之文不同。如斯之類，與二
《禮》多相矛盾。歆果贗託周公爲此書，又何難牽就其文，使與
經傳相合，以相證驗，而必留此異同，以啓後人之攻擊？然則
《周禮》一書不盡原文，而非出依託，可概睹矣。《考工記》稱
"鄭之刀"，又稱"秦無廬"，鄭封於宣王時，秦封於孝王時，其非
周公之舊典，已無疑義。《南齊書》稱："文惠太子鎮雍州，有盜
發楚王冢，獲竹簡書，青絲編，簡廣數分，長二尺有奇，得十餘
簡，以示王僧虔。僧虔曰：是科斗書《考工記》。"則其爲秦以
前書，亦灼然可知。雖不足以當《冬官》，然百工爲九經之一，

其工爲九官之一，先王原以制器爲大事，存之尚稍見古制。俞庭椿以下，紛紛割裂五官，均無知妄作耳。鄭《注》，《隋志》作十二卷，賈《疏》文繁，乃析爲五十卷，新、舊《唐志》並同。今本四十二卷，不知何人所併。玄於三《禮》之學，本爲專門，故所釋特精。惟好引緯書，是其一短。《歐陽修集》有《請校正五經劄子》，欲删削其書。然緯書不盡可據，亦非盡不可據，在審別其是非而已，不必竄易古書也。又好改經字，亦其一失。然所注但曰"當作某"耳，尚不似北宋以後連篇累牘，動稱錯簡，則亦不必苛責於玄矣。公彦之《疏》，亦極博核，足以發揮鄭學。《朱子語録》稱"《五經》疏中，《周禮疏》最好"。蓋宋儒惟朱子深於《禮》，故能知鄭、賈之善云①。

《周禮注疏》提要，一著書名、卷數和作者，二叙鄭玄、賈公彦生平，三述《周禮》傳授，四考周公與《周禮》之關係，五辨《周禮》真僞，六論《考工記》性質，七證宋俞庭椿割裂五官之非，八言《周禮注疏》卷數差異，九評《周禮注》之優劣，十説《周禮疏》之價值。《總目》"凡例"曰："每書先列作者之爵里，以論世知人；次考本書之得失，權衆説之異同，以及文字增删、篇帙分合，皆詳爲訂辨，巨細不遺。"②就《周禮注疏》提要而言，於鄭玄、賈公彦爵里、《周禮注疏》得失、衆説異同、卷次分合，皆詳爲考辨，是一篇學術水平很高的提要。

《四庫全書薈要》提要曰：

《周禮注疏》四十二卷，漢鄭康成注，唐賈公彦疏。《周官》在漢，於諸經最爲晚出，傳之者惟劉歆、杜子春、鄭興、鄭衆、馬

---

① 清紀昀等撰《欽定四庫全書總目》第235—236頁。
② 清紀昀等撰《欽定四庫全書總目》第32頁。

融數家。康成兼採衆説爲注，多古文奇字，訓釋爲難，公彦博考而詳疏之。晁公武稱其"發揮鄭學，最爲詳明"。朱子亦謂在諸經注疏中爲最佳。後來雖有諸家，要不過敷暢義理，而制度必於是乎。稽之新、舊《唐志》，皆作五十卷，自宋即併爲四十二卷，今仍之。乾隆四十年五月恭校上①。

《薈要》提要一著書名、卷數和作者，二叙漢代《周禮》傳授，三述《周禮注疏》成就，四明《周禮注疏》卷數差異，五説校上時間。與《總目》相比，没有考辨《周禮》作者、真偽、流傳和《考工記》等文字，簡明很多。但明確提出《周禮注疏》併爲四十二卷，始於宋代。

文淵閣《四庫全書》書前提要②，與《總目》相比，提要主體文字完全一致，惟多"乾隆四十二年三月恭校上"十一字。文瀾閣《四庫全書》書前提要是丁丙據文淵閣本補鈔的，二者文字相同。

文溯閣《四庫全書》書前提要與《薈要》提要基本一致，惟多"公彦洺州永年人永徽中官至太學博士"十六字，少"鄭興"二字，校上時間是"乾隆四十七年四月"③。文津閣《四庫全書》書前提要與《薈要》提要文字全同，惟校上時間是"乾隆四十九年閏三月"④。

《翁方綱纂四庫提要稿》⑤《紀曉嵐删定四庫全書總目稿本》⑥未

---

① 江慶柏等整理《四庫全書薈要總目提要》第 176 頁；摛藻堂《四庫全書薈要》，臺北，臺灣世界書局影印本，1985—1988 年，第 46 册第 5 頁。
② 影印文淵閣《四庫全書》本第 90 册第 5—7 頁。
③ 金毓黼輯《金毓黼手定本文溯閣〈四庫全書〉提要》，北京，中華全國圖書館文獻縮微複製中心，1999 年 11 月，第 94 頁下欄。
④ 《四庫全書》出版工作委員會編《文津閣〈四庫全書〉提要彙編(經部)》，北京，商務印書館，2006 年 1 月，第 251 頁。
⑤ 清翁方綱纂，吳格整理《翁方綱纂四庫提要稿》，上海科學技術文獻出版社，2005 年 10 月。
⑥ 清永瑢等纂《紀曉嵐删定四庫全書總目稿本》，北京，國家圖書館出版社，2011 年 3 月。

見《周禮注疏》提要。

　　由以上比勘可知,《周禮注疏》提要有兩個文本,一是《薈要》提要類,寫成於乾隆四十年(1775),比較簡明,文溯閣、文津閣《四庫全書》鈔寫時,依據《薈要》提要鈔於《周禮注疏》四十二卷之前,鈔寫時間分別是乾隆四十七年(1782)四月和乾隆四十九年(1784)閏三月;一是文淵閣《四庫全書》提要類,寫成於乾隆四十二年(1777)三月,後收入《四庫全書總目》,於乾隆五十四年(1789)由武英殿首次刊印,即殿本《總目》。

　　江慶柏將《薈要》提要與《總目》的關係分爲全同、基本相同、差異較大和不同四類[1],《周禮注疏》提要屬於差別較大者。就內容而言,《總目》增補文字幾乎是《薈要》提要的八倍,補充了作者爵里、《周禮》作者、真僞和《考工記》成書年代等考辨內容。

二、《總目》謂"與二《禮》多相矛盾"探析

　　就《周禮注疏》一書而言,《總目》較之《薈要》等書前提要增加了考辨《周禮》作者、成書年代和真僞的文字。四庫館臣對《周禮》作者與真僞的結論是"《周禮》作於周初",《周禮》"改易之人,不皆周公","統以爲周公之舊耳",承認《周禮》與周公是有關係的。針對宋胡安國、胡宏父子認爲《周禮》是"王莽令劉歆撰"的觀點[2],館臣羅列《周禮》與《儀禮》《禮記》有關記載之差異,與《南齊書》記載

①　江慶柏《〈四庫全書薈要總目提要〉概述》,《四庫全書薈要總目提要》第52—53頁。
②　宋黎靖德編,王星賢點校《朱子語類》,北京,中華書局,1999年3月,第6冊第2204頁。

出土楚竹簡《考工記》史實,認爲"《周禮》一書,不盡原文,而非出依
託,可概睹矣",《考工記》是"秦以前書,灼然可知"。這些結論,是
很有説服力的。

《總目》云"《儀禮》十七篇,皆在《七略》所載《古經》七十篇中",不
確。《漢書·藝文志》曰:"《禮古經》五十六卷,《經》(七十)〔十七〕
篇。""漢興,魯高堂生傳《士禮》十七篇。訖孝宣世,后倉最名,戴德、
戴聖、慶普皆其弟子,三家立於學官。《禮古經》者,出於魯淹中及孔
氏,(學七十)〔與十七〕篇文相似,多三十九篇。"①《禮記正義序》引鄭
玄《六藝論》云:"後得孔子壁中古文《禮》,凡五十六篇。其十七篇
與高堂生所傳同,而字多異。其十七篇外,則《逸禮》是也。"②

《儀禮》,又名《禮》《士禮》《禮記》《禮經》《小戴禮》,至晉代始稱
《儀禮》。《儀禮》有今、古文之分。高堂生所傳《士禮》十七篇是今
文經,漢武帝時,出現了《禮古經》五十六篇,是先秦古文,屬於古文
經。《禮古經》出處有三,即魯國淹中、孔壁、河間獻王。《隋書·經
籍志》認爲,河間本就是從魯淹中所出之書。王國維《漢時古文本
諸經傳考》《漢時古文諸經有轉寫本説》考證,《儀禮》古文經有三
種,即淹中本、孔壁本、河間本,河間本可能是從淹中本或孔壁本中
鈔寫出來,系轉寫本③。《禮古經》其中有十七篇,與今文經相同。
故《總目》"《古經》七十篇"當是"《古經》五十六篇","七十"是"十七"
之倒文。

《總目》謂"《儀禮·聘禮》賓行饔餼之物、禾米芻薪之數、籩豆

① 漢班固《漢書》,北京,中華書局,1962 年 6 月,第 6 册第 1709—1710 頁。
② 唐孔穎達《禮記正義序》,清阮元校刻《十三經注疏》上册第 1225 頁。
③ 王國維著,彭林整理《觀堂集林》,石家莊,河北教育出版社,2001 年 11 月,上册第
   197—200 頁。

簠簋之實、鉶壺鼎甕之列，與《掌客》之文不同。又《大射禮》天子、諸侯侯數侯制，與司射之文不同。《禮記・雜記》載子、男執圭，與《典瑞》之文不同。《禮器》天子、諸侯席數與《司几筵》之文不同。如斯之類，與二《禮》多相矛盾"。《儀禮・聘禮》《大射禮》記載名物度數，與《周禮・掌客》、司射之文究竟有何差異？《禮記・雜記》《禮器》記載"子男執圭""天子諸侯席數"與《周禮・典瑞》《司几筵》有何不同？可否作爲判斷《周禮》非劉歆僞造之證據？《總目》限於體例，没有展開。

　　掌客是《周禮・秋官》大司寇的屬官，由上士二人擔任，掌管接待四方賓客的牢禮、餼獻、飲食等禮儀。兩種以上牲肉謂牢，牢禮又稱牲牢，即接待賓客時動物牲肉品種的數量。餼獻是指饔餼和禽獻，饔是已經宰殺的牲口，也名死牢，饔又包括飪和腥，飪是熟肉，腥是生肉；餼是未宰殺的牲口，也名生牢。接待賓客，饋贈饔餼是最高禮數。禽是鳥肉美食，獻是當令食物。飲食禮有饗禮、食禮、燕禮之别，饗禮級别最高，致肅静，有大牢、酒，行九獻、七獻、五獻之禮；食禮主於吃飯，無牢無酒；燕禮以飲酒爲主。饗禮、食禮行於廟，燕禮行於寢。饗以訓恭儉，燕以示慈惠。

　　《周禮・秋官・掌客》記載，周代諸侯國君互相聘問，主國接待上公的禮數是，聘問往返路上，主國要爲聘君安排五次牲牢糧草補給，補給的牲牢數量等同於到達後接風便宴牢數，同時要派遣卿慰問三次，慰問禮品是乾肉。主國接待侯伯的禮數是，往返路上，主國要爲聘君安排四次牲牢糧草補給，派遣卿慰問兩次；主國接待子男的禮數是，往返路上，主國要爲聘君安排三次牲牢糧草補給，派遣卿慰問一次。《掌客》所載主國接待五等諸侯國君的禮數，可列表如下：

表一：《掌客》記載主國接待五等諸侯禮數表①

諸侯 禮數	公	侯伯	子男	備注
饗	5 牢	4 牢	3 牢	饗是便宴，牢是牲肉。
食	40	32	24	食是庶羞，即各種美味。
簋	10	8	6	簋盛稻粱飯。
豆	40	32	24	豆盛菹醢等濕物。
鉶	42	28	18	鉶盛羹湯，指腳、臐、膮。
壺	40	32	24	壺盛酒。
鼎	12	12	12	鼎盛熟肉。
簠	12	12	12	簠盛黍稷飯。
牲	36	27	18	鄭玄謂牲是腥之誤，腥指盛生肉之鼎。
以上是主君接待聘問國君便宴的禮數。				
饔餼	9 牢	7 牢	5 牢	饔餼是活牲和死牲。
牽	4 牢	3 牢	2 牢	牽是活牲。
米	120 筥	100 筥	80 筥	筥是圓竹器，容五斗。
醯醢	120 甕	100 甕	80 甕	醯是醋，醢是肉醬。
車米	40 車	30 車	20 車	車米是載米之車。
車禾	50 車	40 車	30 車	車禾是載禾之車。禾是連莖帶穗的穀物。
芻薪	100 車	80 車	60 車②	芻是飼料，薪是柴火。
以上是聘禮結束以後，主君派卿到賓館饋贈的禮數。				
乘禽	90 雙	70 雙	50 雙	乘禽指雉、雁之屬，此禮爲雙數。
殷膳	大牢	大牢		殷膳指聘問期間非正式招待的禮數。
以上是聘問期間，除正式接待之外，主君送給聘君的禮物和招待禮數。				
饗	3	3	1	主君用三次饗禮接待公爵聘君。
食	3	2	1	主君用二次食禮接待侯伯聘君。

---

① 漢鄭玄注，唐賈公彥疏《周禮注疏》，清阮元校刻《十三經注疏》上冊第 900 頁中欄、下欄。

② 據鄭玄説，送給上公之米是二十車，禾是三十車，芻薪各六十車；侯伯之米禾各二十車，芻薪各四十車，子男之米十車，禾二十車，芻薪各四十車。

續表

諸侯 禮數	公	侯伯	子男	備注
燕	3	2	1	主君用一次燕禮接待子男聘君①。
以上是聘問期間主君招待聘君之饗禮、燕禮和食禮禮數②。				
壺	8	8	6	
豆	8	8	6	
簜	8	8	6	
膳	大牢	大牢	大牢	贈送一大牢用於膳食,牛羊豬俱全。
饗	大牢	大牢		贈送一大牢用於饗禮,子男不送。
食	大牢			贈送一大牢用於食禮,惟送公爵。
以上是主君夫人派遣下大夫向聘君贈送的禮品禮數③。				

就上表所列,主國接待聘問諸侯時,因公侯伯子男五等爵位不同,接待禮數有差異。具體來講,從聘君進入主國邊境,就需要派卿大夫帶禮品慰問。尤其是在聘問期間,主君分別用饗禮、食禮和燕禮招待聘君,聘君因級別不同,主國招待次數、規格有異,菜單品種、數量均有別。

　　《聘禮》是《儀禮》第八篇,主要記載周代諸侯國之間的聘問禮。諸侯國之間如果長時間沒有盟會,就要派遣使者帶上禮品互相訪問,以結友好。聘禮有大聘和小聘之分,大聘曰聘,派卿爲使者,規格較高;小聘曰問,派大夫爲使者,規格較低。《聘禮》記載大聘禮儀,兼及小聘禮。據《聘禮》記載,聘國使者稱賓,由卿擔任,賓到達

---

① 如果主君因故沒有親自舉行饗禮、食禮和燕禮,就要派遣卿送去束帛乘馬之類禮品致歉。

② 對於聘君隨行人員介、行人、宰夫、大史等,主國都要接待,接待禮數據爵位而定,衹有上介有資格接受禽獻。

③ 主國卿也要去賓館拜訪聘君,用羊羔作爲禮物,饋贈大牢於公爵,饋贈一頭牛於侯伯用於膳食。主國卿至賓館拜訪子男聘君,饋贈一頭牛用於膳食。

主國近郊時，主國國君要派遣下大夫去慰問。賓到達主國時，主國宰夫代表國君在館舍設便宴招待賓一行。菜單有熟食鼎九、羞鼎三、生肉食鼎七，陳放在院子裏；堂上設置八豆、八簋、六鉶、兩簠、八壺，堂上西夾陳設六豆、六簋、四鉶、兩簠、六壺；門外有米、禾各二十車，飼料和柴火各四十車。招待上介食物有熟食鼎七、羞鼎三，堂上有六豆等，米、禾各十車，飼料和柴火各二十車。

　　主國國君還要派遣卿至館舍饋送饔餼等禮品於賓，這些禮品分別擺放在館舍堂上、院子和門外。饋贈賓五牢，包括有熟肉一牢，連同其他熟食共九鼎、陪鼎三放在院子西邊；生肉鼎二牢，連同其他生肉十四鼎放在院子東邊；堂上陳設八豆、八簋、六鉶、兩簠、八壺，堂上西夾陳設六豆、六簋、四鉶、兩簠、六壺；庭院中碑東西兩側分別陳放醯五十甕、醢五十甕，館舍門內西邊陳放餼二牢，院子中間陳放米一百筥；館舍門外東邊有米三十車，西邊有禾三十車，飼料和柴火各六十車；另贈送束帛和四匹馬。饋贈上介三牢，包括熟肉一牢共七鼎，堂上六豆，西夾六豆，米一百筥，醯五十甕，醢五十甕，餼一牢，米、禾各二十車，飼料和柴火各四十車。

　　賓在拜訪完主國之卿當天傍晚，主國夫人派遣下大夫去慰問賓，饋送禮品包括六豆、六籩、六壺、餼一牢、米八筐，賓回贈下大夫四匹馬和一束錦；下大夫代表國君夫人饋贈賓上介四豆、四籩、四壺、餼少牢、米六筐，上介回贈兩匹馬和一束錦。

　　賓在訪問期間，主國國君要用一次食禮、兩次饗禮招待賓，用燕禮款待沒有限制，饋贈禽獻等鳥肉和時新之物，也沒有定數。主國國君用食禮、饗禮各一次招待賓上介；主國大夫也要用食禮、饗禮招待賓。用饗禮、食禮和燕禮接待賓客的禮儀，與《掌客》也不同。

就《聘禮》記載,除主國國君夫人派遣下大夫慰問賓禮品六豆、六籩、六壺、餼一牢等,與《掌客》所言主國國君夫人饋送子男諸侯禮品一致外,《聘禮》所言“饔餼之物、禾米芻薪之數、籩豆簠簋之實、鉶壺鼎甕之列”,無一與《掌客》相同。《聘禮》所記是諸侯國之間的聘問禮,但使者賓不是諸侯,是卿大夫,聘禮實際是諸侯接待卿大夫之禮。《掌客》所載是諸侯之禮,是主國國君接待公侯伯子男五等諸侯親自聘問之禮,故二者所云饔餼之物、簠簋之實、鉶壺之列、禾米之數,不可能相同。

《大射》是《儀禮》第七篇,記錄諸侯與其臣下舉行射箭比賽的禮儀。大射禮有三個箭靶,即大侯、參侯、干侯三侯,侯道分別是九十步、七十步、五十步;三侯皆有乏,又名容,是報靶員的擋箭牌,用皮革製作。大侯即熊侯,用布爲侯,以熊皮爲鵠(靶心),熊侯是諸侯所射;參侯用豹皮爲鵠,以麋鹿皮裝飾,參侯是大夫所射;干侯用豻(àn)皮爲鵠,豻是胡地野狗,干侯是士所射。

《周禮》司射之官有射人。射人是《周禮·夏官·大司馬》的屬官,由下大夫二人擔任,主要負責周天子、諸侯和孤卿大夫以及士之大射禮儀。天子射箭設置虎侯、熊侯和豹侯三侯,有三乏和三個報靶員,用《騶虞》作爲伴奏樂曲,奏樂九節,參賽諸侯分成六組。諸侯射箭設置熊侯、豹侯二侯,有二乏和兩個報靶員,用《貍首》作爲伴奏樂曲,奏樂七節,參賽卿大夫分成四組。孤卿大夫射箭設置麋侯一侯,有一乏和一個報靶員,用《采蘋》作爲伴奏樂曲,奏樂五節,參賽下屬分成三組。士射箭設置豻侯一侯,有一乏和一個報靶員,用《采蘩》作爲伴奏樂曲,奏樂五節,參賽下屬分成三組。

《大射》記載諸侯舉行大射禮時設置大侯、參侯、干侯三侯,有三乏;《射人》謂諸侯舉行大射禮時設置熊侯、豹侯二侯,有二乏。諸侯與臣下舉行大射禮,《大射》《射人》記載不同。《總目》所言,符合實際。

《禮記·雜記下》徵引《贊大行》曰:"圭,公九寸,侯伯七寸,子男五寸。"鄭玄《注》曰:"《贊大行》者,書説大行人之禮者名。"孔穎達《正義》曰:"贊,明也。大行,謂《周禮》有《大行人》篇,掌諸侯五等之禮。"①《周禮·秋官·大行人》謂"諸子執穀璧五寸""諸男執蒲璧,其他皆如諸子之禮"②,《周禮·春官·典瑞》謂"子執穀璧,男執蒲璧"③。子男諸侯所執瑞玉,《典瑞》《大行人》皆謂"子執穀璧,男執蒲璧",而《雜記下》載爲"執圭五寸",明顯不同。《總目》所言不錯。

《禮記·禮器》曰:"天子之席五重,諸侯之席三重,大夫再重。"④此謂天子、諸侯、大夫坐席分別是五層、三層和兩層。司几筵是《周禮·春官·大宗伯》的屬官,由下士二人擔任,掌管几、席種類和用途。據《周禮·春官·司几筵》記載,周天子在舉行大朝覲、饗禮、射禮、封國、册命、祭祀先王時,使用莞席、繅(藻)席、次席三重席;天子打獵使用熊席一重;喪禮中,天子使用萑席一重。諸侯祭祀時,使用蒲席、莞席二重席;諸侯酢席使用莞席、繅(藻)席二重席;喪禮中,諸侯使用萑席一重。《禮器》《司几筵》記載天子、諸侯數有差異,《禮器》概説天子、諸侯席數,《司几筵》記載天子、諸侯在不同禮儀場合所用席數。司几筵掌"五席之名物",天子使用之

---

① 漢鄭玄注,唐孔穎達正義,吕友仁整理《禮記正義》下册第 1682 頁。
② 漢鄭玄注,唐賈公彦疏《周禮注疏》,清阮元校刻《十三經注疏》上册第 891 頁上欄。
③ 漢鄭玄注,唐賈公彦疏《周禮注疏》,清阮元校刻《十三經注疏》上册第 777 頁上欄。
④ 漢鄭玄注,唐孔穎達正義,吕友仁整理《禮記正義》中册第 963 頁。

席有莞席、繅（藻）席、次席、熊席、萑席五種，諸侯所用之席有蒲席、莞席、萑席三種。天子、諸侯所能使用席數，與不同禮儀場合使用席數，當有區別。《總目》可能有誤解。

就《周禮·掌客》《射人》《典瑞》《司几筵》記載籩豆、侯制、圭璧、席數等名物制度，與《儀禮·聘禮》《大射》《禮記·雜記下》《禮器》記載進行比較，確有差異。但《掌客》與《聘禮》名物禮數差別，《司几筵》與《禮器》記錄天子、諸侯席數不同，因禮制有別，不應當相同，作爲《周禮》非“劉歆僞造”的旁證，没有説服力。

《射人》記載司射之文與《大射》所記侯制侯數、《典瑞》與《雜記下》所載子男諸侯所執瑞玉圭璧，確有不同，作爲《周禮》非“劉歆僞造”的證據，是有道理的。

三、《周禮注疏》卷數之分合演變

《總目》曰：“鄭《注》，《隋志》作十二卷，賈《疏》文繁，乃析爲五十卷，新、舊《唐志》並同。今本四十二卷，不知何人所併。”《薈要》提要曰：“稽之新、舊《唐志》，皆作五十卷，自宋即併爲四十二卷，今仍之。”四庫館臣在修改《周禮注疏》提要時，將“自宋即併爲四十二卷”改爲“今本四十二卷，不知何人所併”，令人不解。《周禮》經注疏文合刻始於南宋，無論是《周禮疏》五十卷，還是《周禮注疏》四十二卷，都是南宋人所爲。《薈要》提要謂“自宋即併爲四十二卷”，毫無疑問是正確的。《總目》改爲“今本四十二卷，不知何人所併”，顯然是倒退。

就《十三經注疏》而言，無論是《周禮注疏》，還是其他各經經注

疏文的匯刻,均始於南宋,但有一個演變過程,清錢大昕、顧廣圻等人早有定論。《十駕齋養新録》卷十三《儀禮疏單行本》曰:

> 唐人撰《九經正義》,宋初邢昺撰《論語》《爾雅》《孝經》疏,皆自爲一書,不與經、注合併。南宋初乃有併經、注、正義合刻者。士子喜其便於誦習,争相仿效。其後又有併陸氏《釋文》附入經、注之下者。陸氏所定經文,與正義本偶異,則改竄釋文以合之,而《釋文》亦失陸氏之舊耳。予三十年來所見疏與注别行者,唯《儀禮》《爾雅》兩經,皆人世稀有之物也①。

《百宋一廛賦注》曰:

> 居士(顧廣圻)前在阮中丞元《十三經》局立議,言北宋本必經注自經注,疏自疏,南宋初始有注疏,又其後始有附釋音注疏,晁公武、趙希弁、陳振孫、岳珂、王應麟、馬端臨諸君,以宋人言宋事,條理脉絡,粲然可尋,而日本山井鼎《左傳考文》所載紹興[紹熙]辛亥三山黄唐跋《禮記》語,尤爲確證,安得有北宋初刻《禮記注疏》及淳化刻《春秋左傳注疏》事乎②?

錢大昕、顧廣圻認爲,在北宋時期,《十三經》"經注自經注,疏自疏";南宋初期,始將經文、注文、疏文匯刻,《禮記正義》黄唐跋文有明確記載。今已知最早的經注疏文合刻本是兩浙東路茶鹽司刻《周易注疏》《尚書正義》《周禮疏》等,其後又有《毛詩正義》《禮記正義》《春秋左傳正義》等,這些經注疏合刻本皆是半頁八行,後世稱

---

① 清錢大昕撰《十駕齋養新録》,陳文和主編《嘉定錢大昕全集》,南京,江蘇古籍出版社,1997 年 12 月,第 7 册第 340 頁。
② 清黄丕烈《百宋一廛賦注》,清顧廣圻撰,王欣夫輯《顧千里集》第 4 頁。

之爲"八行本"或"八行注疏本"。爲了研讀理解的便利，八行本之後，在福建建陽地區興起了一種新的注疏合刻本形式，即將陸德明《經典釋文》與有關經注疏合刻，出現經文、注文、疏文與釋文相互配合的經注疏匯刻文本，即錢大昕謂"陸氏《釋文》附入經、注之下者"，顧廣圻言"附釋音注疏"本，這種注疏合刻本半頁十行，故後世稱之爲"十行本"。元代泰定（1324—1328）前後，曾翻刻十行本，翻刻書板在明代正德年間（1506—1521）有修補，故有"正德本"之名。各經八行本與十行本之間，最大區別是八行本無釋文[①]，十行本附釋文，部分經書的分卷卷數，也有變化。

汪紹楹謂宋人匯刻十行本有分卷之不合、行款標目之失當、釋文注疏迴互改易、刊刻遺漏四種缺點，關於分卷之不合，他説：

　　　宋人之初萃刻注疏也，蓋以單行正義之卷數爲主，而以"經注本"經注分置之，故《春秋正義》三十六卷、《周禮疏》五十卷、《禮記正義》七十卷，皆與《唐志》正義卷數合。其後爲注疏者，或以"經注本"分卷爲主，以義疏分置其下，如《周易兼義》九卷、《毛詩正義》二十卷是。最後，則既不用"經注本"之卷數，又不用正義之卷數，《毛詩》爲七十卷，《周禮》爲四十二卷，《禮記》爲六十三卷，《左氏傳》爲六十卷，《公羊》爲二十八卷，《穀梁》爲二十卷，《論語》爲二十卷，遂使唐宋義疏原卷不可知[②]。

汪氏所説，早已注意到八行本與十行本在分卷上之差異。八行本《周禮疏》（實爲《周禮注疏》）五十卷，十行本《附釋音周禮注

---

①　明永樂年間刊刻《毛詩注疏》二十卷，半頁八行，附有陸德明釋文，乃據元十行本翻刻者，與此有別。

②　汪紹楹《阮氏重刻宋本〈十三經注疏〉考》，《文史》第 3 輯，第 36 頁。

疏》(簡稱"《周禮注疏》")四十二卷。《總目》謂"不知何人所併"者，指十行本《周禮注疏》四十二卷。

十行本《三禮》經注疏合刻本中，不僅《周禮注疏》四十二卷，分卷既不合經注本《周禮注》十二卷，與單疏本《周禮疏》五十卷也不同；八行本《周禮疏》五十卷與單疏本卷數一致。十行本《附釋音禮記注疏》六十三卷，與《禮記注》二十卷、單疏本《禮記正義》七十卷分卷不合，八行本《禮記正義》七十卷與單疏本卷數相同。惟閩本、監本、毛本等《儀禮注疏》十七卷，與《儀禮注》十七卷合；清張敦仁刻《儀禮注疏》五十卷、阮元校刻《十三經注疏》本《儀禮注疏》五十卷，亦與單疏本《儀禮疏》五十卷相合。《總目》謂"不知何人所併"者，涉及三個問題，第一《周禮注疏》四十二卷刊刻於何時？ 第二《周禮注疏》四十二卷改變經注本或單疏本分卷是個案嗎？ 第三《周禮注疏》四十二卷改變單疏本或八行本分卷有無道理？

關於《周禮注疏》四十二卷是"何人所併"的問題，《薈要》提要已經作了回答，"自宋即併爲四十二卷"，意思是《周禮注疏》四十二卷是宋代刊刻，當然卷數合併也是宋人，但未明言是北宋還是南宋。宋十行注疏本今存者有《附釋音毛詩注疏》二十卷、《附釋音左傳注疏》六十卷、《監本附釋音春秋穀梁注疏》二十卷，《附釋音禮記注疏》六十三卷有清和珅翻刻本，這四部附釋音注疏本都是南宋福建建陽劉叔剛刊刻者。

十行注疏本有宋十行本和元十行本之別，元十行本是根據宋十行本翻刻。就《中華再造善本》影印北京市文物局元刻明修《十三經注疏》來看，十行本系列注疏本改變經注本或單疏本卷數，不是個案，似乎是一種趨勢。除《周禮注疏》《禮記正義》之外，《附釋音春秋左傳正義》六十卷，與經注本《春秋經傳集解》三十卷、單疏本《春秋正義》三十六卷不合；《監本附音春秋公羊注疏》二十八卷，與經注本《春秋公羊經傳解詁》十二卷、單疏本《春秋公羊疏》三十卷不同；《監本附音春秋穀梁注疏》二十卷，與經注本《春秋穀梁傳》十二卷、單疏本《春秋穀梁疏》十二卷有別；《爾雅注疏》十一卷，與經注本《爾雅》三卷、單疏本《爾雅疏》十卷有異。宋代刊刻諸經注疏合刻本没有《儀禮注疏》，與經注本、單疏本卷數不合者就有《周禮》《禮記》《左傳》《公羊》《穀梁》《爾雅》六經，占了一半。《周易注疏》十卷、《毛詩注疏》二十卷、《孟子注疏解經》十四卷與經注本同，《尚書注疏》二十卷與單疏本同，《孝經注疏》九卷、《論語注疏解經》二十卷存疑。故《周禮注疏》四十二卷，很可能也是南宋福建建陽劉叔剛合併者①。

　　宋劉叔剛刊刻十行本注疏，爲什麼要改變經注本和單疏本卷數？這種改變有無道理？弟子李學辰以"和珅本《禮記注疏》研究"爲題撰寫博士學位論文，曾撰寫《八行本〈禮記正義〉與和珅刻本〈禮記注疏〉體例比較研究》一文②，經過對八行本《禮記正義》與和珅本《禮記注疏》分卷方式的比較，發現和珅覆刻十行本分卷方式，較之八行本，留意《禮記》單篇分卷的完整性，關注經文、注文和疏文之間的互相對應，比八行本更加方便閱讀，故自元代以來，多次翻刻，廣受歡迎。

---

① 崔富章説：《周禮注疏》四十二卷，"當始於元大德間刊刻《十三經注疏》之時，傳世有元刻明修《附釋音周禮注疏》四十二卷（北京市文物局藏）"。《四庫提要補正》，杭州大學出版社，1990 年 9 月，第 105 頁。

② 李學辰《八行本〈禮記正義〉與和珅刻本〈禮記注疏〉體例比較研究》，《歷史文獻研究》第 42 輯，揚州，廣陵書社，2019 年 5 月。李學辰《和珅本〈禮記注疏〉研究》，南京師範大學博士學位論文，2019 年 6 月，指導教師：王鍔教授。

十行本《周禮注疏》四十二卷與八行本《周禮疏》五十卷分卷是否也是如此？需要比較。十行本《周禮注疏》四十二卷今存最早者是元刻明修《十三經注疏》本，現以《中華再造善本》影印本《周禮疏》五十卷與《周禮注疏》四十二卷爲據，將二書分卷列表如下：

表二：八行本《周禮疏》五十卷與元十行本《周禮注疏》四十二卷分卷對應表

篇名	《周禮疏》50 卷			《周禮注疏》42 卷			備註
	卷數	職官	頁數	卷數	職官	頁數	
		序	8		序	13	
天官	1	叙官	22	1	叙官	20	八行本、十行本都分8卷。
	2	太宰	29	2	太宰	24	
	3	小宰—宮伯	28	3	小宰—宮伯	22	
	4	膳夫—腊人	25	4	膳夫—腊人	21	
	5	醫師—籩人	29	5	醫師—籩人	25	
	6	醢人—司會	27	6	醢人—司會	23	
	7	司書—内竪	29	7	司書—九嬪	25	
	8	九嬪—夏采	31	8	世婦—夏采	24	
地官	9	叙官—大司徒（以均齊天下之政①）	32	9	叙官	18	八行本分9卷，十行本分8卷。
	10	大司徒（以土圭之）	26	10	大司徒	30	
	11	小司徒	17	11	小司徒—鄉師	20	
	12	鄉師—黨正	22	12	鄉大夫—舞師	23	
	13	族師—充人	22	13	牧人—遺人	22	
	14	載師—均人	22	14	均人—司市	25	
	15	師氏—司市	28	15	質人—鄰長	26	

① 此謂該卷至《大司徒》之經文"以均齊天下之政"及其疏文，下同。

續表

篇名	《周禮疏》50卷			《周禮注疏》42卷			備注
	卷數	職官	頁數	卷數	職官	頁數	
地官	16	質人—鄙師	28	16	旅師—槀人	23	
	17	鄼長—饎人（缺槀人）	30				
春官	18	叙官—大宗伯（至風師雨師）	26	17	叙官	17	八行本分15卷,十行本分11卷。
	19	大宗伯（以血祭至執鷄）	24	18	大宗伯	32	
	20	大宗伯—小宗伯（以玉至而佐）	20	19	小宗伯—鬯人	24	
	21	小宗伯—鷄人	20	20	鷄人—典瑞	25	
	22	司尊彝—典瑞（至土地）	25	21	典命—外宗	21	
	23	典瑞—司服（珍圭至素服）	20	22	冢人—大司樂	25	
	24	司服—職喪	18	23	樂師—典同	22	
	25	大司樂	23	24	磬師—笙人	24	
	26	樂師—大師	20	25	占夢—小祝	22	
	27	小師—司干	19	26	喪祝—外史	26	
	28	大卜—視祲	23	27	御史—神仕	24	
	29	大祝—小祝	22				
	30	喪祝—馮相氏	24				
	31	保章氏—巾車（至羽蓋）	17				
	32	巾車—神仕	20				

篇名	《周禮疏》50卷			《周禮注疏》42卷			備注
	卷數	職官	頁數	卷數	職官	頁數	
夏官	33	叙官—大司馬（至祭社）	28	28	叙官	15	八行本分7卷，十行本分6卷。
	34	大司馬—行司馬	18	29	大司馬	23	
	35	司勳—挈壺氏	18	30	小司馬—掌畜	24	
	36	射人—司右	20	31	司士—隸僕	19	
	37	虎賁氏—司戈盾	19	32	弁師—馭夫	18	
	38	司弓矢—圉人	24	33	校人—家司馬	24	
	39	職方氏—家司馬	19				
秋官	40	叙官—大司寇	22	34	叙官—大司寇	19	八行本分6卷，十行本分5卷。
	41	小司寇—訝士	23	35	小司寇—司民	25	
	42	朝士—貉隸	26	36	司刑—司烜氏	24	
	43	布憲—伊耆氏	20	37	條狼氏—小行人	28	
	44	大行人—小行人	24	38	司儀—家士	29	
	45	司儀—家士	36				
考工記	46	叙官—輿人	30	39	叙官—輿人	26	八行本分5卷，十行本分4卷。
	47	輈人—幀氏	33	40	輈人—幀氏	28	
	48	玉人—廬人	26	41	玉人—匠人（至經塗）	30	
	49	匠人	20	42	匠人—弓人	26	
	50	車人—弓人	20				

就上表比較可知，《周禮疏》五十卷和《周禮注疏》四十二卷分卷差異有三：

第一，全書分卷不同。《周禮疏》五十卷，包括《天官》八卷、《地官》九卷、《春官》十五卷、《夏官》七卷、《秋官》六卷、《考工記》五卷；《周禮注疏》四十二卷，包括《天官》八卷、《地官》八卷、《春官》十一卷、《夏官》六卷、《秋官》五卷、《考工記》四卷。

第二，分卷標準有異。《周禮疏》五十卷，與《周禮》單疏本卷數相同，也沿襲了單疏本之題名，故雖然是注疏本，但仍題名"周禮疏"。可見《周禮疏》在刊刻之時，以單疏本爲基礎，爲了照顧單疏本五十卷的分卷，將《周禮》經文、注文拆開，分散於單疏本各卷，如此綴合的方式，保留了單疏本五十卷的完整性，但破壞《周禮》各職官經文的連貫。

第三，一篇經文分處兩卷。《周禮疏》爲了遷就單疏本分卷，將《大司徒》經注文分置於卷九、十，《大宗伯》經注文分在卷十八、十九、二十，《小宗伯》經注文分在卷二十、二十一，《典瑞》經注文分在卷二十二、二十三，《司服》經注文分在卷二十三、二十四，《巾車》經注文分在卷三十一、三十二，《大司馬》經注文分在卷三十三、三十四，分處兩卷或三卷者多達七篇。《周禮注疏》祇有《匠人》經注文分在卷四十一、四十二。

就閱讀而言，《周禮注疏》四十二卷的分卷，顯然要比《周禮疏》五十卷方便。

《周禮疏》五十卷經注疏的綴合體例既與八行本《周易注疏》《尚書正義》不同，也與十行本《周禮注疏》四十二卷經注疏體例有差異。八行本《周易注疏》《尚書正義》經注疏都是按照經文、注文和疏文的先後順序排列，即注文接經文，疏文接注文。《周禮疏》經注疏文的次序是經文、經文疏文、注文、注文疏文，具體是先列經文,然後以"釋曰"二字起,用雙行小字排解經之疏文,後間隔一大字"注",下接雙行小字注文,再空一格,以"釋曰"起排解注之疏文①。這種釋經之疏徑接經文的獨特體例,將經注出文起訖語全部刪除②,代之以經注全文。

《周禮注疏》四十二卷較之《周禮疏》五十卷,就内容而言,增加了陸德明《釋文》。其編排應該是以余仁仲本《周禮注》爲主③,分散疏文與之配合而成。其經注疏文編排體例是經文、注文、釋文、疏文,即大字經文下,接雙行小字注文,用一"○"間隔,接釋文;間隔一大"疏"字,先標經文起訖語,隔一"○",以"釋曰"起排解經疏文;再隔一"○",標注文起訖語,又隔一"○",接解注之疏文。《周禮注疏》四十二卷如此編連經注疏文的方式,與《周禮疏》五十卷相比,不僅醒目,尤其是增加了釋文,更加利於研讀。

《周禮注疏》對經注疏文的連綴體例,與十行本系統其他各經注疏本一致,可能是南宋劉叔剛等人在編纂刊刻諸經注疏本時,爲了吸引讀者和商業運營的目的,特意與官刻八行注疏本區别,在經注疏文編排上,有意創新,故一經推出,備受讀者喜愛,多次翻印。所以,《周禮注疏》由《周禮疏》五十卷,合併爲四十二卷,絶非偶然,而是精心策劃之舉。《總目》"今本四十二卷,不知何人所併"之説,

① 日本早稻田大學圖書館藏《禮記子本疏義》殘卷,解釋《禮記·喪服小記》經注體例,是先列經文,空一格接解經疏義,後列注文,再空一格接釋注之疏義,即經文+疏義+注文+疏義。《周禮疏》編排經注疏文之體例,與此殘卷相同。上海古籍出版社出版《周禮注疏》整理本以八行本《周禮疏》爲底本,但經注疏文編排體例,且與十行本一致,令人費解。

② 張麗娟《宋代經書注疏刊刻研究》第344—347頁。李霖《宋本群經義疏的編校與刊印》第248—253頁。

③ 《周禮注》有宋余仁仲本。張麗娟《南宋建安余仁仲刻本〈周禮〉考索》,《中國經學》第17輯,第87頁,桂林,廣西師範大學出版社,2015年11月。

應該是不明《周禮》經注疏文編排體例演變的存疑之言。

　　結語:在《四庫全書》編纂過程中,給每部收録書籍撰寫一篇提要,是四庫館臣的重要工作之一。根據提要的撰寫流程,提要分爲分纂稿、書前提要和《總目》等不同類型的文本,各類提要文本之間,文字有異同。《周禮注疏》提要,今存有書前提要和《總目》五篇,《薈要》提要與文溯閣、文津閣《四庫全書》書前提要基本一致,文淵閣《四庫全書》書前提要與《總目》内容相同。在《總目》中,四庫館臣爲了證明《周禮》非劉歆僞造,特舉出《周禮·掌客》與《儀禮·聘禮》,《周禮·射人》司射之文與《儀禮·大射》,《周禮·典瑞》與《禮記·雜記下》,《周禮·司几筵》與《禮記·禮器》所載名物制度之差異爲證,説明《周禮》是先秦舊書。經過比較,《周禮·射人》記載天子、諸侯侯制侯數,與《儀禮·大射》不同;《周禮·典瑞》記載子男諸侯瑞玉,與《禮記·雜記下》有異,可爲旁證。《周禮·掌客》記載諸侯國之間聘問禮時,接待公侯伯子男爵位不同的諸侯,招待禮數有別;《儀禮·聘禮》所載是諸侯國之間卿大夫聘問禮,接待卿大夫禮儀,與接待諸侯禮,理應不同。《周禮·司几筵》記載天子、諸侯席數,與《禮記·禮器》所載席數有別,與使用場合有關,非制度有異。故《周禮·掌客》與《儀禮·聘禮》,《周禮·司几筵》與《禮記·禮器》所載禮儀禮制差别,不能作爲證據。《薈要》提要謂《周禮注疏》四十二卷是宋人所併,《總目》改爲"不知何人所併",是倒退。經考辨,所併之人很可能是南宋人劉叔剛。《周禮注疏》四十二卷與《周禮疏》五十卷,在分卷卷數、分卷方式、分卷標準等方面皆有差異,且《周禮注疏》四十二卷的分卷方式、經注疏文編排的體例,尤其是附加了陸德明釋文,對於讀者來説,都優於《周禮疏》五十卷。

(原刊於《中國典籍與文化論叢》第 23 輯,鳳凰出版社 2021 年 4 月)

漢代的《儀禮》研究

　　《儀禮》是儒家"十三經"之一，是一部記錄先秦以前貴族生活中冠、昏、鄉、射、朝、聘、喪、祭等各種禮節儀式的專書。本文就《儀禮》的書名與內容、今古文問題、漢代《儀禮》的傳授源流、研究《儀禮》的著作等方面，論述漢代《儀禮》研究的概況，從一個側面反映漢代經學的繁榮局面。

一、《儀禮》的書名及內容

　　漢代以前，《儀禮》祇稱"禮"，但內容與後來流傳的十七篇《儀禮》肯定有異。《莊子·天運》云："孔子謂老聃曰：'丘治《詩》《書》《禮》《樂》《易》《春秋》六經。'"[①]漢代，《儀禮》名《禮》《士禮》《禮經》《禮古經》，或云《禮記》《古文禮》，至晉代始稱《儀禮》。《漢書·藝

---

① 　清郭慶藩撰，王孝魚點校《莊子集釋》，北京，中華書局，1961年7月，第2冊第531頁。

文志》云：“《禮古經》五十六卷，《經》十七篇（后氏、戴氏）。”①《漢書・藝文志》所載《經》十七篇者，係后氏、戴氏所傳，即我們今天看到的《儀禮》十七篇。《漢書・藝文志》云：“禮經三百，威儀三千。”又云：“漢興，魯高堂生傳《士禮》十七篇，訖孝宣世，后倉最明。戴德、戴聖、慶普皆其弟子，三家立於學官。《禮古經》者，出於魯淹中及孔氏，與十七篇文相似，多三十九篇。”②《説文解字叙》云：“魯恭王壞孔子宅，而得《禮記》《尚書》《春秋》《論語》《孝經》。”③《漢書・景十三王傳》云：“獻王所得書皆古文先秦舊書，《周禮》《尚書》《禮》《禮記》《孟子》《老子》之屬，皆經傳説記，七十子之徒所論。”④王充《論衡・正説》云：“孝宣帝時，河内女子發老屋，得逸《易》《禮》《尚書》各一篇，奏之。”⑤鄭玄《六藝論》云：“後得孔子壁中《古文禮》，凡五十六篇，其十七篇與高堂生所傳同，而字多異。其十七篇外，則《逸禮》是也。”⑥《儀禮》名“士禮”者，蓋因此書首篇爲《士冠禮》，全書開頭即爲“士冠禮”三字。細審之，《儀禮》中所記載的，不僅有士禮，還有卿大夫（公）、諸侯和天子禮。其中《士冠禮》《士昏禮》《鄉射禮》《士喪禮》《既夕禮》《士虞禮》《特牲饋食禮》七篇是士禮；《鄉飲酒禮》《少牢饋食禮》《有司》屬於卿大夫禮；《燕禮》《大射》《聘禮》《公食大夫禮》是諸侯禮；《覲禮》是諸侯覲見天子之禮；《士相見禮》記士與士及各級貴族互相拜訪之禮；《喪服》記中國古代喪服制度，

---

① 漢班固《漢書》第 6 册第 1709 頁。

② 漢班固《漢書》第 6 册第 1710 頁。

③ 漢許慎撰，清段玉裁注《説文解字注》，上海書店，影印經韻樓刻本，1992 年 6 月，第 761 頁下欄。

④ 漢班固《漢書》第 8 册第 2410 頁。

⑤ 劉盼遂《論衡集解》，北京，中華書局，1957 年 7 月，第 551 頁。

⑥ 清阮元校刻《十三經注疏》上册第 1225 頁。

上自天子，下到庶民都適用。

　　"儀禮"之名，曾見於王充《論衡》。《論衡·謝短》云："高祖詔叔孫通製作儀品十六篇何在？"又"復定儀禮，見在十六篇，秦火之餘也"①。據《史記·劉敬叔孫通列傳》《漢書·酈陸朱劉叔孫傳》所載，叔孫通製作的"儀品""儀禮"，是指參照漢以前禮制而制定的適合漢初實行的禮儀，非今傳之《儀禮》，名同而實異。《史記·禮書》云："孝文即位，有司議欲定儀禮。"②此"儀禮"乃指禮儀制度。

　　《儀禮》亦稱《禮記》，因爲《儀禮》中有經與記。《史記·孔子世家》云："故《書傳》《禮記》自孔氏。"③《史記·儒林列傳》云："於今獨有《士禮》。"④則《孔子世家》所説的《禮記》即指《士禮》。《後漢書·盧植傳》云："臣少從通儒故南郡太守馬融受古學，頗知今之《禮記》特多回冗……考《禮記》失得，庶裁定聖典，刊正碑文。"⑤此言刻熹平石經事。熹平石經於禮書僅有《儀禮》，而此處稱《禮記》。《後漢書·蔡邕傳》李賢注引《洛陽記》云："南行，《禮記》十五碑悉崩壞。"⑥則晉人所見也名《禮記》，此《禮記》不是四十九篇之《小戴禮記》，而是指今之《儀禮》。鄭玄稱《儀禮》，或曰"今禮"，或曰"曲禮"，或曰"禮記"。在《禮記注》中引《儀禮》，僅題篇名。《禮記·禮器》云："故經禮三百，曲禮三千，其致一也。"鄭玄《注》云："經禮謂《周禮》也，《周禮》六篇，其官有三百六十。曲，猶事也，事禮謂'今禮'

①　劉盼遂《論衡集解》第 259 頁。
②　漢司馬遷《史記》，北京，中華書局，1959 年 9 月，第 4 册第 1160 頁。
③　漢司馬遷《史記》第 6 册第 1936 頁。
④　漢司馬遷《史記》第 10 册第 3126 頁。
⑤　南朝宋范曄《後漢書》，北京，中華書局，1965 年 5 月，第 8 册第 2116 頁。
⑥　南朝宋范曄《後漢書》第 7 册第 1990 頁。

也。禮篇多亡，本數未聞，其中事儀三千。"①經禮、曲禮，應指禮之大者及細節，非指《周禮》及《儀禮》，鄭説誤。"今禮"指大、小戴傳習的今文禮十七篇，區別於《古文禮》五十六篇。《禮記·喪大記》云："復衣不以衣尸，不以斂。"鄭玄《注》云："《士喪禮》云：'以衣衣尸，浴而去之。'"②《詩·召南·采蘩》鄭玄《箋》云："《禮記》：'主婦髲鬄。'"③此乃《少牢饋食禮》文，而稱《禮記》。

　　鄭玄爲《儀禮》作《注》時，但稱"今禮"，或稱"曲禮"。今作《儀禮》，乃晉人所加。段玉裁《經韻樓集》卷二《禮十七篇標題無儀字説》云："鄭君本傳曰：'鄭所注《周易》《尚書》《毛詩》《儀禮》《禮記》《論語》《孝經》《尚書中侯》《乾象曆》。'按此不應遺《周禮》，疑'儀禮禮記'四字，乃'周官禮禮記'五字轉寫之誤。……'儀禮'二字，蓋因《記》云'威儀三千'者謂《禮經》，故冠'儀'於'禮'，使稱説較便。大約梁、陳以後，乃爲此稱。"④段氏言漢時不稱《儀禮》甚確，但鄭玄爲《注》時，原標題是否單稱"禮"，尚無確證。鄭氏注《儀禮》，原標題爲何，尚須考證。清黄以周云："鄭氏師、弟子並無'儀禮'之名也。《禮》注大題《儀禮》，當是東晉人所加。東晉人盛稱《儀禮》。"⑤東晉元帝司馬睿時，尚書僕射荀崧爲元帝不設禮經博士而上疏，疏中建議增設博士四人，其中就有鄭玄《儀禮》博士一人。由是可知，《儀禮》之名當爲晉人所加。是後，《儀禮》《禮經》並稱之，唐開成二年(837)刻石經時，始定名爲《儀禮》，沿用至今，但仍有偶言"禮經"

---

① 清阮元校刻《十三經注疏》上册第 1435 頁中欄。

② 清阮元校刻《十三經注疏》下册第 1572 頁中欄。

③ 清阮元校刻《十三經注疏》上册第 284 頁中欄。

④ 清段玉裁撰，鍾敬華校點《經韻樓集》，上海古籍出版社，2008 年 4 月，第 29 頁。

⑤ 清黄以周撰，王文錦點校《禮書通故》，北京，中華書局，2007 年 4 月，第 1 册第 4 頁。

者。《直齋書録解題》卷二云："《古禮經》十七卷、《禮古注》十七卷，漢大司農北海鄭康成撰。"①

　　今傳《儀禮》，祇有十七篇。古代的貴族青年男子，到二十歲要舉行隆重的加冠典禮，作爲成年的標志，《士冠禮》就是記載這種加冠禮儀的。《士昏禮》記載了古代之士取妻的禮儀。《士相見禮》記載了古代士及其他各級貴族互相拜訪的禮儀。《鄉飲酒禮》記載了由諸侯的鄉大夫主持招待鄉中的賢能之士和年高德劭者而舉行的飲酒禮儀。《鄉射禮》記載了在鄉的下一級組織州中舉行的一種射箭比賽之禮，目的是教民禮讓，敦化成俗。《燕禮》是諸侯國君在政餘閑暇之時，爲聯絡感情、安樂群臣而舉行的一種飲酒禮。《大射》是諸侯爲即將進行的祭祀、朝覲、會盟等活動選擇人員，或者純粹是爲了與群臣練習射技而在大學舉行的射箭、宴飲活動。古代諸侯國之間，如果很長時間没有盟會等機會相見時，便互派使者，帶着禮物相互訪問，《聘禮》便是記載諸侯國之間相互聘問禮儀的。《公食大夫禮》記載了諸侯用食禮款待小聘問使者的禮儀。諸侯秋天朝見天子叫覲，《覲禮》是諸侯覲見天子之禮。《喪服》專載喪服制度。《士喪禮》《既夕禮》記載古代士死後，其子爲其辦喪事的禮儀。《士虞禮》是記載士行虞祭的禮儀，虞者，安也。父母葬後，當天中午即迎父母之神於殯宮而祭之，以安其神，是爲虞祭。《特牲饋食禮》是諸侯之士每逢歲時在宗廟中祭祀祖父、父親的禮儀，特牲即一頭豬，士用一頭豬、黍、稷及其他食物、酒等進行祭祀。《少牢饋食禮》《有司》是諸侯的卿大夫每逢歲時在祖廟祭祀祖父、父親

---

①　宋陳振孫撰，徐小蠻、顧美華點校《直齋書録解題》，上海古籍出版社，1987 年 12 月，第 41 頁。

的禮儀，一羊、一豕爲少牢，是卿大夫用牲的標準。可見，《儀禮》十七篇的内容，涉及上古貴族生活的各個方面。

二、《儀禮》的今、古文問題

《儀禮》有今、古文之分。古文經是用先秦古文字書寫的，今文經則是用漢代通行的隸書書寫的。《儀禮》古文經有三：淹中本、孔壁本、河間本。《漢書·藝文志》云：“《禮古經》五十六卷……《禮古經》者出於魯淹中，及孔氏學七十篇文相似，多三十九篇，及《明堂陰陽》《王史氏記》所見多天子、諸侯、卿大夫之制，雖不能備，猶癒倉等推《士禮》而致於天子之説。”[1]《漢書補注》引宋劉敞説，改“學七十”三字爲“於十七”，而以“及孔氏”連上讀[2]，甚是。《漢書·藝文志》又云：“武帝末，魯共王壞孔子宅，欲以廣其宫，而得《古文尚書》及《禮記》《論語》《孝經》，凡數十篇，皆古字也……孔安國者，孔子後也，悉得其書，以考二十九篇，得多十六篇。安國獻之，遭巫蠱事，未列於學官。”[3]這是孔壁本。《漢書·劉歆傳》《魯恭王傳》《藝文志》《説文解字叙》也有類似的記載。《漢書·景十三王傳》云：“河間獻王德以孝景前二年立，修學好古，實事求是。從民得善書，必爲好寫與之，留其真，加金帛賜以招之，繇是四方道術之人不遠千里，或有先祖舊書，多奉以奏獻王者，故得書多，與漢朝等……獻王所得書皆古文先秦舊書，《周官》《尚書》《禮》《禮記》《孟子》《老

---

[1]　漢班固《漢書》第 6 册第 1709 頁—1710 頁。
[2]　清王先謙補注《漢書補注》，北京，商務印書館，1959 年 1 月，第 5 册第 3106 頁。
[3]　漢班固《漢書》第 6 册第 1708 頁。

子》之屬,皆經傳説記,七十子之徒所論。"①是爲河間本也。據王國維《漢時古文本諸經傳考》②考證,河間本可能是從淹中本或孔壁本中鈔寫出來,係轉寫本。

鄭玄《六藝論》云:"後得孔子壁中古文《禮》,凡五十六篇。其十七篇與高堂生所傳同,而字多異。其十七篇外,則'逸禮'是也。""逸禮"三十九篇,鄭玄見之,不知何時散佚。據鄭玄《周禮注》《儀禮注》及唐李善《文選注》等書,"逸禮"可考知的篇名尚有:《天子巡狩禮》《朝貢禮》《烝嘗禮》《中雷禮》《王居明堂禮》《古大明堂禮》等。元吴澄、清諸錦、丁晏及劉師培均有"逸禮"輯本。劉歆校理古籍時,認爲《禮古經》述天子、諸侯之禮,較十七篇完備,應立學官。因今文經學家的反對,古文經没有立於學官。及王莽當國,乃立於學官。光武帝時,古文經又皆擯廢於學官之外。從平帝立古文經至廢,約二十年。

魯高堂生所傳十七篇,即今文經。十七篇與《禮古經》五十六篇,在先秦實同出一源。十七篇爲簡本,以士禮爲主,略及大夫、諸侯之禮。五十六篇爲繁本,除十七篇外,尚有天子、諸侯之禮。春秋末及戰國時,周天子名存實亡,諸侯之禮亦廢而不行,而民間冠、昏、喪、祭諸禮仍行,因此,十七篇受人們青睞而廣爲流傳。漢代今、古文之争,完全是政治鬥争,在内容上衹有繁簡、篇目多寡之別。今文十七篇與古文十七篇,據鄭玄所校,除個别文字有異外,内容相同,這是非常明確的③。

---

①　漢班固《漢書》第 8 册第 2410 頁。
②　王國維撰,彭林整理《觀堂集林》上册第 195—200 頁。
③　錢玄《三禮通論》第 10 頁。

三、《儀禮》今文經在漢代的傳授源流及其篇次

今文經《儀禮》十七篇，與《禮古經》五十六篇相比，在漢朝備受重視，傳授源流亦甚清晰。十七篇在西漢已立學官。《史記·儒林列傳》云："諸學者多言禮，而魯高堂生最本。於今獨有《士禮》，高堂生能言之。"又云："魯徐生善爲容，孝文帝時，徐生以容爲禮官大夫，傳子至孫徐延、徐襄。襄，其天資善爲容，不能通《禮經》；延頗能，未善也。襄以容爲漢禮官大夫，至廣陵内史。延及徐氏弟子公户滿意、桓生、單次，皆嘗爲漢禮官大夫。而瑕丘蕭奮以《禮》爲淮陽太守。是後能言《禮》爲容者，由徐氏焉。"①《漢書·儒林傳》云："后蒼，字近君，東海郯人，事夏侯始昌。始昌通《五經》，蒼亦通《詩》《禮》，爲博士，至少府，授翼奉、蕭望之、匡衡。"②"孟卿，東海人也。事蕭奮，以授后倉、魯閭丘卿。倉説'禮'數萬言，號曰《后氏曲臺記》，授沛聞人通漢子方、梁戴德延君、戴聖次君、沛慶普孝公。孝公爲東平太傅。德號大戴，爲信都太傅；聖號小戴，以博士論石渠，至九江太守。由是《禮》有大戴、小戴、慶氏之學。通漢以太子舍人論石渠，至中山中尉。普授魯夏侯敬，又傳族子咸，爲豫章太守。大戴授琅邪徐良斿卿，爲博士、州牧、郡守，家世傳業。小戴授梁人橋仁季卿、楊榮子孫。仁爲大鴻臚，家世傳業，榮琅邪太守。由是大戴有徐氏，小戴有橋、楊氏之學。"③又云："孟喜，字長卿，東海蘭陵人。父號孟卿，善爲《禮》《春秋》，授后蒼、疏廣。世所傳后

---

① 漢司馬遷《史記》第 10 册第 3126 頁。
② 漢班固《漢書》第 11 册第 3613 頁。
③ 漢班固《漢書》第 11 册第 3615 頁。

氏《禮》《疏氏春秋》，皆出孟卿。"①《漢書·蕭望之傳》云："事同縣后
倉且十年。"②由是可知西漢《儀禮》的傳授源流，漢初傳《禮》者爲高
堂生，後有徐生，徐生傳於徐延、徐襄、公户滿意、單次、桓生諸人；
蕭奮傳《禮》於孟卿，卿傳於后蒼、閭丘卿，后倉（蒼）又傳於聞人通
漢、戴德、戴聖和慶普，戴德傳於徐良，戴聖傳於橋仁、楊榮，慶普傳
於夏侯敬、夏侯咸。《漢書·藝文志》載有《曲臺后倉》九篇，即《儒
林傳》所言《后氏曲臺記》，是后倉説禮之言，可惜已佚。

　　《後漢書·儒林傳》云："建武中，曹充習慶氏學，傳其子褒，遂
撰《漢禮》，事在《褒傳》。董鈞字文伯，犍爲資中人也。習《慶氏
禮》，事大鴻臚王臨。……鈞博通古今，數言政事，永平初，爲博士，
時草創宗廟祭祀及宗廟禮樂，威儀章服，輒令鈞參議，多見從用，當
世稱爲通儒，累遷五官中郎將，常教授門生百餘人。……玄本習
'小戴禮'，後以古經校之，取其義長者，故爲鄭氏學。"③《後漢書·
張曹鄭列傳》云：鄭玄"從東郡張恭祖受《周官》《禮記》《左氏春秋》
《韓詩》《古文尚書》。以山東無足問者，乃西入關，因涿郡盧植，事
扶風馬融。"④《後漢書·儒林傳》又云："及光武中興，愛好經術，未
及下車，而先訪儒雅，採求缺文，補綴漏逸。……於是立《五經》博
士，各以家法傳授……《禮》大、小戴……凡十四博士，太常差次總
領焉。"⑤可見《禮》在東漢立爲經學博士者唯大、小戴及慶氏三家。
後傳大戴《禮》者無聞，傳慶氏《禮》者有曹充、曹褒及王臨、董鈞。

①　漢班固《漢書》第 11 册第 3599 頁。
②　漢班固《漢書》第 10 册第 3271 頁。
③　南朝宋范曄《後漢書》第 9 册第 2576 頁—第 2577 頁。
④　南朝宋范曄《後漢書》第 5 册第 1207 頁。
⑤　南朝宋范曄《後漢書》第 9 册第 2545 頁。

鄭玄習小戴《禮》，受業於張恭祖及馬融等人，這是東漢時《儀禮》傳授的概況。

今文經《儀禮》有戴德本、戴聖本、劉向《別録》本之别，篇次互異。《別録》本是劉向校書時整理之本。鄭玄作《注》時，因其尊卑吉凶，次第倫序，故鄭用之，而不採用大、小戴之篇次。清邵懿辰云："大戴十七篇之次序……是一二三篇，冠昏也；四五六七八九篇，喪祭也；十一十二十三篇，射鄉也；十四十五十六篇，朝聘也；而《喪服》之通乎上下者附焉。小戴次序最爲雜亂，《冠》《昏》《相見》而後，繼以《鄉》《射》四篇，忽繼以《士虞》及《喪服》，又繼以《特牲》《少牢》《有司徹》，復繼以《士喪》《既夕》，而後以《聘禮》《公食》《覲禮》終焉。今鄭賈'注疏'所用劉向《別録》次序，則以《喪》《祭》六篇居末，而《喪服》一篇移在《士喪》之前，似依吉凶人倫爲次。蓋向見《記》云，吉凶異道，不得相干。《荀子》云，吉事尚尊，喪事尚親。遂以《冠》《昏》《射》《鄉》《朝聘》十篇爲吉禮居先，而《喪》《祭》七篇爲凶禮居後焉，較小戴稍有條理，而要不若大戴之次，合乎禮運。"[①]比較而言，劉向《別録》本之篇次，尤爲井然。

1959年7月，甘肅省博物館在武威磨咀子第6、18號漢墓（王莽時期），發掘出漢代《儀禮》木、竹簡469枚。經整理，這批《儀禮》簡共計三種。甲本爲木簡，字大簡寬，凡7篇，稱武威甲本，有《士相見禮》《服傳》《特牲》《少牢》《有司》《燕禮》《泰射》，在每篇第一、二簡簡背題有篇次及篇題，如《服傳》第一、二簡背題"第八""服傳"，由上可知7篇的次序是《士相見禮》第三、《服傳》第八、《特牲》第十、《少牢》第十一、《有司》第十二、《燕禮》第十三、《泰射》第十四。乙

---

① 　清邵懿辰《禮經通論》卷一，《皇清經解續編》本第2頁 a、b。

本,木簡,字小簡窄,僅《服傳》1篇,從篇題可知亦是第八。丙本,竹簡,僅《喪服》1篇,無簡背篇題,不知篇次。陳夢家認爲,武威甲本係失傳的慶普本,丙本《喪服》爲西漢初(約當景武之世)相承的經記本,甲、乙本《服傳》則爲昭宣之世出現的删定本,西漢初先有《喪服》的"經",然後附以"記",西漢中期經過對於經、記的删削而作"傳",分繫於相當的經、記之下;東漢晚期的古文家,將删定的傳文重新分屬於全經全記本,遂成今日之鄭《注》賈《疏》本。木簡甲、乙本係西漢晚期之鈔本,約成帝前後,其據之原本,約在昭宣之世;丙本竹簡早於木簡,乙本或早於甲本①。沈文倬提出了相反的觀點,他認爲,甲、乙本《服傳》衹有古文本,其撰作時代當在公元前315年至前213年,《服傳》約在景武之際被發現而同時被隸定。《服傳》係單傳,至東漢馬融時將其與單經合編爲《喪服》經傳,西漢時單經單傳分別流傳②。沈氏進一步認爲,漢簡本《儀禮》爲今、古文以外之古文或本③。

《儀禮》簡甲本7篇的篇次,《士相見禮》與大、小戴及《別録》本同,列爲第三,《特牲》《少牢》《有司》與小戴本同,列爲第十、第十一、第十二,《服傳》《燕禮》《泰射》均不同於別本,其整體篇次與大、小戴及《別録》本都不相同,顯然爲另一流傳本;另外,就武威《儀禮》簡之文字而言,有些字既不同於古文,也不同於今文,所以,甲本很可能是由古文本向今文本過渡的一種鈔本,在很大程度上保

---

① 甘肅省博物館、中國科學院考古研究所編《武威漢簡》第10頁—第35頁。
② 沈文倬《漢簡〈服傳〉考(上)》,《文史》第24輯、25輯,北京,中華書局,1985年4月、10月,第73頁—第74頁、第45頁—第52頁。
③ 沈文倬《〈禮〉漢簡異文釋(一)》,《文史》第33輯,北京,中華書局,1990年10月,第19—56頁。

存了《儀禮》的原貌,同時也給我們提供了一個早於鄭玄《注》本並且未被鄭玄及以後諸家學者見過的《儀禮》版本。丙本肯定早於甲、乙本。

四、 漢代《儀禮》研究的著作

根據文獻的記載,漢代研究《儀禮》的著作可考者有:戴德的《喪服變除》1 卷、曹充的《慶氏禮章句辯難》1 卷、班固的《儀禮班氏義》1 卷、馬融的《喪服經傳注》1 卷、盧植的《儀禮解詁》和鄭玄的《儀禮注》17 卷、《喪服經傳注》1 卷、《儀禮音》2 卷、《喪服變除》1 卷、《喪服譜注》1 卷及劉表的《新定禮》1 卷等。

戴德的《喪服變除》專釋《儀禮·喪服》。喪服以變除名者,蓋言成服以至釋服之儀節,亦曰"釋禫之禮"。禫是喪祭名,三年之喪二十七月而禫,與大祥之祭中隔一月,三年之喪至此而畢。《舊唐書·經籍志》載爲 1 卷[1],《經義考》卷 136 云佚[2],清王謨輯有《喪服變除》1 卷,收入《漢魏遺書鈔·經翼第二冊》;清洪頤煊輯有《喪服變除》1 卷,收入《問經堂叢書·經典集林》;清馬國翰輯有《大戴喪服變除》1 卷,收入《玉函山房輯佚書·經編儀禮類》[3]。曹充,東漢薛(今山東藤縣東南)人。治慶氏禮,建武中爲博士,官至侍中。清

---

① 後晉劉昫《舊唐書》第 6 冊第 1972 頁。
② 清朱彝尊《經義考》,《四部備要》本,北京,中華書局,1998 年 11 月,第 719 頁上欄。
③ 上海圖書館編《中國叢書綜録》第 2 冊第 79 頁。

錢大昭《補續漢書藝文志》①載有曹充《慶氏禮章句辨難》，今佚。班固的《儀禮班氏義》已佚，清王仁俊輯有《儀禮班氏義》1 卷，收入《十三經漢注》②。馬融（79—166），字季長，東漢扶風茂陵（今陝西興平）人。博通經學，爲世通儒，是東漢著名的經學家，鄭玄、盧植皆出其門。其《喪服經傳注》，《隋書·經籍志》載之③，《舊唐書·經籍志》《新唐書·藝文志》載爲《喪服紀》1 卷④，疑即一書，《經義考》卷136 云佚。觀其注，大致與鄭玄所注略同，間有異者。原書已佚，王謨輯有《喪服經傳》1 卷，收入《漢魏遺書鈔·經翼第二册》；馬國翰從唐賈公彥《儀禮疏》及杜佑《通典》中輯有《喪服經傳馬氏注》1 卷，收入《玉函山房輯佚書·經編儀禮類》；清黃奭輯有《儀禮喪服經傳》1 卷，收入《漢學堂叢書·經解禮類》及《黃氏遺書考·漢學堂經解》；清臧庸輯有《儀禮喪服馬王注》1 卷，漢馬融、魏王肅撰，收入《問經堂叢書》⑤。盧植（？ —192），字子幹，東漢涿郡涿縣（今河北涿鹿）人。官至尚書，著有《三禮解詁》等書。清曾樸《補後漢書藝文志並考》卷 2 載之⑥，今佚。

　　鄭玄（127—200），字康成，東漢北海高密（今山東高密）人。師事第五元先、張恭祖、馬融等，是馬融的高足。其學問淵博，尤工《易》《禮》，注解經書，能融會諸家之説，是東漢經學的集大成者，世

---

① 清錢大昭《補續漢書藝文志》，《叢書集成初編》本，上海，商務印書館，1936 年 6 月，第 5 頁。

② 上海圖書館編《中國叢書綜録》第 2 册第 75 頁。

③ 唐魏徵、長孫無忌《隋書》，北京，中華書局，1973 年 8 月，第 4 册第 919 頁。

④ 宋歐陽修、宋祁《新唐書》，北京，中華書局，1975 年 2 月，第 5 册第 1431 頁；後晉劉昫《舊唐書》第 6 册第 1972 頁。

⑤ 上海圖書館編《中國叢書綜録》第 2 册第 79 頁。

⑥ 清曾樸《補後漢書藝文志並考》，《二十五史補編》本，北京，中華書局，1955 年 2 月，第 2 册第 2454 頁。

稱鄭學。著有《駁五經異義》《毛詩箋》《周禮注》《禮記注》等書。鄭玄自稱:"遭黨錮之事,逃難注禮。"①他受黨錮之牽連,因其爲杜密故吏,這是漢靈帝建寧二年(169)之事,由此可知,鄭玄注《三禮》,必在169年以後。

鄭玄《儀禮注》是目前我們所知流傳於今的最早的全面箋釋《儀禮》的專著。《儀禮注》的特點是:

(一)鄭玄以劉向《别録》本爲主,博綜兼採,會通今、古文,擇優從之。凡採今文者於注記録古文之異文,如《士冠禮》:"賓盥,卒,壹揖,壹讓,升。"鄭《注》云:"古文壹皆作一。"②採古文者於注記録今文之異文,《士昏禮》云:"尊於室中北墉下,有禁,玄酒在西,綌冪,加勺,皆南枋。"鄭《注》云:"今文枋作柄。"③這種注解經書的方法,對後世產生了極大的影響,並被歷代整理古籍者採用。清阮元也説:"鄭疊今古有三例:辭有詳略則疊之,'賓對曰,某敢不夙興','今文無對'是也(前句引文爲經文,後句爲注文,下同);義有乖互則疊之,'禮於阼','今文禮作醴'是也;字有通借則疊之,'闑西闑外','古文闑爲槷、闑爲蹙'是也。"④

(二)鄭《注》文字精當,約而不繁。《儀禮》經文計56115字,鄭玄《注》文總計79810字。其中《少牢饋食禮》經文計2979字,《注》文僅2787字;《有司》經文計4790字,《注》文僅3456字⑤。這是很難做到的,也值得今人借鑒。

① 宋王溥《唐會要》,北京,中華書局,1960年,第1406頁。
② 清阮元校刻《十三經注疏》上册第952頁上欄。
③ 清阮元校刻《十三經注疏》上册第963頁中欄。
④ 清阮元校刻《十三經注疏》上册第948頁下欄。楊天宇《論鄭玄〈三禮注〉》,《文史》第21輯,北京,中華書局,1983年10月,第24頁。
⑤ 清阮元校刻《十三經注疏》上册第945頁—第1220頁。

（三）糾正經文訛脫衍倒，祇在《注》文中説明，絶不輕易删改，態度極爲謹慎。

（四）注解經文，或引他經、或引本書他篇、或引本篇内上下經文、或引前人之説，解釋經義；或引漢制、漢俗，疏説古制①；經文不具，文義不足，或文獻無徵者，則據上下經文，以己意解之，於經文、禮義、名物，箋釋精審。《儀禮注》中，引證《周禮》《禮記》《詩經》之文甚多。

正由於這些特點，使它很快取代了其他注本，成爲唯一通行至今的注本。當然，鄭《注》也有不足之處，若好引讖緯之説，爲人詬病。

關於《儀禮注》的版本，今天我們所能見到的最早刻本是明正德十六年（1521）陳鳳梧刻本，半頁十行，每行二十字，小字雙行同，黑口，四周單邊，4 册，附有唐陸德明釋文，今藏國家圖書館。另有明嘉靖吴郡徐氏刻《三禮》本，半頁八行，每行十七字，每卷後有經若干字、注若干字，白口，四周雙欄，今藏國家圖書館②。較爲常見的版本有：清嘉慶二十年（1815）黃丕烈讀未見書齋據宋嚴州本影刻《士禮居叢書》本，半頁十四行，每行二十四字，小字雙行不等，白口，左右雙邊。《四部叢刊》本，據明徐氏翻刻宋本影印。《四部備要》本，據《十三經古注》本影印。《叢書集成初編》本，據《士禮居叢書》本翻印③。

鄭玄的《喪服經傳注》1 卷，《隋書·經籍志》載之，《經義考》卷 136 云佚，今佚。《儀禮音》1 卷，《隋書·經籍志》《經義考》卷 131 載

---

① 劉善澤著，劉孚永點校《三禮注漢制疏證》，長沙，岳麓書社，1997 年 1 月。
② 北京圖書館編《北京圖書館古籍善本書目·經部》第 67 頁。
③ 王鍔《鄭玄〈儀禮注〉版本考辨》，《圖書與情報》1995 年第 3 期，第 56 頁。

之,《經典釋文叙録》載爲 1 卷①,今佚。《喪服變除》1 卷,侯康《補後漢書藝文志》卷 1 載之②,原書已佚,清袁鈞輯有《喪服變除》1 卷,收入《鄭氏佚書》;孔廣林輯有《喪服變除》1 卷,收入《通德遺書所見録》;馬國翰輯有《鄭氏喪服變除》1 卷,收入《玉函山房輯佚書·經編儀禮類》;黃奭輯有《喪服變除》1 卷,收入《漢學堂叢書·高密遺書》及《黃氏遺書考·通德堂經解》③。《喪服譜注》1 卷,《隋書·經籍志》載有鄭玄《喪服譜》1 卷,即此書。《經義考》卷 136 云佚。侯康《補後漢書藝文志》卷 1 云:"鄭康成《喪服譜注》一卷,《喪服變除》一卷。《隋志》又有《喪服經傳注》一卷,本在十七篇'注'中,當時蓋自別行,故《隋志》複出,今削之。《唐志》又有《喪服經紀注》一卷,亦即《喪服經傳注》也。"④原書已佚,不知其與《儀禮注》中之《喪服》篇"注"有何異同。

劉表,字景升,東漢山陽高平(今屬山東)人。官至鎮南將軍、荆州牧。《隋書·經籍志》載有其《新定禮》1 卷,《經義考》卷 136 載爲《後定喪服》1 卷,並云佚。原書已佚,馬國翰輯有《新定禮》1 卷,收入《玉函山房輯佚書·經編儀禮類》。侯康《補後漢書藝文志》卷 1、清錢大昭《補續漢書藝文志》分別載爲《後定喪服》1 卷、《後定喪禮》1 卷。侯康《補後漢書藝文志》卷 1 云:"劉表《後定喪服》一卷,《隋志》作劉表《新定禮》,今從《通典》。"⑤據《通典》卷 83 所引⑥,劉表此書,確是專明《喪服》之文,故侯康、錢大昭載爲《後定喪服》《後定喪禮》,也是事出有因。

---

① 吳承仕著,秦青點校《經典釋文序録疏證》第 112 頁。

②④⑤ 清侯康《補後漢書藝文志》,《叢書集成初編》本第 13 頁。

③ 上海圖書館編《中國叢書綜録》第 2 册第 79 頁。

⑥ 唐杜佑撰,王文錦等點校《通典》第 2254 頁。

　　由此可知，在漢代，《儀禮》名《禮》《士禮》《禮經》《禮古經》《禮記》《古文禮》，晉人始名《儀禮》。與古文經相比，《禮》今文經師承不斷，備受關注，研究成績突出。鄭玄《儀禮注》乃其中之傑作，代表了漢代《儀禮》研究的最高水準。

（原刊於《西北師大學報》（社會科學版）2000 年第 5 期）

毛本《儀禮注疏》誤刻賈疏辨正

阮元校刻《十三經注疏》本《儀禮注疏校勘記》曰：

> 鄭《目録》云：自此至"此皆第一"，毛及陳、閩、監本俱列疏前，與注一例，餘篇放此。按：此乃疏引《目録》之文，《三禮》皆然，《玉海》所謂"《正義》每篇案鄭《目録》"是也，諸本俱誤。毛本除《冠》《昏》《燕》《大射》《聘》《士喪》《特牲》《少牢》八篇之外，皆標"注"字，尤誤①。

阮元《儀禮注疏校勘記》有三層意思：一是《儀禮·士冠禮第一》下"鄭目録云"至"此皆第一"一段文字，陳鳳梧本、李元陽本、監本、毛本《儀禮注疏》都排列在疏文前，《士昏禮》以下等十六篇也一樣；二是這些文字是賈公彦《儀禮疏》徵引《三禮目録》的内容，陳鳳梧本、李元陽本、監本、毛本《儀禮注疏》如此排列，是錯誤的；三是毛本《儀禮注疏》除《士冠禮》《士昏禮》《燕禮》《大射》《聘禮》《士喪禮》《特牲饋食禮》《少牢饋食禮》八篇外，其他各篇又加一"注"字在前，更是錯上加錯。

---

① 清阮元校刻《十三經注疏》附《校勘記》上册第 948 頁中欄。

　　那麼，阮元説得對嗎？這種情況是如何形成的？要回答這樣的問題，必須對《十三經注疏》各版本中《儀禮注疏》的相關文字逐一覈查，方能得到答案。所以，我們從鄭玄《三禮目録》對《儀禮》篇名的解説、對阮元《儀禮注疏校勘記》的檢討、毛晉汲古閣校刻《十三經注疏》本《儀禮注疏》①（下簡稱“毛本”）誤刻疏文探源等方面，進行考察。

一、鄭玄對《儀禮》篇名的解説

　　鄭玄除《周禮注》《儀禮注》《禮記注》之外，撰有《三禮目録》一書，《隋書·經籍志》記載此書，並謂有南朝梁陶弘景注，可惜亡佚，清代王謨、袁鈞、孔廣森、臧庸、黃奭等學者均有輯佚本②。《三禮目録》對《周禮》《儀禮》《禮記》篇名、篇次、類別進行解説，唐代陸德明《經典釋文》、賈公彥《周禮疏》和《儀禮疏》、孔穎達《禮記正義》，曾加以徵引。爲了方便討論，將賈公彥《儀禮疏》徵引《三禮目録》解説《儀禮》十七篇篇名的文字摘録於下：

　　　　《士冠禮》第一○鄭《目録》云：童子任職居士位，年二十而冠，主人玄冠、朝服，則是於諸侯③。天子之士，朝服、皮弁、素積。古者四民世事，士之子恒爲士。冠禮於五禮屬嘉禮，大、小《戴》及《別録》，此皆第一④。

---

①　美國哈佛大學漢和圖書館藏毛晉汲古閣刻《十三經注疏》本。
②　王鍔《三禮研究論著提要》（增訂本）第 394 頁。
③　“是”下，毛本、文淵閣《四庫》本有“仕”字。
④　清阮元校刻《十三經注疏》上册第 945 頁上欄。

《士昏禮》第二〇鄭《目録》云：士娶妻之禮，以昏爲期，因而名焉。必以昏者，陽往而陰來，日入三商爲昏。昏禮於五禮屬嘉禮，大、小《戴》及《别録》，此皆第二①。

《士相見禮》第三〇鄭《目録》云：士以職位相親，始承摯相見禮。《雜記》會葬禮曰：“相見也，反哭而退。朋友，虞、祔而退。”士相見於五禮屬賓禮，大、小《戴》及《别録》皆第三②。

《鄉飲酒禮》第四〇鄭《目録》云：諸侯之鄉大夫，三年大比，獻賢者、能者於其君，以禮賓之，與之飲酒，於五禮屬嘉禮，《大戴》此乃第十，《小戴》及《别録》，此皆第四③。

《鄉射禮》第五〇鄭《目録》云：州長春秋以禮會民而射於州序之禮。謂之鄉者，州，鄉之屬，鄉大夫或在焉，不改其禮。射禮於五禮屬嘉禮，《大戴》十一，《小戴》及《别録》皆第五④。

《燕禮》第六〇鄭《目録》云：諸侯無事，若卿大夫有勤勞之功，與群臣燕飲以樂之。燕禮於五禮屬嘉禮，《大戴》第十二，《小戴》及《别録》皆第六⑤。

《大射》第七〇鄭《目録》云：名曰大射者，諸侯將有祭祀之事，與其群臣射，以觀其禮。數中者，得與於祭；不數中者，不得與於祭。射義於五禮屬嘉禮，《大戴》此第十三，《小戴》及《别録》皆第七⑥。

《聘禮》第八〇鄭《目録》云：大問曰聘。諸侯相於久無事，使

---

① 清阮元校刻《十三經注疏》上册第961頁中欄。
② 清阮元校刻《十三經注疏》上册第975頁中欄。
③ 清阮元校刻《十三經注疏》上册第980頁上欄。
④ 清阮元校刻《十三經注疏》上册第993頁上欄。
⑤ 清阮元校刻《十三經注疏》上册第1014頁下欄。
⑥ 清阮元校刻《十三經注疏》上册第1027頁下欄。

卿相問之禮。小聘使大夫。《周禮》曰："凡諸侯之邦交，歲相問，殷相聘也，世相朝也。"於五禮屬賓禮，《大戴》第十四，《小戴》第十五，《別録》第八①。

《公食大夫禮》第九○鄭《目録》云：主國君以禮食小聘大夫之禮，於五禮屬嘉禮，《大戴》第十五，《小戴》第十六，《別録》第九②。

《覲禮》第十○鄭《目録》云：覲，見也，諸侯秋見天子之禮。春見曰朝，夏見曰宗，秋見曰覲，冬見曰遇。朝、宗禮備，覲、遇禮省，是以享獻不見焉。三時禮亡，唯此存爾。覲禮於五禮屬賓，《大戴》第十六，《小戴》十七，《別録》第十③。

《喪服》第十一○案鄭《目録》云：天子以下，死而相喪，衣服、年月、親疏、隆殺之禮。不忍言死而言喪，喪者，棄亡之辭，若全存居於彼焉，已亡之耳。《大戴》第十七，《小戴》第九，劉向《別録》第十一④。

《士喪禮》第十二○鄭《目録》云：士喪其父母，自始死至於既殯之禮。喪於五禮屬凶，《大戴》第四，《小戴》第八，《別録》第十二⑤。

《既夕》第十三○鄭《目録》云：《士喪禮》之下篇也。既，已也。謂先葬二日，已夕哭時，與葬閒一日，凡朝廟日，請啓期，必容焉。此諸侯之下士一廟，其上士二廟，則既夕哭先葬前三

① 清阮元校刻《十三經注疏》上册第 1046 頁上欄。
② 清阮元校刻《十三經注疏》上册第 1079 頁中欄。
③ 清阮元校刻《十三經注疏》附《校勘記》上册第 1087 頁下欄。
④ 清阮元校刻《十三經注疏》附《校勘記》上册第 1096 頁中欄。
⑤ 清阮元校刻《十三經注疏》附《校勘記》上册第 1128 頁中欄。

日。《大戴》第十五①,《小戴》第十四,《別録》名《士喪禮》下篇第十三②。

　　《士虞禮》第十四○鄭《目録》云:虞,安也。士既葬父母,迎精而反,日中祭之於殯宮以安之。虞於五禮屬凶,《大戴》第六,《小戴》第十五,《別録》第十四③。

　　《特牲饋食禮》第十五○鄭《目録》云:特牲饋食之禮,謂諸侯之士祭祖禰,非天子之士,而於五禮屬吉禮④。

　　《少牢饋食禮》第十六○鄭《目録》云:諸侯之卿大夫祭其祖禰於廟之禮。羊、豕曰少牢,少牢於五禮屬吉禮,《大戴》第八,《小戴》第十一,《別録》第十六⑤。

　　《有司徹》第十七○釋曰鄭《目録》云:《少牢》之下篇也。大夫既祭儐尸於堂之禮。祭畢,禮尸於室中。天子、諸侯之祭,明日而繹。有司徹於五禮屬吉,《大戴》第九,《小戴》第十二;《別録》,《少牢》下篇第十七⑥。

鄭玄對《儀禮》篇名的解説,包括三個方面,一是注釋篇名含義,二是説明十七篇在吉、凶、賓、軍、嘉五禮中屬於哪一類,三是記録戴

---

① "十五",衍"十"字。
② 清阮元校刻《十三經注疏》上册第1146頁中欄。
③ 清阮元校刻《十三經注疏》上册第1167頁上欄。
④ 阮元《校勘記》曰:"諸侯之士祭祖禰非天子之士而於五禮屬吉禮",《集釋》校云:"此條有脱誤。《釋文》引鄭云'諸侯之士以歲時祭其祖廟之禮',又疏云'鄭知非天子之士而云諸侯之士'者,似《釋文》所引乃鄭《目録》本文。此云'非天子之士'及'而'字,皆疏内字誤入注文。'於五禮屬吉禮'下,又脱'大戴第七小戴第十三别録第十五'凡十四字。"○按:《釋文》"廟"字誤,當從疏作"禰"。清阮元校刻《十三經注疏》上册第1181頁中欄。
⑤ 清阮元校刻《十三經注疏》上册第1196頁上欄。
⑥ 清阮元校刻《十三經注疏》上册第1206頁中欄。

德、戴聖所傳《儀禮》與劉向《別録》本《儀禮》之間,十七篇排列次序的異同,記録了漢代《儀禮》不同傳本的差異。賈公彦《儀禮疏》在徵引鄭玄的解説文字時,於每篇前加"鄭目録云"四字,以示區别,十分清晰。

二、　對阮元《儀禮注疏校勘記》的檢討

阮元《儀禮注疏校勘記》所説"自此至'此皆第一',毛及陳、閩、監本俱列疏前,與注一例,餘篇放此"之説,是否準確呢? 需要逐一考察。

毛本《儀禮注疏》十七卷,半頁九行,經文大字,注文中字,單行居中,釋文、疏文雙行小字,每行皆二十一字。書前有"儀禮注疏序",題"唐朝散大夫行太學博士弘文館學士臣賈公彦撰";卷首第一行頂額題"儀禮注疏卷第一",第二行題"漢鄭氏注",第三行題"唐賈公彦疏";每篇正文伊始頂額,如"士冠禮"三字,其餘經文、注文和疏文,一律低一格;下隔一"○",接"筮於廟門",又隔一小"○",接雙行小字釋文;又隔一黑底白文"注"字,下接注文,再隔一小"○",接雙行小字釋文,又隔一黑底白文"疏"字,下接疏文,全書刊刻格式,皆如此,即毛本正文的刊刻體式是:經文＋○＋釋文＋注＋注文＋○＋釋文＋疏＋疏文。

毛本對賈公彦《儀禮疏》徵引鄭玄《三禮目録》解説篇名文字的刊刻體式,可以分爲三類:

第一類是在篇名和篇次下加"○"(如有釋文者,先刻一小"○"

和釋文），下刻解説篇名的文字，單行中字居中，如《士冠禮》第一。
第一卷第一頁第四行低一格題"士冠禮第一"，下隔一小"○"，接釋
文"冠古亂反"四字；又隔一大"○"，接"鄭目録云"至"此皆第一"六
十八字；又隔一黑底白文"疏"字，下接"釋曰鄭云童子任職居士位"
等雙行疏文，類似篇目尚有《士昏禮》第二、《燕禮》第六、《大射》第
七、《士喪禮》第十二、《特牲饋食禮》第十五、《少牢饋食禮》第十六
這六篇（參圖二六、圖二七）。

圖二六：毛本《士冠禮》第一　　　　　圖二七：毛本《燕禮》第六

　　第二類是在篇名和篇次下加一"注"字，下刻解説篇名的文
字，如《士相見禮》第三。第三卷第一頁第四行低一格題"士相見
禮第三"，隔一黑底白文"注"字，接"鄭目録云"至"此皆第三"五十
四字；又隔一黑底白文"疏"字，下接"釋曰鄭云士以職位相親始承
摯相見者"等雙行疏文，類似篇目尚有《鄉飲酒禮》第四、《聘禮》第

八、《公食大夫禮》第九、《覲禮》第十、《喪服》第十一、《既夕禮》第十三、《士虞禮》第十四、《有司徹》第十七這八篇（參圖二八、圖二九）。

圖二八：毛本《士相見禮》第三

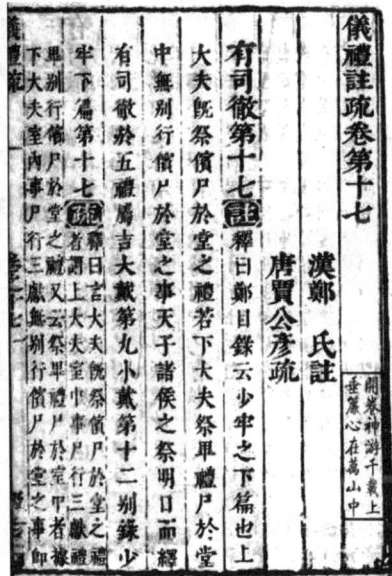

圖二九：毛本《有司徹》第十七

第三類是在篇名和篇次下加一墨釘，下刻解説篇名的文字，祇有《鄉射禮》第五篇，其餘刊刻體式與他篇相同（參圖三〇）。此篇疑即漏刻"注"字者，變成墨釘。

阮元稱"毛本除《冠》《昏》《燕》《大射》《聘》《士喪》《特牲》《少牢》八篇之外，皆標'注'字，尤誤"之説，不準確。毛本《儀禮注疏》十七卷中，不標"注"字者有《士冠禮》《士昏禮》《燕禮》《大射》《士喪禮》《特牲饋食禮》《少牢饋食禮》七篇，沒有《聘禮》；標"注"字者有《士相見禮》《鄉飲酒禮》《聘禮》《公食大夫禮》《覲禮》《喪服》《既夕禮》《士虞禮》《有司徹》九篇；用一墨釘間隔者有《鄉射禮》一篇。

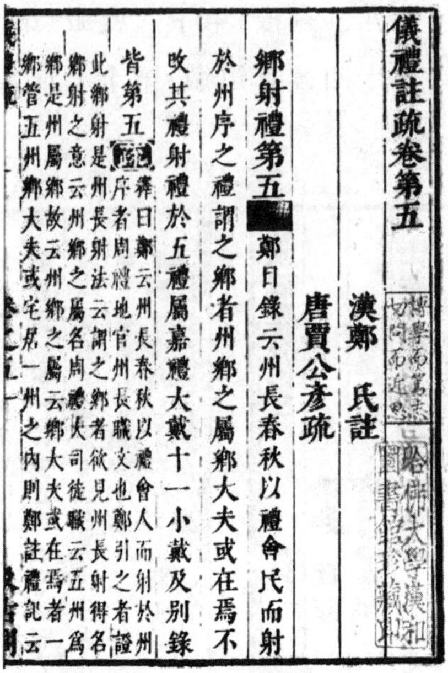

儀禮註疏卷第五
漢鄭　氏註
唐賈公彥疏
鄉射禮第五■鄭目錄云州長春秋以禮會民而射
於州序之禮謂之鄉者州鄉之屬鄉大夫或在焉不
改其禮射禮於五禮屬嘉禮大戴十一小戴及別錄
皆第五○疏釋曰鄭云州長春秋以禮會人而射於州序者周禮地官州長職文也鄭引之者證
此鄉射是州長射法云謂之鄉者欲見州長射得名鄉射之意云州鄉之屬名周禮大司徒職云五州爲
鄉是州屬鄉故云州鄉之屬云鄉大夫或在焉者一鄉管五州鄉大夫或宅居一州之內則鄭註禮記云

圖三〇：毛本《鄉射禮》第五

我們覈查日本東京大學東洋文化研究所藏毛晉汲古閣刻《十三經注疏》本《儀禮注疏》十七卷，用“○”“注”和墨釘間隔解説篇名文字的情況，與哈佛藏本完全一致。

毛本《儀禮注疏》的這種刊刻體式，是毛本獨有的還是來源於他本？

我們首先看日本内閣文庫藏明國子監祭酒曾朝節、司業周應賓等奉敕重校刊《十三經注疏》本《儀禮注疏》十七卷（下簡稱“監本”），經過覈對，發現毛本刊刻版式與監本基本一致，監本半頁九行，經文大字，注文小字，單行靠右，釋文、疏文雙行小字，每行皆二十一字。書前有“儀禮注疏序”，題“唐朝散大夫行太學博士弘文館學士臣賈公彦撰”，係後人補鈔；卷首第一行頂額題“儀禮注疏卷第一”，空兩格題“漢鄭氏注”，又空兩格題“唐賈公彦疏”，第二行頂額題“皇明朝列大夫國子監祭酒臣曾朝節”十五字，第三行低九格題“司業臣周應賓等奉”八字，第四行頂額題“敕重校刊”四字；每篇正文伊始頂額，如“士冠禮”三字，其餘經文、注文和疏文，一律低一格；下隔一“○”，接“筮於廟門”，又隔一小“○”，接雙行小字釋文；又隔一白底黑字外加圓圈“注”字，下接注文，再隔一小“○”，接雙行小字釋文，又隔一白底黑字外加方框“疏”字，下接疏文，全書刊刻格式，皆如此，即監本正文的刊刻體式是：經文＋○＋釋文＋注＋注文＋○＋釋文＋疏＋疏文。

監本對賈公彥《儀禮疏》徵引鄭玄《三禮目録》解説篇名文字的刊刻體式，可以分爲二類：

第一類是在篇名和篇次下加“○”（如有釋文者，先刻一小“○”和釋文），下刻解説篇名的文字，單行小字靠右，如《士冠禮》第一。第一卷第一頁第五行低一格題“士冠禮第一”，下隔一小“○”，接釋文“冠古亂反”四字；又隔一大“○”，接“鄭目録云”至“此皆第一”六十八字；又隔一白底黑字外加方框“疏”字，下接“釋曰鄭云童子任職居士位”等雙行疏文，類似篇目尚有《士昏禮》第二、《士相見禮》第三、《鄉飲酒禮》第四、《鄉射禮》第五、《燕禮》第六、《大射》第七、《公食大夫禮》第九、《覲禮》第十、《士喪禮》第十二、《既夕禮》第十三、《特牲饋食禮》第十五、《少牢饋食禮》第十六這十二篇。

第二類是在篇名和篇次下加一“注”字，下刻解説篇名的文字，如《聘禮》第八，類似篇目尚有《喪服》第十一、《士虞禮》第十四、《有司徹》第十七這三篇（參圖三一、圖三二）。

圖三一：監本《鄉射禮》第五　　　圖三二：監本《聘禮》第八

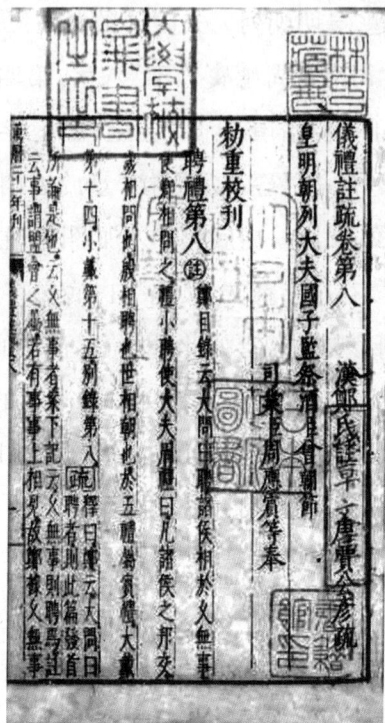

　　可見，監本有《聘禮》第八、《喪服》第十一、《士虞禮》第十四、《有司徹》第十七這四篇於“鄭目録云”前標一白底黑字外加圓圈“注”字，其餘十三篇標一“〇”。

　　美國哈佛大學漢和圖書館藏李元陽、江以達等校刻《十三經注疏》本《儀禮注疏》十七卷（下簡稱“哈佛李元陽本”），對於賈公彦《儀禮疏》徵引鄭玄《三禮目録》解説篇名文字的刊刻體式也可以分爲兩類：

　　第一類是在篇名和篇次下加“〇”（如有釋文者，先刻雙行小字釋文），下刻解説篇名的文字，單行中字居中，如《士冠禮》第一，類似篇目尚有《士昏禮》第二、《士相見禮》第三、《鄉飲酒禮》第四、《鄉射禮》第五、《燕禮》第六、《大射》第七、《聘禮》第八、《公食大夫禮》第九、《覲禮》第十、《士喪禮》第十二、《既夕禮》第十三、《士虞禮》第十四、《特牲饋食禮》第十五、《少牢饋食禮》第十六、《有司徹》第十七這十五篇。

第二類是在篇名和篇次下標一黑底白文"注"字，下刻解説篇名的文字，祇有《喪服》第十一篇（參圖三三、圖三四）。

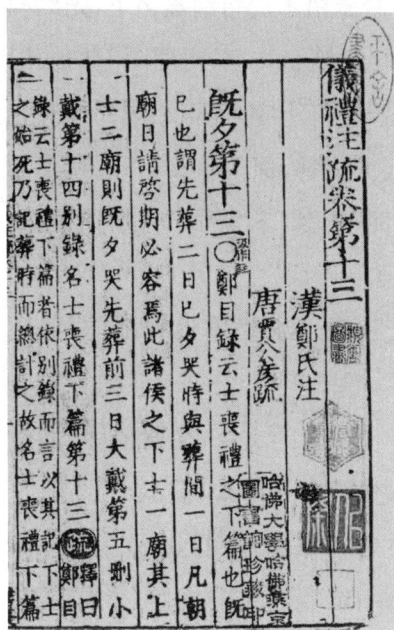

圖三三：李元陽本《既夕》第十三　　　圖三四：李元陽本《喪服》第十一

有意思的是，在哈佛李元陽本《儀禮注疏》卷三《士相見禮》第三、卷十三《既夕禮》第十三"〇"旁，有朱筆批語"汲作注"三字，在卷十四《士虞禮》第十四"〇"內，朱筆寫一"注"字，此朱批出自山井鼎之手，山井鼎認爲當有"注"字。山井鼎是最早注意到此處有無

"注"字的學者,可惜,他的認識是錯誤的。

日本東京大學東洋文化研究所藏《十三經注疏》本《儀禮注疏》十七卷(下簡稱"東京李元陽本"),對於賈公彦《儀禮疏》徵引鄭玄《三禮目録》解説篇名文字的刊刻體式,與哈佛李元陽本完全相同。

阮元説的陳本即陳鳳梧刻本《儀禮注疏》十七卷(下簡稱"陳鳳梧本")①,漢鄭玄注,唐賈公彦疏,唐陸德明釋文,半頁十行,經文每行二十字,注、疏、釋文小字雙行,每行二十字;上下單欄,大黑口,對魚尾,版心中間刻"儀禮卷幾"和頁碼。陳鳳梧本於每篇篇名下,先刻釋文,間隔一"○",下接"鄭目録云"等解説篇名文字,再間隔一白底黑字外加圓圈"疏"字,下接其他疏文,皆雙行小字,他篇相同。惟有卷四《鄉飲酒禮》第四篇之"疏"字,用"○"代替,保留疏文舊式;卷十七在"鄭目録云"前,添加"釋曰"二字,與"疏"字下"釋曰"二字重複,乃未删净者(參圖三五、圖三六、圖三七)。

阮元稱"自此至'此皆第一',毛及陳、閩、監本俱列疏前,與注一例,餘篇放此"之説,也不準確。

陳鳳梧本將鄭玄《三禮目録》解説篇名的文字,從賈公彦《儀禮疏》中提出,當作注文,置於"疏"字之前,李元陽本、監本、毛本除了繼承這一體式之外,又更進一步,在部分篇目"鄭目録云"前,特標一"注"字,直接將鄭玄《三禮目録》中解説篇名的文字,當作鄭玄《儀禮注》的内容,是完全錯誤的。阮元謂標"注"字"尤誤"者,始於李元陽本,監本、毛本繼承而已,非始於毛本。

---

① 日本東京大學東洋文化研究所藏陳鳳梧刻《儀禮注疏》十七卷,《東洋文化研究所漢籍目録》索書號:貴重—4。

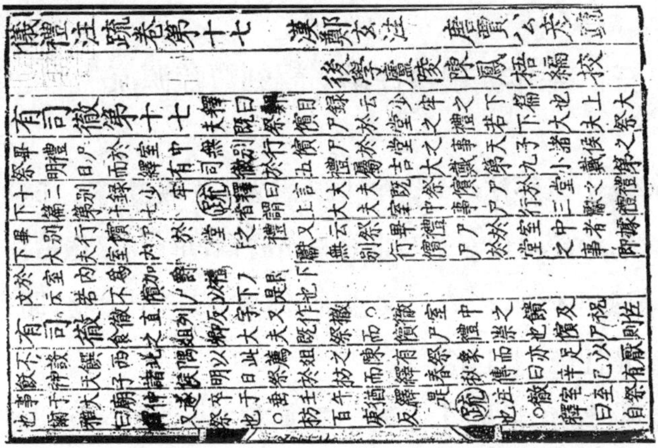

圖三七：陳鳳梧本《有司徹》第十七

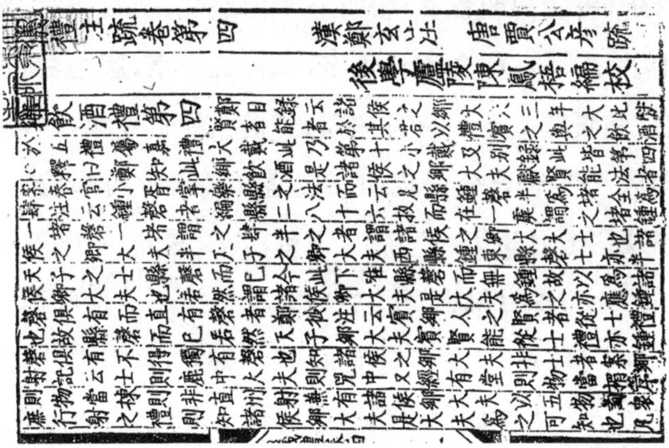

圖三六：陳鳳梧本《鄉飲酒禮》第四

圖三五：陳鳳梧本《士冠禮》第一

三、毛本《儀禮注疏》誤刻賈疏源流

元十行本《十三經注疏》没有《儀禮注疏》,《儀禮》經、注、釋文和疏文的彙刻,始於明代嘉靖時期。嘉靖時期,單行本《儀禮注疏》十七卷,除陳鳳梧本外,尚有汪文盛刻《儀禮注疏》十七卷、聞人詮和應檟刻《儀禮注疏》十七卷。

汪文盛刻《儀禮注疏》十七卷[①](下簡稱“汪文盛本”),漢鄭玄注,唐賈公彦疏,唐陸德明釋文,書首有丁丙跋文,半頁十行,經文大字,行二十字,注、疏、釋文雙行小字,每行二十字,版心白口,惟刻“儀禮卷幾”和頁碼。卷一首行頂額題“儀禮注疏卷第一”,次行低七格題“漢鄭玄注唐賈公彦疏明汪文盛高瀔傅汝舟編校”二十字。三行頂額題“士冠禮第一”五字,下刻釋文,間隔一“○”,接鄭玄解説篇名的文字“鄭目録云”至“此皆第一”,後刻一白底黑字外加圓圈“疏”字,下接“釋曰鄭云”等疏文,他篇類此,惟有卷四《鄉飲酒禮》第四篇之“疏”字,用“○”代替,保留疏文舊式;卷十七在“鄭目録云”前,添加“釋曰”二字,與陳鳳梧本相同。

聞人詮、應檟刻《儀禮注疏》十七卷[②](下簡稱“應檟本”),漢鄭玄注,唐賈公彦疏,唐陸德明釋文,半頁九行,經文每行十八字,注、疏、釋文小字雙行,每行十八字;上下雙欄,白口,單魚尾,版心中間記“儀禮卷幾”和頁碼;每卷首頁首行頂額題“儀禮注疏卷第幾”,次行低八

---

① 今藏南京圖書館,索書號 GJ/EB/110056,此本有缺頁。日本京都大學圖書館藏汪文盛本不缺。
② 日本東京大學東洋文化研究所藏明嘉靖中遂昌應檟刊本,《東洋文化研究所漢籍目録》索書號:貴重—5。

格刻"漢鄭玄注",空一格刻"唐賈公彥疏",第三行低八格刻"提督直
隸學政監察御史餘姚聞人詮校正",第四行低九格刻"直隸常州府知
府遂昌應櫃刊行"。第五行頂額題"士冠禮第一"五字,下刻釋文,間
隔一"〇",接鄭玄解說篇名的文字"鄭目錄云"至"此皆第一",後刻一
白底黑字外加方圍"疏"字,下接"釋曰鄭云"等疏文,他篇類此。惟有
卷四《鄉飲酒禮》第四篇之"疏"字,用"〇"代替,保留疏文舊式;卷十
七在"鄭目錄云"前,添加"釋曰"二字,亦與陳鳳梧本相同。

　　應櫃本《儀禮注疏》十七卷,行款與陳鳳梧本、汪文盛本不同,
但刊刻經、注、釋文、疏之格式,幾乎一致(參圖三八、圖三九)。

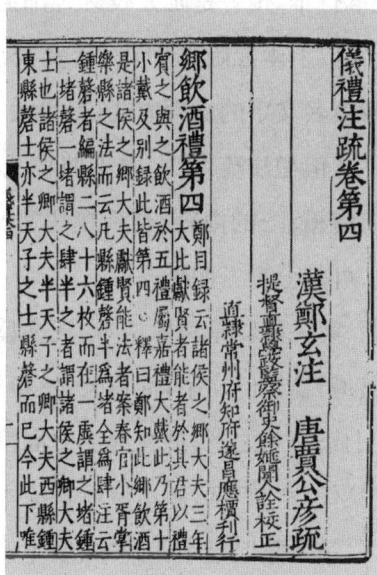

圖三八:京都大學藏汪文盛本　　　圖三九:應櫃本《鄉飲酒禮》第四
　　　《士冠禮》第一

　　陳鳳梧本於嘉靖初年刊刻於山東,嘉靖五年(1526)將書板送
至南京國子監;汪文盛本約刊刻於嘉靖三年至五年(1524—1526)

之間，刊刻地點是福州；應檟本刊刻於嘉靖十三年至十六年（1534—1537）之間。李元陽校刻《十三經注疏》於嘉靖十五年至十七年（1536—1538）巡按福建之時，於情於理，李元陽本《儀禮注疏》，很有可能是依據汪文盛在福州刊刻的《儀禮注疏》十七卷翻刻①。

《儀禮注疏》的版本，可分爲兩類，第一類是附有陸德明《釋文》的《儀禮注疏》十七卷本，陳鳳梧本、汪文盛本、應檟本、李元陽本、監本、毛本、武英殿本、《四庫全書》本，皆屬此類，前三者是單行本，後五者是經部叢書《十三經注疏》中之一。第二類是未附陸德明《釋文》的《儀禮注疏》五十卷本，有清張敦仁本、阮元校刻本，前者是單行本，後者是阮元校刻經部叢書《十三經注疏》之一。

以上兩類版本中，對於賈公彦徵引鄭玄《三禮目録》解説《儀禮》篇名文字的處理方式，有很大差異。

《儀禮注疏》十七卷本將鄭玄解説《儀禮》篇名的文字，當成鄭玄《儀禮注》的内容，刊刻在注文位置，是錯誤的。但刊刻體式的變化，可劃分爲三個階段：

第一階段是陳鳳梧本、汪文盛本和應檟本，三者皆將鄭玄解説《儀禮》篇名的文字，從賈公彦《儀禮疏》中提取出來，刊刻在《儀禮》十七篇篇名之下，擺在與注文同樣的位置，祇有《鄉飲酒禮》第四用"○"代替"疏"字，基本保留單疏本疏文舊式。

第二階段是李元陽本、監本和毛本階段，三者不僅仿照陳鳳梧本等的刊刻體式，而且在解説《儀禮》篇名的文字前，開始加標一"注"字，李元陽本祇在《喪服》第十一"鄭目録云"前加一"注"字，監

---

① 王鍔《李元陽本〈十三經注疏〉考略——以〈禮記注疏〉〈儀禮注疏〉爲例》，《中國典籍與文化》2018 年第 4 期，第 84 頁；該文亦收入《〈禮記〉版本研究》第 424—468 頁。

本在《聘禮》第八、《喪服》第十一、《士虞禮》第十四、《有司徹》第十七這四篇"鄭目録云"前加一"注"字，毛本則在《士相見禮》第三、《鄉飲酒禮》第四、《聘禮》第八、《公食大夫禮》第九、《覲禮》第十、《喪服》第十一、《既夕禮》第十三、《士虞禮》第十四、《有司徹》第十七這九篇"鄭目録云"前加一"注"字；另外，《有司徹》第十七篇名下"鄭目録云"前，也有"釋曰"二字，乃陳鳳梧本、汪文盛本和應檟本之遺存。

　　第三階段是武英殿本、《四庫全書》本《十三經注疏》之《儀禮注疏》十七卷，二者將《儀禮》十七篇前解説篇名的疏文彙集爲一卷，名曰《漢鄭氏目録》。《儀禮》十七篇篇名下，皆標一黑底白文"注"字，但全删去"鄭目録云"四字，接刻鄭玄解説篇名的文字，單行中字居中，接標一黑底白文"疏"字，又刻一"注"字，有疊床架屋之嫌，下刻"釋曰"云云等疏文。如此刊刻體式，較之毛本以前的諸本，更進一步將鄭玄《三禮目録》解説《儀禮》篇名的文字，全部當作《儀禮注》的内容。文淵閣《四庫全書》本《儀禮注疏》十七卷，完全按照武英殿本鈔録，惟將"注""疏"外之圓圈删除（參圖四〇、圖四一）。

　　嚴州本《儀禮注》十七卷，是宋代刊刻的《儀禮注》本之一，可惜已佚。最爲接近者是明嘉靖徐氏刻《儀禮注》十七卷①（下簡稱"徐本"），徐本十七篇篇名下，皆無鄭玄注文（參圖四二）。賈公彦《儀禮疏》（下簡稱"單疏本"）流傳至今，於十七篇每篇篇名下皆有鄭玄解説，乃賈公彦徵引自鄭玄《三禮目録》者，其刊刻體式是篇名下空一格，以"鄭目録云"四字開頭，徵引鄭玄解説篇名文字，結束後又空一格，以"釋曰"起，是賈公彦的疏文（參圖四三）。

---

① 　日本東京大學東洋文化研究所藏明嘉靖徐氏刻《儀禮注》十七卷本，《東洋文化研究所漢籍目録》索書號：經部—禮—儀禮—2。

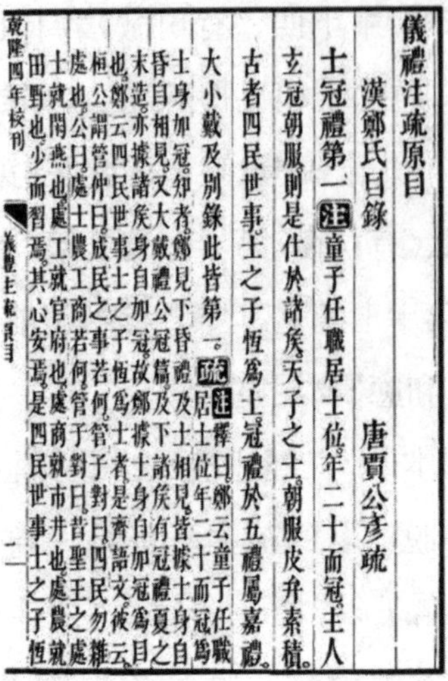
儀禮注疏原目
漢鄭氏目錄　唐賈公彥疏
士冠禮第一 注 童子任職居士位年二十而冠主人
玄冠朝服則是仕於諸侯天子之士朝服皮弁素積
古者四民世事士之子恒爲士冠禮於五禮屬嘉禮
大小戴及別錄此皆第一 疏 注 釋曰鄭云童子任職居士位年二十而冠爲
士身加冠知者鄭見下昏禮及士相見皆據士身自
昏自相見又大戴禮公冠篇及下諸侯有冠禮夏之
末造亦據諸侯身自加冠故鄭據士身自加冠爲目
也鄭云四民世事士之子恒爲士者是齊語文彼云
桓公謂管仲曰成民之事若何管子對曰四民勿雜
處也公曰處士農工商若何管子對曰昔聖王之處
士就閒燕也處工就官府也處商就市井也處農就
田野也少而習焉其心安焉是四民世事士之子恒
乾隆四年校刊　儀禮注疏原目　一

圖四〇：武英殿本《士冠禮》第一①

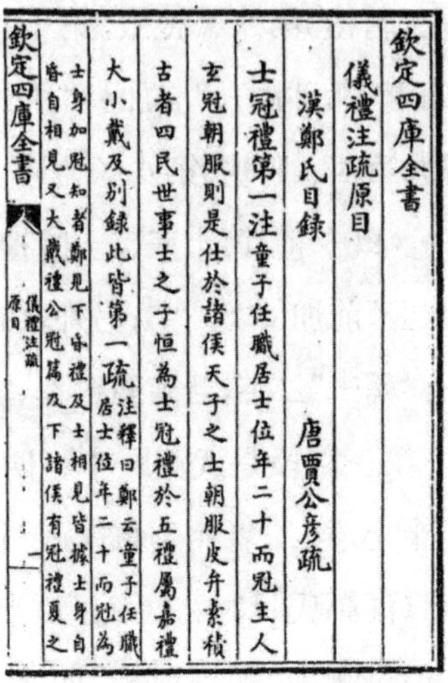
欽定四庫全書
儀禮注疏原目
漢鄭氏目録　唐賈公彦疏
士冠禮第一注童子任職居士位年二十而冠主人
玄冠朝服則是仕於諸侯天子之士朝服皮弁素積
古者四民世事士之子恒為士冠禮於五禮屬嘉禮
大小戴及别録此皆第一疏注釋曰鄭云童子任職居士位年二十而冠為
士身加冠知者鄭見下昏禮及士相見皆據士身自
昏自相見又大戴禮公冠篇及下諸侯有冠禮夏之
欽定四庫全書　儀禮注疏 原目　一

圖四一：《四庫全書》本《士冠禮》第一②

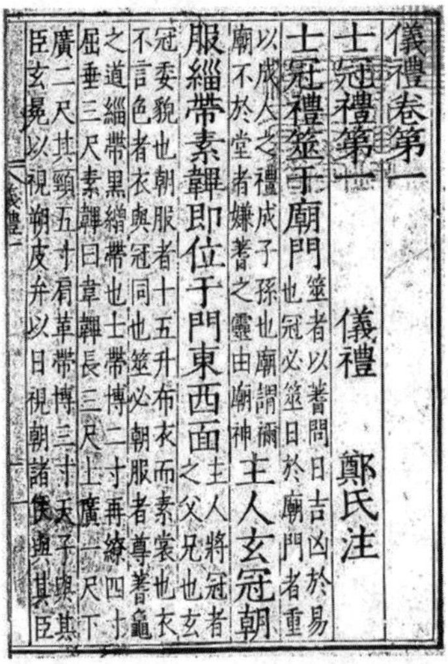
儀禮卷第一
士冠禮第一　儀禮　鄭氏注
士冠禮筮于廟門筮者以蓍問日吉凶於易也冠必筮日於廟門者重
以成人之禮成子孫也廟謂禰廟不於堂者嫌蓍之靈由廟神主人玄冠朝
服緇帶素韠即位于門東西面主人將冠者之父兄也玄
冠委貌也朝服者十五升布衣而素裳也衣
不言色者衣與冠同也筮必朝服者尊蓍龜
之道緇帶黑繒帶也士帶博二寸再繚四十
屈垂三尺素韠白韋韠長三尺上廣一尺下
廣二尺其頸五寸肩革帶博二寸天子與其
臣玄冕以視朔皮弁以日視朝諸侯與其臣
儀禮一

圖四二：徐本《士冠禮》第一

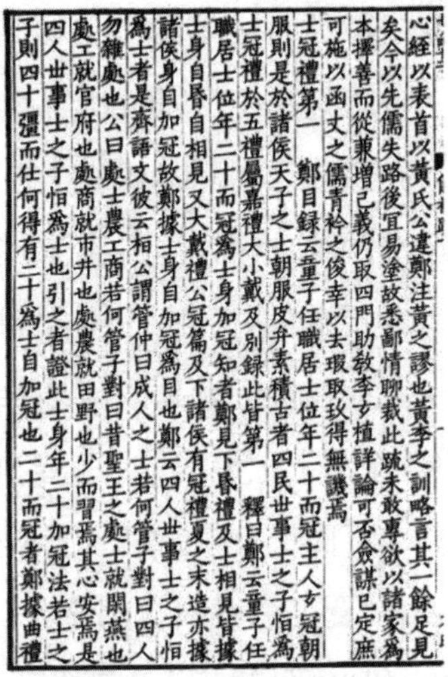
心經以表首以黃氏公違鄭注黃之謬也黃李之訓略言其一餘足見
矣今以先儒失路後宜易塗故悉鄙情聊裁此疏未敢專欲以諸家爲
本擇善而從兼增己義仍取四門助教李玄植詳論可否僉謀已定庶
可施以函丈之儒青衿之俊幸以去瑕取玖得無譏焉
士冠禮第一　鄭目錄云童子任職居士位年二十而冠主人玄冠朝
服則是於諸侯天子之士朝服皮弁素積古者四民世事士之子恒爲
士冠禮於五禮屬嘉禮大小戴及別錄此皆第一　釋曰鄭云童子任
職居士位年二十而冠爲士身加冠知者鄭見下昏禮及士相見皆據
士身自昏自相見又大戴禮公冠篇及下諸侯有冠禮夏之末造亦據
諸侯身自加冠故鄭據士身自加冠爲目也鄭云四人世事士之子恒
爲士者是齊語文彼云桓公謂管仲曰成人之士若何管子對曰四人
勿雜處也公曰處士農工商若何管子對曰昔聖王之處士就閑燕也
處工就官府也處商就市井也處農就田野也少而習焉其心安焉是
四人世事士之子恒爲士也引之者證此士身年二十加冠法若士之
子則四十彊而仕何得有二十爲士自加冠也二十而冠者鄭據曲禮

圖四三：單疏本《儀禮疏》第一③

---

① 此圖據清同治十年(1871)廣東書局重刊武英殿校刻《十三經注疏》本《儀禮注疏》十七卷。

② 《儀禮注疏》十七卷，影印文淵閣《四庫全書》本，第 102 册第 4 頁上欄。

③ 單疏本《儀禮疏》據《四部叢刊續編》影印本。

　　鑒於毛本等《儀禮注疏》十七卷對鄭玄《三禮目録》解説《儀禮》篇名文字的錯誤處理，清張敦仁、阮元依據宋嚴州本《儀禮注》十七卷、宋單疏本《儀禮疏》五十卷，分卷根據賈公彦《儀禮疏》之卷數，重新校刻《儀禮注疏》五十卷，將鄭玄解説《儀禮》篇名的文字，刊刻在疏文中，仍然保留了單疏本舊式，糾正了《儀禮注疏》十七卷本誤刻賈疏的體式（參圖四四、圖四五）。

圖四四：張敦仁本《士冠禮》第一①　　圖四五：阮刻本《士冠禮》第一②

　　可見，毛本誤刻賈疏的體式，源自陳鳳梧本、李元陽本等③，也

---

① 國家圖書館藏張敦仁本《儀禮注疏》，索書號：A01938。
② 清阮元校刻《十三經注疏》，北京，中華書局，2009 年 10 月。
③ 廖明飛《〈儀禮〉注疏合刻考》認爲：陳鳳梧於正德十六年（1521）在河南校刻《儀禮注》十七卷，“《儀禮》經注本於篇題下繫以《鄭目録》之文，始自陳鳳梧……此本所載《鄭目録》出自賈疏所引，但此爲經注本，不煩標出‘疏’字。然數年之後陳氏編輯注疏本，其經、注、音文本直接使用此經注本，下繫賈疏首標‘疏’字，則《鄭目録》部分似乎屬注，不屬疏，容易令人誤會。楊守敬跋陳鳳梧經注本云：‘其“士冠禮第一”下引《鄭目録》，遂使後來刊注疏者誤認此爲注文而不標“疏”字。’然直（轉下頁）

誤導了武英殿本和《四庫全書》本《儀禮注疏》的體式。清嘉慶年間,張敦仁、阮元修正了毛本等版本的錯誤。

　　鄭玄《三禮目録》在解説《儀禮》篇名之時,對《周禮》《禮記》篇名也作了注釋,但自元十行本《十三經注疏》中的《附釋音周禮注疏》四十二卷、《附釋音禮記注疏》六十三卷,至阮元校刻《十三經注疏》本,將解説文字"鄭目録云"等文字刊刻在"疏"字下,即當作疏文刊刻,沒有誤刻的情況(參圖四六、圖四七)。

圖四六:毛本《周禮注疏》卷一　　　　圖四七:毛本《禮記注疏》卷一①

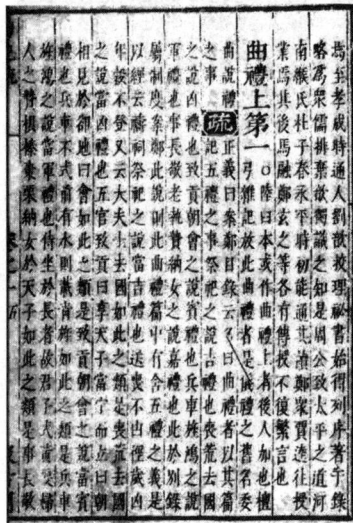

　　結語:鄭玄除《周禮注》《儀禮注》《禮記注》之外,又撰《三禮目録》,解説《周禮》《儀禮》《禮記》的篇名,然《三禮目録》早已亡佚。

(接上頁)接導致問題的是陳鳳梧注疏本,仍不能否認經注本附録《鄭目録》的特殊體例成爲日後問題的遠因。"《文史》2014 年第 1 輯,第 190—191 頁。

① 　圖四六、圖四七毛本,指美國哈佛大學漢和圖書館藏《十三經注疏》本。

唐賈公彦《周禮疏》《儀禮疏》和孔穎達《禮記正義》中，將鄭玄《三禮目録》解説篇名的文字，冠以"鄭目録云"四字，加以徵引，比較完整地保留了《三禮目録》的内容。宋元時期，未見《儀禮注疏》合刻本，直到明嘉靖年間，陳鳳梧、汪文盛、應檟等人先後校刻《儀禮注疏》十七卷，將《三禮目録》中鄭玄解説《儀禮》十七篇篇名的文字，單另提取，當作鄭玄《儀禮注》内容刊刻在注文的位置；李元陽、曾朝節、毛晉刊刻《十三經注疏》本《儀禮注疏》十七卷時，又陸續在《儀禮》部分篇名下，"鄭目録云"四字前添加一"注"字，將賈公彦疏文中鄭玄解説篇名的文字十分醒目地標爲注文；至武英殿本、《四庫全書》本《儀禮注疏》十七卷，不僅在十七篇篇名下添加"注"字，並將賈公彦解説《儀禮》十七篇篇名的疏文彙集成一卷，名曰《漢鄭氏目録》。這樣的刊刻體式，將賈公彦部分疏文當注文刊刻，是錯誤的。清阮元雖早已指出毛本等之誤，但不够準確。清張敦仁刻《儀禮注疏》五十卷、阮元校刻《十三經注疏》本《儀禮注疏》五十卷，將鄭玄解説《儀禮》十七篇篇名的文字當疏文來刊刻，修正了毛本《儀禮注疏》等之錯誤。

（原刊於《經學文獻研究集刊》第 17 輯，上海書店出版社 2017 年）

影印敖繼公《儀禮集説》序

敖繼公,字君善,元長樂(今福建福州)人。寓居烏程(今浙江湖州),"筑一小樓,坐卧其中,冬不爐,夏不扇,日從事經史",遂通經書,講學授徒,湖州名士趙孟頫、倪淵、姚式、陳繹曾皆從其學,質問疑義。大德初年,江南行臺治書侍御史高克恭推薦於朝,授信州路儒學教授,未任而卒。敖氏深於《三禮》,尤善《周易》,常與錢選"講明酬酢,咸詣理奧",相傳有《文集》二十卷,今傳者惟《儀禮集説》十七卷(廖明飛《敖繼公小考》[①])。

《儀禮》雖有鄭《注》、賈《疏》,然自唐開元以來,地位式微,"殆將廢絶"。北宋王安石主持完成《三經新義》之後,《儀禮》被排除在"九經"之外,研讀者甚少。南宋時期,朱熹因王安石"變亂舊制,廢罷《儀禮》,而獨存《禮記》之科,棄經任傳,遺本宗末",乃集門人黄榦等以《儀禮》爲主,編纂《儀禮經傳通解》三十七卷、《儀禮經傳通解續》二十九卷,楊復重編《儀禮經傳通解續祭禮》十四卷,編纂《儀

---

① 廖明飛《敖繼公小考》,《中國經學》第 20 輯,桂林,廣西師範大學出版社,2017 年 6 月,第 99—114 頁。

禮圖》十七卷、《儀禮旁通圖》一卷；李如圭撰《儀禮集釋》三十卷、《儀禮釋宮》一卷，魏了翁編《儀禮要義》五十卷。及至元代，有馬廷鸞《儀禮本經疏會》九卷、吳澄《重刊儀禮考注》十七卷、《儀禮逸經傳》二卷、敖繼公《儀禮集説》十七卷、汪克寬《經禮補逸》九卷等，敖氏《儀禮集説》最爲有名。

敖氏《儀禮集説序》曰：

> 繼公半生游學，晚讀此書，沉潛既久，忽若有得，每一開卷，則心目之間如親見古人於千載之上，而與之揖讓周旋於其間焉，蓋有手之舞、足之蹈而不自知者。夫如是，則其無用、有用之説，尚何足以蒂芥於胸中哉？嗚呼！予之所玩者僅十七篇耳，而其意已若此，設使盡得三百、三千之條目而讀之，又將何如耶？此書舊有鄭康成注，然其間疵多而醇少，學者不察也。予今輒删其不合於經者而存其不謬者，意義有未足，則取疏記或先儒之説以補之；又未足，則附之以一得之見焉，因名曰《儀禮集説》。自知蕪陋，固不敢以示知禮之君子，然初學之士，或有取焉，亦未必無小補云爾。大德辛丑孟秋望日，長樂敖繼公謹序①。

大德辛丑是元成宗大德五年（1301），《儀禮集説》蓋完成於此時。敖氏認爲鄭玄《儀禮注》"疵多而醇少"，故"删其不合於經者而存其不謬者"；若"意義有未足"，則"取疏記或先儒之説以補之"；又未足，則"附之以一得之見焉"，故名《儀禮集説》，自信於《儀禮》或有"小補云爾"。

---

① 元敖繼公撰，曹建墩點校《儀禮集説》，《儒藏（精華編四五）》第 11 頁，北京大學出版社，2012 年 8 月。

《儀禮》十七篇,《儀禮集説》分爲十七卷,每篇一卷。敖氏解釋《儀禮》,每篇先大字録經文於右,次標“注曰”,摘録鄭《注》,次以“繼公謂”,申説補正;或於經文之左,直接注解;或偶引“馬季長曰”“疏曰”“陳用之曰”“朱子曰”“李微之曰”“楊志仁曰”,摘録馬融、賈公彦、陳祥道、朱熹、李心傳、楊復等人注解,後以“繼公謂”發表己見。每篇經文,劃分章節,以“右某某”形式區别,如《士冠禮》之“右筮日”“右戒賓”之類。經文之下,偶爾摘録陸德明《儀禮釋文》;部分卷末,有“正誤”數條,勘正經文。細觀此書,條理秩然,簡明扼要,訓釋經注,時有新見。

《喪服》“小功章”曰:“從父姊妹孫適人者。”鄭《注》曰:“從父姊妹,父之昆弟之女。孫者,子之子。女孫在室,亦大功也。”賈《疏》曰:“此謂從父姊妹在家大功,出適小功。不言出適,與在室姊妹既逆降,宗族亦逆降報之,故不辨在室及出嫁也。以女孫在室,與男孫同大功,故出適小功也。”①敖氏《集説》卷十一曰:“從父姊妹孫適人者:三者適人,其服同。云‘適人’,則爲女孫無嫌,故不必言女。”②黄以周《禮書通故》第九曰:“敖繼公云‘從父姊妹孫適人者’當連讀,三者適人,其服同。以周案:‘張氏、蔡氏、程氏、胡氏並從敖説。從父姊妹適人者小功,則在室大功。故《大功》“從父昆弟”鄭《注》云:“其姊妹在室亦如之。”賈與鄭違。’”③黄以周贊同敖繼公“從父姊妹孫適人者”連讀之意見,並指出鄭玄、賈公彦之非。

《燕禮·記》曰:“若與四方之賓燕,則公迎之于大門内,揖,讓,升。賓爲苟敬,席于阼階之西,北面。”鄭《注》曰:“苟,且也,假也。

①　清阮元校刻《十三經注疏》上册第 1118 頁中欄。
②　元敖繼公撰,曹建墩點校《儀禮集説》,《儒藏(精華編四五)》第 484 頁。
③　清黄以周撰,王文錦點校《禮書通故》第 1 册第 366 頁。

人臣不敢褻煩尊者，至此升堂而辭讓，欲以臣禮燕，爲恭敬也，於是席之，如獻諸公之位。言苟敬者，賓實主國所宜敬也。"①敖氏《集説》卷六不録鄭玄注，解釋曰："苟，誠也，實也。苟敬者，國君於外臣所燕者之稱號也。此燕主爲賓而設，賓於是時雖不爲正賓，而實爲主君之所敬，故以賓爲苟敬也。"②《聘禮·記》曰："燕則上介爲賓，賓爲苟敬。"鄭《注》曰："崇恩殺敬也。苟敬者，主人所以小敬也。"③敖氏曰："苟敬，亦尊賓也。"④凌廷堪《禮經釋例》卷十三徵引戴震之説，謂"苟"當作"苟"，與"苟且"字不同⑤。《説文》曰："苟，自急敕也。"段玉裁《説文解字注》曰："急者，褊也；敕者，誡也。"⑥徐復、宋文民《説文五百四十部首正解》曰："諸家説'苟'爲'敬'之初文，是也。急敕，謂持身謹敬。云'自急敕'，初義猶存。"⑦鄭玄認爲，"苟"者，聊且粗略之意，"苟敬"者，殺敬、小敬也。敖氏解"苟"爲"誠""實"，"苟敬"者，尊賓也，主國國君宴請外國使臣之稱號。敖氏之解，似優於鄭《注》。清孫詒讓《古籀拾遺》卷中《楚良臣余義鐘》釋銘文爲"於苟敬哉"⑧，"苟敬"連文，證明戴震之説"至確"，"苟敬"乃商、周古禮。楊向奎《宗周社會與禮樂文明》曰："上述'賓爲苟敬'一段，實爲古禮。關於'苟敬'之'苟'字解釋，二三百年爭論不決，訓詁大家戴東原、王引之都參與爭論。我本人則同意戴氏的

———————————

① 清阮元校刻《十三經注疏》上册第 1024 頁中欄。
② 元敖繼公撰，曹建墩點校《儀禮集説》，《儒藏（精華編四五）》第 242 頁。
③ 清阮元校刻《十三經注疏》上册第 1075 頁中欄、下欄。
④ 元敖繼公撰，曹建墩點校《儀禮集説》，《儒藏（精華編四五）》第 388 頁。
⑤ 清凌廷堪著，彭林校點《禮經釋例》第 336 頁。
⑥ 漢許慎撰，清段玉裁注《説文解字注》第 434 頁下欄。
⑦ 徐復、宋文民《説文五百四十部首正解》，南京，江蘇古籍出版社，2003 年 1 月，第 282 頁。
⑧ 清孫詒讓《古籀拾遺·古籀餘論》，北京，中華書局，1989 年 9 月，第 16 頁。

説法,字從羊省。如此則於殷、周兩代,戴氏説均可通行。由此亦可以斷定《儀禮》來源尚古,非後人所可假託者。"①

《士昏禮》曰:"婦入三月,然後祭行。"鄭《注》曰:"入夫之室三月之後,于祭乃行,謂助祭也。"賈《疏》曰:"此據舅在無姑,或舅没姑老者。若舅在無姑,三月不須廟見,則助祭。此亦謂適婦,其庶婦無此事。"②敖氏《集説》卷二曰:"入,入夫之室也。祭行,謂夫家之祭方行也。婦入三月,然後可以入廟,故夫家必至是乃舉其常祭,欲令婦得助祭而成婦之義也。凡舅姑之存若没,其禮皆然。"③黄以周《禮書通故》第六曰:"盛世佐云:'《特牲》《少牢禮》婦人助祭者,内賓宗婦皆與,此不專指適婦。'以周案:'三月祭行之禮,統舅姑存殁、婦之適庶。敖、盛説是。'"④此謂無論舅姑存殁,適婦、庶婦入夫家三月之後,方参與祭祀。

《士昏禮》:"匕俎從設。"鄭《注》曰:"執匕者、執俎者,從鼎而入,設之。匕,所以别出牲體也。俎,所以載也。"賈《疏》曰:"《士喪禮》舉鼎,右人以右手執匕,左人以左手執俎,舉鼎人兼執匕俎者,喪禮略也。《公食》執匕俎之人,入加匕於鼎,陳俎於鼎南,其匕與載,皆舉鼎者爲之。"⑤《士昏禮》有"陳三鼎於寢門外東方",三鼎者,豚鼎、魚鼎、腊鼎,鄭《注》賈《疏》於此皆未言匕、俎之數,惟言盛俎之法,故敖氏《集説》卷二曰:"匕,所以出鼎實也。俎,所以載也。執匕、俎者,從鼎入而設於其鼎之西也。設,謂設俎也。既設俎,則

---

① 楊向奎《宗周社會與禮樂文明》第 298—299 頁。

② 清阮元校刻《十三經注疏》上册第 972 頁上欄。

③ 元敖繼公撰,曹建墩點校《儀禮集説》,《儒藏(精華編四五)》第 80 頁。

④ 清黄以周撰,王文錦點校《禮書通故》第 1 册第 264 頁。

⑤ 清阮元校刻《十三經注疏》上册第 966 頁中欄、下欄。

各加匕於其鼎，東枋，遂退。此三匕、三俎從設，則是有司三人各兼執一匕一俎與?"①黃以周《禮書通故》第六曰："沈彤説：'當有六俎六匕。云共牢者，謂夫婦各食其半，非謂止三俎而共之也。'以周案：'經言夫饌舉俎魚腊言，婦饌不舉者，明同牢亦同俎也。沈説無據。《少牢禮》匕皆加於鼎，東枋，爲鼎西面，匕者在東便也。此鼎亦西面，匕者當亦在東，西面匕。賈疏謂南面匕，未是。宜從敖説。'"②《昏義》曰："共牢而食，合卺而酳，所以合體、同尊卑，以親之也。"③昏禮有三鼎，必有三匕三俎，故黃以周從敖氏之説。

《儀禮》十七篇，《既夕禮》是《士喪禮》之下篇，《有司徹》是《少牢饋食禮》之下篇，實則祇有十五篇，除《士相見禮》《大射》《少牢饋食禮》三篇外，其餘十二篇皆有記文。《喪服》第十一篇，除經、記之外，且有傳，與其他各篇均不相同。關於《喪服》篇經、傳、記之關係，是《儀禮》研究之重要問題。敖氏《集説》卷十一曰：

> 他篇之有記者多矣，未有有傳者也。有記而復有傳者，惟此篇耳。先儒以傳爲子夏所作，未必然也，今且以記明之。《漢·藝文志》言《禮經》之記，顏師古以爲七十子後學者所記是也。而此傳則不特釋經文而已，亦有釋記文者焉，則是作傳者又在於作記者之後明矣。今考傳文，其發明禮意者固多，而其違悖經義者亦不少。然則此傳亦豈必皆知禮者之所爲乎?而先儒乃歸之子夏，過矣!夫傳者之於經、記，固不盡釋之也。苟不盡釋之，則必間引其文而釋之也。夫如是，則其始也，必

---

① 元敖繼公撰，曹建墩點校《儀禮集説》，《儒藏(精華編四五)》第 59 頁。
② 清黃以周撰，王文錦點校《禮書通故》第 1 册第 258 頁。
③ 漢鄭玄注，唐孔穎達正義，吕友仁整理《禮記正義》下册第 2274 頁。

自爲一編而置於記後，蓋不敢與經、記相雜也。後之儒者見其爲經、記作傳而別居一處，憚於尋求而欲從簡便，故分散傳文而移之於經、記每條之下焉（疑亦鄭康成移之也）。此於義理雖無甚害，然使初學者讀之，必將以其序爲先後，反謂作經之後即有傳，作傳之後方有記，作記之後又有傳，先後紊亂，轉生迷惑，則亦未爲得也。但其從來已久，世人皆無識焉，故予亦不敢妄有釐正也，姑識於此，以俟後之君子云①。

敖氏之意有五：一是《喪服》之傳非子夏所作，作時在記之後；二是《喪服》之傳既釋經文，亦釋記文；三是傳文自爲一編，附於經、記之後；四是爲求閱讀簡便，疑鄭玄分散傳文於經文、記文之下；五是分散傳文於經、記之後，使傳、記之撰作時間紊亂，轉生迷惑。

1959 年發現武威《儀禮》簡甲本、乙本各有《服傳》一篇，是《喪服》“傳”之單行本；丙本是《喪服》，包含經文、記文。陳夢家《武威漢簡》一書認爲：武威甲本係失傳的慶普本，丙本《喪服》爲西漢初（約當景武之世）相承的經、記本，甲、乙本《服傳》則爲昭宣之世出現的刪定本，西漢初先有《喪服》的“經”，然後附以“記”，西漢中期經過對於經、記的刪削而作“傳”，分繫於相當的經、記之下；東漢晚期的古文家，將刪定的傳文重新分屬於全經全記本，遂成今日之鄭《注》賈《疏》本。木簡甲、乙本係西漢晚期之鈔本，約成帝前後，其據之原本，約在昭宣之世；丙本竹簡早於木簡，乙本或早於甲本②。敖氏認爲《喪服》“傳”單行，後分散於經、記之下的觀點，被武威《儀

①　元敖繼公撰，曹建墩點校《儀禮集說》，《儒藏（精華編四五）》第 508 頁。
②　甘肅省博物館、中國科學院考古研究所編《武威漢簡》，北京，文物出版社，1964 年9 月。

禮》簡所證明，可謂卓識。

正因如此，敖氏《儀禮集説》備受明、清學者重視。清《三禮》館纂修《儀禮義疏》時，以敖氏《儀禮集説》爲宗，《欽定儀禮義疏凡例》曰："惟元儒敖繼公《集説》，細心密理，抉摘闡發，頗能得經之曲折。其偶駁正注疏，亦詞氣安和，兹編所採特多。"[1]《四庫全書總目》卷二十曰：

> 然於鄭《注》之中錄其所取而不攻駁所不取。無吹毛索垢、百計求勝之心。蓋繼公於禮所得頗深，其不合於舊説者，不過所見不同，各自抒其心得，初非矯激以爭名。故與目未睹《注》《疏》之面而隨聲佐鬭者有不同也。且鄭《注》簡約，又多古語，賈公彦《疏》尚未能一一申明。繼公獨逐字研求，務暢厥旨，實能有所發揮，則亦不病其異同矣。卷末各附《正誤》，考辨字句頗詳。知非徒騁虚詞者。其《喪服傳》一篇，以其兼釋記文，知作於記後。又疑爲鄭康成散附經、記之下，而不敢移其舊第。又十三篇後之記，朱子《經傳通解》皆割裂其語，分屬經文各條之下。繼公則謂"諸篇之記有特爲一條而發者，有兼爲兩條而發者，有兼爲數條而發者，亦有於經義之外別見他禮者"，不敢移掇其文，失記者之意，自比於以"魯男子之不可學柳下惠之可"，卷末特爲《後序》一篇記之。則繼公所學，猶有先儒謹嚴之遺，固異乎王柏、吳澄諸人奮筆而改經者也[2]。

敖氏《集説》於所不知，則曰"未聞""未詳""不可强通"，故四庫館臣

---

① 清紀昀等撰《景印摛藻堂四庫全書薈要》經部第五九册禮類，臺北，世界書局，1988年，第10頁上欄。
② 清紀昀等纂《欽定四庫全書總目》卷二十第254頁。

謂敖氏“逐字研求，務暢厥旨，實能有所發揮，則亦不病其異同矣”，“繼公所學，猶有先儒謹嚴之遺，固異乎王柏、吳澄諸人奮筆而改經者也”，評價可謂公允。

敖氏乃一介書生，故《集説》疏謬之處，間亦有之，清儒錢大昕《潛研堂集》、褚寅亮《儀禮管見》、凌廷堪《禮經釋例》、胡培翬《儀禮正義》、黄以周《禮書通故》皆有揭示，均可參看。

據廖明飛《敖繼公〈儀禮集説〉版本小識》考證①，《儀禮集説》十七卷版本有刻本和鈔本兩類，刻本有元刻本、《通志堂經解》本，鈔本有《摘藻堂四庫全書薈要》本、《四庫全書》本、清鈔本等，《通志堂經解》本、鈔本皆源自元刻本。元刻本於元大德年間（1297—1307）始刻於西湖書院，後書板歸南京國子監，繼續刷印，故元刻本有元刻元印、元刻明印本之區別。中國臺北“故宫博物院”圖書館、日本東京静嘉堂各藏元刻元印本一部，分别是沈氏研易樓和陸氏皕宋樓舊藏；中國國家圖書館藏殘帙一部，存第十七卷，是内閣大庫舊藏。元刻明印本今存六部，中國國家圖書館收藏兩部，一是徐乃昌積學齋舊藏，一是莫伯驥五十萬卷樓舊藏；中國香港大學馮平山圖書館藏一部，是劉承幹嘉業堂舊藏；中國臺灣臺北“中央圖書館”藏一部，是張鈞衡適園舊藏；天一閣博物館收藏一部，缺第八卷；山東省博物館收藏一部，缺卷十三至十七。中國國家圖書館收藏一部清鈔本，半頁九行，每行二十二字，白口，四周雙邊，藍格，八册，是清代藏書家袁廷檮五硯樓故物，是常熟翁氏後人翁之憙捐贈。

清陸心源《儀顧堂續跋》卷二曰：

---

① 廖明飛《敖繼公〈儀禮集説〉版本小識》，《經學文獻研究集刊》第 17 輯，上海書店出版社，2017 年 6 月，第 165—179 頁。

　　《儀禮》十七卷,題曰"敖繼公集説",元槧元印本。每頁二十四行,每行十八字。經頂格,注低一格,版心有字數,間有刻工姓名。前大德辛丑自序,後有後序,十一卷後有識語。所採諸家注,鄭《注》賈《疏》而外,朱子之説爲多,此外惟馬季長、陳用之、李微之數條而已。每卷後有"正誤"數條,言所以去取之意,如後世校勘記之類,惟卷一、卷十一獨無,與通志堂刻同,似以無所校正而然,非缺也。何義門不察,疑爲缺而欲訪求,誤矣。卷十一末"大功二小功二"句下,通志堂本空四字,此本損破四字,以白紙補之,則通志堂所刊,即以此爲祖本矣。顧亭林《日知録》舉監本脱誤各條,此本皆不脱,則所據猶宋時善本也①。

　　陸心源所言《儀禮集説》十七卷,即收藏於日本静嘉堂文庫之元刻元印本,惟有個別文字破損,傅增湘《藏園群書經眼録》卷一著録②。

　　中國國家圖書館徐氏舊藏元刻明印本《儀禮集説》十七卷,已經《中華再造善本》影印。此本每卷首行頂格題"儀禮卷第幾",次行題"敖繼公集説",《儀禮》篇名、經文頂格,"注曰""朱子曰""繼公謂"等低一格。半頁十二行,每行十八字,細黑口,對魚尾,上魚尾上記字數,下記書名、卷次、頁數,下魚尾下偶記刻工,有孫仁刊、汪惠、元、金等,左右雙欄,二十四册。扉頁題"元槧本儀禮集説十七卷,南陵徐氏積學齋藏書"一行,卷内鈐蓋"積學齋徐乃昌藏書"(朱

---

① 清陸心源著,馮惠民整理《儀顧堂書目題跋彙編》,北京,中華書局,2009 年 9 月,第 275—276 頁。
② 傅增湘《藏園群書經眼録》第 1 册第 50 頁。

文長印）、"南陵徐乃昌校勘經籍記"（朱文長印）、"北京圖書館藏"
（朱文方印）。徐乃昌（1869—1943），字積餘，號隨庵老人，安徽南陵
人，近代著名藏書家，今藏北京市文物局之元刻明修本《十三經注
疏》，乃徐氏舊藏。

　　將徐氏舊藏元刻明印本《儀禮集説》十七卷，與哈佛燕京圖書
館所藏《通志堂經解》本《儀禮集説》十七卷進行比較，發現二者有
以下不同：一是此本卷末"正誤"不全，除陸心源所言卷一、卷十一
無"正誤"外，卷十三、卷十五亦無"正誤"；此本卷三"正誤"兩條、卷
四"正誤"一條、卷十七"正誤"四條皆缺，《通志堂經解》本不缺。二
是此本缺敖繼公於大德辛丑仲秋望日《儀禮集説後序》，《通志堂經
解》本有。三是此本有缺頁，如卷九《公食大夫禮》缺第一頁 A 面文
字，卷十五《特牲饋食禮》缺第一、第二頁文字。四是此本有斷板破
損，導致部分文字殘缺漫漶，如卷十五第四十二頁，卷十六第一至
四頁、第十五、十六頁、第二七、二八頁等。清顧炎武在《日知録》卷
十八《監本二十一史》謂《儀禮·士昏禮》脱"壻授綏姆辭曰未教不
足與爲禮也"一節十四字，《鄉射禮》脱"士鹿中翿旌以獲"七字，《士
虞禮》脱"哭止告事畢賓出"七字，《特牲饋食禮》脱"舉觶者祭卒觶
拜長者答拜"十一字，《少牢饋食禮》脱"以授尸坐取簞興"七字[①]，五
篇脱文合計四十六字，此本皆有，具有非常重要的文獻和文物價
值。今國家圖書館出版社據以影印出版，方便讀者，可喜可賀！

　　　　　　（原刊於國家圖書館出版社 2021 年影印元本《儀禮集説》）

---

① 　清顧炎武撰，嚴文儒、戴揚本校點《日知録》，上海古籍出版社，2012 年 7 月，下册第
　　707 頁。

從清代《三禮》文獻的收藏整理
看江蘇文脉的傳承

江蘇文脉是中華文脉的重要分支。江蘇文脉的傳承,在很大程度上反映了中華文脉傳承發展的軌迹。尤其是唐宋以來,隨着經濟中心的南移,地處江南地區的江蘇,經濟迅速發展,"蘇湖熟,天下足",盡人皆知。經濟的繁榮,必然帶來文化的昌盛。那麽,作爲經濟發達地區的江蘇,其文化發展的路徑是怎樣的? 換句話説,江蘇文脉是如何傳承的? 對我們現代社會有何啓迪? 帶着這樣的疑問,我們從清代江蘇學者和主政者在《三禮》文獻的收藏、校勘和刊刻方面,來探討江蘇文脉的傳承途徑,梳理中華文化源遠流長的脉絡。

一、《三禮》文獻的收藏

《三禮》文獻是指以研究儒家經典《周禮》《儀禮》《禮記》包括《大戴禮記》爲主的文獻典籍,最有名者莫過於漢代鄭玄的《周禮注》《儀禮注》《禮記注》和唐代賈公彦的《周禮疏》《儀禮疏》、孔穎達的《禮記正義》，以及經注疏合刻本《周禮注疏》《儀禮注疏》《禮記注疏》等。宋代以來，因雕版印刷技術的成熟，刻本文獻成爲文獻流傳的主流，逐漸代替鈔本，備受讀書人關注。

清代，江蘇作爲經濟最發達的地區之一，人才輩出，文化繁榮，藏書盛行，書樓林立。錢謙益（1582—1664）絳雲樓、錢曾（1629—1701）述古堂、季振宜（1630—1674）辛夷館、徐乾學（1631—1694）傳是樓、惠棟（1697—1758）紅豆齋、吳用儀璜川書屋、馬曰璐（1701—1761）小玲瓏山館、周錫瓚（1742—1819）琴清閣、孫星衍（1753—1818）平津館、袁廷檮（1762—1809）五研樓、顧之逵（1752—1797）小讀書堆、黃丕烈（1763—1825）士禮居、阮元（1764—1849）文選樓、顧廣圻（1766—1835）思適齋、汪士鐘（1786—?）藝芸精舍、汪喜孫（1786—1847）問禮堂、張金吾（1787—1829）愛日精廬、瞿鏞（1794—1840）鐵琴銅劍樓、張蓉鏡（1802—?）雙芙閣、潘祖蔭（1830—1890）滂喜齋等①，都是中國藏書史的代表。

清長洲（今蘇州）人黃丕烈是藏書家中的巨擘，他最有名的藏書室名有二，一是士禮居，一是百宋一廛。命名士禮居與禮學文獻《儀禮》密切相關。顧廣圻《百宋一廛賦》曰：

> 佞宋主人，蒐求經籍，鳩集藝文。深識妙覽，博學贍聞。姬公《禮經》，六籍冠冕。高密家法，傳注之選。厄繇難讀，文褫句揣。不睹嚴州，絕學曷顯？忠甫所載則符節必合，開成所勒則矩矱未偭。弘文學士，悉情裁疏。陳李聞人，紛紜失路。

---

① 清葉昌熾撰，王鍔、伏亞鵬點校《藏書紀事詩》，北京燕山出版社，1999 年 12 月。江慶柏《清代人物生卒年表》，北京，人民文學出版社，2005 年 12 月。

官本復出，景德旦暮。列卷五十，面目呈露。標經題注，乃完乃具。尋馬序於《通考》，豁長夜而重曙。亦有《周禮》一官，《春秋》泰半。憮許劍之待懸，悵籯金之莫換。《月令》第六，昭公廿年。玩索有得，丹鉛所傳。耒耕上曲，死而賜謚。隻字能排，百朋奚啻。

黃丕烈《百宋一廛賦注》曰：

嚴州本《儀禮》鄭氏注十七卷，每半葉十四行，每行大廿五字，小卅字不等。居士嘗跋其後云"張忠甫校《儀禮》，有監、巾箱、杭、嚴凡四本，今所存《識誤》稱嚴本者十許條，以此驗之，無一不合，其爲嚴本決然矣"云云。亭林顧氏言："《十三經》中，《儀禮》脱誤尤多，《士昏禮》脱'壻授綏'云云一節十四字，賴有長安石經據補而其注疏遂亡。"又言："《鄉射》脱'士鹿中'云云七字，《士虞》脱'哭止'云云七字，《特牲》脱'舉觶者祭'云云十一字，《少牢》脱'以授尸'云云七字。"以爲此秦火之未亡而亡於監刻，今考嚴本則各條固儼然具存也。其餘補正注文者，尤不可枚舉，居士嘗採入所撰《思適齋筆記》，後經、史、子三部古書亦多有所採也。景德官本《儀禮疏》五十卷，每半葉十五行，每行廿七字，每卷題"唐朝散大夫行太學博士弘文館學士臣賈公彦等撰"，"悉情裁疏"者，公彦等序中語也。陳，陳鳳梧；李，李元陽；聞人，聞人詮。散疏入注，而注之分卷遂爲疏之分卷。又去疏所標經文起止，蓋出於陳鳳梧，明正德時事也，而聞人詮、李元陽因之，萬曆監本、汲古毛氏本又轉轉因之。於是而馬氏《經籍考》所載《儀禮疏》五十卷，又載其先公序曰："得景德中官本《儀禮疏》四帙，正經注語皆標起止,而疏文列其下"者,舉世無復識其面目者矣。
先公,貴與父,名廷鸞,今與其所得者正同,末後名銜盈幅,案
之《玉海》,悉符故事。居士屢誇此書,在宋槧中爲奇中之奇,
寶中之寶,莫與比倫者也。唯第三十二至第三十七,凡缺六
卷,僅從魏了翁《要義》中粗識其大略耳。殘大字本《周禮》鄭
氏注《秋官》二卷,每半葉八行,每行大十六字,小廿一字,舊
許贈居士從兄抱冲道人之遠,未及而道人歿矣。殘大字本
《禮記》鄭氏注,每半葉十行,每行大十八字,小廿五字不等,
所存五至八,又十一至十五,僅九卷,予跋之云:"《月令》注
'耒耕之上曲也',他本'耕'皆誤爲'耜',賴此正之,可知其
佳也。"①

根據顧廣圻《百宋一廛賦》和黃丕烈注,黃氏收藏多部宋版《三
禮》文獻,珍藏於百宋一廛者有嚴州本《儀禮注》17 卷、宋本賈公彥
《禮儀疏》50 卷、殘宋本《周禮注》12 卷、《禮記注》20 卷。《百宋一廛
書錄·儀禮疏》曰:

　　此宋時官本《疏》,分卷五十,尚是賈公彥等所撰之舊,雖
中缺三十二至卷三十七,然首尾完具,實足證五十卷之說。正
經、注語皆標起止,而疏文列其下,爲宋景德年間本,與馬廷鸞
之說合(馬端臨《文獻通考》云,先公《儀禮注疏序》曰:"余生五
十八年,未嘗讀《儀禮》。一日,從敗篋中得景德中官本《儀禮
疏》四帙,正經、注語皆標起止,而疏文列其下。")。每卷結銜
云"唐朝散大夫行太學博士弘文館學士臣賈公彥等撰",與衛

────────────
① 清顧廣圻撰,王欣夫輯《顧千里集》第 1—4 頁。

湜所云"公彥同李元植編《儀禮疏》"之説合。卷末列各臣官銜,自崔偓佺以至呂蒙正,共十四人,而中有云"翰林侍講學士太中大夫守尚書工部侍郎兼國子監祭酒權同句當官院事柱國河間郡開國侯食邑一千户實封四佰户賜紫金魚袋臣邢昺都校",與晁公武所云"齊黄慶、隋李孟悊各有《疏義》,公彥删二疏爲此書,國朝嘗詔邢昺是正"之説合。顧子千里嘗用行世各本勘之一過,補其脱,删其衍,正其錯繆。千里云:"其所標某至某,注某至某,尤有關於經注,而各本刊落竄易殆盡,非此竟無由得見,實于宋槧書籍中爲奇中之奇,寶中之寶,莫與比倫者也。"

《百宋一廛書録·儀禮注》曰:

余於癸丑(1793)歲除得單疏本《儀禮疏》,因思得隴望蜀,欲再得《儀禮注》,以爲雙璧之合。越明年春,果得《儀禮注》于書船友,其實嘉定王狀元敬銘家物也。書友初不爲余言,余以嘉定瞿木夫處知其原委。當時金曰追對揚著有《儀禮正訛》,近在同邑,初不知有是書,故取校經注,殊不足據。此本無刊刻時地可考。顧千里取校是書,爲余跋云:張忠甫校此書,有監本、巾箱本、杭本、嚴本四種,今《識誤》所存嚴本者十許條,以此本驗之,無一不合,其爲嚴本決然矣。經注之文並未依張更易,後來竄改者,自末由闌入,故可正今本者多也。則此《儀禮注》實爲得未曾有,每卷末有經若干字,注若干字,分兩行,十七卷,末有經共計若干字,注共計若干字,此古式也。内《有司》篇失去二葉,未敢用他本輕補之。紙背有箋翰字句,宋刻書往往有此。至於藏書印有"崧溪草堂"一印、"宗伯"一印,通部副葉有"臣是酒中仙"印，皆不知其人。舊有錦函，已破爛。僅存簽題一，曰"宋雕儀禮"，計四册，今未改裝，特易函耳①。

黄丕烈於乾隆五十八年(1793)得南宋監本《儀禮疏》50卷，雖缺卷 32—37 六卷，且《士冠禮》《士昏禮》《士相見禮》《鄉飲酒禮》《聘禮》《特牲饋食禮》《少牢饋食禮》七篇有缺頁，但是唯一的一部《儀禮》單疏本，彌足珍貴。顧廣圻給予高度評價，他説：

> 《儀禮》一經，文字特多訛舛，深於此學者，每讀注而得經之誤，又讀疏而得注之誤。然則疏之爲用至要，而不可以不校者也。校疏諸家，大概見於盧召弓氏《詳校》中，乃浦聲之多憑臆之改，金樸園惟《通解》是從，識者又病之，無他，不見善本之過而已。此宋時官本《疏》，分卷五十，尚是賈公彦等所撰之舊，不佞在士禮居勘之一過，於行世各本，補其脱，删其衍，正其錯謬，皆不可勝數。其所標某至某，注某至某，尤有關於經注，而各本刊落竄易殆盡，非此竟無由得見，實於宋槧書籍爲奇中之奇，寶中之寶，莫與比倫者也。竊謂儻刻其菁英，句排字比，勒成一書，流傳寓内，庶幾賈氏之精神不蔽，而問途此經者享夫榛蕪一闢之功。然自揣才力拙薄，曷克斯任，姑引其端，用以俟夫方來之哲焉耳！嘉慶五年，歲在庚申七月，元和顧廣圻識②。

顧廣圻謂《儀禮疏》是宋本中"奇中之奇，寶中之寶"，毫不爲過！

---

① 清黄丕烈《百宋一廛書録》，《續修四庫全書》第 923 册第 675—676 頁。
② 清顧廣圻撰，王欣夫輯《顧千里集》第 260 頁。

　　乾隆五十九年（1794）春，黃丕烈又從王敬銘家得宋本《儀禮注》17 卷，經顧廣圻鑒定，始定爲宋嚴州本，與《儀禮疏》50 卷合爲雙璧，庋藏於百宋一廛。嚴州本《儀禮注》17 卷、南宋監本《儀禮疏》50 卷原本今雖不知下落，但因黃丕烈、顧廣圻、汪士鐘等人的鈔録、校勘和翻刻，今天尚能看到鈔本和翻刻本，爲研讀經學、禮學和文獻學，提供了極大方便。國家圖書館收藏一部《儀禮疏》50 卷，是黃丕烈士禮居影宋鈔本，14 册，半頁 15 行，每行 27 字，無格，存 44 卷（卷 1—31、38—50），書號是 2407[①]。《儀禮》又名“士禮”，黃丕烈因喜得《儀禮注》《儀禮疏》雙璧，故名藏書室曰“士禮居”，並刊刻《士禮居叢書》。

　　四川是中國雕版印刷術較早興盛的地區之一。據《九經三傳沿革例》記載，四川所刻經書版本有蜀大字舊本、蜀學重刻大字本、中字本、中字有句讀附音本、蜀注疏本等。《百宋一廛書録》所言《周禮注》12 卷，殘存卷 9—10 二卷，原爲蘇州楊偕時倚樹吟軒藏品，楊氏轉贈黃氏，經鑒定，乃南宋蜀大字本，半頁 8 行，每行 16 字，小字雙行 21 字，白口，左右雙欄，紙墨晶瑩，字大如錢。後歸汪士鐘藝芸精舍，經上海郁松年、陸心源佰宋樓遞藏，現藏日本静嘉堂[②]。

　　《百宋一廛書録》著録的《禮記注》20 卷，殘存 9 卷（卷 5—8、11—15），半頁 10 行，每行 16 至 18 字不等，南宋刻本。黃丕烈於嘉慶二年（1797）收到此書，先後於嘉慶二年、二十年、二十一年三次題跋，後經汪士鐘、潘宗周遞藏，今藏國家圖書館。顧廣圻《百宋一廛賦》所言“耒耕上曲”，“隻字能排，百朋奚啻”者，即此本。《中國

①　北京圖書館編《北京圖書館古籍善本書目・經部》第 68—69 頁。
②　王鍔《三禮研究論著提要》（增訂本）第 12—13 頁。張麗娟《宋代經書注疏刊刻研究》第 98—99 頁。

版刻圖録》定爲宋刻遞修本。

此外,今藏北京大學圖書館的宋刻本《周禮注》12 卷,原爲蘇州汪喜孫藏書;南宋婺州本《禮記注》20 卷,原爲明末常熟毛晉汲古閣故物,經汪士鐘、瞿紹基鐵琴銅劍樓遞藏,今藏國家圖書館;撫州本《禮記注》20 卷,經季振宜、徐乾學、顧之逵、汪士鐘至楊氏海源閣,今藏國家圖書館;宋刻本《禮記注》20 卷,殘存卷 1—16,原爲常熟翁同書舊物,今藏國家圖書館;南宋本《纂圖互注禮記》20 卷,遞經元倪瓚、明文彭、清尤侗、張蓉鏡等人收藏,《四部叢刊》曾影印,今藏國家圖書館;八行本《禮記正義》70 卷,曾藏季振宜、吳志忠家,今藏國家圖書館①。這些《三禮》文獻,目前都是國家珍貴古籍,這是與江蘇籍藏書家的辛勤付出分不開的。

二、《三禮》文獻的校勘

中華文化的傳播,華夏文脉的延續,離不開文獻典籍。文獻在流傳過程中,訛錯衍倒,在所難免,尤其是在傳鈔和刊刻過程中,因疏於校對,魯魚亥豕,無書不有。所以,在文獻傳承中,文獻校勘就顯得特別重要。清代乾嘉時期,江蘇出現了一大批校勘學家,諸如惠棟、阮元、顧廣圻、段玉裁等。他們不僅有豐富的校勘實踐活動、優秀的校勘學著作,而且總結出影響深遠的校勘學理論。這些成績,透過對《三禮》文獻的校勘,可知大略。

---

① 王鍔《三禮研究論著提要》(增訂本)第 12 頁,第 126—133 頁,第 144—155 頁,第 233—277 頁。王鍔《〈禮記〉版本研究》第 105—134 頁。

　　惠棟三世傳經，一代佳話，經史子集，無不穿穴。其"雅愛典籍，得一善本，傾囊弗惜，或借讀手鈔，校勘精審，於古書之真僞，瞭然若辨黑白"。撰《九經古義》16 卷，"討論古字古言，以博異聞、正俗學"①。又校勘《九經》，著名者有"惠棟校宋本"，阮元《禮記注疏校勘記·引據各本目録》曰："惠棟校宋本：宋刊本《禮記正義》七十卷，不附釋音，惠棟據以校汲古閣本。"②

　　明末至清代嘉慶以前，學術界廣泛流傳的《禮記》經注疏合刻本，是毛晉汲古閣刻《十三經注疏》本《禮記注疏》63 卷，此本源自元刻明修十行本，存在大量墨釘和錯誤，部分頁面，幾乎不能卒讀，故顧廣圻稱爲"俗注疏本"。清代初期，南宋刻八行本《禮記正義》70卷入藏季振宜辛夷館，後轉藏蘇州吳用儀璜川書屋。乾隆十四年（1749），惠棟在璜川書屋看到八行本《禮記正義》，用以校勘汲古閣本《禮記注疏》63 卷，並撰寫跋文曰：

　　　　孔穎達奉詔撰《五經正義》，法周秦遺意，與經、注別行。宋以來始有合刻，南宋後，又以陸德明所撰《釋文》增入，謂之《附釋音禮記注疏》，編爲六十三卷，監板及毛氏所刻，皆是本也，歲久脱爛，悉仍其闕。今以北宋本校毛本，訛字四千七百有四，脱字一千一百四十有五，闕文二千二百一十有七，文字異者二千六百二十有五，羨文九百七十有一，校讎是正，四百年來闕誤之書，犁然備具，爲之稱快。今監板毛氏所刻諸經，頗稱完善，唯《禮記》闕誤獨多。拙庵適得此書，可謂希世之寶

---

① 清江藩纂，漆永祥箋釋《漢學師承記箋釋》，上海古籍出版社，2006 年 2 月，上册第169 頁、第 207 頁。
② 清阮元校刻《十三經注疏》上册第 1228 頁。

矣！拙庵家世藏書，嗣君博士企晉嘗許余造璜川書屋，盡讀所藏，余病未能，息壤在彼，請俟他日。因校此書，并識於後云。己巳秋日，松崖惠棟①。

惠棟利用八行本校勘汲古閣本《禮記注疏》的成果，受到當時學者的廣泛關注，爭相傳鈔。阮元校勘《禮記注疏》時，因未看到八行本，故將惠棟校勘成果即"惠棟校宋本"，列爲重要參考文獻。阮元《禮記注疏校勘記》，隨處可見"惠棟校宋本"，可見對惠棟校勘成果的重視。

乾隆五十六年（1791）十一月，清高宗諭令內閣開展《十三經》校勘刻石工作。阮元充任校勘官，負責《清石經·儀禮》的校勘工作，完成《儀禮石經校勘記》4卷。這項工作，對阮元校刻《十三經注疏》具有十分重要的啓迪意義②。

自南宋高宗以來，儒家經典將經文、注文和疏文合刻在一起。後來福建建陽地區又出現附有陸德明釋文的經注疏合刻本，因方便閱讀，迅速推廣，即學術界所說的宋十行本。元泰定前後，加以翻刻，元代翻刻板片傳至明代，遞經修補刷印，世稱元刻明修十行本，又稱"正德本"，因板片損壞，錯誤缺文，隨處可見。之後明李元陽本、北京國子監本、毛晉汲古閣本、清武英殿本和阮元校刻本《十三經注疏》，其源頭都是元刊明修十行本。阮氏鑒於當時流行的閩本、監本、毛本《十三經注疏》"漫漶不可識讀"，遂於嘉慶六年（1801）前後，於浙江召集門生故舊開始《十三經注疏》的校勘工作，

① 王鍔《〈禮記〉版本研究》第276頁。
② 清阮元撰，井超整理《儀禮石經校勘記》，《歷史文獻研究》第41輯，揚州，廣陵書社，2018年8月，第296—322頁。井超《阮元〈儀禮石經校勘記〉平議》，《文史》2019年第3期，第129—146頁。

他採用"授經分校"的形式,臧庸(1767—1811)校《周禮》,徐養原(1758—1825)校《儀禮》,洪震煊(1770—1815)校《禮記》,另有李銳(1769—1817)、顧廣圻、嚴傑(1764—1843)、孫同元(1771—?)等校勘其他各經,由段玉裁總其成,判定是非,阮氏也參與校勘審定工作。段玉裁《十三經注疏釋文校勘記序》曰:

> 《六經》,猶日月星辰也。無日月星辰則無寒暑昏明,無《六經》則無人道。爲傳注以闡明《六經》,猶羲、和測日月星辰,敬授民時也。……玉裁竊見臣阮元自諸生時校誤有年,病有明南、北雝及常熟毛晉《十三經注疏》本紕繆百出,前巡撫浙中,遂取在館時奉敕校石經《儀禮》之例,衡之群經,廣搜江東故家所儲各善本,集諸名士,授簡西湖詁經精舍中,令詳其異同,鈔撮薈萃之,而以官事之暇,乙夜燃燭,定其是非。會家居,讀禮數年,乃後卒業,分肌擘理,犂然悉當。其學贍,其識精,成《十三經注疏校勘記》二百十七卷,附《釋文校勘記》二十六卷[①],俾好古之士,以是鱗次櫛比,詳勘而丹黄之,家可具宋、元本,人可由是尋真古本漢本,其在今兹有是書,較陸德明《釋文》之在唐初爲無讓矣。抑校讎經注之書,亦猶步算之於日月星辰也,千百年而步算有差焉,則隨時修正之,千百年而經注之訛又或滋蔓焉,亦隨時整飭之。又烏知今日之不訛者,異日不且訛哉?所望步算日月星辰者,有如此日而已矣。嘉慶戊

---

① 據段玉裁記載,《十三經注疏校勘記》243 卷,然"宋本十三經注疏并經典釋文校勘記總目"合計《十三經注疏校勘記》245 卷,有兩卷差異。實際是 245 卷,包括《十三經注疏校勘記》217 卷、《周易略例校勘記》1 卷、《釋文校勘記》25 卷、《孟子音義校勘記》2 卷。井超《阮元〈十三經注疏校勘記〉分卷考》,《澳門文獻信息學刊》2019 年第 1 期。

辰歲酉月,金壇貢士前巫山縣知縣段玉裁記①。

《十三經注疏校勘記》歷時三年多,於嘉慶九年前後完成。段玉裁將《十三經注疏校勘記》比作唐初陸德明《經典釋文》,並謂若好古之士善讀,可使家藏之本變爲宋本元本。《十三經注疏校勘記》包括《周禮注疏校勘記》14卷、《儀禮注疏校勘記》18卷、《禮記注疏校勘記》67卷,是清代學者校勘《十三經注疏》的代表作,也爲阮元刊刻《十三經注疏》奠定了扎實的基礎。

顧廣圻出身貧寒,無書不讀,有"萬卷書生"之譽,被稱爲"清代校勘第一人"。畢生代人校刻古書,諸如爲阮元校《毛詩注疏》,爲孫星衍校《尚書考異》《説文解字》,爲張敦仁(1754—1834)校《儀禮注疏》《禮記》,爲汪士鐘校《儀禮疏》,爲黃丕烈校《國語》《戰國策》,爲秦恩復校《揚子法言》,爲吳鼐校《韓非子》《晏子春秋》,爲胡克家校《資治通鑒》《文選》②,故於校勘學有精深的體會。

就《顧千里集》所收録文章看,除部分詩詞外,多數是校勘經史子集文獻後撰寫的題跋文字。顧氏曾校嘉靖本《儀禮注》17卷,並寫多則題記於卷末。顧氏曰:

> 此正自嚴州本出,與宋槧未達一間耳。善讀者必知其佳也。思適居士記。(卷首)
>
> 嘉慶丙寅三月,江寧郡寓館校。澗薲記,十六日燈下。(卷十後)
>
> 經共計五萬六千一百十五,注共計七萬九千八百一十。

---

① 清段玉裁撰,鍾敬華校點《經韻樓集》,上海古籍出版社,2008年4月,第1—2頁。
② 王欣夫《顧千里集·前言》,清顧廣圻撰,王欣夫輯《顧千里集》第4—5頁。

（卷十七後）

嘉慶丙寅六月朔日，元和顧廣圻校於江寧郡齋記。（以上卷四後）

五、六兩篇末後補校石本，澗薲記。（卷六後）

丙子閏六月初九日再讀至此。思適居士顧廣圻。

右唐開成石本校經，又以宋嚴州本校經注，三月十六日記。（卷四後）①

顧氏用唐石經、嚴州本校嘉靖本《儀禮注》，認爲嘉靖本出自嚴州本，二者"未達一間"，十分接近。校勘時間是嘉慶丙寅即十一年（1806）三月至六月間，嘉慶丙子即二十一年（1816）六月再讀此書。顧氏校嘉靖本，蓋與張敦仁刻《儀禮注疏》有關。顧氏校本今藏國家圖書館。

顧氏用魏了翁《儀禮要義》校《儀禮疏》，其《儀禮要義》50卷跋曰：

右宋槧本魏文靖公《儀禮要義》五十卷，歸安嚴君九能藏書也。嘉慶壬戌，九能攜至西湖余所寓居相示，并別有手鈔者一部見借，余久聞此書，今得觀焉，乃嘆賞以爲真天地間第一等至寶，不徒因宋槧而珍重者也。今之《儀禮注疏》，依十七篇爲卷，而賈氏之原第世不復見，向在吾郡黄氏傳校其所藏景德六年單疏本，詫爲得未曾有，但其本失去卅二至卅七六卷，是一大闕陷事。今用此書以相比校，則其分卷之處，景德本所有，既合若符節，景德本所無，正犖然具存，一一可取以補全之

①　清顧廣圻撰，王欣夫輯《顧千里集》第259頁。

也,即此而爲功於賈書者,不甚大哉?至其文句與今本異者,必與景德本合。如《聘禮·記》"對曰非禮也敢",唐石經"敢"下衍一"辭"字,自宋以來經注各本皆仍其誤,賈《疏》云"介則在旁曰非禮也敢",張忠甫嘗據之以證"辭"之爲衍字者也。今注疏本反依誤本經注增"辭"字於下,致爲鉅謬,唯景德本及此,則儼然未有也。此類尚夥,當以卒業後,悉標識於鈔本,兹特撮舉其崖略,書於後而還之。六月初七日,元和顧廣圻記。

中丞阮公將爲《十三經》作"考證"一書,任《儀禮》者爲德清徐君新田,新田與九能有姻親,曾傳鈔是書。近日復從余所持舊校景德本去,臨出一部,將來此二書者,皆必大顯白於天下。然溯導河所自,則此本與景德本實爲昆侖源也。廣圻又記[1]。

嚴元照(1773—1816),字九能,浙江湖州人,著名藏書家。嘉慶七年(1802),嚴九能攜所藏宋本《儀禮要義》至杭州拜見顧氏,顧氏嘆爲"真天地間第一等至寶",與黃丕烈所藏《儀禮疏》分卷,"合若符節","景德本所無,正鑿然具存,一一可取以補全之",《儀禮要義》與《儀禮疏》"實爲昆侖源也"。嚴九能借《儀禮要義》鈔本一部於顧氏,顧氏得以校勘《儀禮疏》。時阮元邀請徐養原校勘《儀禮注疏》,嚴九能與徐養原是姻親,故徐養原得以傳鈔一部《儀禮要義》,又從顧氏臨鈔一部《儀禮疏》,用於校勘《儀禮注疏》。

顧氏於影宋鈔本《儀禮要義》五十卷部分卷尾,寫有題記曰:

> 右借歸安嚴九能手鈔本寫,宋槧即嚴所藏,壬戌六月,曾

---

① 清顧廣圻撰,王欣夫輯《顧千里集》第261—262頁。

攜至西湖相示,余爲作兩跋也。文煩不具録。甲子五月,顧廣圻記。(卷五十後)

丙寅二月重勘起此卷,時江寧郡齋,廿六日記。(卷十九後)

江寧寓館鐙下校,澗薲記。(卷廿四後)

單疏通爲一卷。(卷廿六上)

右三卷,賴以正今本注疏之誤者特多,以下三卷差少,於此益惜單疏本之不完也。江寧寓中鐙下讀,並記,澗薲居士。(卷卅四後)

自卅二卷以下,單疏闕六卷,使無《要義》,並崖略亦不得知矣。此書之可寶在是也。澗薲漫記,卅日覆校。(卷卅七後)

五月十一日,江寧寓館續校起此卷,時新合刻注疏,始成《鄉射》《大射》二篇。(卷卅八後)

丙寅六月廿五日,用單疏本互勘一過,時在江寧寓館,澗薲居士。(卷五十後)

丙子六月再讀,廣圻記。(卷五後)①

嘉慶十一年(1806)二月至六月間,顧氏在江寧寓舍用嚴州本校勘嘉靖本《儀禮注》之時,同時用《儀禮要義》校勘《儀禮疏》,六月二十五日,"用單疏本互勘一過"。丙寅年即嘉慶十一年,也是顧氏爲張敦仁校刻《儀禮注疏》之時,顧氏彙校《儀禮》各本,其實是爲張敦仁校刻《儀禮注疏》。

顧氏最有名的校勘學著作是署名張敦仁的《撫本禮記鄭注考異》2卷。《考異》上卷條目自《曲禮上》至《少儀》凡288條,下卷自《學記》至撫本《禮記注》卷末"淳熙四年"凡290條,總計578條。

---

① 清顧廣圻撰,王欣夫輯《顧千里集》第262—263頁。

《撫本禮記鄭注考異》以校勘撫本《禮記》經注爲主,明辨是非,實事求是,立論有據,充分體現了顧氏的校勘理念①。顧氏《禮記考異跋文》曰:

> 蓋以校書之弊有二,一則性庸識闇,强預此事,本未窺述作者大意,道聽而塗説,下筆不休,徒增蕪累;一則才高意廣,易言此事,凡遇其所未通,必更張以從我,時時有失,遂成瘡痕,二者殊途,至於誣古人、惑來者,同歸而已矣。廣圻竊不自量,思救其弊,每言書必以不校校之,毋改易其本來,不校之謂也;能知其是非得失之所以然,校之之謂也。今古餘先生重刻宋撫本《禮記》,悉依元書而别撰《考異》,以論其是非得失,可云實獲我心者也。觀乎《考異》之爲書,舉例也簡,持論也平,斷決也精,引類也富,大抵有發疑正讀之功,無繭絲牛毛之苦,去鑿空騰説之損,收實事求是之益,豈但有功於此書也哉? 夫固使弊於校者,箴其膏肓而起其廢疾矣,是爲跋。②

這是一篇有名的總結校勘學理論的文獻,"不校校之"的校勘學理論即源於此。甚者,顧氏取室名曰"思適齋"。《思適寓齋圖自記》曰:

> 以思適名齋者何? 顧子有取於邢子才之語也。史之稱子才曰:"不甚校讎。"顧子役役以校書而取之者何? 謂顧子之於書,猶必不校校之也。子才誠僅曰不校乎哉? 則烏由思其誤? 又烏由而有所適也? 故子才之不校,乃其思。不校之誤,使人

---

① 清張敦仁撰,侯婕點校《撫本禮記鄭注考異》,北京聯合出版社,2022 年 12 月,第 92 頁。
② 清顧廣圻撰,王欣夫輯《顧千里集》第 265 頁。

思。誤於校者，使人不能思。去誤於校者而存不校之誤，於是
日思之，遂以與天下後世樂思者共思之。此不校校之者之所
以有取於子才也。顧子貧，齋非所能闢也，即身之所寓而思寓
焉，而思適之名亦寓焉也。當其坐齋中，陳書隱几，居停氏之所
藏，同志之所借，以及敝篋之所有，參互鈎稽，以致其思，思其孰
爲不校之誤？孰爲誤於校也？思而有所不得，困於心，衡於慮，
皇皇焉如索其所失而杳乎無睹，人恒笑其不自適，而非不適也，
乃求其所以適也。思而得之，心爲之加開，目爲之加朗，豁然如
啓幽室而日月之，舉世之適，誠莫有適於此也，惟自反其思，不知
於子才何若也？斯誠善思之至矣。則顧子每曰："天下有誤書而
後天下無誤書。"雖論似驕，要不病其過也。爲之圖而記之，且求
先生長者及諸交游題咏焉，以爲此亦天下後世樂思者之所願聞
也。圖之者誰某也，所圖者今寓某也，時則某年也，寓齋中人，顧
子名廣圻字千里號澗蘋也①。

顧氏所謂"不校"，是不改原書之誤；所謂"校之"，是以"考異"
形式辨原書是非得失。"思適齋"源於《北齊書·邢邵傳》"且誤書
思之，更是一適"②，邢邵的"不校"，是他對校勘的思考。"不校之
誤"，即不校改原書之誤，讓人思考。"誤於校者"，即校者誤改，誤
導讀者，使人不能思考。杜絕校者誤改而保存原書之誤，既可思
考，亦可讓後世樂於思考者一起思考原書訛誤緣由。這也是"不校
校之"源於邢邵的原因。

顧廣圻"不校校之"的校勘理論，雖源於邢邵，但更是他畢生校

---

①　清顧廣圻撰，王欣夫輯《顧千里集》第86—87頁。

②　唐李百藥撰《北齊書》，北京，中華書局，1972年11月，第2册第479頁。

書實踐的總結。顧氏代張敦仁校完撫州本《禮記注》以後，將這一理論總結在《禮記考異跋文》，並明確指出校書的二種弊端，意欲"思救其弊"，"使弊於校者，箴其膏肓而起其廢疾矣"。顧氏的這種校勘思想，對於我們當下的古籍整理工作，仍然具有十分重要的指導意義。

三、 阮刻本《三禮注疏》的刊刻

惠棟、阮元、顧廣圻等人校勘《三禮》文獻的實踐和成績，爲清代刊刻《三禮》文獻奠定了堅實的基礎。

隨着清代乾嘉時期《三禮》文獻的收藏和校勘實踐，學術界所廣泛使用的毛晉汲古閣刻《十三經注疏》本《周禮注疏》《儀禮注疏》《禮記注疏》等文獻之缺陷，日益彰顯，版本漫漶，訛錯衍倒，比比皆是。重刻《儀禮注疏》以及《十三經注疏》的呼聲越來越高。而最早將此想法付諸行動者，是學界領袖阮元。

阮元《重刻宋板注疏總目錄》曰：

> 右《十三經注疏》共四百十六卷。有宋十行本注疏者，由元入明，遞有修補。至明正德中，其板猶存，是以十行本爲諸本最古之册。此後有閩板，乃明嘉靖中用十行本重刻者；有明監板，乃明萬曆中用閩本重刻者；有汲古閣毛氏板，乃明崇禎中用明監本重刻者，輾轉翻刻，訛謬百出。明監板已毀，今各省書坊通行者，惟有汲古閣毛本，此本漫漶不可識讀，近人修補，更多訛舛。元家所藏十行宋本有十一經，雖無《儀禮》《爾

雅》，但有蘇州北宋所刻之單疏板本，爲賈公彦、邢昺之原書，此二經更在十行本之前。元舊作《十三經注疏校勘記》，雖不專主十行本、單疏本，而大端實在此二本。嘉慶二十年，元至江西，武寧盧氏宣旬讀余《校勘記》，而有慕于宋本。南昌給事中黃氏中傑亦苦毛板之朽，因以元所藏十一經，至南昌學堂重刻之，且借校蘇州黃氏丕烈所藏單疏二經重刻之。近鹽巡道胡氏稷亦從吳中購得十一經，其中有可補元藏本中所殘缺者，於是宋本注疏可以復行於世，豈獨江西學中所私哉！刻書者，最患以臆見改古書，今重刻宋板，凡有明知宋板之誤字，亦不使輕改，但加圈於誤字之旁，而別據《校勘記》擇其説附載於每卷之末，俾後之學者，不疑於古籍之不可據，慎之至也。其經文注文有與明本不同，恐後人習讀明本而反臆疑宋本之誤，故盧氏亦引《校勘記》載於卷後，慎之至也。二十一年秋，刻板初成，藏其板於南昌學，使士林書坊皆可就而印之。①

阮元在此叙述校刻《十三經注疏》始末。阮元所言"十行宋本"，實爲元刻明修十行本，又名"正德本"，其中有楊復《儀禮圖》而無《儀禮注疏》，實爲"十二經注疏"。阮元鑒於毛氏汲古閣本"輾轉翻刻""不可識讀"，在盧宣旬、黃中傑襄助之下，以其家所藏"十行宋本"爲底本，在江西南昌府學重刻《十三經注疏》，有缺頁者，用胡稷藏本補充。底本誤字，不輕改正，但加圈於誤字旁，依據其所撰《十三經注疏校勘記》，擇取有關校記，附録於各卷之末。其中《儀禮注疏》，乃據黃丕烈所藏嚴州本《儀禮注》和單疏本《儀禮疏》爲主校刻。嘉慶二十一年（1816）刻成，書板置於南昌府學，士林書坊，

————————
① 清阮元校刻《十三經注疏》上册第 1—2 頁。

皆可刷印。

阮元校刻《十三經注疏》收錄《周禮注疏》42 卷、《儀禮注疏》50 卷、《禮記注疏》63 卷。《周禮注疏》42 卷底本是元刻明修本，根據《引據各本目錄》，單經本有《唐石經周禮》12 卷、《石經考文提要周禮》1 卷，經注本有《經典釋文·周禮音義》2 卷、錢孫保所藏宋本《周禮注》12 卷，注疏本有惠校本《周禮注疏》42 卷、《附釋音周禮注疏》42 卷和閩本、監本、毛本《周禮注疏》42 卷，引用諸家有浦鐘《周禮注疏正誤》10 卷、惠士奇《禮說》14 卷、段玉裁《周禮漢讀考》6 卷。《周禮注疏校勘記》14 卷是臧庸搜校各本，阮元定其是非；附錄於《周禮注疏》各卷末尾之校勘記，乃盧宣旬摘錄。

阮刻本《儀禮注疏》50 卷，是用嚴州本《儀禮注》和單疏本《儀禮疏》拼湊而成，用單疏卷數，故爲 50 卷。阮元曰："大約經注則以唐石經及宋嚴州單注本爲主，疏則以宋單行本爲主，參以《釋文》《識誤》諸書，於以正明刻之訛。雖未克盡得鄭、賈面目，亦庶還唐宋之舊。"①據《引據各本目錄》，校勘《儀禮注疏》單經本有唐石經，單注本有宋嚴州本、翻刻宋本、明鍾人傑本、明永懷堂本，宋單疏本，注疏本有閩本、監本、毛本、國朝重修監本，《經典釋文·儀禮釋文》1 卷，其他參校文獻有《儀禮識誤》《儀禮集釋》《儀禮經傳通解》《儀禮要義》《儀禮圖》《儀禮集說》、浦鐘《十三經正字·儀禮正字》2 卷、盧文弨《儀禮詳校》、顧炎武《九經誤字》、張爾岐《儀禮誤字》和《石經考文提要》等。《儀禮注疏校勘記》18 卷是徐養原詳列異同，阮元審定是非；附錄於《儀禮注疏》各卷末尾之校勘記，亦盧宣旬摘錄。

《禮記注疏》63 卷底本是元刻明修本，根據《引據各本目錄》，經

---

① 清阮元校刻《十三經注疏》上冊第 942 頁。

本有唐石經、南宋石經,經注本有武英殿翻刻岳本、嘉靖本,注疏本有閩本、監本、毛本和衛湜《禮記集說》,校本有惠棟校宋本、盧文弨校本、孫志祖校本、段玉裁校本、《考文》宋板、浦鏜校本,釋文有通志堂本、葉林宗本和撫州本。阮元囑洪震煊考其同異,阮元復定是非;附録於《禮記注疏》各卷末尾之校勘記,由盧宣旬摘録。

阮元校刻《十三經注疏》本《周禮注疏》《儀禮注疏》《禮記注疏》選取善本,彙校異同,吸收衆家,考定是非,付之棗梨後,備受學術界關注,迅速取代毛氏汲古閣本,並多次翻刻影印。直至兩百年後的今天,仍然是從事中國古代文史哲研究者的案頭必備之書。

四、 黃丕烈校刻《周禮注》《儀禮注》

黃丕烈校刻《士禮居叢書》,收録《周禮注》12 卷、《儀禮注》17卷、《夏小正戴氏傳》4 卷。黃丕烈《重雕嘉靖本校宋本〈周禮〉札記序》曰:

> 鄭氏之學,惟《三禮》爲最精,《三禮》之注,惟鄭氏爲最善。向來《三禮》鄭注本合刻者,以十六行十七字本爲佳,相傳爲嘉靖本是也。若宋時《三禮》合刻之本,世鮮傳焉。《禮記》有撫州本,《儀禮》有嚴州本,皆覆雕行世,《周禮》獨缺如,余竊病焉。向聞萬卷堂余氏有單注本,在余友顧抱冲家,未及借校。近於同郡故藏書家見有紹興間集古堂董氏雕本,後爲壽松堂蔣氏收得,遂假歸校勘,多所取正,因思刻以傳世,奈字體細小,兼多破體,取爲家塾課本有所未宜。舊藏嘉靖本字大悦

目，頗宜老眼，末有經注字數，其出宋本無疑，仿此開雕，行款悉遵而幅式稍狹，於經注訛舛之字，悉校宋刻正之，董本爲主，此外參以家藏之岳本、蜀大字本，又借諸家之小字本、互注本校余氏本，集腋成裘，以期美備。至於嘉靖本之獨勝於各本者，其佳處不敢以他本易之，存其舊也。此刻係校宋本，非覆宋本，故改字特多，然必注明以何本改定，非妄作也。若字之可疑者仍之，而於《校語》中標出，守闕疑之義也。刊成之日，附《校語》一卷，以俟讀是書者取證焉。嘉慶戊寅孟冬吳郡黃丕烈識[1]。

戊寅是嘉慶二十三年(1818)，黃丕烈以嘉靖本《周禮注》12卷爲底本，彙校董本、岳本、蜀大字本、小字本、互注本、余氏本，凡所校改，注明依據，撰《校語》1卷附錄於後，集腋成裘，彙校成一新校宋本，大致反映了黃氏所見諸本之異同，於研讀《周禮注》大有裨益。

黃丕烈《宋嚴州本〈儀禮〉經注精校重雕緣起》曰：

> 嘉慶乙亥春，宋嚴州本《儀禮》經注刊成，將出以問世。而於嚴本之是非，悉校錄之，以質諸讀是經者，因著緣起於簡端曰：《儀禮》經注，宋刻絕鮮，國朝顧氏炎武、張氏爾岐祇取唐石經以校明監本，余先後收得宋刻經注本及宋刻單行疏本，各校副本流傳於外，阮芸臺侍郎取以入《儀禮校勘記》中者是也。後張古餘太守在江寧將此經注及疏合刊，學者已幸雙美合璧矣。歲丁卯，古餘又屬影鈔經注本，將以付刊，既而調任吉安。

---

① 　清黃丕烈《黃丕烈書目題跋》,《清人書目題跋叢刊》(六)第262頁。

札致餘日，俟鈔竣，即交伊友收存，如言交去。越歲戊辰，伊友云，古餘謂吳門有好事者，如欲刻之，當舉以贈。遂從伊友處次第取刻之，未及半，而靳不與。復商諸友人，陶蘊輝補寫其樣之未全者，至乙亥工成。是此書經注本之行世，古餘太守爲之倡，而余與陶君輔之者也。單注爲宋嚴州本，證諸宋張淳《儀禮識誤》而知之。忠甫之序《識誤》也，曰淳首得嚴州本，故以爲據。今考其從嚴本者十數條，皆與此本合，則此本之爲嚴本，信矣。雖然當日嚴本久行修板，故不無翻齲，今此本與張所見，有同者，有不同者，有闕字未補刻者，甚有不成字者，抑忠甫當日取嚴本爲柢，而取自周廣順至宋之監本、宋京之巾箱本、杭之細字本正南宋嚴本之誤，不足則質之《疏》，質之《釋文》；《疏》《釋文》又不足則闕之。是忠甫固謂嚴本未盡善而校之也。朱子稱其仔細精密，視他本爲最勝。今此本雖古刻，乃忠甫未見未訂之本也，取忠甫以諸本及《疏》《釋文》校正者校正之，其能已乎？況監、細字、巾箱今雖不可得，而《釋文》有明葉石君影鈔宋本，《疏》有單行五十卷，宋刻皆在案頭，往往與所據者合，是不可謂不幸也。又《四庫全書》聚珍板有宋李如圭《集釋》，全載經注，與忠甫所據，佳處十同八九，亦足相羽翼。今以陸、賈、李、張四家之書校此本刊行之，不盡改其字於十七篇內者，存嚴刻之舊面目也。必爲《校語》以附後者，猶忠甫《識誤》之意也。抑經注之訛闕，出於嚴本、張校之外者，尚不可枚數，段若膺先生定《校勘記》，既臚陳之，而先生《儀禮漢讀考》亦將成書刊行。學者合諸此本讀之，落葉盡掃矣，因古餘、蘊輝襄余刻成此本，遂爲《校錄》一卷，而記其緣起如是。

吴縣黄丕烈識。

《嚴本〈儀禮〉鄭氏注續校識語》：

余既刊嚴本《儀禮》并附《校語》行世，近同年友張君翰宣讀是書，舉其誤數十條來諗於余。余惟是刊悉存嚴本面目，其中訛缺斷壞之字，間據陸、賈、張、李四家書是正完補，即《校語》有未盡舉出之字，多見芸臺侍郎《儀禮校勘記》及段若膺《儀禮漢讀考》中，讀者自能得之，已於前校緣起涉及。而張君精心解詁，妙悟博通，是有以助余不逮，爲不可没，故復校讎一過，續刊所舉，并冀世之如張君者，復有以告余也。丁丑仲冬望後吴縣黄丕烈識①。

嚴州本《儀禮注》17 卷，是所存《儀禮注》最早刻本。黄丕烈於嘉慶二十年(1815)在陶珠琳協助下，翻刻此本。刊刻之時，於訛缺斷壞文字，依據陸德明《經典釋文》、賈公彦《儀禮疏》、張淳《儀禮識誤》、李如圭《儀禮集釋》訂補，並撰寫《校語》1 卷，收入《士禮居叢書》。嚴州原本今雖不知蹤影，但藉助黄氏翻刻本，可見其面貌。

五、汪士鐘等校刻《儀禮》《禮記》

黄丕烈藏南宋監本《儀禮疏》50 卷，後歸汪士鐘藝芸書舍。清道光十年(1830)，顧廣圻代汪士鐘校刻此本。顧廣圻代撰《重刻宋本儀禮疏序》曰：

---

① 清黄丕烈《黄丕烈書目題跋》，《清人書目題跋叢刊》(六)第 262—263 頁。

　　《儀禮》合疏於經、注而並其卷第，始自明正德陳鳳梧，迨李元陽以下皆因之。從事校讎者，多言其訛，而宋景德官刊賈公彦元分五十卷不合經、注之疏，與唐舊、新《志》同者，則均未得見也。宋槧殘本幸存，僅缺去卅二至卅七，無恙者計卷尚四十有四。嘉慶初，入吾郡黃氏，於是張古餘太守得其校本，別合嚴州經注，重編於江省。後阮宮保取配十行不足者也。唯時段若膺大令亦得此校本，謂之單疏《儀禮》，亦訂正自來用《經傳通解》轉改之失，而單疏之善，既有聞矣，然五十卷之面目，仍未有見之者也。吾郡宋槧轉歸予藝芸書舍，念世間無二，遂命工影寫重雕之以餉學子，使數百年來弗克寓目者，今乃可家置一部，竟如前此馬廷鸞之得諸篋中，豈非大愉快哉！宋每半葉十五行，每行廿七字，修者不等，各仍其舊，缺卷亦然，并卷內缺葉十有三翻，因他本盡割棄所標經注，無由推知也。其卷內正誤補脱，去衍乙錯，數千百處，視邇日諸家約略是同，究不若此次之行摹款仿，尤傳景德之真矣。若夫撰定異同，不特出入紛紜，恐致詞費，抑復管窺蠡輒，曷若闕如，悉心尋繹，元文自見云爾。道光十年歲次庚寅秋九月①。

　　汪士鐘覆刻《儀禮疏》之前，張敦仁依據嚴州本《儀禮注》和此單疏本校刻《儀禮注疏》，阮元校刻《十三經注疏》本《儀禮注疏》即源於此。但是張敦仁、阮元包括段玉裁所據《儀禮疏》，均是"校本"。單疏之善，聞名學界，原書面目，難得目睹。故汪士鐘得此單疏本之後，於道光十年（1830）"影寫重雕"，版式行款，一仍其舊，惟不同者，"正誤補脱，去衍乙錯，數千百處"，"尤傳景德之真"，喜好

①　清顧廣圻撰，王欣夫輯《顧千里集》第128—129頁。

之者,可"家置一部","大愉快哉"。張元濟評汪士鐘刻本"寫刻精絶",故據以收入《四部叢刊續編》①。

顧廣圻《重刻宋本儀禮疏後序》曰:

道光庚寅歲,閬源觀察重刻所藏宋景德官本五十卷賈公彦《儀禮疏》,自一至卅一,又自卅八至五十,既成,以千里平日粗涉此經,命以一言綴於後。千里思,夫治經者期曉然乎經之意而已,經之意不易曉,曉之必由注;經、注之意不易曉,曉之必由疏,此讀疏之所以爲治經先務歟! 讀賈公彦之疏,由之以曉經、注之意者最多。舉其一言之,《鄉飲酒禮》疏曰:"鄭注《鄉射》云:'昔大王、王季、文王始居岐山之陽。'彼兼言文王者,欲見文王未受命以前,亦得《召南》之化;此不兼言文王者,據文王徙豐受命之後,專行《周南》之教。"賈合《鄉飲酒》《鄉射》《燕》三篇之注《周南》《召南》者而疏通其意也。學子但讀此疏,則《鄉飲酒》之注與《燕》同不兼言文王者可以曉然,而《鄉射》之注與《鄉飲酒》《燕》不同兼言文王者亦可以曉然。又何用如若膺大令待其晚年別讀《詩序》"先王之所以教"鄭注,而後始見其或不言文王,或言文王有不合,仍未述及賈公彦具有明文,轉謂從前不能知此哉! 用是推之,治經者,必以讀疏爲先務,斷斷然矣。今閬源觀察知所先後,獨舉罕覯之本,用餉學子,可謂盛心。千里轉慮此後得之較易,而讀者通患,習焉弗察,爰附著之。若乃是書流傳之緒,美善之徵,校刊之例,此不具出者,見觀察所《自序》中也②。

---

① 王鍔《三禮研究論著提要》(增訂本)第 146 頁。
② 清顧廣圻撰,王欣夫輯《顧千里集》第 129—130 頁。

顧廣圻認爲,治經欲明經意,必先讀注;欲明經注之意,必須研讀疏文,故曰:"治經者,必以讀疏爲先務,斷斷然矣。"汪士鐘重刻《儀禮疏》,以饗學子,實乃盛舉。顧氏對段玉裁"不曉"賈公彦《儀禮疏》"或不言文王""或言文王"之意,頗有微詞,蓋段顧之爭餘波而已! 然顧氏謂此爲"宋景德官本",大謬[①]!

張敦仁,字古餘,山西陽城人。乾隆四十年(1775)進士,歷官至蘇州、江寧、揚州知府,"於學無所不窺,邃於經術,尤精天文曆算,北方之儒者也"[②]。張氏博學多聞,富於藏書,公事之暇,性喜刻書,多爲善本。嘗邀請顧廣圻校刻《儀禮注疏》50 卷、《禮記注》20卷,顧廣圻代張敦仁《重刻儀禮注疏序》曰:

> 《儀禮經》鄭《注》、賈《疏》,前輩每言其文字多誤者,予因遍搜各本而參稽之,知經文尚存唐開成石刻,可以取正,注文則明嘉靖時所刻頗完善,其疏文之誤,自陳鳳梧本以下,約略相同。比從元和顧千里行篋所見所用宋景德官本手校疏,凡正訛補脱,去衍乙錯,無慮數千百處,神明焕然,爲之改觀。千里又用宋嚴州本校經及注,視嘉靖本尤勝,皆據吳門黃氏家之所藏也。夫二本之在天壤間,爲功於此經非淺,而獲見者罕,不亦惜哉! 遂與千里商榷,合而編之,重刻以行世。其列卷依景德爲五十者,以尚是賈氏所分也。自卅二至卅七損失六卷,校以魏鶴山《要義》而循其次第者,魏所用即景德本也。餘卷有缺葉,不得不取明以來本足之,而必記其數者,傳信也。經、注之文,間有與疏違互者,以其元非一本,不可強同也。嚴州

---

① 王鍔《三禮研究論著提要》(增訂本)第 144—149 頁。
② 清江藩纂,漆永祥箋釋《漢學師承記箋釋》上册第 93 頁。

本之經,較諸唐石刻,或有一二不合,今猶仍之者,著異本之所自出也。注與疏兩宋本,非必全無小小轉寫之訛,不欲用意見更易者,所以留其真,慎之至也。至於經也、注也、疏也,於各本孰爲同? 孰爲異? 袪數百年來承訛襲舛,以還唐、宋相傳之舊,則犖然具在,不難覆案也。若夫近日從事校讎者不止一家,覈其論説,或取諸《經傳通解》等,或直憑胸臆而已,莫不猶治絲而棼之,手雖繁而絲益亂,唯執此訂彼,其是非得失庶可決定也。自今卓絶之士,如張蒿庵、顧亭林其人,以爲依據,乃無當時殘缺之慨,而由是修明通儒之業,則聖之經、賢之傳,其精微且於斯,焉在文字云乎哉! ①

顧氏代張敦仁撰序,謂明陳鳳梧本《儀禮注疏》17 卷,疏文多誤,應檟、汪文盛、李元陽、國子監、毛晉以及清武英殿本皆沿訛襲謬,大致相同。張敦仁見顧氏據黄丕烈藏宋嚴州本《儀禮注》、宋監本《儀禮疏》所校之《儀禮》經注疏本,"正訛補脱,去衍乙錯,無慮數千百處,神明焕然,爲之改觀",故邀請顧氏合編《儀禮》經注疏,"合而編之,重刻以行世"。凡缺卷頁,用魏了翁《儀禮要義》等書補充,"以還唐、宋相傳之舊,則犖然具在,不難覆案也"。

顧氏《合刻儀禮注疏跋》曰:

> 或問居士曰:"汲古毛氏刻《十三經》,凡十數年而始成,而居士云非善本也。古餘先生合刻《儀禮注疏》,乃一大經而難讀者,僅改歲而成,而居士云本莫善矣,何謂也?"居士笑曰:"吾語汝乎! 夫毛氏仍萬曆監刻而已,此其所以不能善也;古

---

① 清顧廣圻撰,王欣夫輯《顧千里集》第 130—131 頁。

餘先生以宋本易之，而精校焉，熟讎焉，此其所以善也。且其所以善，先生自序固略言之，曷不姑就所言，取此五十卷者並世所行者而讀之乎？苟不能讀也，抑讀之而猶不能知也，則亦可以無與於論《儀禮》矣。若夫刊刻歲月，則遲而善可也，速而善亦無不可也，又豈深識者所當計耶？"問者不得居士之指而罷，遂舉以書於後。丙寅①。

顧氏嘗謂毛晉汲古閣本《十三經注疏》不善，張敦仁刻《儀禮注疏》"本莫善矣"，人不能解。顧氏謂張敦仁刻本"精校焉，熟讎焉"，較之毛本等，精善過之，比對讀之，自能知之。

嚴州本《儀禮注》17 卷、宋單疏本《儀禮疏》50 卷原本，今皆存佚不詳。但我們藉助黃丕烈、汪士鐘和張敦仁校刻本，仍能看到其大致面貌。三次校刻，顧廣圻居功至偉！

顧氏從兄顧之逵與黃丕烈、周錫瓚、袁廷檮並稱乾嘉間四大藏書家，其小讀書堆收藏宋撫州本《禮記注》20 卷《禮記釋文》4 卷。顧氏稱贊此書曰：

> 此撫州公使庫刻本《禮記》，是南宋淳熙四年官書，於今日為最古矣。末有名銜一紙，裝匠誤分入《釋文》首，不知者輒認以為舊監本，非也。嘉慶丙寅顧廣圻題②。

顧氏謂撫州本是宋淳熙四年（1177）刻本，是"今日最古本"，後附《禮記釋文》4 卷。有人誤認為"舊監本"，是不對的。誤認者，指段玉裁。阮元《禮記注疏校勘記》稱為"宋監本"，乃受段氏影響。

---

① 清顧廣圻撰，王欣夫輯《顧千里集》第 261 頁。
② 清顧廣圻撰，王欣夫輯《顧千里集》第 263 頁。

　　張敦仁擔心撫州本《禮記注》"僅存易絶",故委託顧氏影寫一部,覆刻行世。顧氏《撫本禮記鄭注考異後序》曰:

　　　　往者,家從兄抱冲收善本經籍,將次第刊行之,不及而没。其收得各種,皆廣圻預審定者也。去年,廣圻道過揚州,時陽城張古餘先生在郡,見詢群經轉刻源流,廣圻因歷舉凡先後所見以對,此撫州《禮記》鄭注其一也。先生借而校之鈔之,遂復刻之,恐是非莫決,又附《考異》二卷,專慮壹志,唯爲古人來者計而不知其他,賢者之用心,弗可及也已。乃覆校,未得其人,仍以屬廣圻,於是廣圻又何敢辭! 今刻成矣,承先生前命識其後,深感此書得託先生以傳之幸,而私痛家從兄之有志未逮也。兄名之逵,元和廩貢生,没於丁巳春,年四十五①。

顧氏又曰:

　　　　近張古漁太尊開工重雕行世,嘉惠學子,兼成先從兄收藏此書之志,良可感也! 若古香醃醽,原本獨絶,我小讀書堆中,其永永寶之哉! 澗薲并記②。

　　顧之逵所收藏的善本古籍,多經顧氏鑒定。顧氏在揚州拜訪張敦仁,談及經書版本源流,言及撫州本《禮記注》,遂借鈔一部覆刻。校刻之時,"恐是非莫決","未得其人,仍以屬廣圻",顧氏得命,校刻而成,嘉惠學子,成從兄顧之逵收藏之志。

　　顧氏代撰《撫本禮記鄭注考異序》曰:

　　　　《撫本禮記鄭注》者,宋淳熙四年撫州公使庫刻,今爲元和

――――――――――

① 清顧廣圻撰,王欣夫輯《顧千里集》第132—133頁。
② 清顧廣圻撰,王欣夫輯《顧千里集》第264頁。

顧千里之從兄抱冲氏所藏，予轉借影寫一部，又慮其僅存之易絕也，以墨於板，仍取世行各本校讎出入，爲之考異。凡經文與開成石本每合，明嘉靖時有單行經注本，又相臺岳氏有附音本，互相不同，撫本爲近之矣。又明南雍有附音注疏本，乃俗本之祖，而訛舛滋多。今所論説，祇以明是非差隱者，至於撫本既是而又較然易知，不更詳著。或各本以外，於《正義》《釋文》具得顯證，則稍稍載之；與夫本並無誤而後人不察，輕爲譚議，致生枝葉，若柯山毛氏之輩，連類所及，亦刊正焉，願將來治此經者，有以覽其得失也。

　　南雍本，世稱十行本，蓋原出宋季建附音本，而元明間所刻，正德以後，遞有修補，小異大同耳。李元陽本、萬曆監本、毛晉本，則以十行爲之祖，而又轉轉相承，今於此三者，不更區別，謂之俗注疏而已。近日有重刻十行本者，款式無異，其中字句特多改易，雖當否參半，但難可徵信，故置而弗論。其北宋所刻單疏，見於《玉海》卅九卷，有咸平《禮記疏》一條云："二年六月己巳，祭酒邢昺上新印《禮記疏》七十卷。"是爲《正義》元書，未知今海内尚有其本否？曲阜孔氏別有宋槧注疏本，每半葉八行，經字每行十六，注及正義雙行小字，每行廿二，每卷首題《禮記正義》卷第云云，亦七十卷，計必南宋初所刻，向藏吳門吳氏，惠定宇所手校，戴東原所傳校者，即此也。與日本人山井鼎所據亦爲吻合，而彼有缺卷矣，惜今未見。將屬孫淵如就近借出，行且更刻之，附記①。

此序謂覆刻撫州本《禮記注》20 卷，乃據顧之逵藏本"影寫一

---

① 　清顧廣圻撰，王欣夫輯《顧千里集》第 131—132 頁。

部"，於嘉慶十一年(1806)雕刻行世。並取世行諸本，校讎出入，撰《考異》2卷，附錄於書尾。對校版本有唐石經、嘉靖本、岳本及元刻明修十行本、毛本《禮記注疏》等。元刻明修十行本，明代遞有修補，是閩本、監本、毛本之祖，輾轉相成，小異大同，故於閩本、監本、毛本不加區別，稱爲"俗注疏"本。"近日有重刻十行本者"，蓋指阮刻本，"其中字句特多改易，雖當否參半，但難可徵信，故置而弗論"。《禮記》單疏本未見。曲阜孔繼涵家藏有八行本《禮記正義》，惠棟用以校勘毛本，戴震傳錄惠校，與日本山井鼎《七經孟子考文》依據本吻合，可惜皆未見原本。將委託孫星衍借閱八行本，未果。

顧氏於撫州本《禮記釋文》4卷曰：

> 南宋槧本《禮記》鄭氏注六册。明嘉靖時上海顧從德汝修所藏，後百餘年，入昆山徐健庵司寇傳是樓，兩家皆有圖記。乾隆年間，予從兄抱冲收得之，其於宋屬何刻，未有明文也。有借校者，臆斷爲毛誼父所謂舊監本，而同時相傳，皆沿彼稱矣。抱冲續又收得單行《釋文》兩種，一《禮記》，一《左傳》，亦皆南宋槧本，《禮記釋文》即此也。與《禮記》版式行字以至工匠記數罔不相同，而名銜年月在焉。余於是始定《禮記》之即淳熙四年撫州公使庫刻也。其《禮記》，以嘉慶丙寅歲陽城張太守古餘先生見屬刊行。是時抱冲已沒，遺孤尚幼，《釋文》一時檢之弗獲，聊用通志堂所翻單本附於後，使讀者足以悟其爲撫本而已。倏忽以來，又一星終，每念此既一刻，余實知之，獨未能合併而傳其眞，豈非尚留遺憾乎？爰促侄望山尋出，及今病中自力細勘一過，是正翻本之誤不少，將一一改回，以復其

舊。但太守久移江右，予復留滯鄉里，未審何日方了此願耳。元書裝四册，無前人圖記，不詳出自何家，由此而推，通志堂當別有一印本云。庚辰孟秋處暑後五日，元和顧廣圻千里甫記於楓江僦舍①。

撫州本《禮記注》20 卷 6 册，原爲明顧從德藏書，經徐乾學傳是樓，被從兄顧之逵收藏，段玉裁曾臆斷爲"舊監本"。後顧之逵又收得《禮記釋文》《左傳釋文》二種，《禮記釋文》前有雕刻名銜年月，顧氏鑒定，確認與《禮記注》爲一書，皆是宋淳熙四年（1177）撫州公使庫刻本。顧氏受張敦仁委託於嘉慶十一年校刻撫州本《禮記注》時，因顧之逵已經去世，《禮記釋文》4 卷一時没有找到，依據通志堂本刻印。嘉慶二十五年（1820），督促侄子顧望山找到撫州本《禮記釋文》4 卷，校勘十二年前刻本，"是正翻本之誤不少，將一一改回，以復其舊"。然因張敦仁調任江西吉安知府，無法據校改意見重刻，故有"未審何日方了此願耳"之嘆。

八行本《禮記正義》70 卷曾藏潘宗周寶禮堂，潘氏委託武進人董康（1867—1947）用珂羅版技術影印；1927 年，又由董康主持影刻，刷印行世②。1940 年，董康據故宫博物院藏宋八行本《周禮疏》50 卷（實爲《周禮注疏》），用珂羅版技術影印，並加影刻，美濃紙印，精美絕倫③。董康影印或影刻者，皆爲佳品。

---

① 清顧廣圻撰，王欣夫輯《顧千里集》第 264 頁。
② 王鍔《〈禮記〉版本研究》第 360 頁。
③ 張麗娟説："1940 年董氏誦芬室影印本《周禮疏》，主要以北大藏本爲底本，北大本缺卷、缺葉以故宫本配補。"張麗娟《宋代經書注疏刊刻研究》第 303 頁。柳向春《董康刊行〈周禮疏〉之相關書函解讀》，《版本目錄學研究》第 8 輯，北京大學出版社，2018 年 2 月。

黃永年《清代版本圖録》謂張敦仁仿刻撫州本《禮記注》20 卷《釋文》4 卷曰：“此書夙稱佳刻。”[1]謂張敦仁重刻《儀禮注疏》50 卷説：“此顧廣圻用宋嚴州本經注及單疏宋刻合編，由張氏精刻，每卷後有‘江寧知府張敦仁編校元和縣學生員顧廣圻覆校’一行。目録後有‘江寧劉文奎刻字’一行。目録及内封面均謂附《嚴本考異》《單疏識誤》嗣出，然實未刊行，即此注疏之印本亦極稀見，百年前公認爲文物性善本矣。”[2]謂汪士鐘仿刻單疏本《儀禮疏》50 卷曰：“原本自汪氏藏書散出後復告迷失，則此汪刻亦自可貴。《四部叢刊》據以影印。”[3]今國家圖書館藏三部汪氏刻《儀禮疏》，書號分別是 01942、01947、13684，皆列爲善本[4]。可見這些影刻本之珍貴。

結語：清代康乾以來，作爲江南經濟發達的蘇州、揚州等地區，商業繁榮，文化昌盛，貴族世家，重視教育，書香子弟，性喜藏書，他們勤奮苦讀，校讎刊刻，爲江南文脉延續、中華文化傳承，做出了重要貢獻。就禮學文獻中《周禮》《儀禮》《禮記》經注疏本的收藏、校勘和翻刻來看，蘇州人黃丕烈收藏的宋嚴州本《儀禮注》17 卷、賈公彥《儀禮疏》50 卷、殘宋本《周禮注》2 卷、《禮記注》9 卷，汪喜孫收藏的宋刻本《周禮注》12 卷，顧之逵收藏的宋撫州本《禮記注》20 卷《禮記釋文》4 卷，汪士鐘收藏的宋婺州本《禮記注》5 卷，張蓉鏡收藏的南宋紹熙本《纂圖互注禮記》20 卷和季振宜、吳志忠收藏的南

① 黃永年、賈二强《清代版本圖録》第 3 册第 51 頁。
② 黃永年、賈二强《清代版本圖録》第 3 册第 48 頁。
③ 黃永年、賈二强《清代版本圖録》第 4 册第 32 頁。
④ 北京圖書館編《北京圖書館古籍善本書目》第 1 册第 68 頁。

宋八行本《禮記正義》70 卷等，都是國家珍貴古籍。隨着學術研究的深入和漢學的興起，惠棟、阮元、段玉裁、顧廣圻等學者對明代閩本、監本、毛本和清武英殿本、《四庫》本《十三經注疏》中之《周禮注疏》《儀禮注疏》《禮記注疏》表示不滿，對閩本、監本和毛本，譏諷爲"俗注疏本"。所以，當他們看到黃丕烈、顧之逵等人收藏的古籍善本之後，籌燈燃燭，兀兀窮年，去衍補缺，乙正訛誤，産生了《禮記注疏》"惠棟校宋本"、《十三經注疏校勘記》之《周禮注疏校勘記》《儀禮注疏校勘記》《禮記注疏校勘記》《撫本禮記鄭注考異》等校勘成果，指出"俗注疏本"之缺陷，爲學術界閱讀、研究和重新校刻《三禮》文獻，提供了可供參考的高品質學術成果。正是有了這樣一批優秀的彙校成果，加之阮元、張敦仁、黃丕烈和汪士鐘等人的宣導，顧廣圻等人的仔細讎校，宋本《周禮注》12 卷、八行本《周禮疏》50 卷、嚴州本《儀禮注》17 卷、南宋單疏本《儀禮疏》50 卷、《儀禮注疏》50 卷、撫州本《禮記注》20 卷《禮記釋文》4 卷、八行本《禮記正義》70 卷等宋元善本，在校正後得以覆刻傳世，化身千百，喜讀是書者，可家置一部，把玩研讀。在網絡傳媒迅速發展的現代社會，經阮元、黃丕烈、顧廣圻、董康等人收藏、校刻的善本古籍，或再次影印，或製作成電子書，上傳網絡，廣泛流傳，爲研究中國優秀傳統文化、中國古文獻學、經學、禮學及文獻文化史，提供了極大的便利。

　　學者是文獻的生産者，文獻是學者智慧的結晶。學者與文獻之間的互動，傳播文化，傳承文脉。如果把清代江蘇學者收藏、校勘和翻刻宋元本《周禮注》《周禮疏》《儀禮注》《儀禮注疏》《禮記注》《禮記正義》的工作比喻爲一條寶石項鏈的話，那他們收藏的宋元本《三禮》文獻、校勘成果和仿真翻刻本，就是這條項鏈中鱗次櫛比的寶石,紅藍相間,錯落有致,相互輝映,熠熠生輝,不僅是江蘇文脉傳承的象徵,更是中華優秀傳統文化傳播歷程的縮影。阮元、顧廣圻等人的工作,受人崇敬,令人神往,讓人深思,回味無窮。

（原刊於《歷史文獻研究》第 44 輯,廣陵書社 2020 年 5 月）

《五禮通考》的編纂緣起、價值及其版本

《儀禮》《周禮》《禮記》包括《大戴禮記》是中華禮樂文明的淵藪，也是兩千多年來歷代王朝政府制定適合自己時代禮儀制度的根據。自東漢鄭玄給《儀禮》《周禮》《禮記》作注，三書始並稱《三禮》。研究《三禮》之學問，乃稱爲"《三禮》學"。《三禮》涉及内容廣泛，對中華文化産生了深刻影響。清秦蕙田《五禮通考》即《三禮》學研究之代表作。

一、《五禮通考》的編纂緣起

東漢已降，對於《三禮》之研究，基本可分爲三大類：一是立足《三禮》本身，注疏經文，研討經義，若賈公彦《儀禮疏》《周禮疏》，孔穎達《禮記正義》等；二是根據《三禮》記載，創建當代禮儀制度，若《大唐開元禮》《大明集禮》等；三是綜合《三禮》内容，參考經史典籍，考察周代或西周以來之禮儀制度，若《通典·禮典》、朱熹《儀禮

經傳通解》、徐乾學《讀禮通考》、秦蕙田《五禮通考》等。

朱熹《乞修三禮劄子》曰：

> 熙寧以來，王安石變亂舊制，廢罷《儀禮》而獨存《禮記》之
> 科，棄經任傳，遺本宗末，其失已甚。而博士諸生又不過誦其
> 虛文，以供應舉。至於其間，亦有因儀法度數之實而立文者，
> 則咸幽冥而莫知其源。一有大議，率用耳學臆斷而已。若乃
> 樂之爲教，則又絕無師授。律尺短長，聲音清濁，學士大夫莫
> 有知其說者，而不知其爲闕也。故臣頃在山林，嘗與一二學者
> 考訂其說，欲以《儀禮》爲經，而取《禮記》及諸經史雜書所載有
> 及於禮者，皆以附於本經之下，具列注疏諸儒之說，略有
> 端緒[①]。

朱子因王安石“變亂舊制，廢罷《儀禮》而獨存《禮記》之科，棄經任
傳，遺本宗末”，導致“博士諸生又不過誦其虛文，以供應舉。至於
其間，亦有因儀法度數之實而立文者，則咸幽冥而莫知其源。一有
大議，率用耳學臆斷而已”。乃於晚年，彙集諸生，編纂《儀禮經傳
通解》，“欲以《儀禮》爲經，而取《禮記》及諸經史雜書所載有及於禮
者，皆以附於本經之下，具列注疏諸儒之說”，考察西周禮制沿革，
以供當政者之參稽。然編纂未盡，成書三十七卷，親定者僅二十三
卷，朱子仙逝。“喪禮”“祭禮”二門，乃委託弟子黃榦、楊復，成《儀
禮經傳通解續》二十九卷。

宋明學者，研禮者多，然於凶禮，用功甚少。及至清朝，徐乾學
撰《讀禮通考》一百二十卷。朱彝尊《讀禮通考序》曰：

---

① 　宋朱熹撰，王貽樑校點《儀禮經傳通解》，朱傑人、嚴佐之、劉永翔主編《朱子全書》第
　　2 冊第 25 頁。

迨宋講學日繁，而言禮者寡，於凶事少專書。朱子《家禮》盛行於民間，而世之儒者於國恤不復措意。其僅存可稽者，杜氏《通典》、馬氏《通考》已焉。嗚呼！慎終追遠之義輟而不講，斯民德之日歸於薄矣。刑部尚書昆山徐公居母憂，讀《喪禮》，撰《通考》一書，再期而成。尋於休沐之暇，瀏覽載籍，又增益之，凡一百二十卷。撫採之博而擇之也精，考據之詳而執之有要，此天壤間必不可少之書也。……彝尊因勸公并修吉、軍、賓、嘉四禮，庶成完書。公喜劇，即編定體例，分授諸子，方事排纂而公逝[1]。

《四庫提要》曰：

是編乃其家居讀《禮》時所輯。歸田以後，又加訂定，積十餘年，三易稿而後成，於《儀禮·喪服》《士喪》《既夕》《士虞》等篇及《大》《小戴記》，則仿朱子《經傳通解》，兼採衆説，剖析其義。於歷代典制，則一本正史，參以《通典》及《開元禮》《政和五禮新儀》諸書，立綱統目。其大端有八：一曰喪期，二曰喪服，三曰喪儀節，四曰葬考，五曰喪具，六曰變禮，七曰喪制，八曰廟制。喪期歷代異同則有表。喪服暨儀節、喪具則有圖，縷析條分，頗爲詳備。……又欲并修吉、軍、賓、嘉四禮，方事排纂而殁。然是書蒐羅富有，秦蕙田《五禮通考》即因其義例而成，古今言喪禮者，蓋莫備於是焉[2]。

徐乾學仿《儀禮經傳通解》撰《讀禮通考》，以《儀禮》爲主，參考他

---

[1]　清徐乾學《讀禮通考》，影印文淵閣《四庫全書》本，上海古籍出版社，1987 年，第 112 册第 2 頁下欄、第 3 頁上欄。
[2]　清永瑢等纂《欽定四庫全書總目》上册第 264 頁。

書,兼採衆説,研討喪禮,縷析條分,頗爲詳備。"又欲并修吉、軍、賓、嘉四禮,方事排纂而歿",十分可惜!

朱子曰:"禮樂廢壞兩千餘年,若以大數觀之,亦未爲遠,然已都無稽考處。後來需有一個大大底人出來,盡數拆洗一番,但未知遠近在幾時。"①秦蕙田即此"大大底人",其發凡起例,編撰《五禮通考》二百六十二卷。正如秦氏所言:"吾之爲此,蓋將以繼朱子之志耳,豈徒欲作徐氏之功臣哉!"②

秦蕙田,字樹峰,號味經,江蘇金匱(今無錫)人。生於清康熙四十一年(1702),卒於乾隆二十九年(1764)。據《清史稿》卷三〇四記載,秦蕙田於乾隆元年(1736)中一甲三名進士,授編修,南書房行走,累遷至禮部右侍郎。二十二年遷工部尚書,二十三年調刑部尚書,仍兼領工部,加太子太保。二十五、二十八年兩任會試正考官。二十九年,秦氏兩以病請解任回籍,乾隆一再挽留,及准請,回家途中,九月九日巳時卒於滄州,謚曰文恭。錢大昕《潛研堂文集》卷四十二《光祿大夫經筵講官太子太保刑部尚書秦文恭公墓志銘》曰:

> 公立朝三十年,治事以勤,奉上以敬,剛介自守,不曲意徇物。公退,則杜門謝賓客著書,不異爲諸生時。後進有通經嗜古者,奬借不去口,蓋天性然也。公幼而穎悟,及長,從給諫公於京邸,何屺瞻、王若林、徐壇長諸先生咸折輩行與之交。中歲居里門,與蔡宸錫、吳大年、尊彝、龔繩中爲讀經之會。嘗慨

---

① 宋黎靖德編,王星賢點校《朱子語類》第6冊第2177頁。
② 清王鳴盛《五禮通考序》,《西莊始存稿》卷二四,《續修四庫全書》本第1434冊第318頁下欄。

《禮經》名物制度，諸儒詮解互異，鮮能會通其説。故於郊社、宗廟、官室、衣服之類，尤究心焉。上御極之初，江陰楊文定公領國子監事，薦公篤志經術，可佐教成均。既而值内廷，課皇子講讀，益以經術爲後學宗。嘗言："儒者舍經以談道，非道也；離經以求學，非學也。"故以窮經爲主，而不居講學之名。生平所爲文，號《味經窩類稿》者，凡若干卷，而説經之文居其大半。公夙精《三禮》之學，及佐秩宗，考古今禮制因革，以爲《禮》自秦火而後，漢儒抱殘守缺，什僅存一。朱子生於南宋，嘗有志編次朝廷、公卿、大夫、士民禮爲當代之典，而所撰《儀禮經傳通解》體例未備，《喪》《祭禮》又續自黄氏、楊氏，未克竟朱子之志。乃按《周官》吉、凶、賓、軍、嘉之目，撰爲《五禮通考》二百六十二卷。……殫思二十餘年，稿易三四而後定，自言生平精力盡於是焉①。

秦蕙田爲官近三十年，官運亨通，政績突出，深得乾隆皇帝賞識。然從政之餘，謝絶賓客，專心著述，於《五禮通考》用力最多。

《五禮通考》之纂修，始於雍正二年（1724），至乾隆二十六年（1761）告成，歷時三十八年，歷經三期：

> 雍正二年至雍正十三年爲第一期，秦蕙田與鄉人爲讀經之會，積稿成帙，都百餘卷；乾隆元年至十八年爲第二期，秦氏登第入京、任職禮部、讀校禮書及丁憂回籍數事，於《五禮通考》之纂修，影響莫大焉，而成稿亦逾二百卷；乾隆十九年至本年止，爲第三期，秦氏得錢、戴衆新進才雋之助，續加葺補，終

---

① 清錢大昕撰《十駕齋養新録》，陳文和主編《嘉定錢大昕全集》第9册第713頁。

期大備。自雍正二年起，前後幾四十年，秦氏孜孜經營，今始垂成。此中甘苦，略可想見。而經始諸人如蔡德晉、吳鼐，均已徂謝，他若顧棟高輩，亦不及見此書之成①。

先後參與纂修、校訂《五禮通考》之人有蔡德晉、吳鼐、吳鼎、龔繩中、顧我鈞、陸登選、褚寅亮、盛世佐、錢大昕、戴震、王鳴盛、沈廷芳、王昶、方觀承、盧見曾、宋宗元、尹嘉銓、吳玉搢、盧文弨等人②，蔣汾功、顧棟高、盧文弨、盧見曾、方觀承、王鳴盛曾爲《五禮通考》作序。參與纂修、校訂之人，皆是經學文獻研究的大家，或以禮名家，或精於校勘，錢大昕、戴震是清代乾嘉考據學的領軍人物。蔡德晉《禮經本義》、褚寅亮《儀禮管見》、盛世佐《儀禮集編》、戴震《考工記圖注》、王鳴盛《周禮軍賦説》、盧文弨《儀禮注疏詳校》等著作，都是清代禮學研究之代表作。他們的參與，保證了《五禮通考》的質量。

二、《五禮通考》的學術價值

《五禮通考》二百六十二卷，加《目録》二卷、卷首《禮經作述源流》和《歷代禮制因革》四卷，共計二百六十八卷。就文淵閣《四庫全書》本而言，書首是《五禮通考目録》，其次是蔣汾功、顧棟高、秦蕙田三人序，再次是《凡例》十四條，申述纂修緣由和原則，次接正

---

① 張濤《述〈五禮通考〉之成書》，方光華、彭林主編《中國經學論集》，西安，陝西人民出版社，2009 年 1 月，第 284—310 頁。
② 張濤《述〈五禮通考〉之成書》，方光華、彭林主編《中國經學論集》第 284—310 頁。

文。全書按吉禮、嘉禮、賓禮、軍禮、凶禮分爲五大類，每大類下分小類，小類下分細目，徵引經史文獻資料及諸家之論説，後附案語，發表已見。《凡例》曰：

> 自古禮散軼，漢儒掇拾於煨燼之餘，其傳於今者，惟《儀禮》十七篇，《周官》五篇，《考工記》一篇，文多殘闕。《禮記》四十九篇，删自《小戴》，及所存《大戴禮》，間有制度可考，而純駁互見，附以注疏及魏、晉諸家，人自爲説，益用紛歧。唐宋以來，惟杜氏佑《通典》、陳氏祥道《禮書》、朱子《儀禮經傳通解》、馬氏端臨《文獻通考》，言禮頗詳。今案《通解》所纂《王朝》《邦國》諸禮，合《三禮》諸經傳記，薈萃補輯，規模精密，第專錄注疏，亦未及史乘，且屬未成之書。《禮書》詳於名物，略於傳注。《通典》《通考》雖網羅載籍，兼收令典，第五禮僅二書門類之一，未克窮端竟委，詳説反約。《宋史·禮志》載朱子"嘗欲取《儀禮》《周官》《二戴記》爲本，編次朝廷、公卿、大夫、士民之禮，盡取漢晉而下及唐諸儒之説，考訂辨正，以爲當代之典，未及成書"。至近代，昆山徐氏乾學著《讀禮通考》一百二十卷，古禮則仿《經傳通解》，兼採衆説，詳加折衷，歷代則一本正史，參以《通典》《通考》，廣爲搜集，庶幾朱子遺意，所關經國善俗，厥功甚鉅，惜乎吉、嘉、賓、軍四禮，屬草未就。是書因其體例，依《通典》五禮次第，編輯吉禮如干卷，嘉禮如干卷，賓禮如干卷，軍禮及凶禮之未備者如干卷。而《通解》內之《王朝禮》，別爲條目，附于嘉禮。合徐書，而《大宗伯》之五禮古今沿革，本末源流，異同失得之故，咸有考焉①。

---

① 清秦蕙田《五禮通考》，影印文淵閣《四庫全書》本第 135 册第 62 頁上欄、下欄。

秦氏十分清晰地交代了《五禮通考》的撰作緣起。全書上自先秦，下訖明代，先經後史，各以類別，原原本本，條分縷析。正如錢大昕所言：“凡先儒所聚訟者，一一疏其脉絡，破其癥結，上探古人製作之原，下不違當代之法。”①堪稱禮學研究之寶藏。

《五禮通考》的價值，主要體現在以下三個方面：

1. 會通經史，梳理禮制。古禮難考，蓋因禮書殘缺、禮制繁縟。兩漢以來，歷代因循，變化多端，故後人於禮日益疏略。秦蕙田對此深有體會，故於《凡例》曰：

> 考制必從其朔，法古貴知其意。而議禮之家，古稱聚訟，權衡審度，非可臆決。徐本於經文缺略、傳注糾紛之處，必詳悉考訂，定厥指歸。兹特兼收異説，並先儒辨論，附於各條之後，以備參稽。或並存闕疑，於治經之學，不無補裨。

> 杜氏、馬氏所載歷代史事，大概專據志書，而本紀、列傳不加搜採。然史家記事，彼此互見，且《二十二史》體例各殊，有詳於志而不登紀傳者，亦有散見紀傳而不登於志者，舉一廢一，不無掛漏。又其採輯之法，有時全載議論，一事而辨析千言；有時專提綱領，千言而括成一語，詳略不均，指歸無據。兹特徧採紀傳，參校志書，分次時代，詳加考覈。凡諸議禮之文，務使異同並載，曲直具存，庶幾後之考者，得以詳其本末②。

秦氏以“會通”的眼光看待古代禮制之演變，先撰《禮經作述源流》《禮制因革》，置於書首，述禮書之撰作，考禮制之沿革。正文以經

---

① 清錢大昕撰《十駕齋養新錄》，陳文和主編《嘉定錢大昕全集》第 9 册第 713 頁。
② 清秦蕙田《五禮通考》，影印文淵閣《四庫全書》本第 135 册第 62 頁下欄、第 63 頁上欄。

書爲主,以史書爲輔,兼及子部、集部之典籍,凡經、史、子、集中涉及禮儀、禮制的內容,幾乎搜羅殆盡,對禮制的發生和演變進行了詳細梳理和考證。

如吉禮第一類"圜丘祀天"禮,先輯録《周易》《尚書》《周禮》《禮記》等經書中關於"郊祭"之資料,輔以《漢書》、葉時《禮經會元》、陳祥道《禮書》、羅泌《路史》、朱鶴齡之説後加案語解釋"郊祭",其文曰:

> 南郊、北郊,天地分、合祭,千古聚訟。考分祭,見於《周禮》之圜丘、方澤,《禮記》之泰壇、泰折,厥有明文,合祭則無之也。而後人以北郊不見經傳爲疑。案《漢書·志》載匡衡、張譚議,有祭天於南郊,瘞地於北郊。及翟方進等引《禮記》"南郊定天位,北郊就陰位"之語,去古未遠,其言必有所本,固不特注疏爲然,是不得謂之無據也。合祭自王莽始,後之君臣圖宴安,憚勞費,於是曲爲附會,往往以《召誥》"用牲于郊,牛二"謂經文無北郊,及《昊天有成命》詩歌天不歌地爲辭。夫《周禮》稱圜丘、方澤,亦未嘗有南郊之名。《郊特牲》之變圜丘爲南郊,亦猶《祭法》之言泰壇,同實而異名耳。且言南,正以別於北。而經之泛言郊者,皆統天地可知,何必以無北郊之文爲疑也?……考天地之祭,漢時或分或合,後唯魏文帝之太和、周武帝之建德、隋高祖之開皇、唐玄宗之開元、宋神宗之元豐、元文宗之至順、明世宗之嘉靖,特主分祭,餘皆主合祭。……我朝定南北郊之祭,天子歲必親行,破累代之陋規,遵古經之正禮,三代之盛,奚以加焉[①]。

---

① 清秦蕙田《五禮通考》,影印文淵閣《四庫全書》本第 135 册第 136 頁上、下欄,第 137 頁上、下欄。

郊祭分南、北,分祭天、地,《周禮》《禮記》皆有記載,乃古經之正禮。王莽始主張合祭天地,後世樂便,曲爲附會,安憚勞費,往往仍而不改。

自卷一至卷二〇,秦氏用二十卷之篇幅,徵引經、史等文獻之記載,梳理先秦至明代圜丘祭天禮的儀式及其演變,具體細目有:郊名義、四代郊正祭、四代告祭、郊壇、配帝、日月從祀、玉幣、親耕粢盛秬鬯、酒醴、犧牲、籩豆之實、器用、服冕、車旗、告廟卜、誓戒擇士、齊、戒具陳設、省眂、呼旦警戒、除道警蹕、祭日陳設省眂、祭時、聽祭報、王出郊、燔柴、作樂降神、迎尸、迎牲殺牲、盥、薦玉帛、薦豆籩、薦血腥、朝踐王一獻宗伯二獻、祝號、享牲、薦熟、饋獻王三獻宗伯四獻、薦黍稷、饋食王五獻宗伯六獻諸臣七獻、祀神之樂、嘏、送尸、徹、告事畢、代祭、喪不廢祭、秦郊禮、西漢郊禮、後漢郊禮、蜀漢郊禮、魏郊禮、吳郊禮、晉郊禮、宋郊禮、齊郊禮、梁郊禮、陳郊禮、北魏郊禮、北齊郊禮、北周郊禮、隋郊禮、唐郊禮、五代郊禮、宋郊禮、遼祭山禮、金郊禮、元郊禮、明郊禮。"郊名義"至"喪不廢祭",考察圜丘祭天禮儀的具體儀式;"秦郊禮"至"明郊禮",分別叙述各代的圜丘祭天禮儀。從這些細目,大致可以看出中國古代圜丘祭天禮的歷史,清代以前圜丘祭天禮的祭祀儀式、所用器物、參與人員、禮儀演變,一清二楚,而關於圜丘祭天禮的原始資料、主要觀點、爭論焦點及其原因,全聚於此,爲我們研究圜丘祭天禮提供了極大便利。其他類目,無不如是。

2. 分類詳明,徵引豐贍。《三禮》研究專家錢小雲在《三禮辭典》自序中説:

> 古之所謂禮,本指祭祀鬼神之事,隨社會發展,禮之範圍

逐步擴大，由祭祀之禮而及於人倫之各種規範，再而至於有關政教之典章制度。今試以《儀禮》《周禮》及大、小戴《禮記》所涉及之内容觀之，則天子侯國建制、疆域劃分、政法文教、禮樂兵刑、賦役財用、冠昏喪祭、服飾膳食、宫室車馬、農商醫卜、天文律曆、工藝製作，可謂應有盡有，無所不包。其範圍之廣，與今日"文化"之概念相比，或有過之而無不及。是以《三禮》之學，實即研究上古文化史之學[1]。

錢老之言，充分説明了《三禮》所涵蓋的内容是十分廣泛的。而以《三禮》爲源頭的中國古代禮儀制度，所涉及的範圍之廣，遠遠超過《三禮》之内容。所以，要考察先秦以來的禮制，分類就是第一大難事。鄭樵曰："類例既分，學術自明。"[2]一語道破了學術分類的重要性。

《周禮·春官·大宗伯》將禮分爲吉、凶、賓、軍、嘉五類。清代以前，綜合考察禮儀制度且按照五禮分類的著作有唐代杜佑《通典·禮典》、鄭樵《通志·禮略》，均按吉、嘉、賓、軍、凶之次序分類。《五禮通考》在《通典·禮典》《通志·禮略》的基礎上，仿照其吉、嘉、賓、軍、凶之次序，調整細小分類，彙編禮學資料。卷一至卷一百二十七是吉禮，分圜丘祀天、祈穀、大雩、明堂、五帝、祭寒暑、日月、星辰（附太一、太歲月將、風師雨師雲神雷神）、方丘祭地、社稷（附城隍）、四望山川（附封禪）、五祀、六宗、四方、四類、高禖、蜡臘、儺、醋、盟詛、禜、宗廟制度（附律吕）、宗廟時享、禘祫、薦新、后妃廟、私親廟、太子廟、諸侯廟祭、大夫士廟祭、祀先代帝王、祭先聖先

師、功臣配享、賢臣祀典、親耕享先農、親桑享先蠶、享先火、享先
炊、享先卜、享先醫、古祭屬四十一小類。卷一百二十八至卷二百
一十九是嘉禮，共九十二卷，分即位改元、上尊號、朝禮、尊親禮、飲
食禮（附爲人後）、冠禮、昏禮、饗燕禮、射禮、鄉飲酒禮、學禮、巡狩、
觀象授時、體國經野、設官分職十五小類。卷二百二十至卷二百三
十二是賓禮，共十三卷，分天子受諸侯朝、天子受諸侯覲、天子受諸
侯藩國朝覲、會同、三恪二王后、諸侯聘於天子（蕃使朝貢附）、天子
遣使諸侯國（遣使詣蕃附）、諸侯相朝、諸侯會盟遇、諸侯遣使交聘、
士相見禮十一小類。卷二百三十三至卷二百四十五是軍禮，共十
三卷，分軍制、出師、校閱、車戰、舟師、田獵、馬政七小類。卷二百
四十六至卷二百六十二是凶禮，共十七卷，分荒禮、札禮、裁禮、襘
禮、恤禮、唁禮、問疾禮、喪禮八小類。如此分類，與《禮典》《禮略》
比較，均有很大不同。

　　《通典·禮典》吉禮類細分郊天、大雩、大享明堂、朝日夕月、禋
六宗、大褅、靈星、風師雨師及諸星等祠、方丘、社稷、山川、籍田、先
蠶、天子宗廟、后妃廟、皇太子及皇子宗廟、諸侯大夫士宗廟、天子
皇后及諸侯神主、卿大夫士神主及題板、諸藏神主及題板制、兄弟
相繼藏主室、移廟主、師行奉主車、立尸義、時享、祫褅、功臣配享、
天子七祀、宗室助祭議、庶子攝祭、庶子在他國不立廟議、兄弟不合
繼位昭穆議、兄弟俱封各得立禰廟議、遭難未葬入廟議、亡失其親
立廟議、喪廢祭議、旁親喪不廢祭議、緦不祭議、奪宗議、殤及無后
廟祭議、祭殤、未立廟祭議、公除祭議、上陵、大學、諸侯立學、釋
奠、祀先代帝王、老君祠、孔子祠、太公廟、巡狩、封禪、告禮、歷代
所尚、享司寒、禜、禳祈、高禖、祓禊、諸雜祠、淫祀興廢六十二小

類,計十四卷①。

《通志・禮略》吉禮類細分郊天、大雩、明堂、朝日夕月、大禘、靈星、風師雨師及諸星等祠、方丘、社稷、山川、籍田、先蠶、宗廟、時享、祫禘、功臣配享、天子七祀、上陵、釋奠、祀先代帝王、老君祠、孔子祠、太公廟、巡狩、封禪、歷代所尚、享司寒、禜、蕐茭桃梗、高禖、祓禊、諸雜祠三十二類,計二卷②。《五禮通考》吉禮類分爲四十一小類,共一百二十七卷,幾乎占全書的一半,内容豐富,分類更加符合禮制演變實際。

《通典・禮典》軍禮類分天子諸侯將出征類宜造禡並祭所過山川、軷祭、天子諸侯四時田獵、出師儀制、命將出征、宣露布、天子諸侯大射鄉射、天子合朔伐鼓、冬夏至寢鼓兵、馬政、時儺十一類,所引《開元禮類纂》分皇帝將親征類於上帝、皇帝親征告於太廟、皇帝親征禡於所征之地、皇帝親征及巡狩郊祭有司軷於國門、皇帝親征及巡狩告所過山川、平蕩寇賊宣露布、遣使勞軍將、皇帝講武、皇帝田狩、皇帝射於射宫、皇帝觀射於射宫、制遣大將出征有司宜於太社、制遣大將出征有司告於太廟、仲春祀馬祖、仲夏享先牧、合朔伐鼓、大儺十七類。《通志・禮略》軍禮類分天子諸侯將出征類宜造禡並祭所過山川、軷祭、田獵、講武、命將出征、宣露布、大射鄉射、合朔伐鼓、祭馬祖、時儺十類。《五禮通考》軍禮類分軍制、出師、校閱、車戰、舟師、田獵、馬政七小類,顯然更加合理。

《五禮通考》於每小類下,又分細目,如"學禮"下分天子五學、門閭小學、鄉遂學、諸侯學、諸侯鄉學、教學之法、入學、考校、簡不

---

① 唐杜佑著,王文錦等校點《通典》第 1 册第 15—18 頁。

② 宋鄭樵撰,王樹民點校《通志二十略》上册第 12—13 頁。

率教、西漢國學、後漢國學、三國國學、晉國學、南北朝國學、隋國學、唐國學、後唐國學、宋國學、金國學、元國學、明國學、歷代郡縣學、天子諸侯視學、歷代視學、世子齒學、經筵日講、取士、兩漢取士、魏晉至隋取士、唐取士、五代取士、宋取士、遼金取士、元取士、明取士、養老之禮、優老之禮、歷代視學養老之禮、歷代優老之禮三十九細目，先秦至明代學禮制度，若網在綱，一目瞭然。

《五禮通考》之三級分類，與《通典》《通志》相比，更加科學。《清史稿》稱贊《五禮通考》"博大閎遠，條貫賅備"者，實非虛語。

《五禮通考》討論各種禮制，均大量徵引原始文獻，資料十分豐富。茲舉"禘祫"類徵引資料爲例，卷九十七至一百共計四卷討論禘祫禮儀，徵引的文獻有《周禮注疏》《儀禮注疏》《禮記正義》《毛詩正義》《國語》《春秋左傳正義》《春秋公羊傳注疏》《春秋穀梁傳注疏》《論語注疏》《爾雅注疏》《大戴禮記》《史記》《漢書》《後漢書》《三國志》《晉書》《宋書》《漢舊儀》《南齊書》《魏書》《隋書》《舊唐書》《新唐書》《宋史》《金史》《遼史》《元史》《明史》《通典》《開元禮》《册府元龜》《禮書》《四書集注》《朱子語録》《文獻通考》《續文獻通考》《山堂考索》《明會典》《明集禮》《春明夢餘録》等四十多種，徵引了孔安國、劉歆、賈逵、許慎、何休、王肅、高堂隆、徐邈、權德輿、韓愈、王安石、程子、張載、吳仁傑、林之奇、趙匡采、陸淳、方愨、朱熹、楊復、馬端臨等二十多位學者的論點。徵引資料之宏富，可見一斑。

3. 時加按語，發表新見。《五禮通考》將經、史、子、集材料按類編排後，便加案語，發表意見。其中秦蕙田案語多達四千三百四十六條，方觀承案語一百七十二條，宋宗元案語二十六條，内容非常豐富，或交代分類緣由，或考辨注疏是非，或條理禮制流變，或辨證疑難爭議，兹舉數端如下：

《五禮通考》卷一首條蕙田案曰：

　　禮莫重於祭，祭莫大於天。天爲百神之君，天子爲百姓之主，故惟天子歲一祭天。《周禮》："冬日至，祀昊天上帝於圜丘。"冬至，取陽生。南郊，取陽位。圜丘，取象天。燔柴，取達氣。其玉幣、牲牢、尊俎、樂舞、車旗之屬，各以象類，雖一名一物之微，莫不有精意存於其間。故曰："郊，所以明天道。"又曰："明乎其義，治國其如示諸掌乎！"自《禮經》不明，章句之儒，群言淆亂，朝堂之上，議論紛拏。六天始於康成，合祭起於新莽，排擊者不遺餘力，然行之數千百載而未已。大都沿注疏者失之愚，因前代者失之陋，樂簡便者失之怠，皆非所以交於旦明之義也。兹輯"祀天"門，以經爲斷，以史爲案，經傳爲之綱領，疏解爲之條貫，正其紕繆，一其異同，而歷代典禮之得失，廷臣建議之是非，洞若觀火，議禮家可考覽焉①。

此案語陳述"圜丘祀天"的立類緣由，並指出鄭玄"六天說"之非。

卷三十五"星辰"蕙田案語曰：

　　鄭氏改"宗"爲"禜"，似屬無據。方氏訓如字，自可通。但鄭以"禜"爲"營"，疏謂"爲營域而祭之"，方氏謂"祭星之所，謂之幽宗"，義固相同也，然不言營域在何方何所。今案祭祀之地，見於經而有據者，祀天於南郊，祭地於北郊，兆五帝於四郊，朝日於壇，在東門之外，夕月於坎，應在西門之外。而祭寒

---

① 清秦蕙田《五禮通考》，影印文淵閣《四庫全書》本第 135 册第 131 頁下欄、132 頁上欄。

暑，先儒謂相近於日月之坎壇，祭四方又有四坎壇，雩宗則諸神自郊徂宮，亦各有常祭之處。唯祭時之泰昭、祭星之幽宗，則未嘗別見。今案此節所祭，皆承上燔柴泰壇、瘞埋泰折而言，意者昭爲陽明之意，幽爲陰闇之意，豈四時乃天地之氣，四方皆有之，或在四郊壇兆之南，南爲離明相見之地，故曰昭；星乃天象，隨月而見於夜，或在西郊月坎之北，坎爲隱伏，故曰幽與？言泰、言宗，皆尊之之意。注疏及方氏説，義似未足，今姑繹其字義，而略爲之説，以俟考①。

《禮記·祭法》："幽宗，祭星也。"鄭《注》："宗，皆當爲'禜'，字之誤也。幽禜，亦謂星壇也，星以昏始見，禜之言營也。"孔疏："祭星壇名也。幽，闇也。宗，當爲'禜'。禜，壇域也。星至夜而出，故曰幽也。爲營域而祭之，故曰幽禜也。"②方慤曰："幽言其隱而小。揚雄曰：'視日月而知衆星之蔑。'故祭星之所，謂之幽宗焉。幽、雩皆謂之宗，宗，尊也。祭祀無所不用其尊。《詩》曰：'靡神不宗。'無所不用其尊之謂也。泰壇、泰折不謂之宗者，天地之大，不嫌於不尊也。"③鄭玄認爲，幽宗即幽禜，祭星之稱。秦氏覺得鄭注、孔疏及方慤意見，義似未足，故繹其字義，發表己見。

卷一百四十"聖節朝賀"蕙田案語曰：

古者有上壽之辭，無賀生辰之禮。《詩》稱"躋彼公堂，稱彼兕觥，萬壽無疆"，又云"虎拜稽首，天子萬壽"。人臣受恩於君，無以報稱，惟有祝君壽考而已。至生日之説，自古無之，惟

---

① 清秦蕙田《五禮通考》，影印文淵閣《四庫全書》本第 135 册第 881 頁上、下欄。
② 漢鄭玄注，唐孔穎達疏，吕友仁整理《禮記正義》下册第 1787—1788 頁。
③ 清秦蕙田《五禮通考》，影印文淵閣《四庫全書》本第 135 册第 881 頁上欄。

隋高祖仁壽二年，詔："六月十三日是朕生日，宜令海內爲武元皇帝、元明皇后斷屠。"唐太宗亦以生日幸慶善宫，賦詩賜宴。是帝皇稱生日之始，然未置酒稱賀。至玄宗因源乾曜、張説之請，以生日爲千秋節，御花萼樓受賀。然御花萼樓，則尚非正衙也。且終唐之世，惟穆宗、文宗復行之，其餘諸帝，率集沙門道士，講論祈福，不稱賀也。五代晉、漢、周，亦舉上壽故事。宋世，聖節上壽，或在紫宸殿，或在垂拱殿，或在崇德殿，較之正冬御乾元殿，其禮猶殺也。《金史》以元日、聖誕上壽，并爲一儀，則與元正禮等。元、明以來，蓋承用之。唐、宋、遼、金，每一帝必别立節名，元則稱"天壽節"，或云"聖誕節"，明則惟稱"萬壽節"焉①。

此述上壽、生辰禮之演變。過生日之禮，始於隋高祖、唐太宗。

社祭、稷祭，鄭玄、王肅觀點不一，導致後人解説歧異。卷四十一蕙田案語曰：

> 兩家互有得失。鄭得者，勾龍配社，后稷配稷，一也；地稱后土，勾龍稱后土，名同而實異，二也；駁社是上公，駁勾龍、棄先五嶽而食，三也。其失者，社即地示，一也；稷爲原隰之神，二也；稷是社之細别，三也。王得者，社非祭地，一也；定地位一難，牲牢裘冕二難，二也；駁鄭自相違反，三也。其失者，社祭勾龍，稷祭后稷，皆人鬼，一也；無配食明文，不得稱配，二也；稷米祭稷，反自食，三也。朱子注《孟子》云："社，土神。稷，穀神。"最爲明白簡當。云土神，則隨土之大小，皆得祭之；若云

---

① 清秦蕙田《五禮通考》，影印文淵閣《四庫全書》本第 138 册第 301 頁上、下欄。

地示,則惟天子乃得祭,而非社之謂矣①。

社是土神,又指祭社之祭名。土神與地示有別,自天子至庶民皆得封土立社,地示惟天子得祭祀。稷是穀神。秦氏對鄭玄、王肅之得失和社祭、稷祭之總結,十分明晰。

正由於此,《五禮通考》受到學術界的高度評價。四庫館臣評價説:"蕙田之以類纂附,尚不爲無據。其他考證經史,原原本本,具有經緯。非剽竊餖飣、挂一漏萬者可比。較陳祥道所作,有過之無不及矣。"②顧棟高則稱秦氏之書:"皇哉唐哉!此數千百年來所絶無而僅有之書也,顧實有先得余心者。"③王鳴盛曰:"秦公味經先生之治經也,研究義理而輔以考索之學,蓋宋朱子之家法也。嘗嘆徐氏《讀禮通考》頗爲整贍,乃仿其體,以吉、嘉、賓、軍、凶分禮爲五,編次爲書。而徐氏之書詳於史而略於經,公則爲之矯其弊。且凶禮之別有五,而荒禮、弔禮、檜禮、恤禮,徐氏俄空焉,公則爲之補其闕。"④曾國藩稱:"秦尚書蕙田遂纂《五禮通考》,舉天下古今幽明萬事,而一經之以禮,可謂體大而思精矣。"⑤方觀承評價此書"上自《六經》,下迄元、明,凡郊廟、禋祀、朝覲、會同、師田、行役、射鄉、食饗、冠昏、學校,各以類附,於是五禮條分縷析,皆可依類以求其義。"⑥

---

① 清秦蕙田《五禮通考》,影印文淵閣《四庫全書》本第 135 册第 1041 頁下欄、第 1042 頁上欄。
② 清永瑢等纂《欽定四庫全書總目》上册第 282 頁。
③ 清顧棟高《五禮通考原序》,《五禮通考》,影印文淵閣《四庫全書》本第 135 册第 59 頁下欄。
④ 清王鳴盛《五禮通考序》,《續修四庫全書》本第 1434 册第 318 頁上、下欄。
⑤ 清曾國藩《曾國藩全集》卷二,長沙,岳麓書社,2011 年 12 月,第 14 册第 152 頁。
⑥ 清方觀承《五禮通考序》,《五禮通考》,清光緒六年(1880)江蘇書局刻本。

　　從上述諸人評價可見，秦氏之書確實是清代禮學集大成之傑作。

　　《五禮通考》的徵引文字，根據具體内容，或頂格，或低一格，或低二格、四格不等，然有其寓意。正如卷二十七秦蕙田案語曰：

　　　　武后以周篡唐，實爲元惡，而違天動衆，非禮興作，尤屬妖妄。著其矯誣，正以嚴其斧鉞也。馬氏《通考》幾于削而棄之，今取其有關事迹者載之，以彰世宙之變，而概降一格，以貶其文①。

武則天篡權，故將武則天享明堂禮之資料，統統低一格排列，以示貶意。

　　關於星辰祭祀，唐玄宗信術士之言，別立"九宮貴神"之祭，後人不知所指，意見分歧，支離膠擾，無法考究。故將星辰祭祀之資料，附録於後。卷三十五秦蕙田案語曰："統低一字，以小變其例云。"②此謂附録之資料，統低一格。

三、《五禮通考》的版本

　　關於《五禮通考》的版本，《三禮研究論著提要》曾有著録，今就我們所知，再結合張濤之研究成果③，綜述如下：

---

① 　清秦蕙田《五禮通考》，影印文淵閣《四庫全書》本第 135 册第 723 頁下欄。
② 　清秦蕙田《五禮通考》，影印文淵閣《四庫全書》本第 135 册第 903 頁上欄。
③ 　張濤《〈五禮通考〉"喪禮門"編纂評析》，《傳統中國研究集刊》第 3 輯，上海人民出版社，2007 年 11 月，第 489—509 頁；張濤《述〈五禮通考〉之成書》，方光華、彭林主編《中國經學論集》；張濤《關於味經窩〈五禮通考〉的刊印年代》，《中國典籍與文化》2011 年第 2 期，第 80—88 頁。

1. 稿本。殘,朱砂印格,版心刻"五禮通考卷"字樣。半頁十三行,行大字二十一字,雙行小字二十一字,首蔣汾功、顧棟高二序,次《凡例》,次《目錄》二卷,次卷首四卷,次正文二百六十二卷。書内有"大隆審定"白文方印,七十三冊。王欣夫《蛾術軒篋存善本書錄》著錄①,今藏復旦大學圖書館。

2. 味經窩初印本,簡稱"味經窩本"。半頁十三行,行大字二十一字,雙行小字三十字。首蔣汾功、方觀承二序,次《目錄》二卷、次卷首四卷、次正文二百六十二卷。有"莫友芝圖書印"朱文長方印、"莫印彜孫"朱文方印、"莫友芝"、"郘亭長"、"莫印繩孫"白文方印、"吳興劉氏嘉業堂藏書印"朱文方印、"柳蓉村經眼印"白文方印、"博古齋收藏善本書籍"朱文方印、"王欣夫藏書印"朱文長方印、"大隆審定"白文方印等藏書印,有張廷濟、王大隆跋語,先後經張廷濟、莫友芝、劉承幹、王欣夫遞藏,今藏復旦大學圖書館。味經窩本多眉批、浮簽,王氏謂是秦蕙田、盧文弨、姚鼐手校。又云"舊粘校簽,日久往往脱落,莫郘亭得此書後,用墨筆移識書眉,憑筆迹可驗"。② 八十冊,清乾隆二十六年(1761)前後刊印本。

味經窩本校勘不精,訛脱衍倒很多,以至於幾乎每頁天頭地脚皆有秦蕙田、盧文弨等人校語,甚者有遺漏數十頁者。清代學者賀緒蕃於光緒乙亥(1875)八月三日在卷一百九十七末尾批注曰:"此本較後定本,少附戴氏震《勾股割圜記》五十三葉。"以字數估算,約四萬字。卷二百九脱"陶唐氏遷閼伯於商丘即此""按商丘漢爲睢陽縣劉宋爲壽春縣隋改曰宋城明置曰商丘縣"三十六字,乾隆本、

① 王欣夫著,鮑正鵠、徐鵬整理《蛾術軒篋存善本書錄》,上海古籍出版社,2002 年 12 月,第 1134—1135 頁。

② 王欣夫,鮑正鵠、徐鵬整理《蛾術軒篋存善本書錄》第 1136—1137 頁。

光緒本同。1994 年,臺灣聖環圖書有限公司以拍攝的膠片爲底本,將味經窩本套彩影印出版,精裝爲八册。此影印本亦有失誤,如將卷一百二十一之第二十四頁、第二十六頁至第二十八頁等四頁,錯拼爲卷二十一之第二十四頁、第二十六頁至第二十八頁。且兩卷的第二十一頁前十行文字,也有差異,卷二十一之第二十一頁,顯然是依據卷一百二十一之第二十一頁朱批修改重刻者。此種錯誤,導致卷二十一缺四頁,計一千餘字。

3. 味經窩通行本,簡稱"乾隆本"。首蔣汾功、方觀承、顧棟高三人序和秦蕙田自序,次《凡例》、次《目録》二卷、次卷首四卷、次正文二百六十二卷。乾隆本即以味經窩本改訂,吸收浮簽、眉批,修版刊行。味經窩本之大量錯誤,得到修正,但訛錯衍倒,仍有不少。有沿襲味經窩本之誤者,如卷七十九脱去"光王業之興起自皇祖綿綿瓜瓞時惟多祐敢以"十九字。亦有新增之訛誤,如卷一百四十六脱去"唐書崔祐甫傳"至"出繼叔父昌武亭侯遺"凡四百二十四字;卷二百六脱去"西來注之"至"任土作貢"凡六百十字,而《四庫》本、味經窩本、光緒本皆有。此本刊刻年代,當不早於乾隆二十九年(1764)。

4. 文淵閣《四庫全書》本。乾隆三十七年(1772)開四庫館修書,《五禮通考》收入經部禮類五"通禮之屬",乃依據江蘇巡撫採進本鈔録,此採進本疑即乾隆本。《四庫》本與味經窩本、乾隆本、光緒本比較,區別有四:一是卷首署名不同,《四庫》本作"刑部尚書秦蕙田撰",味經窩本、乾隆本、光緒本於《五禮通考總目》上下有"經筵講官刑部尚書兼理樂部大臣協理國子監算學前禮部右侍郎金匱秦蕙田編輯、太子太保總督直隸兼管河道提督軍務兼理糧餉都察院右都御史桐城方觀承同訂"等文字,於正文卷首有"内廷供奉禮部右侍郎金匱秦蕙田編輯,太子太保總督直隸右都御史桐城方觀承同訂,國子監司業金匱吳鼎、兩淮都轉鹽運使德水盧見曾、翰林院編修嘉定錢大昕、翰林院侍讀學士嘉定王鳴盛、休寧戴震、按察司副使元和宋宗元、貢士吳江顧我鈞參校"等文字,味經窩本、乾隆本每卷末有"博野尹嘉銓校字""淮陰吳玉搢校字"等文字,即除署名秦蕙田編輯以外,同時附上同訂者、參校者的官銜姓名。二是《四庫》本徵引《遼史》《金史》《元史》中契丹、女真、蒙古族人名、地名、官名等,譯音字與味經窩本、乾隆本、光緒本及中華書局點校本《遼史》《金史》《元史》不同。如《四庫》本"阿裕爾巴裹巴特喇",味經窩本、乾隆本、光緒本等作"愛育黎拔力八達",類似者不少。三是《四庫》本對部分文字進行删改或抽換,如乾隆本卷一百二十三錢謙益《鷄鳴山功臣廟考》上、下,計二千零三十一字,四庫館臣删去,卷二百零六徵引錢謙益《徐霞客傳》一節,《四庫》本抽換爲方中履《古今釋疑》;卷四十七徵引《文獻通考》卷八十三,將"比虜寇進逼江上",改爲"敵逼江上";"虜人入寇",改爲"敵入侵",雖意思未變,但其意昭然。四是《四庫》本對味經窩本、乾隆本之譌脱衍倒,進行改正[①]。如卷首第二"孝惠帝",味經窩本、乾隆本譌作"孝武帝";"燕義六"之"義",味經窩本、乾隆本譌作"禮";"朝事義十"之"事",味經窩本、乾隆本譌作"士";"周官講義十四卷",味經窩本、乾隆本脱"十四卷"三字;卷一百二十三味經窩本、乾隆本、光緒本徵引《明史·禮志》,脱去"并功"至"少牢"一百五十九字;卷一百四十一"食命婦

---

① 《四庫》本優於《五禮通考》味經窩本,吕友仁已經指出。吕友仁《〈五禮通考〉庫本勝於味經窩刻本考辨》,方光華、彭林主編《中國經學論集》第 311—334 頁。

歸寧則服鵁衣臨婦學及法道門”十六字，味經窩本、乾隆本、光緒本皆脱。卷一百九十四“乾象新書天囷五星屬妻餘星屬胃”十四字，味經窩本、乾隆本、光緒本皆脱。此類情況，多關乎史實、禮制，幾乎每卷均有，多者十餘條，少者二三條，然《四庫》本或改正，或補缺，整體質量，遠勝於他本。

當然，《四庫》本亦有脱漏者，如卷二百一十六，《四庫》本脱自“哀公十四年左氏傳”至“杜預以爲市官也”，凡五百六十八字，味經窩本、乾隆本、光緒本皆有。

《四庫》本書前提要撰於乾隆四十三年（1778）十月。於卷前有“詳校官監察御史臣范衷、給事中臣温常綬覆勘、總校官進士臣繆琪、校對官中書臣李棨、謄録監生臣吉士琛”“欽定四庫全書”等文字，記録謄録者、校對者姓名等。

臺灣商務印書館將文淵閣《四庫全書》影印出版，上海古籍出版社於 1987 年縮小重印。上海人民出版社和香港迪志文化出版有限公司合作出版的文淵閣《四庫全書》電子版中收録其電子化文本。

5. 江蘇書局本。清光緒六年（1880）九月江蘇書局重刊，簡稱光緒本。此本據乾隆本翻刻，與前諸本之不同者，一是多出盧文弨、盧見曾、方觀承三人序，但删除顧棟高序；二是光緒本增加了大量的異體字；三是對味經窩本、乾隆本和《四庫》本之個別訛誤，加以訂正，如卷一百二十《明會典》“釋奠儀”一段，味經窩本、乾隆本、《四庫》本脱“典儀唱徹饌奏樂執事各詣神位前徹饌樂止典儀唱送神奏樂贊引贊四拜傳贊陪祀官同”三十六字，光緒本補入。沿襲乾隆本錯誤者，仍有不少，如卷一百二十三，味經窩本、乾隆本脱自

“并功臣廟”至“皆用少牢”一百五十九字,光緒本亦脱,《四庫》本有。由此可知,光緒本蓋以乾隆本爲底本翻刻,校改一些訛誤,但也增加了一些新的錯誤。

6. 三味堂本。湖南新化三味堂本,清光緒二十二年(1896)刊印,一百二十册,南京圖書館收藏一部,藏書號一〇一一四,版式、行款與光緒本同。抽校部分卷目,内容文字與光緒本同,蓋據光緒本翻刻者。

比較諸本優缺點,《四庫》本《五禮通考》是目前最好、最實用的版本。我們以上海古籍出版社影印的《四庫》本作底本,以味經窩本、乾隆本、光緒本爲對校本進行整理,以便閱讀。

(原刊於《清代揚州學派研究論文集》,鳳凰出版社 2016 年 10 月;又名《整理前言》,收入《五禮通考》點校本,中華書局 2020 年 12 月)

整理《十三經注疏》芻議

近十多年來，在校勘整理《禮記》的過程中，對如何整理《十三經注疏》有一些想法，今從《十三經注疏》整理的現狀、《十三經注疏》的彙集刊刻、整理《十三經注疏》的設想三個方面，談點粗淺的意見。筆者能專攻禮學，與恩師李慶善先生的引導密不可分，恰值先生百年誕辰，特撰此文，以識紀念。

一、《十三經注疏》整理的現狀

中國整理文獻的傳統，由來已久，孔子曾整理《六經》，我們説《詩三百》，現在看到的是 311 篇，6 篇有目無文，有目有文者是 305 篇，舉其成數，曰三百篇。從近幾年出土的文獻看，有孔子論《詩》的相關竹簡，讓我們知道了一些不在 305 篇之内的詩篇，這樣恰恰也就證明了現在看到的 305 篇，是經過孔子整理的，或者是他爲了教學的方便，進行過編輯剪裁。漢代，劉向、劉歆大規模整理藏書，整理完一部書,寫一篇提要,把相關整理情況交代清楚。漢代以降,尤其是唐宋明清時期,對於以前的文獻,都以不同的方式進行過整理。

現代學術界講古籍整理,主要分爲兩大類:一類是普及性的,即給古籍做注釋、翻譯,類似工作,古人已有,比如清代陳龍標《周禮精華》6卷①,此書每頁分上下欄,下欄刪節《周禮注疏》,於每一官職經文右側,以小字夾注形式注釋經文,經文之下,徵引宋元明清人論説,串講經文,上欄引用他説,加以解説。此類書籍,雖爲制義而作,類似我們今天的注譯,但便於初學。另一類是對古籍進行標點校勘,標點古人叫句讀,即斷句,校勘是勘正文字訛誤。部分文章如果篇幅長的話,還要分段。標點、分段、校勘,説起來特別簡單,當你真正做的時候,是整理古籍中最難的,尤其是經典性的著作。經典是過了成百上千年後,常讀常新,越讀越好,能够給你啓發的書,儒家《十三經》就是這樣的經典。《十三經》自漢代以來,研究著作很多,這些著作以前整理過,今天也需要整理。

嘉慶二十一年(1816)秋天,阮元主持校刻的《十三經注疏》366卷刊刻完成②。1980年10月,中華書局依據世界書局本影印《十三經注疏》366卷,三十多年來,多次重印,爲學術界研究經學,提供了極大方便。從嘉慶二十一年(1816)算的話,阮刻本《十三經注疏》刊刻到現在,已經兩百多年了,但難以找到替代阮刻本《十三經注疏》的整理本,值得深思。

目前能够看到的《十三經注疏》整理本主要有三種:

---

① 清陳龍標《周禮精華》6卷,清光緒刻本,桂香書屋藏本,一函四册。
② 清胡稷《重刊宋本十三經注疏後記》,清阮元校刻《十三經注疏》上册第3頁。

1999 年，北京大學出版社出版的《十三經注疏》標點本，是簡體字橫排，此後出版了整理本，是繁體字豎排，這兩套書一是極大地推動了經學的研究，二是給讀者提供了一個比較方便的讀本。缺點一是有標點錯誤，二是對阮元的校勘記進行了改編，這種改編，不是很規範。

2001 年，臺灣新文豐出版公司出版了一套《十三經注疏》，也是整理本。這套書對阮刻本《十三經注疏》標點分段，其優點是完整保留了阮元的校勘記，但就《周禮》《儀禮》《禮記》而言，最大的問題就是破句太多，且缺乏校勘。

2007 年起，上海古籍出版社陸續出版由張豈之和周天游主編的《十三經注疏》整理本，已出版《尚書正義》《周禮注疏》《儀禮注疏》《禮記正義》《毛詩注疏》等，這套書總體來說，比起前面兩套書，設計似乎規範一些，他們力圖整理出版一部想代替阮刻本《十三經注疏》的新版本，但從出版的情況來看，這個目的可能達不到。這套書存在選擇版本不當、整理不規範等問題，個別經書標點、斷句的錯誤，還超過了北大本。

所以，已經出版的三套《十三經注疏》整理本，要想替代阮刻本很難。

《十三經注疏》整理得不好，主要原因是學術條件尚不具備。古籍整理是一項嚴肅認真的學術研究工作，要整理任何一本古籍，必須先做好四項工作：

第一，摸家底。要整理一部書，比如整理《周易》，首先要摸一摸，從古到今，有哪些人對《周易》做過研究，有哪些研究著作，每種著作刻過多少次，哪些丟了，哪些存着，流傳下來的版本，又有什麼文字差異。必須要摸這個家底。

第二，排譜系。摸完家底以後，把整理古籍的版本搞清楚了，但是這些版本之間的關係如何，仍然搞不清楚。前人有一個比較討巧的辦法，就是把一些比較重要的版本找來，抽校一部分，搞清各個版本之間的關係。把這些版本之間的關係摸清以後，就要做一個工作，叫作排譜系，排譜系就是以圖表形式表示版本源流關係。幾十種版本，哪個早，哪個晚，早晚之間是什麼關係？這中間有沒有交叉，是怎麼交叉的？就《十三經注疏》而言，就是搞清楚每一經的版本源流。

第三，定凡例。摸清家底了，版本之間的關係也搞清了，那接下來就要制定一個詳盡的凡例。也就是在摸家底、排譜系的基礎上，根據整理者的能力、條件、時間、任務量等，來確定一個凡例，規劃怎麼做。設計凡例最重要的有以下幾點：首先要確定底本，在所有版本中，選取哪個版本作底本，這個非常重要。其次，在底本確定以後，要選擇一些具有代表性的版本來作對校本，對校本是要逐字逐句校的，假如某些版本屬於一個系統，比方說《十三經注疏》的閩本、監本、毛本，都是從一個系統來的，我要不要把它們逐個都列爲對校本呢？如果你有時間，列進去也沒有問題。但是條件有限的情況下，裏邊就要選一個。確定好對校本後，還要確定一些版本作爲參校本，什麼是參校本？參校本是在遇到一些問題時，去覆查這個版本，看看有什麼差異。確定了底本、對校本、參校本，你的工作就可以正常進行下去了。在校勘工作過程中，祇要你校勘部分文字，出現文字差異的時候，要是一個版本，記錄下來即可，要有兩個版本時，就要面對如何排列版本次序的問題。誰擺在前邊，誰擺在後邊？擺前擺後，是有學術要求的。校對七八個、十幾個版本時，面對這麼多版本，怎麼來排列版本次序，就體現出你的文獻學功底了。這些原則也就是校勘記的寫法，都要把它寫到凡例裏邊去，包括遇到異文怎麼處理，遇到訛脫衍倒怎麼處理等。凡例在整理之前，一定是要制定好的，起碼要定好百分之七八十，在你進行校勘的過程中，凡例還要不斷修改，留下百分之二三十，需要不斷地完善，千萬不能全部改。如果是校到後邊，把底本抽換掉了，那前邊的工作就等於是白幹了。所以，凡例特別重要。前期定好的凡例，後邊祇能微調，不能大改。到目前爲止，經書的校勘記，寫得最規範的還是阮元的《十三經注疏校勘記》。

　　第四，做整理。做整理是根據凡例，標點分段，校勘版本，寫校勘記，按斷是非，最後撰寫序跋或整理説明，交代整理文獻的作者卷數、內容版本、學術價值和相關問題的處理方法。標點分段、校記按語和整理説明，就是根據自己制定的凡例進行的，不能相互矛盾。

　　目前出版的《十三經注疏》整理本，在摸家底、排譜系方面做得不夠，整理工作根據前人論説，制定凡例，標點校勘，對每部經書版本缺乏深入研究，這就會不可避免地帶來各種各樣的問題。

二、《十三經注疏》的彙集刊刻

　　《十三經注疏》是中國古代最具代表性的一部專科叢書，大多數經書包含經文、注文、疏文和陸德明的釋文。

　　先秦時期，《詩》《書》《禮》《樂》《易》《春秋》六種典籍稱爲“六藝”，又叫“六經”，漢代以來，陸續發展成“七經”“九經”。唐宋時期，“九經”有時是指十一部經書，《春秋》包括《春秋三傳》；北宋時，“九經”中没有《儀禮》，但包含《周禮》，這與王安石變法有關係。“九經”增加到十一經、十二經，最後形成《十三經》。杜澤遜認爲[1]，北宋徽宗、欽宗時期，《孟子》進入《十三經》，《十三經》名稱方正式成立，此説有據。

　　王國維《五代兩宋監本考》指出，儒家經典六朝以後行世者，衹有經注本、無單經本，唐石經雖單刻經文，其所依據者乃經注本，故於《周禮》《儀禮》《禮記》下均題“鄭氏注”。正如王國維所言，不僅唐開成石經刊刻時，經文出自經注本，宋代白文本也是依據經注本刊刻[2]。漢代人給儒家經典作的注到了南北朝時期，已經不便閱讀了，因而就有了義疏類著作的出現。義疏，又名“疏”“正義”，不僅是解讀經文，而且解讀注文，這給閱讀儒家經典帶來了方便。與此同時，紙張的大量製造，給人們讀書寫字帶來了很大的方便。以前説鄭玄注的特點是簡潔，簡潔除了注的簡之外，恐怕當時的書寫條件有限，不得不簡潔。但是到了義疏類的著作，動輒寫幾十萬字，大概與書寫方便有關係。義疏類著作與經注分開傳鈔，單獨流傳，即“單疏本”，五代時期刊刻經典的時候，經注本是作爲一類刊刻的，疏是單另刊刻的。

　　有了《十三經》，總會有《十三經注疏》。《十三經注疏》中的注，

---

①　杜澤遜《〈孟子〉入經和〈十三經注疏〉匯刊》，《文獻學研究的回顧與展望——第二屆中國文獻學學術研討會論文集》，臺北，臺灣學生書局，2002年3月，第191—206頁。又收入杜澤遜《微湖山堂叢稿》，上海古籍出版社，2014年12月，上册第55—66頁。

②　張麗娟《宋代經書注疏刊刻研究》第403—409頁。

大概來說,是漢代人做了一半,魏晉人做了一半;《十三經注疏》中的疏是唐人做了多一半,宋人做了少一半,《十三經注疏》撰寫完成是在北宋時期。據《舊五代史》《五代會要》等記載,五代後唐長興三年(932),政府下命令開始刊刻經書①,當時刊刻了的經注本,經和注是刻在一起的。

五代兩宋以來,儒家經典的刊刻,大致來說分爲這麼幾類,一類是白文本,一類是經注本,一類是單疏本,一類是注疏本。白文本宋代多有刊刻,今存者有國家圖書館(下簡稱"國圖")藏宋刻巾箱本《八經》10卷,包括《周易》1卷、《毛詩》1卷、《尚書》1卷、《周禮》1卷、《禮記》2卷、《孝經》1卷、《論語》2卷、《孟子》1卷,傅增湘謂"此書刊工細如髮絲,精麗異常,蓋建本之至精者"②。此外,國圖還藏有宋刻白文本《公羊春秋》不分卷、《穀梁春秋》不分卷、《春秋經傳》30卷(存卷16—19、24—30)、《京本春秋左傳》30卷(存卷6—7、12、16、29)等。

宋刻經注本有不附釋文和附釋文之區別。今存經注本不附釋文者有宋淳熙撫州公使庫刻《周易》9卷《略例》1卷、《禮記》20卷、《春秋經傳集解》30卷、《春秋公羊經傳解詁》12卷四種,其中《禮記》20卷後附《禮記釋文》4卷,《春秋公羊經傳解詁》12卷後附有《釋文》1卷,皆單另流傳。南宋蜀刻大字本有《周禮》12卷、《禮記》20卷、《春秋經傳集解》30卷、《孟子》14卷四種,還有國圖藏宋本

---

① 《五代會要》:"長興三年二月,中書門下奏:'請依石經文字刻《九經》印板,敕令國子監集博士儒徒,將西京石經本,各依所業本經,廣爲抄寫,仔細看讀,然後雇召能雕字匠人,各部隨帙刻印板,廣頒天下。如諸色人要寫經書,並請依所印刻本,不得更使雜本交錯。'蓋刻板之流行,實始於此。"宋薛居正等撰《舊五代史》,北京,中華書局,1976年5月,第2冊第588頁。

② 傅增湘《藏園群書經眼錄》第1冊第1頁。

《周易》9 卷《周易略例》1 卷、宋婺州本《周禮》12 卷和《禮記》20 卷（殘存卷 1—5）、宋刻遞修本《禮記》20 卷（存卷 5—8、11—15）、宋刻巾箱本《春秋經傳集解》30 卷（殘存卷 1—13、19—24、27—30）、宋刻本《爾雅》3 卷《音釋》3 卷，《音釋》附於各卷之末，與陸德明《釋文》不同；北京大學圖書館藏宋本《尚書》12 卷，日本陽明文庫藏宋本《春秋經傳集解》30 卷、静嘉堂文庫藏宋刻元明遞修本《春秋經傳集解》30 卷、宮内廳書陵部藏北宋本《御注孝經》1 卷等，北宋本前人定爲天聖、明道間刻本，這是今存宋刻經注本中唯一的北宋刻本。

今存經注本附釋文者，有余仁仲萬卷堂刻國圖藏《禮記》20 卷、《春秋公羊經傳解詁》12 卷，臺北“中央圖書館”藏《春秋經傳集解》30 卷（存卷 8—9、12—13、16、19），臺北“故宫博物院”藏《春秋穀梁傳》12 卷（存卷 7—12），計四種。經注本附釋文者，尚有國圖藏宋刻本《周易》10 卷、《毛詩》20 卷、《春秋經傳集解》30 卷，上海圖書館藏宋刻巾箱本《春秋經傳集解》30 卷、臺北“故宫博物院”藏南宋建安坊刻本《春秋經傳集解》30 卷、臺北“中央圖書館”藏宋建安王朋甫刻本《尚書》13 卷六種①。

爲了適應科舉考試，自南宋中期以來，以福建建陽書坊爲主，刊刻了一大批纂圖互注重言重意類的經注本，“纂圖”就是把經書中相應的名物畫一幅圖，圖下寫解讀性的文字，畫圖是爲了幫助理解經書。“互注”是徵引他經詞句互爲注釋。如果讀《禮記》，《禮記》中某句經文的意思和《論語》經文一樣，它就在《禮記》中把《論語》的經文引出來，前面刻“互注”二字，是白底黑字的，或者是黑底白字的“互注”，下面刻《論語》曰。如《禮運》“孔子曰：‘我欲觀夏

---

① 　張麗娟《宋代經書注疏刊刻研究》第 132—192 頁。

道,是故之杞,而不足徵也,吾得《夏時》焉。我欲觀殷道,是故之宋,而不足徵也,吾得《坤乾》焉。《坤乾》之義,《夏時》之等,吾以是觀之。'"下標"互注"二字,接着刻"《語·八佾篇》:'夏禮吾能言之,杞不足徵也。殷禮吾能言之,宋不足徵也。文獻不足故也,足,則吾能徵之矣。'"這就是"互注",就是經書之間經文可以相互注解。"重言"是標注相同句子出現的次數,比如説《禮記·禮運》"'澄酒在下'二,一見《坊記》",意思是"澄酒在下"在《禮記》中出現兩次,另外一次在《坊記》篇。"重意"是將本書中詞句相似、意思相同的句子標注出來,如《禮運》在"重意"二字下有"'玄酒在室,醴醆在户',《坊記》三十篇:'醴酒在室,醍酒在堂。'"意思是《禮運》"玄酒在室,醴醆在户",與《坊記》"醴酒在室,醍酒在堂"意思接近[1]。這樣的書,古人把它叫"帖括之書",就是考試用書。這是經注本書發展到宋代最方便閱讀的版本。

今存纂圖互注重言重意類經注本有半頁九行、十行、十一行、十二行等系統。半頁九行者乃巾箱本,有國圖藏宋刻本《周禮》12卷(存卷1、3、5—6、10—11)、《周禮》12卷(存卷7—11)[2],日本國立國會圖書館藏宋刻本《禮記》20卷、《春秋經傳集解》30卷。

半頁十行者有國圖藏宋刻本《監本纂圖重言重意互注點校毛詩》20卷圖譜1卷、《監本纂圖重言重意互注點校毛詩》20卷圖譜1卷(存卷1—11及圖譜1卷),上海圖書公司藏宋刻本《監本纂圖重言重意互注禮記》20卷,南京圖書館藏宋刻本《監本纂圖春秋經傳

---

[1] 漢鄭玄注,唐陸德明釋文《纂圖互注禮記》卷7,北京圖書館出版社,2003年7月,《中華再造善本》影印。

[2] 日本足利學校遺迹圖書館藏有《周禮》12卷,張麗娟經過比對,認爲與此本是同一版本。張麗娟《宋代經書注疏刊刻研究》第207頁。

集解》30 卷，北京大學圖書館藏宋劉氏天香書院刻本《監本纂圖重
言重意互注論語》2 卷，原嘉業堂藏《四部叢刊》影印《監本纂圖重言
重意互注點校尚書》13 卷等。半頁十行本者有題名"婺本附音""婺
本點校"者，也是巾箱本，今存者有臺北"故宮博物院"藏宋刻本《婺本
點校重言重意互注尚書》13 卷，上海圖書館藏宋刻本《婺本附音重言
重意春秋經傳集解》30 卷（存卷 2—7、15—19、23、25—26、29）等。

　　半頁十一行者有國圖藏宋刻本《纂圖互注尚書》13 卷圖 1 卷
（存卷 7—13）、臺北"央圖"藏宋刻本《纂圖互注周易》10 卷、日本京
都市藏《纂圖互注尚書》13 卷圖 1 卷、靜嘉堂藏《纂圖互注禮記》12
卷圖 1 卷等。半頁十一行者另有冠名"京本點校"之稱，皆巾箱小
本，今存者有北京大學圖書館藏宋刻本《京本點校附音重言重意互注
周禮》12 卷（存卷 2、4—6，上圖藏卷 1、3、7—12）、《京本點校附音重言
重意互注禮記》20 卷（存卷 8，上圖藏卷 6—7），湖南圖書館藏宋刻本
《京本點校重言重意春秋經傳集解》30 卷（存卷 16—30），吉林大學圖
書館藏宋刻本《京本點校重言重意春秋經傳集解》30 卷（存卷 29）①。

　　半頁十二行者有國圖藏宋刻本《纂圖互注周禮》12 卷圖 1 卷②、
《纂圖互注禮記》20 卷圖 1 卷、《纂圖互注春秋經傳集解》30 卷《春秋
名號歸一圖》2 卷，臺北"央圖"藏宋刻本《纂圖互注春秋經傳集解》
30 卷（存卷 12—13、19），臺北"故宮博物院"藏宋刻本《纂圖互注毛
詩》20 卷圖 1 卷，日本靜嘉堂文庫藏《纂圖互注周禮》12 卷圖 1
卷等。

　　單疏本今存者，皆爲南宋刻本，具體是國圖藏《周易正義》14

---

① 　張麗娟認爲，後者可能與湖南圖書館藏本同版，或具有翻刻關係。張麗娟《宋代經
　　書注疏刊刻研究》第 213 頁。
② 　此書中國國圖藏兩部，一部是原鐵琴銅劍樓藏書，一部有袁克文跋。

卷、《春秋公羊疏》30 卷(存卷 1—7)、《爾雅疏》10 卷,日本宮內廳書陵部藏《尚書正義》20 卷,日本武田科學振興財團杏雨書屋藏《毛詩正義》40 卷(存卷 8—40),日本身延山久遠寺藏《禮記正義》70 卷(存卷 63—70)。《儀禮疏》50 卷,祗有清道光汪士鐘影宋刻本。此外,《周禮疏》50 卷(存卷 1—3、7—8、12—14、18—40),日本京都大學藏有鈔本;《春秋穀梁疏》12 卷(存卷 6—12),國圖和北京大學圖書館均藏有鈔本;《春秋正義》36 卷,日本宮內廳書陵部藏有一部鈔本。

宋刻注疏本有八行本和十行本之區別。北宋時期儒家經典的刊刻,或刻白文經本,或刻經注本,或刻單疏本,南宋高宗時期,兩浙東路茶鹽司將《周易》《尚書》《周禮》的經文、注文和疏文合刻在一起,因其半頁八行,故稱八行本,或稱八行注疏本。今存八行注疏本有七種:分別是《周易注疏》13 卷,魏王弼、晉韓康伯注,唐孔穎達疏,日本足利學校藏原版原印本一部,國圖藏宋元遞修本一部。《尚書正義》20 卷,題漢孔安國傳,唐孔穎達正義,國圖所藏爲較早印本,其中卷 7—8、19—20 配日本影宋鈔本;日本足利學校藏宋元遞修本一部,刷印較晚。《周禮疏》50 卷,漢鄭玄注,唐賈公彥疏,國圖和臺北"故宮博物院"各藏一部,皆爲宋元明遞修本;北京大學圖書館藏本殘存 27 卷,印刷較前兩本爲早。《禮記正義》70 卷,漢鄭玄注,唐孔穎達正義,國圖藏有兩部,一部全本,一部殘存 28 卷;日本足利學校遺迹圖書館藏一部,其中卷 33—40 爲日本室町時期補寫,此外尚有零卷散存者。《春秋左傳正義》36 卷,晉杜預注,唐孔穎達正義,國圖藏一部。《論語注疏解經》20 卷,魏何晏集解,宋邢昺疏,宋刻元明遞修本,今無全本存世,臺北"故宮博物院"所藏殘存卷 11、20,重慶圖書館所藏殘存卷 11—20,上海圖書館所藏殘存卷 11—12。《孟子注疏解經》14 卷,漢趙岐注,題宋孫奭疏,宋刻元明遞修本,臺北"故宫博物院"藏一部,國圖、北大圖書館、南京博物院各藏有殘本。

　　南宋光宗、寧宗時期,在福建建陽書坊興起一種新的注疏合刻本,即附有陸德明釋文的注疏合刻本,這種注疏本將經、注、疏、釋文合刻在一起,較之八行本,更加方便閱讀。建安劉叔剛所刻行款爲半頁十行,故稱"十行本",實應稱爲"宋十行本"。元代泰定前後,曾翻刻宋十行本,元代翻刻書板傳至明代,遞經修補刷印,版心多有正德年號,故稱"正德本",實應稱爲"元十行本"。宋十行本今存有《毛詩》《左傳》《穀梁》三種,《附釋音毛詩注疏》20 卷,漢毛亨傳,唐孔穎達正義,唐陸德明釋文,日本足利學校遺迹圖書館藏一部。《附釋音春秋左傳注疏》60 卷,晉杜預注,唐孔穎達疏,唐陸德明釋文,今存兩部,一部藏日本足利學校遺迹圖書館,另一部分藏國圖(存卷 1—29)和臺北"故宫博物院"(卷 30—60)。《監本附音春秋穀梁注疏》20 卷,晉范寧集解,唐楊士勛疏,今藏國圖。《附釋音禮記注疏》63 卷清代有傳本,清乾隆六十年(1795)和珅曾翻刻此書,保留"建安劉叔剛宅鋟梓"字樣①。除《儀禮注疏》《爾雅注疏》外,宋代至少刊刻過十一經十行注疏本②。

　　《九經三傳沿革例》所言"蜀注疏",日本宫内廳書陵部藏有宋刻本《論語注疏》10 卷,魏何晏集解,宋邢昺疏,唐陸德明釋文,半頁八行,這可能是"蜀注疏"唯一傳世版本。臺北"故宫博物院"藏宋魏縣尉宅刻本《附釋文尚書注疏》20 卷,舊題孔安國傳,唐孔穎達疏,唐陸德明釋文,半頁九行。金元刻半頁十三行注疏本,包括金刻《尚書注

---

① 張麗娟《宋代經書注疏刊刻研究》第 296—317 頁、第 354—361 頁。
② 張麗娟《宋代經書注疏刊刻研究》第 386 頁。

疏》《毛詩注疏》殘葉和元元貞二年（1296）平陽府梁宅刻本《論語注疏解經》，皆不附釋文。明初刻本有永樂二年（1404）刻《周易兼義》《尚書注疏》《毛詩注疏》等，皆半頁八行，接近於宋十行本①。《尚書注疏》肯定是來源於元十行本，《毛詩注疏》今藏重慶市圖書館。

　　從目前文獻記載來看，宋代是否刊刻過成套的《十三經注疏》，難以確定。但元代肯定刊刻過《十三經注疏》，今存元代刻十行本《十三經注疏》353 卷，包括《周易兼義》9 卷《音義》1 卷《略例》1 卷、《附釋音尚書注疏》20 卷、《附釋音毛詩注疏》20 卷、《附釋音周禮注疏》42 卷、《儀禮》17 卷《儀禮圖》17 卷《旁通圖》1 卷、《附釋音禮記注疏》63 卷、《附釋音春秋左傳注疏》60 卷、《監本附音春秋公羊注疏》28 卷、《監本附音春秋穀梁注疏》20 卷、《孝經注疏》9 卷、《論語注疏解經》20 卷、《孟子注疏解經》14 卷、《爾雅注疏》11 卷，北京市文物局、國家博物館、軍事科學院和日本靜嘉堂各存一部，均爲元刻明修本，《中華再造善本》影印北京市文物局藏本。張麗娟經過研究，認爲“宋刻十行本與元刻十行本之間有直接的繼承關係，後者是根據前者翻刻的”，“宋刻十行本與元刻十行本確爲兩個不同時期的刻本，兩者不可混爲一談”②。

　　令人遺憾的是元十行本《十三經注疏》中沒有《儀禮注疏》，而是代之以《儀禮》17 卷《儀禮圖》17 卷《旁通圖》1 卷，祇能叫“十二經注疏”。明嘉靖十五年至十七年（1536—1538）之間李元陽、江以達等人在福建依據元十行本刊刻《十三經注疏》，即“李元陽本”，也叫“閩本”“嘉靖本”，其中《儀禮注疏》17 卷利用明汪文盛刻本翻刻，目

① 張麗娟《宋代經書注疏刊刻研究》第 389 頁、第 400 頁。
② 張麗娟《宋代經書注疏刊刻研究》第 385 頁。

前來看,閩本《十三經注疏》335 卷是真正意義上的第一部《十三經注疏》。閩本《十三經注疏》和元十行本最大的差異,其一是用《儀禮注疏》17 卷取代《儀禮》17 卷《儀禮圖》17 卷《旁通圖》1 卷;二是改變了原來的行款,他把半頁十行改成半頁九行;三是爲了突出鄭注,把鄭玄注單行排版①。明萬曆年間北京國子監依據閩本翻刻《十三經注疏》,簡稱"監本""萬曆本"。明崇禎年間毛晉汲古閣依據監本翻刻《十三經注疏》,簡稱"汲古閣本""毛本""崇禎本"。清代乾隆四年(1739)武英殿依據監本重刻《十三經注疏》,簡稱"殿本"。編纂《四庫全書》時,基本上就是照鈔武英殿本的《十三經注疏》,包括後邊的考證,祇不過對個別經書的排列次序有所調整而已。從閩本到《四庫》本,二百多年,《十三經注疏》刊刻、傳鈔有五次。武英殿本和《四庫全書》本《十三經注疏》,一般讀書人很難看到。所以,毛氏汲古閣本在清代就不斷刷印,成爲學術界讀者閱讀的暢銷書。

無論是元十行本,還是依據元十行本翻刻的閩本、監本、毛本、殿本、《四庫》本《十三經注疏》,都有讀者難以忍受的缺陷,主要是文字訛脫衍倒普遍,部分注疏本存在大量的墨釘和缺文,尤其是《禮記注疏》,墨釘和缺文遍佈全書,元十行本如此,閩本、監本、毛本、殿本等雖然陸續有所校正,僅僅是個別之處,相反,在每次翻刻之時,又滋生新的錯誤,甚至妄改。所以,清代學者惠棟、盧文弨、浦鏜利用他本,對閩本、監本和毛本等進行了大量的校勘工作,產生了《十三經注疏正字》等一批校勘成果。

日本學者山井鼎《七經孟子考文》、物觀的《補遺》,合起來叫《七經孟子考文補遺》199 卷,在雍正年間就傳到中國了,對乾嘉學

---

① 拙文《李元陽本〈十三經注疏〉考略》(未刊稿)。

者有一定影響。編纂《四庫全書》時，《七經孟子考文補遺》被編入《四庫全書》。從《禮記注疏》來看，《七經孟子考文補遺》是以毛本做底本，用足利學校藏的八行本、古寫本、活字本校勘毛本，記錄異文，不下按斷。幾乎同時，浦鏜除版本校勘之外，大量引用相關文獻即他校材料，如衛湜《禮記集説》等，撰寫《十三經注疏正字》一書。《七經孟子考文補遺》《十三經注疏正字》是在阮元之前認真校勘《十三經注疏》的代表性著作。

武英殿翻刻《十三經注疏》的時候，專門組織學者進行校勘，《禮記注疏》由齊召南負責校勘，每卷後面附有“考證”，其實就是“校勘記”。乾隆四十八年（1783），翻刻岳本《禮記注》，後面也有“考證”178條。編纂《四庫全書》的時候，大多文獻是經過仔細校勘的，校勘成果編成一本書叫《四庫全書考證》，主編者叫王太岳，該書附在《四庫全書》後面，與《十三經注疏》有關的，也有不少。乾嘉時期在學術界流傳的校勘《十三經注疏》的著作以及校勘工作，顯然對阮元產生了重要影響。阮元在江西做官期間，用十九個月時間，校刻完成《十三經注疏》，應該説是學術發展的必然。

阮元校刻的《十三經注疏》366卷附《校勘記》，是校勘《十三經注疏》的集大成之作。附於《十三經注疏》之後的校勘記與單行的《十三經注疏校勘記》，雖有條目多少、文字異同等區別，但阮元校刻《十三經注疏》366卷附《校勘記》是具有劃時代意義的經學文獻研究成果，與元十行本、閩本、監本、毛本和殿本等比較，其優點體現在以下四點：

第一，確定底本，制定凡例。除《儀禮注疏》和《爾雅注疏》外，其他十二部經書全部以元十行本爲底本，制定了詳盡周密的校勘凡例,每書在"引據各本目録"下,羅列校勘依據的單經本、單注本、單疏本和注疏本,條理秩然。

第二,抽換底本,新編注疏。鑒於元十行本没有《儀禮注疏》,阮刻本《儀禮注疏》50卷"經注則以唐石經及宋嚴州單注本爲主,疏則以宋單行本爲主,參以《釋文》《識誤》諸書,於以正明刻之訛,雖未克盡得鄭賈面目,亦庶還唐宋之舊"①。《爾雅注疏》也有類似情況②。

第三,彙校衆本,按斷是非。阮元在從事《十三經注疏》彙校之時,詳盡羅列各本文字異同,參考前人以及同時代學者研究成果,撰寫了大量校勘記,判斷是非。

第四,補足闕文,勘謬正誤。元十行本歷經修補,存在大量的訛脱衍倒,尤其是存在大量的墨釘和缺文,《禮記注疏》和《毛詩注疏》尤爲明顯③,阮元依據其他版本,不僅補足了闕文,而且勘正了很多文字錯誤。

所以,阮刻本《十三經注疏》校刻刊印以後,快速取代毛本、殿本等《十三經注疏》,不斷翻刻,成爲學者研讀的主要讀本,風行學術界兩百年,至今不衰。

三、 整理《十三經注疏》的設想

近五六十年,古籍整理取得了豐碩的成果,《二十四史》已經再

---

① 清阮元《儀禮注疏校勘記序》,清阮元校刻《十三經注疏》上册第942頁。
② 清阮元《爾雅注疏校勘記序》,清阮元校刻《十三經注疏》下册第2565頁。
③ 王鍔《阮刻本〈禮記注疏校勘記〉質疑——以〈禮運〉篇爲例》,《杭州師範大學學報(社科版)》2016年第1期,第123—129頁。

次修訂整理本，很多經典古籍都有整理本出版，《十三經注疏》作爲研究儒家經典的代表作，亟需整理，以便適應新時代學術發展的需求。阮元曾説：

> 竊謂士人讀書，當從經學始，經學當從注疏始。空疏之士，高明之徒，讀注疏不終卷而思卧者，是不能潛心研索，終身不知有聖賢諸儒經傳之學矣。至於注疏諸義，亦有是非。我朝經學最盛，諸儒論之甚詳，是又在好學深思、實事求是之士，由注疏而推求尋覽之也[1]。

可見《十三經注疏》對於讀書的重要性。爲了適應學術發展和讀者讀書的需求，《十三經注疏》亟待重新整理。整理《十三經注疏》，我們認爲，需要分六個系列進行。

第一，整理阮刻本《十三經注疏》。阮元校刻《十三經注疏》是清代乾嘉時期校勘《十三經注疏》的代表作，反映了阮元以及乾嘉學者整理《十三經注疏》的思路、方法和成就，加之當時所使用的一些版本和部分成果，今天難以看到，所以，整理阮刻本，反映阮元校勘《十三經注疏》的成績，是進一步整理《十三經注疏》的基礎。具體是選取清嘉慶二十一年（1816）阮刻本之初印本爲底本，以清道光刻本、江西書局本和中華書局影印本作爲對校本，每經再根據具體版本存留情況，選擇參校本，如《禮記注疏》63 卷，可以將撫州本、余仁仲本《禮記注》20 卷、八行本《禮記正義》70 卷與和珅翻刻本、元十行本、閩本、監本、毛本、殿本《禮記注疏》63 卷列入參校本，這樣可以整理出一部阮刻本的升級版，既保留了阮元等人的校勘成

---

[1]　清阮元《重刻宋板注疏總目録》，清阮元校刻《十三經注疏》上册第 2 頁。

果，又可以借用他本改正阮刻本的訛誤。

　　第二，編纂《十三經注疏彙校》。阮元校刻《十三經注疏》時，限於條件，很多版本没有看到，比如在校勘《禮記注疏》時，余仁仲本、婺州本《禮記注》、八行本《禮記正義》等版本没有看到，留下很多遺憾，各經都有類似情况。今天整理《十三經注疏》，版本條件要比阮元當年好很多，每部經書版本系統複雜，爲了弄清每部經書的版本源流，考察經、注、疏和釋文文字的差異以及部分訛誤的演變軌迹，有必要重走阮元路，編纂《十三經注疏彙校》，版本校勘的同時，廣泛吸收前人和時賢的重要研究成果，對現存各經書版本文字差異，進行一次全面的梳理。此項工作，山東大學儒學高等研究院的杜澤遜正在進行，可喜可賀！值得期待！

　　第三，整理《十三經注疏》的定本。這一工作，最好能够在《十三經注疏彙校》的基礎上進行，通過彙校工作，摸清各經書版本之間的關係，然後選取底本、對校本和參校本，校勘整理，利用他本勘正底本訛脱衍倒即可。比如要整理《禮記注疏》63卷的定本，應該以和珅翻刻本《禮記注疏》63卷爲底本，此本文字齊全，且完整保留了宋劉叔剛十行本的面貌，然後以撫州本、余仁仲本《禮記注》20卷、八行本《禮記正義》70卷爲對校本，以婺州本、紹熙本、嘉靖本、武英殿本《禮記注》20卷和元十行本、閩本、監本、毛本、武英殿本、阮刻本《禮記注疏》63卷爲參校本，再參考山井鼎、浦鏜等人校勘成果，可以整理出一部超越前人的整理本。從事此項工作，八行本《禮記正義》70卷不能作爲底本，此本有缺頁，足利本《禮記正義》70卷有缺卷，且不附陸德明釋文，不能完整體現宋代《禮記注疏》經、注、疏、釋文之間的佈局，不便閲讀，與其把《通志堂經解》本釋文附入八行本，不如選十行本，淵源有自。關於《十三經注疏》的整理，全部以宋十行本或元十行本爲底本，根本行不通，宋十行本祇有三四種，元十行本没有《儀禮注疏》，《毛詩注疏》《禮記注疏》缺文太多。所以，整理《十三經注疏》定本，各經必須區别來對待，凡是有宋十行本的，如《毛詩注疏》《春秋左傳注疏》《春秋穀梁注疏》可用宋十行本，《周易注疏》等八經用元十行本，這八經缺字不多，《儀禮注疏》可以用張敦仁本爲底本。宋代刊刻《毛詩注疏》等注疏本時，已經將釋文拆散附在經注之下，這樣做是符合閲讀習慣的，是學術發展之必然，也是歷史事實，我們必須繼承和弘揚。

第四，編纂經注彙校本。鑒於從事《十三經注疏彙校》曠日持久，需要投入巨大的人力和時間，一時難以完成，所以，各部經書可以根據不同情況，編纂經注彙校本，比如完成《周禮鄭注彙校》《儀禮鄭注彙校》《禮記鄭注彙校》等。此類彙校工作，選擇底本時，最好選用信息量大的“纂圖互注重言重意”類版本作爲底本，以便減少不必要的校勘記。就《禮記注》而言，以紹熙本《纂圖互注禮記》20 卷爲底本，以撫州本、婺州本、余仁仲本、嘉靖本、殿本《禮記注》20 卷和八行本《禮記正義》70 卷、和珅本、阮刻本《禮記注疏》63 卷爲對校本，以足利本《禮記正義》70 卷、閩本、監本、毛本、殿本《禮記注疏》63 卷爲參校本，吸收山井鼎、物觀、浦鏜、盧文弨、阮元、孫詒讓等人校勘成果，完成《禮記鄭注彙校》，我們已經嘗試完成了此項工作。通過這項工作，不僅可以反映各本文字差異，關鍵是能夠清晰揭示版本之間的關係，爲整理經注本定本打下堅實基礎。

從事經注彙校工作，可以把宋人改編、打散插入在經注當中的釋文一起保留下來，能夠看到宋代人對釋文的删改情況，對於研究音韻學的人會提供一些方便。現在研究《經典釋文》的人，在研究某個字的讀音、反切上下字變化的時候，主要從《經典釋文》刻本系統來做，較少關注到經書中所附釋文的變化情況，原來是看不到書，也無人校勘，不知道裏面變化是什麼情況，其實《九經三傳沿革例》對這些變化情況已有討論，衹是不夠詳盡。今天，如果能通過版本校勘，對各經經注本和注疏本所附釋文文字變化情況進行仔細梳理，對於討論《經典釋文》和音韻學會提供更多新的材料。

　　第五，整理經注本定本。近些年，整理《十三經注疏》的時候，都是想把經、注、疏一起整理，很少有人想過各部經的經文、注文也需要單另整理。整理《十三經注疏》固然重要，但是，有相當一部分讀者衹需要閱讀經注本即可，這從宋代以來不斷刊刻大量經注本即可看出。目前，《十三經》各經經注整理本出版的並不多。要整理經注本定本，必須完成《十三經注疏彙校》或者經注本彙校工作，摸清楚各經書版本關係，方能制訂嚴密的整理計劃，整理出超越宋元版的經注本定本。就拿《禮記》而言，我們通過《禮記鄭注彙校》工作，搞清楚目前最好的《禮記注》版本有撫州本和余仁仲本，但相對而言，余仁仲本已經將陸德明釋文打散附在各條經注之下，對後世影響很大，是紹熙本、岳本、嘉靖本、殿本《禮記注》20 卷和宋十行本、元十行本、閩本、監本、毛本、殿本、《四庫》本、阮刻本《禮記注疏》63 卷之經、注、釋文之源頭，而撫州本《禮記注》將《禮記釋文》4卷單另附録於經注之後，自刊刻以後，經注與釋文就分開流傳，長期以來，導致學者竟然不知撫州本還附有釋文，顯然這種附録釋文的方式不如余仁仲本方便。所以，整理《禮記注》定本，當然以余仁仲本爲底本，然後用紹熙本、岳本、嘉靖本、殿本《禮記注》20 卷和八行本《禮記正義》70 卷、元十行本、和珅本、阮刻本《禮記注疏》63 卷爲對校本，用閩本、監本、毛本、殿本《禮記注疏》63 卷爲參校本，參考阮元等人校勘成果，勘正底本訛脱衍倒，凡所改動之處，均出校勘記説明校改依據。《禮記注》定本，我們也已經完成。其他十二部經書，也需要這樣的整理本。

第六，整理白文本。自漢代以來，閱讀儒家經典，就有涵咏白文的風氣。唐宋以降，《十三經》經文的文字差異不是很大，但也存在一些，原來難以看到的宋元刻本，今天大多能够看到，如果能够在彙校基礎上，選取善本作底本，校改底本訛脱衍倒，就可以整理出更好的白文本。如《禮記》，即可用撫州本《禮記注》20 卷爲底本，用余仁仲本、八行本、和珅本等進行校勘，整理出一個方便閱讀的《禮記》白文本，供讀者涵咏閱讀。

另外，《禮記》等經書的單疏本和《禮記正義》等八行本，也可以整理。

其他各部經書的整理，一定要搞清楚該經書的版本源流，方能制訂詳盡的整理計劃，如果這樣做的話，就會整理出一系列代表當代經學文獻研究的整理成果，纔能超越阮刻本。阮刻本中所有的成果我們可以吸收，阮刻本没有用到的版本我們可以補校，校勘的版本比他多，也能吸收嘉慶以後學者研究《十三經注疏》的成果。如果在整理時，搞不清楚各經版本關係，選擇底本不當，胡亂校勘，祇能擾亂經書版本系統，不僅於整理《十三經注疏》無補，反而會帶來更多麻煩。目前已經出版的一些整理本要想代替阮刻本《十三經注疏》，恐怕很難！

　　結語：《十三經注疏》是漢唐以來學術界研究儒家經典《十三經》的代表作，五代兩宋以來，歷代政府、學者和刻書機構以不同形式校勘整理《十三經》白文本、經注本、單疏本和注疏本，最終在南宋有十一部經書的經文、注文和疏文彙刻在一起，部分附有陸德明釋文，形成一套經學文獻研究叢書。明嘉靖年間，雲南大理人李元陽利用在福建爲官之便，校刻《十三經注疏》，補入《儀禮注疏》17卷，刊刻完成真正意義上的第一部《十三經注疏》，此後，明萬曆、崇禎和清乾隆年間，遞相翻刻、傳鈔。至清嘉慶年間，阮元組織學者彙校《十三經注疏》366卷附《校勘記》，成爲《十三經注疏》整理的巔峰之作，享譽學界二百年。隨着學術的發展，阮刻本已經不能適應讀者要求，必須重新整理《十三經注疏》，但整理《十三經注疏》是一項十分艱難且繁重的學術研究工作，必須通過研究各部經書的版本源流，排出版本譜系，方能確定底本、對校本和參校本，制定整理凡例，分門別類整理。整理阮刻本《十三經注疏》，是重新整理《十三經注疏》的重要基礎工作，編纂《十三經注疏彙校》和各部經書經注本彙校，整理《十三經注疏》定本和各部經書經注本定本，是整理《十三經注疏》的核心任務。祇有完成這些整理工作，纔能在阮刻本《十三經注疏》的基礎上有所提高，完成代表當代學術成就的《十三經注疏》新版本。

　　（原刊於漆永祥、王鍔主編《斯文不墜在人間——李慶善教授誕辰百周年紀念文集》，北京聯合出版有限責任公司 2017 年 9 月）

從《禮記》管窺《十三經注疏》的校刻整理

　　《禮記》四十九篇是儒家的核心經典。儒家經典從"六經"到"九經""十一經""十二經"，再到"十三經""四書""五經"，《禮記》地位日益重要。尤其是自唐代政府組織孔穎達等學者纂修《五經正義》以後，《禮記》成爲《五經》之一，至今未變。唐宋時期，學者在漢晉人傳注基礎上，參考六朝"義疏"體例，先後爲《十三經》撰寫"正義""疏"。南宋以來，因雕版印刷術的推廣，《十三經》經、注、疏文陸續匯刻，《禮記》經、注、疏文是早期匯刻者之一，後逐漸形成經學文獻專科叢書《十三經注疏》。《十三經注疏》是如何彙編在一起的？歷次《十三經注疏》的彙編刊刻有何差異？前人整理《十三經注疏》的歷史，對現代學術有何啓示？就以上問題，從《禮記》版本的傳承演變，談一些粗淺的看法。

一、《禮記》經注本及其關係

　　《禮記》重要版本傳承於今者，可分經注本和注疏本兩大類。

經注本有蜀大字本、撫州本、婺州本、余仁仲本、紹熙本、嘉靖本、殿本等。

1. **蜀大字本**。蜀大字本《禮記注》二十卷，卷一至五（書號善00032）藏遼寧省圖書館，卷六至二十（書號12343）藏中國國家圖書館（圖四八），四函二十冊，二者合璧，是一部完整的南宋孝宗時期刻本。版框高二三・八釐米，廣一七・二釐米，半頁八行，行十六字，小字雙行二十一字，白口，版心題書名卷次，如"禮記一"，下有頁碼、刻工，左右雙邊。書尾記"經凡九萬八千一百七十一言，注凡一十萬九千三百七十八言"。《九經三傳沿革例》記蜀刻經書有蜀大字舊本、蜀學重刊大字本、中字本、中字有句讀附音本，此本可能

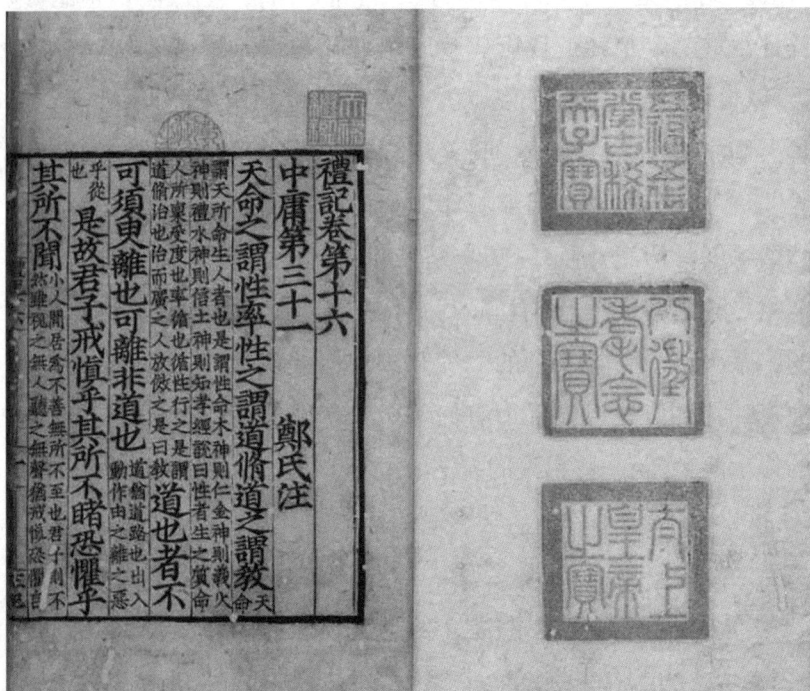

圖四八：蜀大字本《禮記注》卷十六

是蜀大字舊本,優於他本,如《曲禮上》"昏定而晨省"鄭注"安定其牀衽也",撫州本、余仁仲本、八行本、和珅本皆同,清顧廣圻、阮元懷疑"安定"互倒,謂讀"定"字逗,"安"字下屬,蜀大字本作"定安"。書中鈐蓋"五福五代堂古稀天子寶""八徵耄念之寶""太上皇帝之寶""天禄繼鑑""天禄琳琅""乾隆御覽之寶"等印,《天禄琳琅書目後編》著録。據《賞溥傑書畫目》記載,宣統十四年(1922)九月十四日賞此書於溥傑,國圖所藏十五冊係出宮後輾轉自長春偽宮至瀋陽故宮,1959 年由北京故宮撥交北京圖書館,《第一批國家珍貴古籍名録圖録》第〇〇二六六號爲遼寧圖書館所藏五卷。此本寫刻之精、品相之佳,在中國雕版印刷史上,堪稱白眉! 其版式行款、書尾記經注字數與中國臺北"故宮博物院"藏南宋孝宗時刻本《爾雅》三卷一致,是最接近五代、北宋監本的宋本《禮記注》[①]。

2. 婺州本。婺州本《禮記注》五卷(殘存卷一至五),一函三冊(圖四九),自《曲禮上》至《月令》,南宋孝宗乾道初年婺州義烏酥谿蔣氏崇知齋刻巾箱本。版框高十三·三釐米,寬九·二釐米,半頁十行,行二十字,注雙行二十六字至二十八字不等,白口,四周雙邊,順魚尾,版心上魚尾下記"禮記幾",下魚尾下記頁數、刊工姓名。卷一、卷五後有雙行墨圍牌記"婺州義烏酥溪蔣宅崇知齋刊"十二字。卷一至卷四末尾標注經注字數,字體瘦勁,接近歐體,小字精絶,書寫認真。《檀弓上》"飾棺牆"下,撫州本、余仁仲本、八行本、和珅本、阮刻本有"牆之障柩猶垣牆障家"九字注文,顧廣圻謂"撫本初刻並無此九字,最是",婺州本無九字[②]。婺州本自明末至

---

① 漢鄭玄注,宋本《禮記》,北京,國家圖書館出版社,2020 年 11 月,上冊,王鍔《序言》。
② 王鍔《〈禮記〉版本研究》第 18 頁。

今,先後收藏於毛晉汲古閣、汪士鐘藝芸書舍、瞿鏞鐵琴銅劍樓等藏書樓,今藏中國國家圖書館。2006 年,北京圖書館出版社影印此本,收入《中華再造善本》。

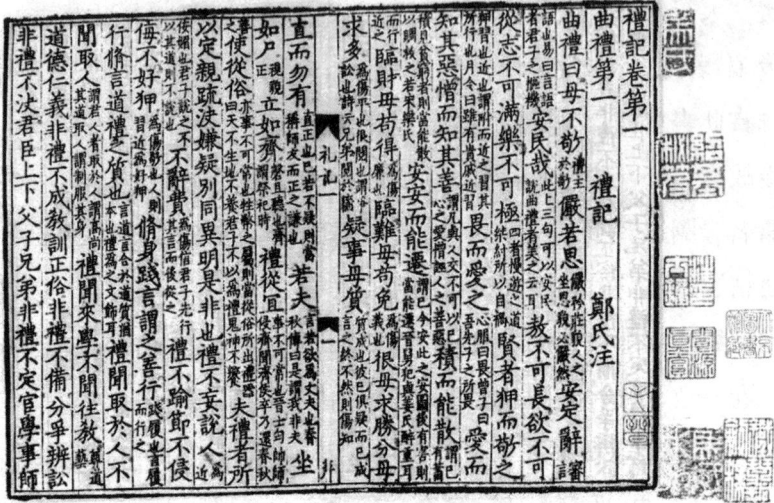

圖四九:婺州本《禮記注》卷一第一頁

3. 撫州本。撫州本《禮記注》二十卷《禮記釋文》四卷(圖五〇、五一),版框高二十·九釐米,寬十五·五釐米,半頁十行,行十六字,注雙行二十四字,白口,四周雙邊。每卷末題經注字數。此本收藏於顧之逵“小讀書堆”時,經顧廣圻鑒定,《禮記注》和《禮記釋文》原爲一書,分散後雕刻名銜裝於《禮記釋文》前。嘉慶十一年(1806)顧廣圻爲張敦仁覆刻撫州本《禮記注》,將名銜的首行、二行和十行的内容連接爲“撫州公使庫新刊注《禮記》二十卷並《釋文》四卷,淳熙四年二月　日”,説明這是撫州公使庫於南宋孝宗趙昚淳熙四年(1177)二月刻本。阮刻本《禮記注疏校勘記》稱此本爲

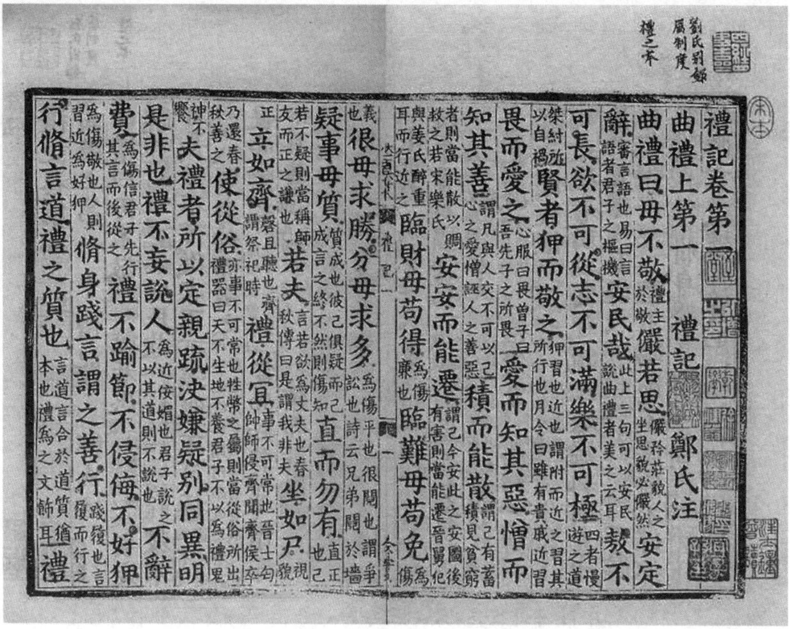
禮記卷第一
曲禮上第一　禮記　鄭氏注
曲禮曰毋不敬禮主於敬儼若思儼矜莊貌人之坐思貌必儼然安定辭審言語也易曰言語者君子之樞機安民哉此上三句可以安民說曲禮者美之云耳敖不可長欲不可從志不可滿樂不可極四者慢遊之道桀紂所以自禍賢者狎而敬之狎習也近也謂附而近之習其所行也月令曰雖有貴戚近習畏而愛之心服曰畏曾子曰吾先子之所畏愛而知其惡憎而知其善謂凡與人交不可以己心之愛憎誣人之善惡積而能散謂己有蓄積見貧窮者則當能散以賙救之若宋樂氏安安而能遷謂己今安此之安圖後有害則當能遷晉舅犯與姜氏醉重耳而行近之臨財毋苟得為傷廉也臨難毋苟免為傷義也很毋求勝分毋求多為傷平也很鬩也謂爭訟也詩云兄弟鬩於墻疑事毋質質成也彼己俱疑而己成言之終不然則傷知直而勿有直正也己若不疑則當稱師友而正之謙也若夫坐如尸視貌正言若欲為丈夫也春秋傳曰是謂我非夫立如齊磬且聽也齊謂祭祀時禮從宜事不可常也晉士匄帥師侵齊聞齊侯卒乃還春秋善之使從俗亦事不可常也牲幣之屬則當從俗所出禮器曰天不生地不養君子不以為禮鬼神不饗夫禮者所以定親疏決嫌疑別同異明是非也禮不妄說人為近佞媚也君子說之不以其道則不說也不辭費為傷信君子先行其言而後從之禮不踰節不侵侮不好狎為傷敬也人則習近為好狎脩身踐言謂之善行踐履也言履而行之行脩言道禮之質也言道言合於道質猶本也禮為之文飾耳禮

圖五〇：撫州本《禮記注》卷一第一頁

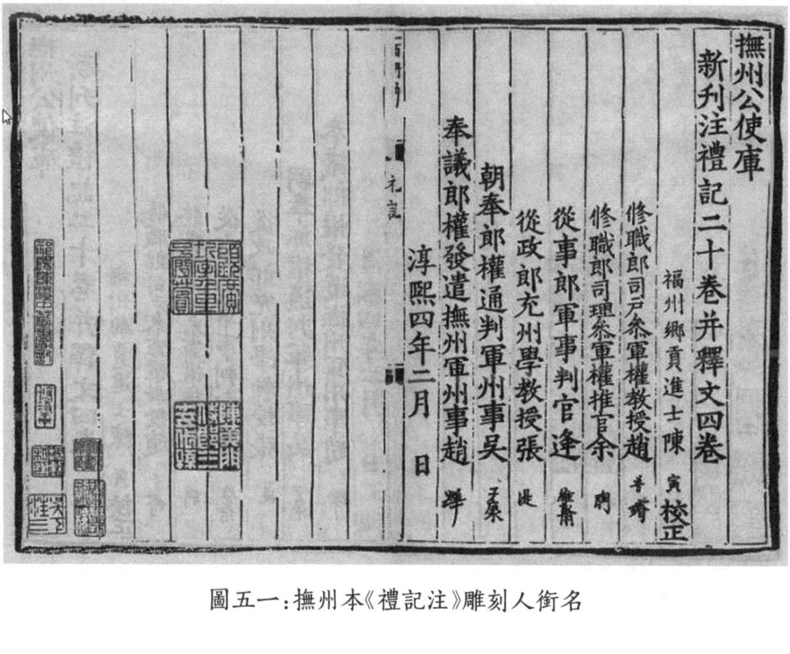
撫州公使庫
新刊注禮記二十卷并釋文四卷
福州鄉貢進士陳　寅　校正
修職郎司戶叅軍權教授趙
修職郎司理叅軍權推官余
從事郎軍事判官逄
從政郎充州學教授張
朝奉郎權通判軍州事吳
奉議郎權發遣撫州軍州事趙
淳熙四年二月　日

圖五一：撫州本《禮記注》雕刻人銜名

"宋監本"①,經清徐乾學、顧之逵、汪士鐘、楊紹和等人遞藏,今藏中國國家圖書館。1992 年,中華書局影印撫州本,收入《古逸叢書》三編,不附《禮記釋文》四卷;2003 年 7 月,北京圖書館出版社再次影印,收入《中華再造善本》,《禮記注》和《禮記釋文》四卷分開影印。顧廣圻爲張敦仁覆刻本所附《禮記釋文》四卷,依據清通志堂翻刻所藏撫本《禮記釋文》四卷而來,嘉慶二十五年(1820),顧廣圻看到原藏小讀書堆的宋撫州本《禮記釋文》四卷後,訂正譌誤,修版重印,後出轉精②。臺北"央圖"藏殘本一部,存卷三至五、十六至二十。另一本《禮記釋文》四卷有修補鈔配,原爲傅增湘藏書,今藏日本東洋文化研究所。

顧廣圻針對撫州本寫過六篇跋文,其中最有名者莫過於《禮記考異跋文》:"廣圻竊不自量,思救其弊,每言書必以不校校之,毋改易其本來,不校之謂也;能知其是非得失之所以然,校之之謂也。"③"不校校之"的校勘學理論即來源於其校勘撫州本《禮記注》並代撰《撫本禮記鄭注考異》④。

---

① 喬秀岩説:"《校勘記》卷首《引據各本目録》'經注本'無撫州本,'《釋文》'始見'撫州公使庫本',然《校勘記》中每引'宋監本',按其文字,知即撫州本。又檢《校勘記》,於《中庸》《緇衣》《鄉飲酒義》《射義》皆引'段玉裁校云宋監本作如何',《檀弓上》引段玉裁《且字考》有'南宋《禮記》監本'語,是段玉裁曾校撫州本,因不見刊行名銜,遂目爲'宋監本';洪震煊編《校勘記》,參用段玉裁校本,亦因襲'宋監本'之稱。今既知此本有撫州公使庫刊行題記,則其非監本,初不足辨。"喬秀岩《〈禮記〉版本雜識》第 104 頁。
② 侯婕《顧廣圻校修張敦仁翻刻撫本〈禮記釋文〉探析》,《中國經學》第 23 輯,桂林,廣西師範大學出版社,2018 年 12 月,第 179—192 頁。
③ 清顧廣圻著,王欣夫輯《顧千里集》第 265 頁。
④ 王鍔《〈禮記〉版本研究》第 1—40 頁。王鍔《再論撫州本鄭玄〈禮記注〉》,《中國經學》第 27 輯,第 1—14 頁。

4. 余仁仲本。余仁仲本《禮記注》二十卷，一函三册（圖五二），南宋孝宗時期（1163—1189）刻本，版框高十七・九釐米，寬十二・五釐米，半頁十一行，行十九字，小字雙行二十七字，細黑口，左右雙邊，順魚尾，版心上魚尾下記卷數“記一”“記二”“記三”等，下魚尾下記頁數，無刻工姓名。經文有句讀，每卷末刻經、注、釋文字數，並鐫“余氏刊於萬卷堂”“余仁仲刊於家塾”“仁仲比校訖”等字。此本經明金琮、安國、張雋、清陸潤庠和近人楊壽祺、王富晉、周暹等人遞藏，今藏中國國家圖書館。王欣夫謂“一字千金”“寶中之寶”，周叔弢謂“字畫流美，紙墨精良，洵爲宋刻上駟”。1937 年，上海來青閣主人楊壽祺影印此本，修正個別文字，後附《禮記鄭注余本岳本對校札記》；1979 年，臺北學海出版社影印來青閣本。

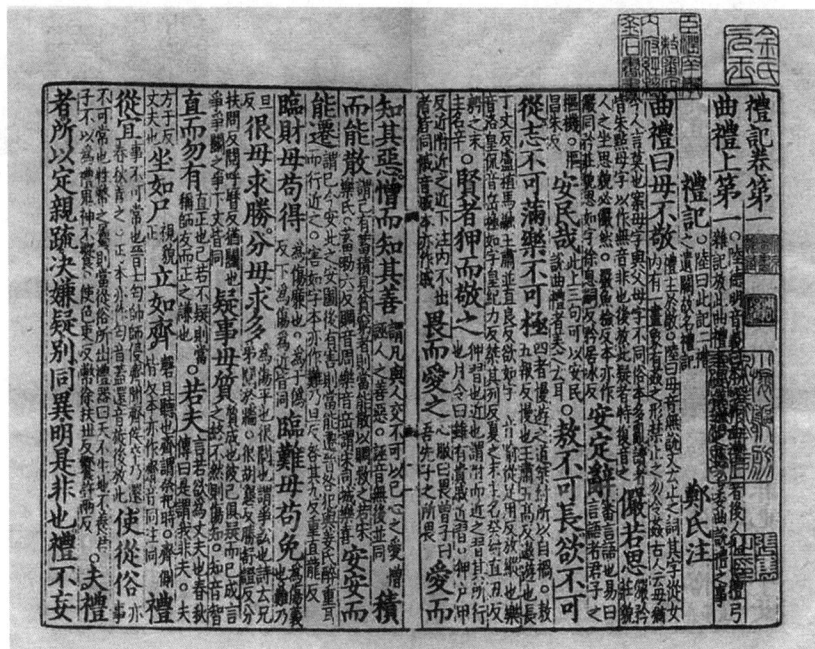

圖五二：余仁仲本《禮記注》卷一第一頁

2006 年，北京圖書館出版社影印，收入《中華再造善本》。2017年，中國國家圖書館出版社影印，收入《國學基本典籍叢刊》。國圖藏殘本一部（12342 號），存十一卷（卷十至二十）。上海圖書館藏二部，一部卷一至三用《纂圖互注禮記》本配補；一部殘本存九卷（卷一至九）。

　　5. 紹熙本。南宋中期以來，以建陽地區書坊爲主，編刻了一批纂圖互注類經學文獻，附釋文外，增入重言、重意、互注等内容，書名有"纂圖互注""監本纂圖""重言重意互注點校""京本"等名目，"纂圖"是在書前配插圖或圖表，"重言"是注出本書相同的語句，"重意"是注明本書意思相同或相近的詞句，"互注"是徵引他經文句互爲注釋。纂圖類《禮記注》今存有半頁九行、十行、十一行、十二行本之别，日本國立國會圖書館藏《禮記注》半頁九行本，上海博古齋藏《監本纂圖重言重意互注禮記》半頁十行本①，日本静嘉堂文庫藏《纂圖互注禮記》半頁十一行本，中國國家圖書館藏《纂圖互注禮記》半頁十二行本，另有《京本點校附音重言重意互注禮記》半頁十一行殘本，國圖藏卷八，上圖藏卷六、七②。

　　紹熙本《纂圖互注禮記》是宋紹熙年間（1190—1194）福建刻本，二函十册（圖五三），版框高十八·四釐米，寬十二釐米，每卷首行頂格題"纂圖互注禮記卷之幾"，次行頂格題篇名篇次，下附小字雙行釋文，三行低三格題"禮記"，空八格題"鄭氏注"三字。半頁十二行，行二十一字，小字雙行二十三四字，白口，左右雙邊，欄外左上方刻篇名、卷數、頁數，版心魚尾間標卷數，下魚尾下標頁數，無

---

① 此本上海辭書出版社 2009 年 7 月仿真影印爲一函十册。
② 王鍔《三禮研究論著提要》（增訂本）第 251—255 頁。

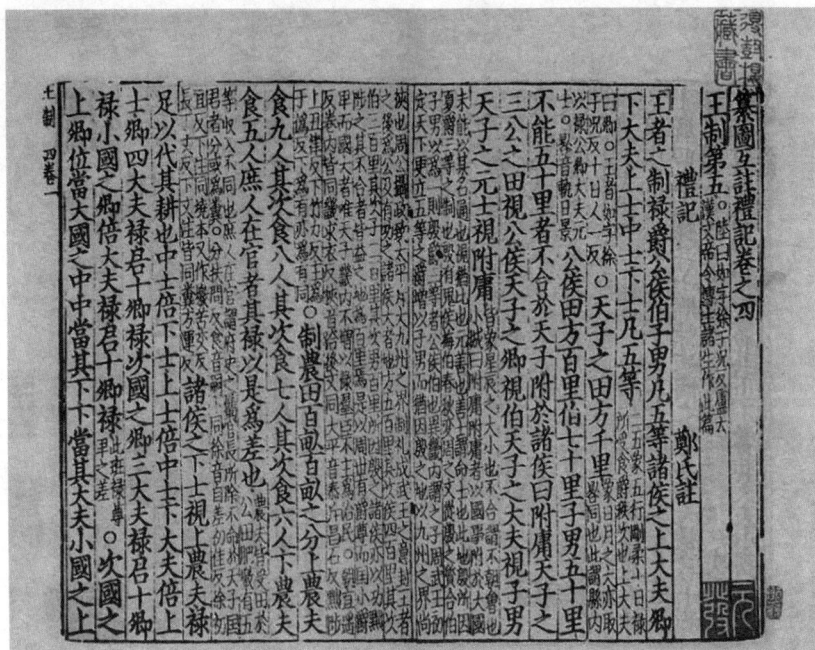

圖五三:《纂圖互注禮記》卷四第一頁

刻工,卷一第一至二十三頁用別本鈔配。此本源自余仁仲本,增加纂圖、互注、重言、重意内容,文字優勝處可補正他本之誤。全書用朱筆句讀,間有浮簽,書尾有錢天樹、張蓉鏡等人跋文,經元錢選、倪瓚,明劉履、文彭,清查慎行、顧之逵、張蓉鏡、張宗建、涵芬樓遞藏,今藏中國國家圖書館。《四部叢刊》影印此本,修正訛文,亦增新誤。2003 年,北京圖書館出版社影印,收入《中華再造善本》。

6. 嘉靖本。明嘉靖本《禮記注》二十卷(圖五四)是東吳徐氏覆宋刻《三禮》之一,葉德輝《書林清話》列入"明人刻書之精品"。版框高二〇·四釐米,寬十四·三釐米,半頁八行,行十七字,小字雙

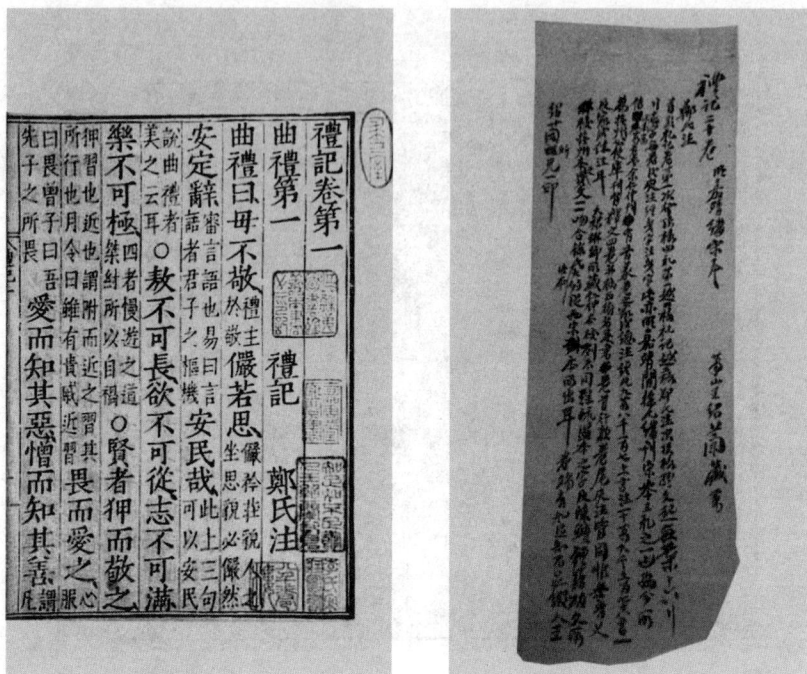

圖五四：南京圖書館藏嘉靖本《禮記注》卷端、丁丙跋

行同，白口，單綫魚尾，四周雙邊，版心記“禮幾”和頁數，下有仲、仁、安、張、劉、受、王、宗、恩、龍、化等刻工名，偶見宋諱闕筆，如“桓”字，每卷末刻有經幾字、注幾字。諸本互校，此本文字多同於余仁仲本，蓋據余仁仲本删除釋文刊刻者。《大學》“聽訟吾猶人也”下，余仁仲本有釋音“吾聽訟似用反猶人也論語作聽訟吾猶人也毋訟音無誔音但”二十五字，嘉靖本存“論語作聽訟吾猶人也一本作吾聽訟猶人也”十八字，屬於漏删。中國國家圖書館收藏三部，分別爲二十册、十册、八册。南京圖書館收藏一部，是丁丙八千卷樓舊藏，卷端鈐有“知足知不足館人王紹蘭所見”印。中國臺灣“中央圖書館”藏一部二十册；臺北“故宫博物院”（書號故善

012802—012821)收藏一部二十册,每册鈐蓋"天禄繼鑑"諸璽,初刻初印,紙墨瑩潔,天禄琳琅誤以爲宋板[1]。

7. 殿本注(廖本、岳本)。岳本指元代岳浚刻《九經三傳》等十一經,無《儀禮注》《爾雅注》[2],今僅存《周易》《周禮》《春秋》《論語》《孝經》《孟子》六經[3]。岳本據廖瑩中本《九經》校刻,廖瑩中本源於余仁仲本,即《九經三傳沿革例》所言之"建本"。南宋廖瑩中對余仁仲本、興國于氏本《禮記注》所附釋文不滿意,謂"余氏不免誤舛,于氏未爲的當",弊病是"龐雜重贅,適增眩瞀"[4]。所以,廖氏在以余仁仲本爲主刊刻《禮記注》時,對釋文進行大量刪減,並改訂部分釋文,甚至增加文公注音,以便利讀者,適應語音的發展。這些變化,岳本沿襲。清乾隆四十八年(1783)武英殿覆刻岳本爲《御定仿宋相臺岳氏本五經》九十六卷,有《禮記注》二十卷(下簡稱"殿本注",圖五五),附有釋文,半頁八行,行十七字,小字雙行同,白口,四周雙邊,版心上刻"乾隆四十八年武英殿仿宋本"十二字,下記"禮記幾"和頁數,全書經文、注文、釋文,皆用小圈句讀。殿本注除個別文字略有改動外,幾乎是岳本之翻版。殿本注以岳本爲底本,利用永懷堂本、坊本《禮記注》、監本、毛本、殿本注疏、衛湜《禮記集說》、陳澔《禮記集說》進行校勘,撰寫"考證"一百七十八條,記錄異文,校正訛誤,對阮元等校勘《十三經注疏》產生較大影響。清道光

---

① 劉薔《天禄琳琅知見書錄》第48—49頁。

② 張政烺《讀〈相臺書塾刊正九經三傳沿革例〉》,《中國與日本文化研究》第1集,北京,中國大百科全書出版社,1991年6月;後收入《張政烺文史論集》,北京,中華書局,2004年4月,第166—188頁。

③ 王鍔《〈禮記〉版本研究》第203頁。

④ 元岳浚《九經三傳沿革例》,影印文淵閣《四庫全書》本第183册第560頁下欄、第563頁下欄。

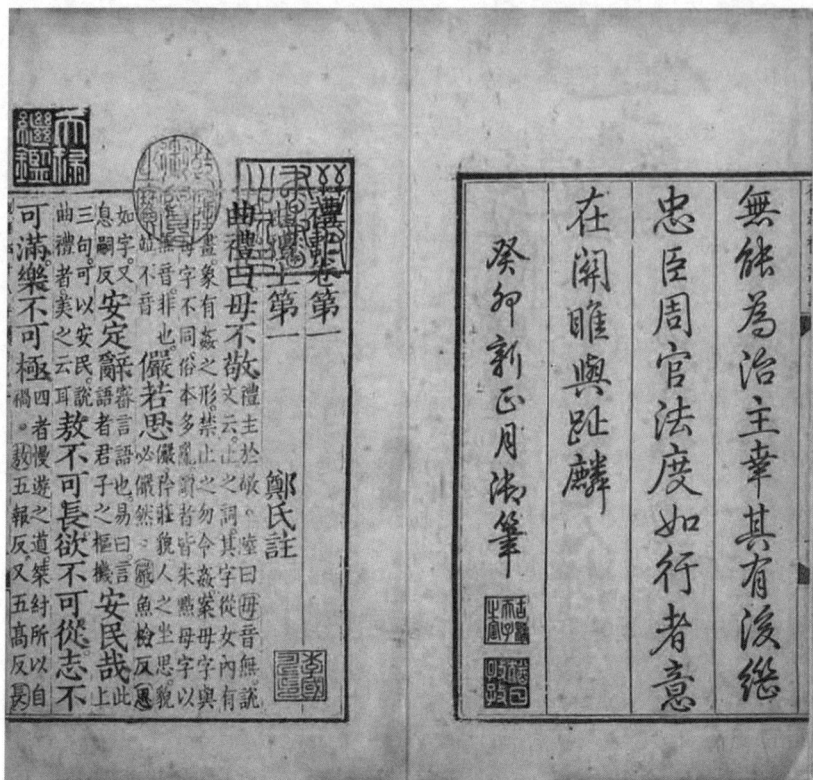

圖五五：哈佛大學藏殿本《禮記注》卷一第一頁

以來，貴陽書局、廣州書局、成都書局、福建書局、琉璃廠、江南書局翻刻殿本《五經》，以廣流佈。

比較蜀大字本、撫州本、婺州本、余仁仲本、紹熙本、嘉靖本、殿本注（廖本、岳本）《禮記注》，諸本有以下差異：

第一，內容有別。蜀大字本、婺州本、嘉靖本是經注本，不附釋文；撫州本、余仁仲本、紹熙本、殿本注是經注附釋文本。經注本附釋文的方式不同，撫州本將《禮記釋文》四卷整體附在書尾，余仁仲本將釋文打散附在經注之下，較之興國于氏本“率隔數頁，始一聚見，不便尋索"①的附釋文方式前進一步。廖本、岳本對釋文大加删改，甚者加入文公注音，殿本注全部繼承②。紹熙本除附釋文之外，增加纂圖、互注、重言、重意等內容。

第二，句讀圈發。唐李匡乂《資暇録》謂"學識何如觀點書"，點書包括句讀和圈發③。《九經三傳沿革例》"句讀"曰：

> 監、蜀諸本皆無句讀，惟建本始仿館閣校書式，從旁加圈點，開卷瞭然，於學者爲便，然亦但句讀經文而已。惟蜀中字本、興國本並點注文，益爲周盡。

"音釋"曰：

> 建本、蜀中本則附音於注文之下，甚便翻閱。今欲求其便之尤便，則亦附音釋如建、蜀本，然亦粗有審訂。音有平上去入之殊，則隨音圈發，或者不亮其意而以爲病，則但望如監本及他善本視之，捨此而自觀《釋文》可也④。

句讀指用圈點斷句。圈發指用圈點標注四聲，在某字左下角、左上角、右上角、右下角畫圈，分別表示此字讀平、上、去、入聲，是宋人標注聲調的一種方式。

余仁仲本句讀經文，圈發標音（圖五六）。蜀中字本和興國于氏本經注文皆加句讀。廖本借鑒余仁仲本、蜀中字本和興國于氏本，句讀經注釋文，圈發注音，殿本注（岳本）繼承，清晰可見（圖五七）。

---

① 元岳浚《九經三傳沿革例》，影印文淵閣《四庫全書》本第 183 册第 561 頁下欄。
② 張麗娟《宋代經書注疏刊刻研究》第 159—184 頁。
③ 吕友仁《"學識何如觀點書"辨》，《中國語文》1989 年第 4 期。李慧玲《"學識何如觀點書"續辨》，《古漢語研究》2011 年第 1 期。
④ 元岳浚《九經三傳沿革例》，影印文淵閣《四庫全書》本第 183 册第 571 頁上欄、第 563 頁下欄、第 564 頁上欄。

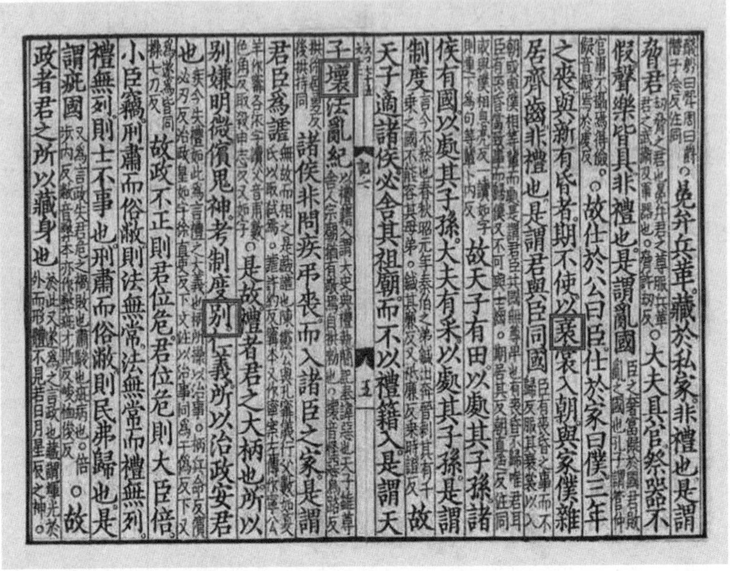
冕弁兵革藏於私家，非禮也，是謂脅君。大夫具官，祭器不假，聲樂皆具，非禮也，是謂亂國。故仕於公曰臣，仕於家曰僕。三年之喪與新有昏者，期不使。以衰裳入朝，與家僕雜居齊齒，非禮也，是謂君與臣同國。故天子有田以處其子孫，諸侯有國以處其子孫，大夫有采以處其子孫，是謂制度。故天子適諸侯，必舍其祖廟，而不以禮籍入，是謂天子壞法亂紀。諸侯非問疾弔喪而入諸臣之家，是謂君臣爲謔。是故禮者君之大柄也，所以別嫌明微，儐鬼神，考制度，別仁義，所以治政安君也。故政不正則君位危，君位危則大臣倍，小臣竊。刑肅而俗敝，則法無常；法無常而禮無列；禮無列則士不事也。刑肅而俗敝，則民弗歸也，是謂疵國。故政者君之所以藏身也。

圖五六：余仁仲本《禮記注》卷七第五頁

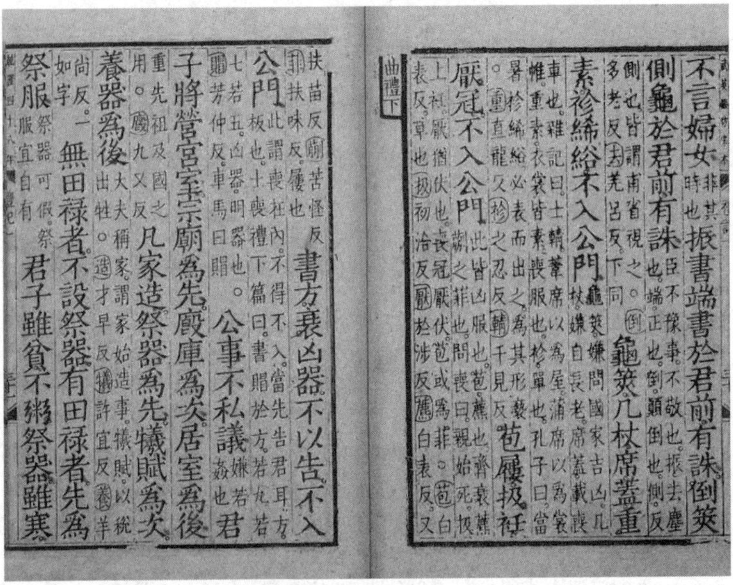
不言婦女。振書端書於君前，有誅。倒筴側龜於君前，有誅。龜筴、几杖、席蓋、重素、袗絺綌，不入公門。苞屨、扱衽、厭冠，不入公門。書方、衰、凶器，不以告，不入公門。公事不私議。君子將營宮室，宗廟爲先，廄庫爲次，居室爲後。凡家造，祭器爲先，犧賦爲次，養器爲後。無田祿者不設祭器，有田祿者先爲祭服。君子雖貧，不粥祭器；雖寒

圖五七：殿本（岳本）《禮記注》卷一第三〇頁 B 面、第三一頁 A 面

第三，淵源不同。撫州本是經注本附錄釋文的最早模式，《禮記釋文》四卷整體附後，導致經注和釋文長時間分開流傳，甚至被誤認爲是兩部書。經過校勘，蜀大字本、撫州本、婺州本經注文字相近，應該同源。紹熙本經文、注文和釋文源自余仁仲本，嘉靖本是據余仁仲本删除釋文翻刻者。殿本注翻刻岳本，岳本來自廖本，廖本源自余仁仲本，則紹熙本、嘉靖本、殿本注（廖本、岳本）皆爲余仁仲本支脉。

第四，優劣不一。從經注文字而言，蜀大字本最佳，依次是撫州本、余仁仲本、婺州本、殿本注（廖本、岳本）、嘉靖本、紹熙本；若將釋文納入，撫州本最佳，依次是余仁仲本、紹熙本，殿本注（廖本、岳本）釋文有删改；若從閱讀方便而言，余仁仲本最好，故紹熙本、嘉靖本、殿本注（廖本、岳本）皆以其爲祖本。

第五，接受不等。蜀大字本、撫州本、婺州本、余仁仲本、紹熙本、嘉靖本、殿本注（廖本、岳本）《禮記注》在流傳過程中，被讀者接受並參與文本建構情況不同。《九經三傳沿革例》謂余仁仲本、興國于氏本時稱善本，但"余氏不免誤舛，于氏未爲的當"，廖瑩中遂以余仁仲本爲主，參校宋本二十餘種，删改釋文，刊刻《禮記注》等九經。元岳浚翻刻廖本，增刻《公羊傳》《穀梁傳》，實爲十一經。纂圖互注類紹熙本、明嘉靖本、殿本注（廖本、岳本）皆源自余仁仲本，可見，經注附釋文本且有句讀圈發者更易被讀者接受。蜀大字本及婺州本，是皇家或收藏家之藏品，是"文物"，尤其是蜀大字本，乃宋板之"尤物"，較少參與《禮記》文本的建構。撫州本在清嘉慶年間，因顧廣圻之推崇得以覆刻，並作爲阮刻本《禮記注疏》之校本，校正是非。

二、《禮記》注疏本及其差異

《禮記》注疏本分兩類，一類不附釋文，即八行本《禮記正義》七十卷，一類附釋文，即十行本系統《禮記注疏》六十三卷。

1. 八行本。八行本《禮記正義》七十卷，是南宋兩浙東路茶鹽司提舉黃唐於紹熙三年(1192)八月在兩浙東路茶鹽司刊刻，版框高二十一・五釐米，寬十六・七釐米，半頁八行，大字行十六字，小字行二十二字，白口，左右雙邊。現存八部，中國國家圖書館藏兩部，一部爲潘宗周寶禮堂舊藏（下簡稱"八行本"，圖五八），宋元遞修本，自孫承澤、季振宜、吳泰來、孔繼涵、盛昱、完顏景賢、袁克文、潘宗周，最後庋藏中國國家圖書館；一部二十八卷，存卷三至四、十一至十八、二十四至二十五、三十七至四十二、四十五至四十八、五十五至六十，四冊，原藏涵芬樓，有張元濟跋。北京大學圖書館藏本殘存二卷，即卷一至

圖五八：八行本《禮記正義》卷五第一頁

二,共三十三頁,蝶裝。上海圖書館藏本殘存卷五第六頁 B 面至第二十頁。中國臺灣史語所傅斯年圖書館藏本殘存一卷,即卷六十六。日本足利學校藏即足利本殘存六十二卷,缺八卷,即卷三十三至四十;日本東京大學東洋文化研究所藏本殘存一卷,即卷六十三;日本京都大學圖書館谷村文庫藏本殘存一卷,即卷六十四。

　　八行本先後六次影印影刻。1927 年,潘宗周委託董康用珂羅版技術影印,同時影刻;1985 年,中國書店依據潘氏影刻版重印;2003 年,北京圖書館出版社據原本影印收入《中華再造善本》;2014 年,北京大學出版社以影印南宋越刊八行本《禮記正義》爲名,將董康珂羅版影印潘氏本與足利本逐頁對照影印。2021 年,北京大學出版社據原本影印收入《日本足利學校藏國寶及珍稀漢籍十四種》。潘氏影刻本與八行本之間有明顯的文字差異;八行本與足利本之間,有原版與補版之別。

　　2. 元十行本。南宋建陽刻十行本注疏即建安劉叔剛刻本,今存《附釋音毛詩注疏》二十卷、《附釋音春秋左傳注疏》六十卷、《監本附音春秋穀梁注疏》二十卷[①],《附釋音禮記注疏》六十三卷已佚,清和珅有翻刻本,基本保存了宋刻本面貌。宋十行本半頁十行,行十七字左右,小字雙行約二十三字,細黑口,左右雙邊,約刊刻於南宋光宗(1190—1194)、寧宗(1195—1224)時期[②]。

　　元代泰定(1324—1328)前後,宋十行注疏本被翻刻,書板傳至明

① 張麗娟於重慶圖書館發現宋十行本《監本附音春秋公羊注疏》七頁。張麗娟《新發現的宋十行本——〈監本附音春秋公羊注疏〉零葉》,《中國典籍與文化》2020 年第 4 期。
② 宋周密《癸辛雜識》曰:"廖群玉諸書,《九經》本最佳。又有《三禮節》,其後又欲開手節《十三經注疏》,未及入梓,而國事異矣。"宋周密撰,吳企明點校《癸辛雜識》,北京,中華書局,1988 年 1 月,第 84—85 頁。《九經三傳沿革例》有"汴本《十三經》"之稱。然宋代是否刊刻《十三經注疏》,尚待研究。

代正德、嘉靖年間,遞經修補,後人稱之爲"十行本""正德本",甚者長期被誤認爲宋刻本。元十行本的基本特徵是半頁十行,白口,版心刻有大小字數和刻工,有黑口者乃明代補版頁(圖五九、圖六〇),疏文起訖語與疏文正文之間,有小圓圈間隔。元十行本明代補版頁版心刻正德六年刊、正德十二年刊、嘉靖三年刊等文字,與原版有明顯區別。元十行本《十三經注疏》北京市文物局、國家博物館、軍事科學院和日本靜嘉堂文庫各藏一部,北京市文物局藏本《中華再造善本》影印(下簡稱"元十行本")①,靜嘉堂本是阮刻本之底本②。《附釋音禮記

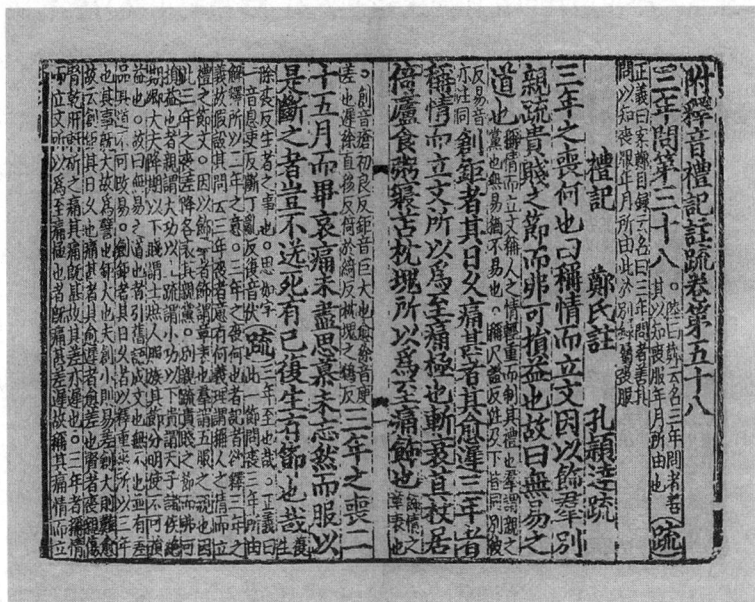

圖五九:元十行本《附釋音禮記注疏》卷五十八第一頁

---

① 阮元校刻《十三經注疏》第 106 册,北京圖書館出版社,2006 年 12 月,《中華再造善本》影印。

② 張麗娟《宋代經書注疏刊刻研究》第 354—385 頁。王鍔《明清〈禮記〉校刻研究》(未刊稿),是筆者主持的國家社科基金重點項目"明清時期《禮記》校勘整理與主要刻本研究"(17AZW008)之結項書稿。

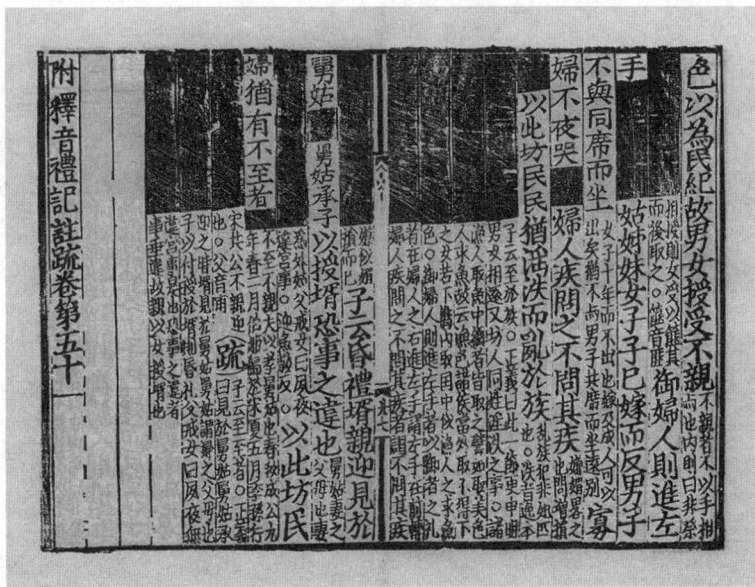

圖六〇：元十行本《附釋音禮記注疏》卷五十一第二七頁

注疏》六十三卷，浙江圖書館、臺北"央圖"有藏，江西省樂平市圖書館藏殘本一部，存卷七至卷九、卷十七至六十三，缺十三卷。

　　3. 閩本。元十行本經多次修版，有闕頁、墨釘、倒裝和文字訛誤等缺陷，且無《儀禮注疏》，是十二部經書注疏合刻本。明嘉靖十五年至十七年間（1536—1538）李元陽以御史巡按福建之便，與同年福建提學僉事江以達以元十行本爲底本，用《儀禮注疏》十七卷替換原《儀禮》白文、《儀禮圖》、《儀禮旁通圖》，雕刻閩本《十三經注疏》，這是真正意義上的第一部《十三經注疏》，簡稱"閩本""嘉靖本""李元陽本"，閩本《禮記注疏》六十三卷，乃其中之一（圖六一）。閩本半頁九行，大字行二十一字，注文中字，單行居中，疏文、釋文雙行，每行二十字。初刻本每卷首頁皆有"明御史李元陽、提學僉事江以達校刊"十五字。閩本翻刻時，多沿襲元十行本訛脫衍倒闕之文字，然亦有訂補，如卷

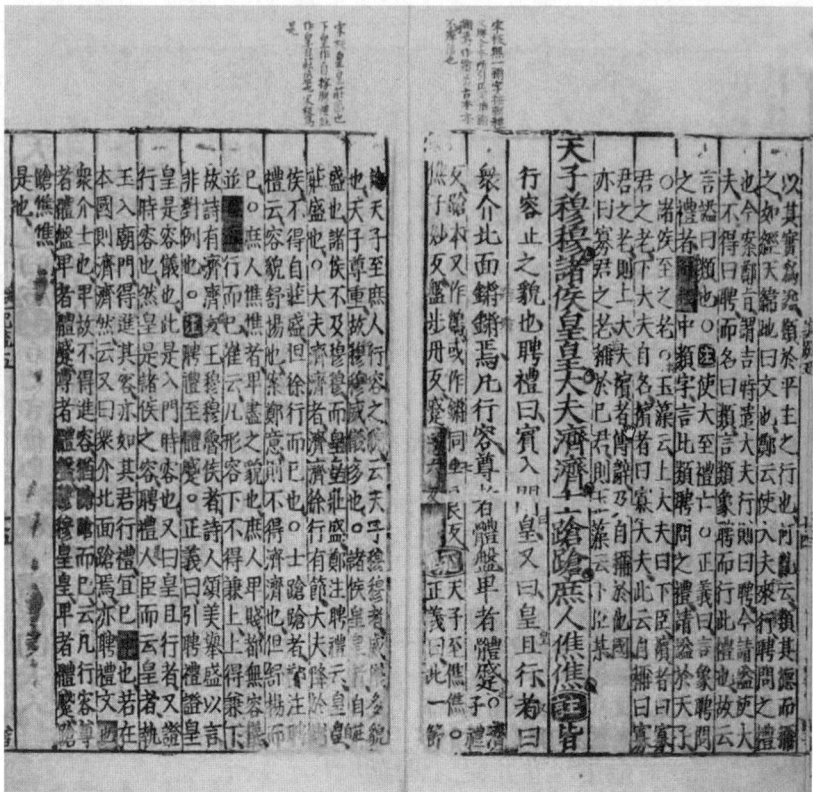

圖六一：美國哈佛大學圖書館藏閩本《禮記注疏》
卷五第一四頁 B 面和第一五頁 A 面

六第二一頁 A 面第三行疏文"姬命大子祭齊姜是蚤卒也"，八行本同，元十行本、阮刻本"卒"誤"死"；第六行疏文"吾君年老"，八行本同，元十行本、阮刻本"年"誤"已"。閩本校改元十行本訛誤，可訂正阮刻本，監本、毛本皆據以翻刻。上海圖書館、南京圖書館、美國哈佛大學漢和圖書館等有藏本，諸館所藏，有初刻修補、先印後刷之別。

4. 監本。明代嘉靖以來，重視經學文獻校刻，北京國子監依據閩本奉敕校刻《十三經注疏》始於萬曆十四年（1586），竣工於萬曆

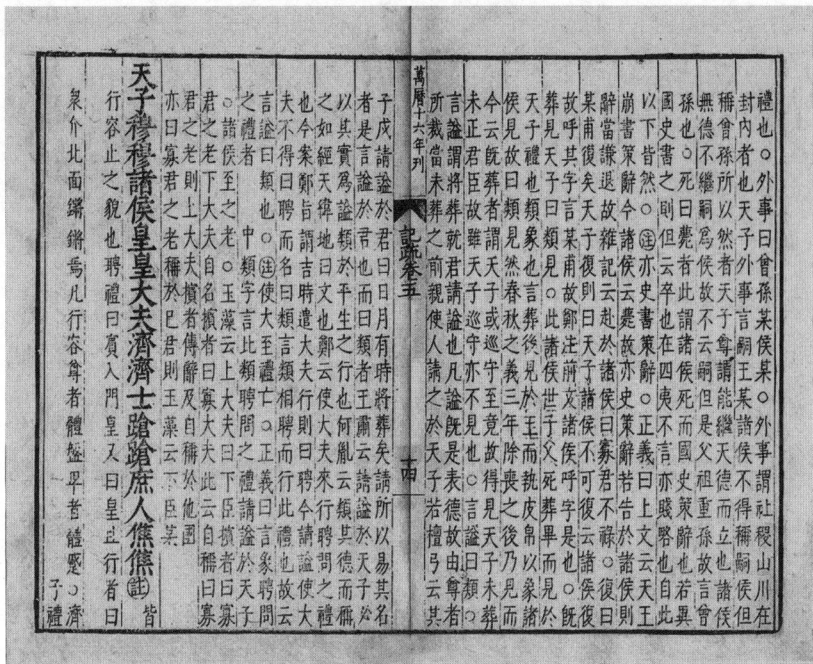

圖六二：天津圖書館藏監本《禮記注疏》卷五第一四頁

二十一年，簡稱"監本""萬曆本"（圖六二）。監本沿襲閩本，注文小字單行，空左偏右，與閩本居中者小異，半頁九行，每行二十一字，左右雙邊，版心單魚尾，上刻"萬曆十六年刊"。國子監組織學人校勘，對閩本多有訂補。如《禮記注疏》卷一第一四頁 A 面第九行釋文"得求曰祠"，毛本同，元十行本、阮刻本"得求"倒作"求得"；卷十六第三二頁 B 面第五行疏文"而長○正義曰隋"，毛本同，元十行本作墨釘，閩本空缺，監本補足，惟"其災"誤作"而長"。監本沿襲閩本訛誤，對閩本之校改，有是有非，優勝之處，值得肯定。監本《十三經注疏》於崇禎五年（1632）、康熙二十五年（1686）兩次修版，康熙重修本於每卷改刻官銜，加入重校修者官名，版心去萬曆年號，改刻"康熙二十五年重修"字樣。今存者或爲萬曆初刻本，或爲重修本，優劣不一。天津圖書館、日本國立公文書館所藏是萬曆初刻本，皆有闕頁。

　　5. 毛本。毛晉依據監本校刻《十三經注疏》始於崇禎元年（1628），完成於十三年除夕，故簡稱"毛本""崇禎本""汲古閣本"（圖六三）。毛本半頁九行，經文大字，注文中字，單行居中，釋文、疏文雙行小字，行二十字，左右雙邊，白口，版心由上至下鑴有禮記疏、卷之幾、頁數、汲古閣等，匾方字體，橫細竪粗。元十行本、閩本、監本、毛本一脉相承，毛本翻刻時，元十行、閩本、監本之訛誤闕脱，毛本沿襲不少，然亦有訂正者，如《禮記注疏》卷四六第三頁Ａ

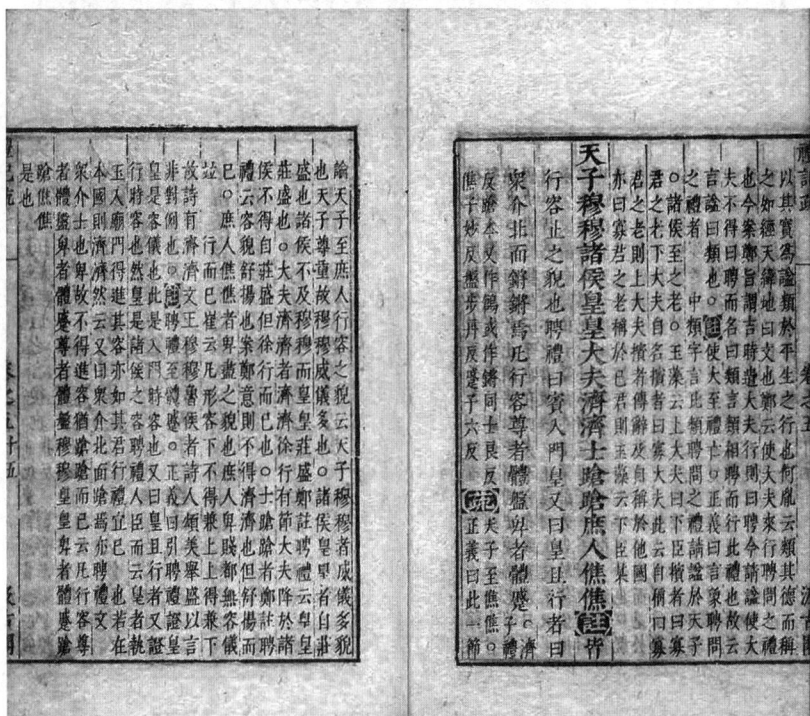

圖六三：美國哈佛大學圖書館藏毛本《禮記注疏》
卷五第一四頁Ｂ面和第一五頁Ａ面

面第五行"非讖緯之妖說",阮刻本同,元十行本、閩本、監本"緯"誤作"諱"。元十行本、閩本、監本卷二三、五三闕文墨釘相對較多,毛本訂補二十餘處,如《禮記注疏》卷二三第二九頁 A 面第七至八行注文"謂以少小下素爲貴也若順也"十二字,閩本、監本皆闕。毛本《十三經注疏》書板後歸常熟小東門外東倉街席氏,清初以來,多次翻刻,校對草率,錯誤甚多,今傳存者,孰先孰後,有待研究。

　　6. 殿本注疏。清乾隆三年(1738),因太學所藏監本板面模糊,難以刷印,國子監上奏請求重新校刻《十三經注疏》,乾隆乃下令設經史館,以方苞爲總裁,主持包含《禮記注疏》(下簡稱"殿本注疏")在內的經史刊刻工作。殿本注疏以監本爲底本,由福建巡撫周學健、侍讀齊召南等人負責校刊,於乾隆十一年(1746)付梓,即武英殿刻《十三經注疏》之一。原書半頁十行,行二十一字,小字雙行同,白口,左右雙邊,版心上方有"乾隆四年校刊"六字(圖六四),經注疏釋文施加句讀,藉助毛本和其他相關文獻,補足底本缺文,校改訛脫衍倒,刊刻精工。所附《考證》近七百條,由齊召南奉敕編輯館臣校勘意見。齊氏《考證》校勘成果,在四庫館纂修《四庫全書薈要》本、《四庫全書》本《禮記注疏》時,爲館臣收錄。嘉慶年間,阮元等撰寫《禮記注疏校勘記》,吸收齊氏校勘成果,道光年間編纂《清經解》,輯刻《考證》。殿本注疏對經注疏體例有所調整,將經文之疏集中放前,注文之疏合編置後,刪除原疏文中經注文起訖語、多數提示語"經義曰"和間隔號"○",如此編排,反而給讀者閱讀疏文帶來不便,且有漏刪、誤排疏文之現象。同治十年(1871),廣東書局據菊坡精舍藏板重刊武英殿本。2014 年,北京綫裝書局據天津圖書館藏本影印。

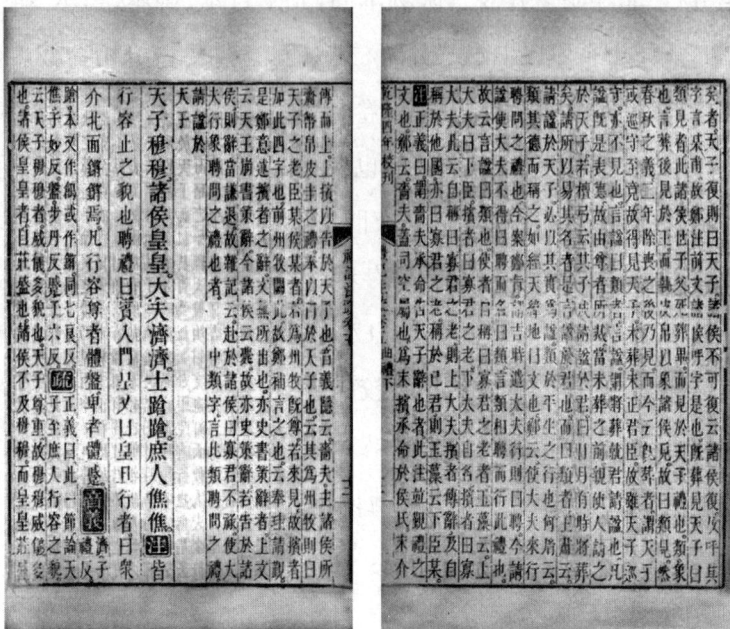

圖六四：殿本《禮記注疏》卷五第一二頁

7.《四庫》本。《四庫》本《禮記注疏》六十三卷①，是四庫館臣以殿本注疏爲底本整理《禮記注疏》的重要成果。薈要處、四庫館臣做了大量的校勘工作，成果反映在薈要校語與《考證》中。清雍正、乾隆年間，惠棟、盧文弨、浦鏜、山井鼎等人據宋本諸書校正《禮記注疏》，產生了"惠棟校宋本"、《十三經注疏正字》等經學文獻校勘成果。四庫館臣利用優越條件，吸收校勘成果，整理完成優於殿本注疏的《四庫》本。以《禮記·曾子問》爲例，殿本注疏自卷十九第二五頁 A 面第九行經文"曾子問曰下殤土周葬于園"之疏文"所用土周而"以下，第二五頁 B 面、第二六頁 A 面，至第二六頁 B 面前兩

————————

① 本文所言"《四庫》本"指《四庫全書薈要》本和文淵閣《四庫全書》本《禮記注疏》。

行皆爲空行，第二六頁Ｂ面第三行起續以下經文“曾子問曰卿大夫將爲尸於公”。齊召南《考證》曰：“‘自史佚始也’注疏‘所謂土周而’，下缺。此下疏文全缺，舊本後空二十三行，今仍之。”①然此經疏文不獨殿本注疏缺文，元十行本卷十九《曾子問》篇凡二三頁，即缺第二一頁，Ａ面凡四百六十字，Ｂ面凡四百五十六字。閩本、監本、毛本諸本此頁空其行，殿本注疏以監本爲底本刊刻，亦仿舊式，《四庫》本則補全缺文（圖六五）。可見，四庫館臣於《禮記注疏》的校勘傳承是有貢獻的。

8. 和珅本。宋劉叔剛刻十行本《附釋音禮記注疏》清代尚有傳本，今佚。陳鱣《經籍跋文》謂書估錢聽默將八行本惠棟跋文附錄於宋十行本之後，謊稱“惠棟校宋本”，賣於長安貴客，獻於和珅，和珅囑其黨徒用毛本對校，影寫摹雕，即乾隆六十年（1795）影刻之《附釋音禮記注疏》六十三卷（簡稱“和珅本”，圖六六）。每卷題“附釋音禮記注疏”，經文大字，半頁十行，每行十七字，小字雙行，每行二十三字，細黑口，左右雙邊，每頁左上角有書耳，內刻篇名。書首有《禮記正義序》，末有隸書“建安劉叔剛父鋟梓”牌記，與《附釋音春秋左傳注疏》類似，書尾附惠棟、和珅跋文，全書“慎”字缺筆避諱，字體風格與《附釋音毛詩注疏》《附釋音春秋左傳注疏》極其相似，覆刻忠實宋本，內容完整，刊刻精美，爲我們保存了宋刻十行本基本面貌，可彌補元十行本以來諸本缺頁、墨釘和文字訛誤等諸多缺陷。中國國家圖書館、山東省圖書館、日本內閣文庫等處均有收藏。

---

① 殿本卷十九《考證》第二頁Ａ面第三至四行。

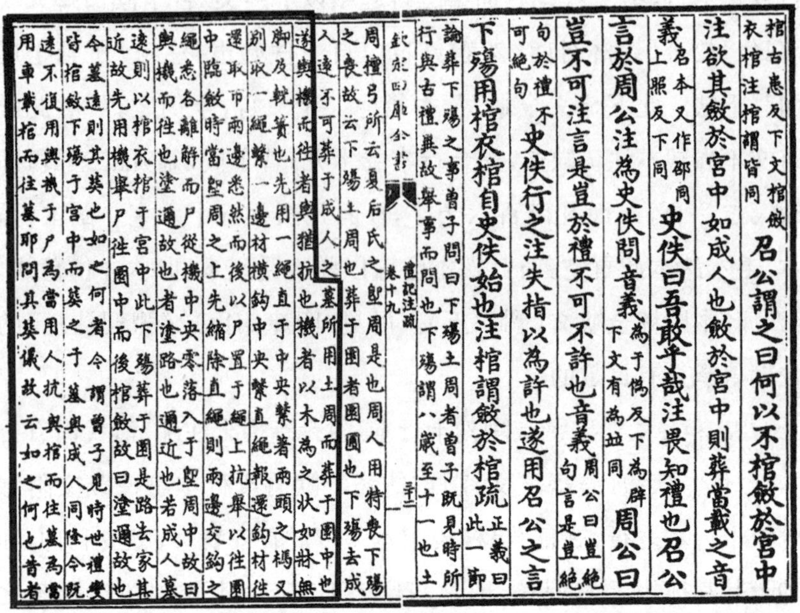

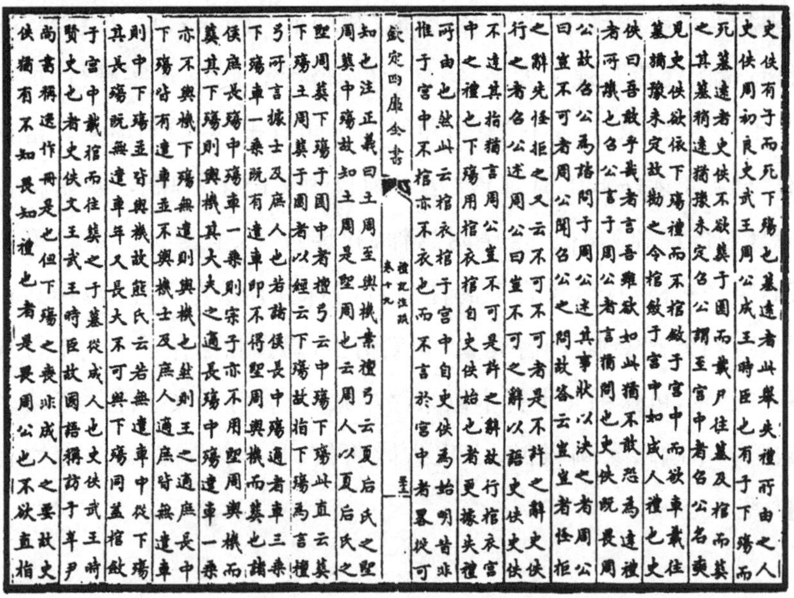

圖六五:《摛藻堂四庫全書薈要》本《禮記注疏》卷十九第三一頁、第三二頁

圖六六：日本內閣文庫藏和珅本《附釋音禮記注疏》卷五十一第二七頁

9. 阮刻本。元十行本《十三經注疏》板片，一直收藏於福州路府學經史庫中，明正德、嘉靖時期經多次修版，損壞嚴重，難以閱讀。閩本、監本、毛本、殿本注疏、《四庫》本《十三經注疏》皆據其翻刻鈔錄。因元十行本存在缺頁墨釘、文字訛錯等諸多缺陷，以後每次翻刻，雖有補正，但沒有從根本上解決問題，尤其是《禮記注疏》，缺漏尤多，惠棟、盧文弨等人藉助八行本，校勘訂誤。惠棟謂毛本錯訛較多，顧廣圻稱毛本爲"俗注疏本"，蓋有以也。阮元謂諸本"輾轉翻刻，訛謬百出。毛本漫漶，不可識讀，近人修補，更多訛舛"[①]。阮元於嘉慶二十年（1815）在盧宣旬等人襄助下，依據元十行本，校刻《十三經注疏》四百十六卷，是清代漢學興盛的代表作。阮刻本《附釋音禮記注疏》六十三卷以元十行本爲底本，利用唐石

---

① 清阮元校刻《十三經注疏》上册第 1—2 頁。

經、撫州本、岳本、嘉靖本《禮記注》，閩本、監本、毛本《禮記注疏》、衞湜《禮記集説》、撫州本釋文校勘，並吸收惠棟、盧文弨、段玉裁、山井鼎、浦鏜等人校勘成果，由洪震煊先考異同，阮氏復定是非。"凡有明知宋板之誤字，亦不使輕改，但加圈於誤字之旁，而別據校勘記，擇其説附載於每卷之末。"①阮元此舉，垂範後學，厥功甚偉。較之元十行本以來諸本，阮刻本補足闕脱，訂正訛誤，彙校諸本，博採衆説，於訛脱衍倒之文，逐一撰寫校勘記，附録於每卷之末，是一部校勘精良的《禮記注疏》讀本。自嘉慶二十年開雕問世以來，不斷翻刻，盛行不衰。阮刻本《十三經注疏》自刊刻以來，廣東書局、脉望仙館、點石齋、世界書局、中華書局、臺灣藝文印書館先後翻刻影印。

圖六七：阮刻本《禮記注疏》卷五一末頁

---

① 清阮元校刻《十三經注疏》上册第 2 頁。張之洞曰："阮本最於學者有益，凡有關校勘處旁有一圈，依圈檢之，精妙全在於此。"范希曾編，瞿鳳起校點《書目答問補正》，上海古籍出版社，1983 年 4 月，第 1 頁。

從《禮記》注疏本的校刻整理來看，注疏本有以下特點：

第一，附釋音注疏本流傳廣泛。《九經三傳沿革例》列注疏合刻本有"越中舊本注疏、建本有音釋注疏、蜀注疏"①。"越中舊本注疏"即兩浙東路茶鹽司先後刊刻的《周易注疏》十三卷、《尚書正義》二十卷、《周禮疏》五十卷、《禮記正義》七十卷、《春秋左傳正義》三十六卷、《論語注疏解經》二十卷、《孟子注疏解經》二十卷，世稱八行本、八行注疏本、越州本、越刻八行本，皆有宋刻本傳世，《毛詩注疏》僅傳鈔本。從目前資料看，《周易注疏》《尚書正義》《周禮疏》是最早的注疏合刻本②。

"建本有音釋注疏"即宋劉叔剛刻十行本，今存《附釋音毛詩注疏》二十卷、《附釋音春秋左傳注疏》六十卷、《監本附釋音春秋穀梁注疏》二十卷，《附釋音禮記注疏》六十三卷有和珅翻刻本。

"蜀注疏"日本藏《論語注疏》十卷一部，半頁八行，約刊刻於南宋光宗紹熙年間。

臺北"故宮博物院"藏宋魏縣尉宅刻本《附釋音尚書注疏》二十卷，後四卷配元刻明修十行本，半頁九行，此本卷次、異文接近元十行本，二本有一定的淵源。另外，金元刻十三行注疏本《尚書注疏》、明永樂八行本《尚書注疏》《毛詩注疏》，皆接近宋元十行本③。

宋元以來，注疏合刻本雖有越中舊本注疏、建本有音釋注疏、蜀注疏以及魏縣尉宅刻本、金元十三行本、明永樂八行本和元十行

---

① 元岳浚《九經三傳沿革例》，影印文淵閣《四庫全書》本第 183 冊第 561 頁下欄。

② 顧永新從《論語》注疏合刻情況看，在北宋或南宋早期已經出現《論語注疏解經》十卷，是後來八行本及十行本系統各本之祖本。顧永新《金元平水注疏合刻本研究——兼論注疏合刻的時間問題》，《文史》2011 年第 3 期。

③ 張麗娟《宋代經書注疏刊刻研究》第 296—400 頁。

本等,但"建本有音釋注疏"即宋十行本備受重視,魏縣尉宅刻本、金元十三行本、明永樂八行本接近元十行本,元十行本據宋十行本翻刻,閩本、阮刻本據元十行本翻刻,監本翻自閩本,毛本、殿本注疏翻自監本,《四庫》本據殿本注疏整理鈔寫,皆源自元十行本。附釋音注疏本備受讀者喜歡,多次整理刊刻,究其緣由:一是附有釋文,便於研讀。二是分卷合理,照顧篇目内容完整。如八行本《周禮疏》五十卷、《禮記正義》七十卷,以單疏本卷數爲主,將經注插入而成;元十行本《周禮疏》四十二卷、《禮記正義》六十三卷,卷數既不同於經注本,也不同於單疏本,與八行本比較,元十行本分卷在保留疏文起訖語的同時,儘可能照顧篇目内容的完整性[1]。

　　第二,八行本參與並推動了經學文獻的校勘。乾隆十四年(1749),惠棟利用吳用儀璜川書屋藏八行本《禮記正義》校勘毛本,謂毛本"訛字四千七百有四,脱字一千一百四十有五,闕文二千二百一十有七,文字異者二千六百二十有五,羨文九百七十有一,校讎是正,四百年來闕誤之書犁然備俱,爲之稱快"[2]。惠棟校毛本校語,段玉裁、程晉芳、姚鼐等皆從繕録,日本山井鼎、物觀《七經孟子考文補遺》以足利學校藏八行本校勘毛本。故阮刻本"校本"列有惠棟校宋本、盧文弨校本、孫志祖校本、段玉裁校本、考文宋板、浦鏜校本六種,惠棟、盧文弨、段玉裁、山井鼎的校勘,皆與八行本有關,也是阮刻本吸收八行本優點的主要來源。

　　第三,從元十行本到《四庫》本,注疏本逐漸完善。元十行本板

---

① 李學辰《八行本〈禮記正義〉與和珅本〈禮記注疏〉體例比較研究》,《歷史文獻研究》第 42 輯,揚州,廣陵書社,2019 年 5 月。王鍔《〈四庫全書總目〉"周禮注疏"提要辨證》,《中國典籍與文化論叢》第 23 輯,南京,鳳凰出版社,2021 年 4 月。

② 漢鄭玄注,唐孔穎達正義,影印南宋越刊八行本《禮記正義》跋文。

片至明代正德時期，多有損壞，斷板壞板甚至缺失者，各經不一，福州府學多次修補。正德、嘉靖年間的修補在彌補缺失損壞的同時，也增加一些新的錯誤。所以，李元陽等重刻《十三經注疏》，較之元十行本，以《儀禮注疏》十七卷替換《儀禮圖》，完成名實相副的第一部《十三經注疏》，且對元十行本的錯誤做了校補。從監本、毛本、殿本注疏到《四庫》本，每次翻刻，皆有校改，尤其是四庫館臣利用浦鏜《十三經注疏正字》之類的成果，文本質量越來越好。

　　第四，句讀經注疏釋文，撰寫"考證""校勘記"。《十三經注疏》自元十行本至阮刻本，在校改訛誤、補充闕文的同時，變換板式，調整體例，尤其是借鑒前人刻書經驗，句讀經文、注文、釋文和疏文，卷末附錄"考證"或"校勘記"。殿本注疏句讀全書，撰寫"考證"近七百條。阮元校勘《十三經注疏》，校記初名"考證"①，後更名"校勘記"，顯然受殿本注疏的影響。從句讀到"校勘記"，注疏本從形式到內容，學術質量皆有推進。

　　第五，阮刻本《十三經注疏》是集大成的注疏合刻本。阮元校勘《十三經注疏》始於嘉慶五年（1800），嘉慶十一年（1806）刊成《十三經注疏校勘記》二百一十七卷，嘉慶二十一年（1816）於南昌府學刻成《十三經注疏》四百一十六卷。阮刻本《十三經注疏》除《儀禮注疏》五十卷、《爾雅注疏》十卷重新組合外，他經以元十行本爲底

---

①　顧廣圻在其所臨的藏在東校本《經典釋文》中寫有相當數量的跋語，散見卷首及其他位置，其中卷首跋文曰："余嘗言近日此書有三厄，盧抱經重刻本所改多誤，一厄也；段茂堂據葉鈔更校，屬其役於庸妄人，舛駁脱漏，均所不免，二厄也；阮雲臺辦一書曰《考證》，以不識一字之某人臨段本爲據，踳駁錯誤，不計其數，三厄也。彼三種書行於天壤間一日，則陸氏之真面目晦育否塞一日，計惟有購葉鈔原本重加精雕，而雲霧庶幾一掃，其厄或可救也。余無其力，識於此以待愛惜古人者。澗蘋居士書。"清顧廣圻著，王欣夫輯《顧千里集》第 267—268 頁。

本翻刻,每經有"引據各本目録",廣校衆本,參考多家校勘成果,記録元十行本、閩本、監本、毛本異文,撰寫校勘記,《禮記注疏》校勘記約一萬一千條,摘録附於《十三經注疏》本者約七千三百八十一條①。較之元十行本、閩本、監本、毛本、殿本注疏和《四庫》本,阮刻本是彙校衆本,吸收他人成果,撰寫校記,羅列異同,按斷是非,成爲名副其實且集大成式的《十三經注疏》本。

三、《十三經注疏》整理及啓示

清阮元説:"竊謂士人讀書,當從經學始,經學當從注疏始。空疏之士,高明之徒,讀注疏不終卷而思卧者,是不能潛心研索,終身不知有聖賢諸儒經傳之學矣。至於注疏諸義,亦有是非。我朝經學最盛,諸儒論之甚詳,是又在好學深思、實事求是之士,由注疏而推求尋覽之也。"②可見,《十三經注疏》是經學研究的基礎。

1999 年 12 月,北京大學出版社出版了《十三經注疏》標點本,此後又出版"繁體竪排"本,日本學者野間文史、吕友仁曾撰文批評該書的缺陷③。

2001 年 6 月,臺灣新文豐出版公司出版《十三經注疏》分段標點本,總計二十册。西北大學和上海古籍出版社於 1992 年共同發

① 王鍔、井超《〈禮記注疏校勘記〉整理與研究》(未刊稿)。
② 阮元《重刻宋板注疏總目録》,阮刻本《十三經注疏》上册第 2 頁。
③ (日)野間文史《讀李學勤主編之〈標點本十三經注疏〉》,《經學今詮三編——中國哲學》第 681—725 頁;吕友仁《〈十三經注疏·禮記注疏〉整理本平議》,《中國經學》第 1 輯,第 100—131 頁。

起成立了"新版《十三經注疏》整理本編纂委員會",負責整理新版《十三經注疏》,張豈之、周天游《十三經注疏整理本序》説:"各經均追本溯源,詳加考校,或採用宋八行本爲底本,或以宋早期單注、單疏本重新拼接,或取晚出佳本爲底本,在儘量恢復宋本原貌的基礎上,整理出一套新的整理本,來彌補阮刻本的不足,以期對經學研究、對中國傳統文化研究能起到推動作用,滿足廣大讀者的需要。"①

2008 年 9 月,上海古籍出版社出版了吕友仁整理的《禮記正義》,以 1985 年中國書店印潘宗周影刻本爲底本,用撫州本《禮記釋文》四卷爲據補加釋文。另有《尚書正義》《毛詩注疏》《周禮注疏》《儀禮注疏》等出版。

從以上三套《十三經注疏》中《禮記注疏》來看,北大本和新文豐本主要是標點,北大本之校記依據阮刻本附録"校勘記"删改而成,且有誤删者,基本没有校勘。比較而言,上古本在標點、校勘等方面,均優於前者②。惟於八行本疏文無起訖語③者,依據單疏本和阮刻本,自擬補加,實不可取;誤將八行本和潘宗周影刻本等同爲一,屬於失察。《儒藏》本《禮記正義》④以八行本爲底本,用足利本、潘宗周覆刻本、阮刻本和撫州本、余仁仲本、殿本注通校,參校殿本注疏和《四庫》本,改正上古本失誤,不附録釋文,實爲八行本最佳之整理本。其他各經注疏,問題不一,學界多有討論,不再贅述。

2019 年 10 月,浙江大學出版社出版了邸同麟點校的《禮記正

---

① 漢鄭玄注,唐孔穎達正義,唐陸德明釋文,吕友仁整理《禮記正義》上册第 5—6 頁。

② 王鍔《三種〈禮記正義〉整理本平議——兼論古籍整理之規範》,《中華文史論叢》2009 年第 4 期。

③ 吕友仁謂"孔疏導語"。漢鄭玄注,唐孔穎達正義,唐陸德明釋文,吕友仁整理《禮記正義》上册第 12 頁。

④ 漢鄭玄注,唐孔穎達正義,吕友仁校點《禮記正義》,《儒藏》本。

義》，乃《中華禮藏》之一。此本以足利學校藏八行本爲底本，以阮刻本爲對校本，參校本有八行本、單疏本、殿本注疏等，吸收顧廣圻、阮元、山井鼎等人校勘成果。此本校勘版本有限，不附釋文，然於校記時出《禮記釋文》異文。

從《禮記》注疏本而言，已經出版了四種整理本，兩種以阮刻本爲底本，兩種以八行本爲底本，惟使用八行本有潘宗周覆刻本與日本足利學校藏本之別。以上四種整理本共同的遺憾是對《禮記》經注本和注疏本研究不足，在選擇底本、對校本、參校本時，人云亦云，删改疏文，有意迴避，不够周密。

阮刻本《十三經注疏》初刻於清嘉慶二十一年（1816），至今剛好兩百又五年，但是，研究經學和經學文獻，從事中國傳統文化研究，阮刻本仍然是學者案頭書，難以釋手。想要整理出超越阮刻本《十三經注疏》的整理本，尚有許多工作要做。考察宋元以來校刻整理《禮記》經注本、注疏本歷史，對於當今整理《十三經注疏》工作，有以下啓示：

第一，彙校（抽校）衆本，排譜系，定優劣。與《十三經注疏》有關的經學文獻版本，主要是刻本和鈔本，十三部經書傳鈔、校刻、流傳以及被讀者接受的情況各不同，保存到今天的版本各經不一，能够看到的版本也有差別。但無論如何，對於讀者和研究者而言，由於古籍影印和網絡圖像的流佈，今人閱讀利用古籍版本的條件，優於前人，十三部經書的經注本、注疏本大多可以看到。所以，在整理十三部經書時，整理者首先要做的工作就是利用目録學知識，查找某經版本流傳和存佚；其次就能够看到的版本，選擇主要版本進行彙校或抽校，羅列版本文字異同；再利用彙校的成果，確定版本優劣，編排版本譜系，這是整理《十三經注疏》的基礎性工作。如果對版本譜系和優劣不清楚，選擇底本和校本、如何校勘就無從談起。當然，彙校與對本經內容的熟讀研究密不可分。

第二，分類整理，相輔相成。《十三經注疏》的形成，經歷了一個比較漫長的階段，先有白文本，後有經注本、單疏本，再至注疏合刻本，注疏合刻本有八行本、十行本之別。《十三經注疏》作爲一套經學專科叢書出現是元代泰定年間，其中《儀禮》使用《儀禮圖》，至明代嘉靖年間，李元陽用《儀禮注疏》代替《儀禮圖》，《十三經注疏》纔算完整。目前已經出版的整理本，主要是注疏本，對經注本、單疏本和白文本關注不够。所以，整理《十三經注疏》及其有關文獻，應該分類整理，效仿宋人所爲，白文本、經注本、單疏本、注疏本分開整理，經注本和注疏本可細分爲附釋文本和不附釋文本。以《禮記》爲例，經注本附釋文者撫州本和余仁仲本最佳，可分作底本，選擇他本對校，修改底本錯誤。撫州本《禮記釋文》四卷整體在後，前二十卷是經注文，以其爲底本整理，優點是釋文與經注分離，相附並行，讀者各取所需，也可以蜀大字本爲底本，配補撫州本《禮記釋文》四卷。以余仁仲本爲底本，釋文散入經注之中，經注釋文渾然一體，便於研讀。《禮記》注疏本有八行本、十行本之別，八行本不附釋文，是以單疏本爲主將經注插入者，有數部存世，可相互校補，以此本爲底本整理，可保留宋代早期注疏合刻之形式和經注疏文面貌，不受釋文干擾。十行本是散入釋文者，經注釋文源自余仁仲本，宋十行本雖然散佚，但有和珅翻刻本傳世，可以選爲底本，以他本校勘，改正錯誤。《禮記》附釋文的十行本系統，閩本、監本、毛本、殿本注疏和《四庫》本皆不可作爲底本，因爲闕文、訛脱衍倒太多。阮刻本也不能作爲底本彙校整理，原因是阮刻本以元十行本爲底本，底本誤字，多仍其舊，阮元出校勘記説明，以阮刻本爲底本，底本錯誤校改受校勘記影響，不理阮校不對，吸收阮校則與整理者校記重合，疊床架屋，徒增煩擾。阮刻本《十三經注疏》是彙校衆本集大成且具有里程碑式的文本，自成系統，單獨整理，凡阮校説明者仍之，阮元漏校者，用他本校改部分錯誤，出校説明。他經皆可如此。

第三，慎選底本和校本。整理《十三經》，無論是整理經注本還是注疏本，要明白是彙校式整理還是定本式整理。所謂彙校式整理，是羅列對校版本異文，呈現諸家意見，一書在手，可見衆本。所謂定本式整理，依據他本校改底本，出校説明緣由，不列他本錯誤，集衆本之長，簡潔明瞭。選擇整理方式不同，底本和校本的選擇有差異。一般而言，如果是彙校式整理，底本應該選擇信息全、錯訛多者，用他本對校，可方便呈現版本異同。以《禮記》爲例，如果彙校經注本，宋代纂圖互注重言重意類經注本作爲底本較好，此類版本有纂圖、互注、重言、重意等信息，他本不具備這些内容，作爲坊間考試用書，校對粗疏，翻刻不斷，錯誤也多，作爲底本，便於呈現衆本異文；如果是定本式整理，應該選擇蜀大字本、撫州本或余仁仲本等錯誤較少者爲底本，用他本校勘，校改底本錯誤並出校即可，可減少校勘記。就注疏本而言，閩本、監本、毛本都可作爲彙校式整理本之底本，但定本式底本，以八行本或和珅本爲宜。對校本的選擇，彙校式整理，對校本越多越好，目的是反映諸本異同；定本式整理，在不同譜系中選擇一二種版本對校，其他版本作爲參校即可，選擇對校本要具有代表性。

第四，處理好版本校勘與前賢成果的關係。以《十三經注疏》

爲核心的經學文獻，自宋代以來，不斷校刻刷印，是讀書人閱讀的重要典籍。與之相關，各經白文本、經注本、單疏本、注疏本傳承不同，校刻之版本、版本之好壞、文字之差異，各經不同，加之讀書者之喜好，或專研一經，或遍校群經，出現了多種校勘成果。在整理《十三經注疏》時，如果看到的版本有限，就不得不藉助前人校勘成果。阮元校刻《十三經注疏》時，八行本《禮記正義》看不到，就利用惠棟、盧文弨校勘成果；校勘《周禮注疏》時，利用浦鏜、惠棟、段玉裁校勘成果。校勘《儀禮注疏》時，利用盧文弨《儀禮詳校》。現在整理《十三經注疏》，就《禮記注疏》而言，阮元當年看不到的蜀大字本、余仁仲本、八行本都能看到，閩本、監本、毛本可以看到多個印本。所以在整理《禮記注疏》時，如何處理版本以及前人校勘成果之關係，需要斟酌。如果對校了八行本，惠棟等人校語的利用價值就大大降低了；如果使用了閩本、監本、毛本作爲對校本，浦鏜《十三經注疏正字》、阮元《禮記注疏校勘記》就祇能作爲參考；如果使用了蜀大字本、撫州本作爲對校本，顧廣圻《撫本禮記鄭注考異》結論可以驗證，部分吸收。總之，在版本校勘時，對於前人的校勘成果既不能無視，也不可篤信，需要用歷史的眼光審視鑒別，區別對待。

　　第五，規範校勘記撰寫。中國整理古籍的歷史悠久，自漢代以來，歷代都有整理古籍的活動，或官方組織，或私人從事，源源不斷，匯聚而成豐富多彩的中國古文獻整理史。南宋廖瑩中翻刻《九經》，撰《九經總例》，從書本、字畫、注文、音釋、句讀、脫簡、考異七個方面，總結整理經書之例，詳見元岳浚《九經三傳沿革例》一書。閩本、監本、毛本《十三經注疏》之翻刻，都進行過校勘工作，但缺乏校勘記。殿本注疏是武英殿方苞、齊召南等學者負責整理，於每卷後附有"考證",武英殿翻刻岳本《五經》也附"考證"。受八行本之影響,惠棟校勘毛本《禮記注疏》之校語,在學者之間廣泛傳鈔,日本學者山井鼎、物觀之《七經孟子考文補遺》於清初傳入中國,加之浦鏜《十三經注疏正字》被收入《四庫全書》,乾隆又組織學者校勘雕刻"乾隆石經",這些校勘經書的活動和校勘成績,對阮元産生巨大影響,阮氏於嘉慶五年(1800)校勘《十三經注疏》,記録版本異文,先爲《十三經注疏校勘記》。阮刻本《十三經注疏》每經前,皆有"校勘記序"和"引據各本目録",合觀猶如今人所謂之"凡例",凡例明確規定了底本、校本、校勘成果以及校勘記的處理方式。仔細品讀阮刻本校勘記,每條校記包括出文、校語兩部分,校語先列版本異文,次列他人成果或他書異文,最後按斷。如《禮記注疏校勘記》,皆先列閩本、監本、毛本、岳本、嘉靖本異同,下接"惠棟校宋本"及《考文》所引古本、足利本,間引衛氏《禮記集説》,層次結構,皎然明晰,有條不紊。當今部分整理本之校勘記,簡稱混亂,經注本、注疏本混搭,寫者昏昏,何以讓讀者昭昭?

第六,標點斷句時注意經注疏文的關係。《十三經注疏》是十三部經書經文、注文和疏文之合刻,大多還插入陸德明釋文,這樣匯刻的目的是爲研讀者提供方便,但因《十三經》部分經書詰屈聱牙,閱讀不易,故自宋代刻本諸如余仁仲本、興國于氏本,就有句讀經注、圈發注音之舉,廖瑩中翻刻《九經》、岳浚翻刻《九經三傳》皆仿效之,至清代武英殿校刻《十三經注疏》時,句讀全書經文、注文、釋文和疏文,閱讀便利。當今《十三經注疏》的整理,首先是要解決文字斷句問題,因經書將經文、注文和疏文合刻,注文解經,疏文疏解經注,經文、注文、疏文成爲整體,是一部結構嚴密、有機結合之書。所以，爲《十三經注疏》施加新式標點符號時，尤其是爲經文斷句時，應該照顧到經文、注文和疏文之間的關係，關注到注疏是如何解讀經文，根據注疏解釋給經文斷句。《禮記注疏》卷一經文“若夫，坐如尸，立如齊”①，鄭玄《注》曰：“言若欲爲丈夫也。《春秋傳》曰：‘是謂我非夫。’”孔穎達《正義》曰：“‘若夫’者，凡人若爲丈夫之法，必當如下所陳，故目丈夫于上，下乃論其行以結之。”②根據注疏，“若夫”之下就應該加逗號。各經類似者很多，需要留意。

　　時至今日，經學已成冷門，經學文獻研究是專門之學。整理經書之白文本、經注本、單疏本和注疏本，抑或重新編組“十三經注疏”，必須熟讀經書内容，洞察前人在經書文獻校刻整理之成績和缺陷，具有比較扎實的小學基礎，熟悉目録、版本、校勘等古典文獻研究者，方可從事。若以爲讀過經書，對經書内容或思想有所瞭解者，率爾操觚，底本校本，隨意選擇，版本校勘，不分主次，不問源流，不講善惡，羅列異文，堆砌資料，武斷是非，惟名利是務者，皆非整理經書之正途，徒亂學術，增加眩瞀，不可不慎！

　　結語：《禮記》經注本有蜀大字本、撫州本、余仁仲本、紹熙本、嘉靖本、殿本注（廖本、岳本）等，蜀大字本、嘉靖本不附釋文，撫州本、余仁仲本、紹熙本、殿本注（廖本、岳本）附釋文，但附釋文的方式有差異，余仁仲本是紹熙本、嘉靖本、殿本注（廖本、岳本）之祖；注疏本有八行本、元十行本、閩本、監本、毛本、殿本注疏、《四庫》本、和珅本、阮刻本。八行本不附釋文，元十行本以下附釋文，其經

---

① 清王引之謂“若夫”爲發語詞。王引之撰，李華蕾校點《經傳釋詞》，上海古籍出版社，2017 年 12 月，第 151 頁。

② 漢鄭玄注，唐孔穎達正義，唐陸德明釋文，吕友仁整理《禮記正義》上册第 11 頁。

注釋文源自余仁仲本。《禮記》無論經注本還是注疏本,包括匯入《十三經注疏》者,每次刊刻前,專人校勘,改正訛誤,校補闕文,句讀圈發,撰寫考證,編校勘記,文本質量,不斷提高,尤其是元十行本以來之注疏本,因多數經書附録釋文,方便研讀,備受讀者青睞,至阮元彙校,阮刻本《十三經注疏》附《校勘記》刊行後,百年之間,翻印多次,成爲學者必備文獻,不是没有原因的。阮刻本《十三經注疏》不僅是清代經學文獻研究的代表作,也是經學文獻校勘考據的集大成著作,學術界至今難以超越。

元十行本《十三經注疏》刊刻之後約百年,閩本翻刻,閩本、監本、毛本刊刻時間相距三五十年,毛本之後百年,殿本注疏翻刻,再過七十年,阮刻本刊刻。阮刻本至今,通行兩百餘年。我們要尋找文化自信,弘揚中華優秀傳統文化,整理《十三經注疏》是基礎工作,也是中華文化傳承的優良傳統。當今整理經學文獻,白文本、經注本、單疏本、注疏本當分類進行,照顧不同層面讀者的不同需求,傳承不同類型的經學文獻。整理《十三經注疏》,梳理前人校刻經學文獻歷史,總結成績,明晰缺陷,在目録學著作引導下,查考經書文獻版本,研讀經書,通過彙校或抽校方式,摸清各經版本關係,排出譜系,明確是彙校式還是定本式整理,進而選擇底本和校本,進行校勘,羅列異文,撰寫校記,借鑒前人句讀成果,標點斷句,完成符合學術規律和古籍整理規範的整理本。《禮記注》《禮記注疏》整理如此,《十三經注疏》的整理理當如是。

(原刊於《歷史文獻研究》第 52 輯,廣陵書社 2024 年 5 月)

《十三經注疏》的彙集、校刻與整理

　　《十三經注疏》包括《周易正義》（魏王弼、韓康伯注，唐孔穎達等正義），《尚書正義》（舊題漢孔安國傳，唐孔穎達等正義），《毛詩正義》（漢毛亨傳，鄭玄箋，唐孔穎達等正義），《周禮注疏》（漢鄭玄注，唐賈公彥疏），《儀禮注疏》（漢鄭玄注，唐賈公彥疏），《禮記正義》（漢鄭玄注，唐孔穎達等正義），《春秋左傳正義》（晉杜預注，唐孔穎達等正義），《春秋公羊傳解詁》（漢何休注，唐徐彥疏），《春秋穀梁傳注疏》（晉范甯注，唐楊士勛疏），《論語注疏解經》（魏何晏等注，宋邢昺疏），《孝經注疏》（唐玄宗注，宋邢昺疏），《爾雅注疏》（晉郭璞注，宋邢昺疏），《孟子注疏》（漢趙岐注，宋孫奭疏），是漢、魏、晉、唐、宋人注釋《十三經》的著作彙集，部分經書附有唐陸德明釋文。《十三經注疏》的經注和疏原本單獨流傳，衹有經注本、單疏本，那麽，《十三經》的經注與疏是什麽時間彙集在一起的？宋代以來，作爲叢書性質的《十三經注疏》是如何校刻的？校刻過多少次？每次校刻都做了什麽工作？隨着古籍整理事業的興盛，《十三經注疏》的整理情況如何？在學術閱讀和研究中，如何選擇《十三經注疏》的版本？等等，就以上問題，我們從宋代經書注疏的彙集、元明清《十三經注疏》的校刻、現代《十三經注疏》的整理等方面，爬梳討論，間陳管見。

一、 宋代經書注疏的彙集

《十三經》經注疏文的合刻時間，清代乾嘉學者惠棟、段玉裁、陳鱣、顧廣圻就有討論。惠棟《禮記正義跋》認爲注疏合刻始於北宋[1]，段玉裁《十三經注疏釋文校勘記序》曰：

> 至宋有《孝經》《論語》《孟子》《爾雅》四疏，於是或合集爲《十三經注疏》，凡疏與經注本各單行也，而北宋之際合之，維時釋文猶未合於經注疏也，而南宋之際合之。夫合之者，將以便人，而其爲經注之害，則未有能知之者也[2]。

段玉裁認爲經注疏"北宋之際合之"。阮元、陳鱣認爲注疏合刻始於南北宋之間[3]。對段氏等人的觀點，當時學者錢大昕、顧廣圻均提出反對意見[4]。錢大昕《儀禮注單行本》曰：

> 唐人撰《九經正義》，宋初邢昺撰《論語》《孝經》《爾雅疏》，皆自爲一書，不與經注合併。南宋初乃有併經、注、正義合刻

---

① 清惠棟《禮記正義跋》，漢鄭玄注，唐孔穎達正義《禮記正義》卷70，北京圖書館出版社，2003年12月，《中華再造善本》影印。
② 清段玉裁撰，鍾敬華校點《經韻樓集》第1頁。
③ 張麗娟《宋代經書注疏刊刻研究》第318頁。關於經書注疏合刻問題，汪紹楹、張麗娟、顧永新等皆有討論，據以梳理，略有補充。
④ 汪紹楹《阮氏重刻宋本〈十三經注疏〉考》，《文史》第3輯，第25—60頁。

者。士子喜其便於誦習，爭相仿效。其後又有併陸氏釋文附
入經、注之下者，陸氏所定經文，與正義本偶異，則改竄釋文以
合之，而釋文亦失陸氏之舊矣。予三十年來所見疏與注別行
者，惟有《儀禮》《爾雅》兩經，皆人世稀有之物也①。

又《正義刊本妄改》曰：

> 釋文與正義各自一書，宋初本皆單行，不相淆亂。南宋後
> 乃有合正義於經注之本，又有合釋文與正義於經注之本，欲省
> 學者兩讀，但既以注疏之名標於卷首，則當以正義爲主，即或
> 偶爾相同，亦當並存，豈有刪正義而就釋文之理②？

錢氏謂南宋初有"併經注正義合刻者"，"又有合釋文與正義於經注
之本"，明確提出注疏合刻始於南宋。

黃丕烈《百宋一廛賦注》曰：

> 居士前在阮中丞元《十三經》局立議，言北宋本必經注自
> 經注，疏自疏，南宋初始有注疏，又其後始有附釋音注疏。晁
> 公武、趙希弁、陳振孫、岳珂、王應麟、馬端臨諸君，以宋人言宋
> 事，條理脉絡，粲然可尋，而日本山井鼎《左傳考文》所載紹興
> 辛亥三山黃唐跋《禮記》語，尤爲確證，安得有北宋初刻《禮記
> 注疏》及淳化刻《春秋左傳注疏》事乎？今此賦所云，即平昔議
> 論也③。

---

① 清錢大昕撰《十駕齋養新録》卷13，陳文和主編《嘉定錢大昕全集》第7冊第340頁。
② 清錢大昕撰《十駕齋養新録》卷2，陳文和主編《嘉定錢大昕全集》第7冊第52頁。
③ 清黃丕烈撰《百宋一廛賦注》，清顧廣圻著，王欣夫輯《顧千里集》第4頁。

顧廣圻明確提出"北宋本必經注自經注,疏自疏,南宋初始有注疏,又其後始有附釋音注疏"。又撰《陳仲魚孝廉索賦經函詩率成廿韻》曰:

> 南宋併注疏,越中出最早。後則蜀有之,《沿革例》了了。今均無見者,款式詎可曉?唯建附釋音,三山別離造。黃唐跋《左傳》,其語足參考。流傳爲十行,一綫獨綿藐。勝國在南雍,修多元漸少。遞變閩監毛,每次加潦草。年來幾同人,深欲白醜好。謂此已僅存,究遺乃當抱。寓公得陳髯,志力兩夭矯。盡收十一種,雞跖食庶飽。閟時玉蘊櫝,開處籤飛漂。題咏徧名流,善頌子孫保。阿誰負大力?悉舉重梨棗。海內家一編,落葉將毋掃。惜哉西湖局!雅志敗群小。苦爭自癡絕,未障狂瀾倒。眼前散雲煙,隙裡馳腰褭。撫函三嘆息,冉冉吾其老[1]!

顧氏賦詩,謂注疏合併始於南宋,越中刻本最早。對十行本系統諸版本之評價,高屋建瓴,堪稱《十三經注疏》版本史詩。

日本學者山井鼎《七經孟子考文補遺》徵引《禮記正義》黃唐跋文,對於清代乾嘉學者影響甚大,山井鼎將跋文"紹熙辛亥"誤寫爲"紹興辛亥",誤導清人多年。《禮記正義》黃唐跋文(圖六八)曰:

> 六經疏義自京、監、蜀本皆省正文及注,又篇章散亂,覽者病焉。本司舊刊《易》《書》《周禮》,正經注疏萃見一書,便於披繹,它經獨闕。紹熙辛亥仲冬,唐備員司庾,遂取《毛詩》《禮記》疏義,如前三經編彙,精加讎正,用鋟諸木,庶廣前人之所

---

① 清顧廣圻著,王欣夫輯《顧千里集》第30—31頁。

未備。乃若《春秋》一經，顧力未暇，姑以貽同志云。壬子秋八月三山黃唐謹識①。

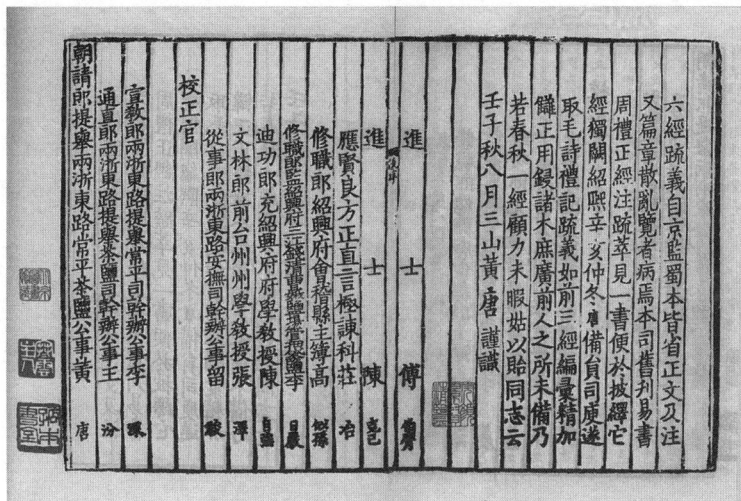

圖六八：八行本《禮記正義》黃唐跋

辛亥是南宋光宗紹熙二年（1191），壬子是南宋光宗紹熙三年（1192）。黃唐所言“本司”，即兩浙東路提舉常平茶鹽司，紹興年間設置，治所在越州（今浙江紹興），黃唐於紹熙辛亥（1191）十一月任“朝請郎提舉兩浙東路常平茶鹽公事”一職②。南宋兩浙東路茶鹽司刻本，即《九經三傳沿革例》之“越中舊本注疏”，學界稱爲“越州本”“八行本”。

　　八行本是目前所知最早的注疏合刻本，先後刊刻有《周易注疏》《尚書正義》《周禮疏》《毛詩正義》《禮記正義》《春秋左傳正義》

① 　清惠棟《禮記正義跋》，漢鄭玄注，唐孔穎達正義《禮記正義》卷70。
② 　王鍔《三禮研究論著提要》（增訂本）第29頁。

《論語注疏解經》《孟子注疏解經》八經，刊刻時間從南宋初至寧宗嘉泰、開禧年間（1201—1207）①。《周易注疏》十三卷，今存兩部，一藏日本足利學校，一藏中國國家圖書館；《尚書正義》二十卷，今存兩部，一藏中國國家圖書館，一藏日本足利學校；《周禮疏》（實爲《周禮注疏》）五十卷，中國國家圖書館、臺北“故宮博物館”各藏一部，皆有修補，北京大學圖書館藏一部，殘存二十七卷；《禮記正義》七十卷，中國國家圖書館藏兩部，一部全，有惠棟跋，一部殘存二十八卷，日本足利學校藏本殘存六十二卷，另有散存零卷；《春秋左傳正義》三十六卷，中國國家圖書館藏一部；《論語注疏解經》二十卷，臺北“故宮博物院”、重慶市圖書館、上海圖書館均藏殘本；《孟子注疏解經》十四卷，臺北“故宮博物館”藏一部，中國國家圖書館、北京大學圖書館、南京博物院各藏殘本。

　　八行本經注疏的體例，都是經文＋注文＋疏文的次序，即注文接經，疏文按注。惟有《周禮疏》的體例是經文＋經文之疏＋注文＋注文之疏，這種體例，將疏文的解經之疏和解注之疏分隔開來，分別綴於經文、注文之下，聯繫書名叫“周禮疏”而非“周禮注疏”，乃沿襲單疏本，顯示出八行本早期合刻的特徵。

　　除越州所刊八行本之外，四川、福建等地也刊刻有注疏合刻本，經書注疏合刻的情況比較複雜。顧永新通過對清劉世珩影刻元元貞二年（1296）平陽府梁宅刻本即元貞本《論語注疏解經》十卷的研究，認爲“在北宋或南宋早期，最早出現了注疏合刻本《論語注疏解經》十卷，以經注附疏，故分卷仍單疏本之舊。這是後來八行

---

① 　張麗娟《宋代經書注疏刊刻研究》第 334 頁。

本及十行本系統各本的祖本”①。就《論語》而言，八行本《論語注疏解經》二十卷，並非最早。

八行本之後，福建建陽地區出現一種新的注疏合刻本，即附陸德明釋文的附釋音注疏合刻本，半頁十行，故稱“宋十行本”，部分是建安劉叔剛刻本，故又稱“劉叔剛本”。今存者有《附釋音毛詩注疏》二十卷，日本足利學校藏一部；《附釋音春秋左傳注疏》六十卷，一部藏日本足利學校，另一部分藏中國國家圖書館（卷 1—29）和臺北“故宮博物院”（卷 30—60），書尾有“建安劉叔剛鋟梓”牌記；《監本附釋音春秋穀梁注疏》二十卷，中國國家圖書館藏一部。《附釋音禮記注疏》六十三卷已佚，清和珅有翻刻本，基本保存了劉叔剛本的面貌。重慶市圖書館藏元十行本《監本附音春秋公羊注疏》中，配補七頁黑口版頁，可確認是宋十行本《監本附音春秋公羊注疏》的零頁②。劉叔剛刻書大致在南宋光宗、寧宗時期（1190—1224）③。

《九經三傳沿革例》記載注疏本有“越中舊本注疏、建本有音釋注疏、蜀注疏”④三類。越中舊本注疏即八行本，建本有音釋注疏即宋十行本，蜀注疏流傳很少，日本宮內廳書陵部藏一部《論語注疏》十卷，與八行本、宋十行本不同，屬於另一注疏本系統。八行本不附釋文，宋十行本附釋文，體例是經文＋注文＋釋文＋疏文，蜀注

---

① 顧永新《元貞本〈論語注疏解經〉綴合及相關問題研究》，《版本目錄學研究》第 2 輯，北京，國家圖書館出版社，2010 年 12 月，第 189—209 頁。顧永新《金元平水注疏合刻本研究——兼論注疏合刻的時間問題》，第 189—216 頁。

② 張麗娟《記新發現的宋十行本〈監本附音春秋公羊注疏〉零葉——兼記重慶圖書館藏元刻元印十行本〈公羊〉》，《中國典籍與文化》2020 年第 4 期，第 9—16 頁。

③ 張麗娟《宋代經書注疏刊刻研究》第 361 頁。

④ 元岳浚《九經三傳沿革例》，影印文淵閣《四庫全書》本第 183 冊第 561 頁下欄。

疏本《論語注疏》亦附釋文，附入形式與宋十行本略異，且於釋文前圓圈"釋"字提示，形式獨特。

臺北"故宮博物院"藏南宋福建魏縣尉宅本《附釋文尚書注疏》二十卷，後四卷配元刻明修十行本，卷一末有"魏縣尉宅校正無誤大字善本"，半頁九行，體例接近元十行本《附釋音尚書注疏》，説明建陽地區的注疏合刻本不止一種①。

宋代經書注疏合刻始於南宋初期，就注疏本流傳和今存者看，八行本、宋十行本是有計劃的彙集刊刻，對元代以來經書注疏的校刻，影響巨大。至於蜀注疏和魏縣尉宅究竟刊刻了多少種經書，有待於新資料的發現。

二、 元明清《十三經注疏》的校刻

宋周密《癸辛雜識》曰："廖群玉諸書，《九經》本最佳。又有《三禮節》，其後又欲開手節《十三經注疏》，未及入梓，而國事異矣。"②廖瑩中字群玉，號藥洲，賈似道門客，家有世彩堂，喜藏書刻書，欲"手節《十三經注疏》"，未果。《九經三傳沿革例》有"汴本《十三經》"之稱，然宋代是否刊刻《十三經注疏》，證據不足。

宋十行本《周禮注疏》四十二卷，《禮記注疏》六十三卷，較之八行本《周禮疏》五十卷、《禮記正義》七十卷，照顧經書內容，儘可能

---

① 張麗娟《宋代經書注疏刊刻研究》第 393—400 頁。杜澤遜主編《尚書注疏彙校》，北京，中華書局，2018 年 4 月，第 1 册第 19 頁。
② 宋周密撰，吳企明點校《癸辛雜識》第 84—85 頁。

將某篇分在一卷或數卷之中，且附有釋文，方便閱讀，備受讀者青睞①。所以，自元代以來，元十行本、閩本、監本、毛本、武英殿本、《四庫》本和阮刻本《十三經注疏》，皆仿效宋十行本的體例，校勘刊刻。

　　元代泰定（1324—1328）前後，翻刻宋十行注疏本，即元十行本。元十行本與宋十行本，在内容體例、板式行款、字體特徵等方面，非常相似，但也有明顯的區别。張麗娟説：“宋刻十行本區别於元刻十行本最明顯的特徵是：書口爲細黑口而非白口；版心下不刻刻工姓名；版心上不刻大小字數，疏文出文與疏文正文之間無小圓圈標識；多用簡體字等。”②經過比較《附釋音毛詩注疏》等，“可以得出如下兩點認識：一、宋刻十行本與元刻十行本之間有直接的繼承關係，後者是根據前者翻刻的。二、宋刻十行本與元刻十行本確爲兩個不同時期的刻本，兩者不可混爲一談”③。

　　元十行本有元刻十行本和元刻明修十行本之别。元刻十行本今存六種：美國柏克萊加州大學東亞圖書館藏《周易兼義》九卷《音義》一卷《略例》一卷，原劉承幹舊藏。北京大學圖書館藏《附釋音尚書注疏》二十卷，原李盛鐸舊藏。中國國家圖書館藏《附釋音春秋左傳注疏》六十卷，鐵琴銅劍樓舊藏；中國臺北“國家圖書館”藏一部殘本，殘存二十八卷。重慶圖書館藏《監本附音春秋公羊注疏》二十八卷一部，其中有八頁宋十行本零頁；南京圖書館藏《監本

---

① 王鍔《〈四庫全書總目〉“周禮注疏”提要辨證》，《中國典籍與文化論叢》第 23 輯，第 126—141 頁。李學辰《八行本〈禮記正義〉與和珅刻本〈禮記注疏〉體例比較研究》，《歷史文獻研究》第 42 輯，揚州，廣陵書社，2019 年 4 月，第 64—75 頁。
② 張麗娟《宋代經書注疏刊刻研究》第 376 頁。
③ 張麗娟《宋代經書注疏刊刻研究》第 385 頁。

附音春秋公羊注疏》二十八卷（殘存十卷）；中國臺北"國家圖書館"藏一部，有鈔配。南京圖書館藏《監本附音春秋穀梁注疏》二十卷（殘存卷十七、十八），日本京都大學藏有一部①；中國國家圖書館藏《孝經注疏》九卷，乃元泰定三年（1326）刻本②。另外，上海圖書館藏有《附釋音禮記注疏》元刻十行本卷二十五殘葉十頁③。日本宮內廳書陵部藏一部《爾雅注疏》十一卷（殘，半葉九行），"乃元時初印本，絶無補刊之葉"④。張麗娟謂"頗疑此本爲元刻單行本，而非泰定、致和間所刻諸經注疏之一"⑤。

元刻十行本書板傳至明代正德、嘉靖年間，遞經修補，補版版心刻正德六年刊、正德十二年刊、嘉靖三年刊等文字，與原版有明顯區別，後人稱之爲"十行本""正德本"，甚者長期被誤認爲宋刻本，我們稱之爲"元刻明修十行本"，包括《周易兼義》九卷《音義》一卷《略例》一卷、《附釋音尚書注疏》二十卷、《附釋音毛詩注疏》二十卷、《附釋音周禮注疏》四十二卷、《儀禮》十七卷《儀禮圖》十七卷《旁通圖》一卷、《附釋音禮記注疏》六十三卷、《附釋音春秋左傳注疏》六十卷、《監本附音春秋公羊注疏》二十八卷、《監本附音春秋穀

---

① 張麗娟《元十行本〈監本附音春秋穀梁注疏〉印本考》，《中國典籍與文化》2017 年第 1 期，第 4—8 頁。

② 張麗娟《〈十三經注疏〉版本研究》，未刊書稿，此乃北京大學張麗娟教授主持的國家社科基金項目《十三經注疏》版本研究"（14BTQ020）之結項書稿，張教授惠贈電子版。杜以恒謂臺北"故宮博物院"藏元十行本《儀禮圖》一部。杜以恒《楊復〈儀禮圖〉元刊本考》，《中國典籍與文化》2022 年第 1 期，第 67—79 頁。

③ 井超《元十行本〈附釋音禮記注疏〉探賾》，《歷史文獻研究》第 50 輯，揚州，廣陵書社，2023 年 4 月。

④ 楊守敬《日本訪書志》，賈貴榮輯《日本藏漢籍善本書志書目集成》，北京圖書館出版社，2003 年 6 月，第 9 册第 142 頁。

⑤ 張麗娟《元十行本注疏今存印本略説》，《嶺南學報》第 17 輯《經學文獻研究》，上海古籍出版社，2023 年 4 月。

梁注疏》二十卷、《孝經注疏》九卷、《論語注疏解經》二十卷、《孟子注疏解經》十四卷、《爾雅注疏》十一卷，名爲“十三經注疏”，其實缺《儀禮注疏》，用《儀禮》十七卷《儀禮圖》十七卷《旁通圖》一卷替代①。元刻明修十行本《十三經注疏》完整保存於今者有四部，北京市文物局、國家博物館、軍事科學院和日本静嘉堂文庫各藏一部，北京市文物局藏本《中華再造善本》影印，從《禮記注疏》看，静嘉堂本是阮刻本之底本。國内外圖書館收藏一些元刻明修十行本之零種，如江西省樂平市圖書館藏《附釋音禮記注疏》殘本一部，殘存卷七至卷九、卷十七至六十三，缺十三卷②。

　　元刻明修十行本較之宋十行本，彙集經書注疏多至十二部經書，雖不完備，然已初具規模，成爲明清翻刻《十三經注疏》的祖本。從《中華再造善本》影印的元刻明修十行本《十三經注疏》來看，存在板片修補、缺頁、倒裝、墨釘和文字錯誤諸多缺陷。就缺頁而言，分没有此頁、因版頁重複而缺頁、有版頁無文字、因誤裝而缺頁等情況。如《附釋音禮記注疏》卷三十第六頁和第九頁内容一致，區别是第六頁是明正德六年（1511）補版，第九頁是明前期補版，左上角有書耳，内刻“玉藻”二字，導致原本第九頁内容遺失，以阮刻本計算，缺經注疏文和釋文七百八十一字（圖六九、圖七〇）。第七頁没有文字，惟見版心刻“記疏三十卷”“七”，當是正德補版，未見文字，日本静嘉堂藏本此頁是鈔配（圖七一、圖七二）。

①　張麗娟《宋代經書注疏刊刻研究》第354—385頁。
②　王鍔《明清〈禮記〉校刻研究》（未刊書稿）。

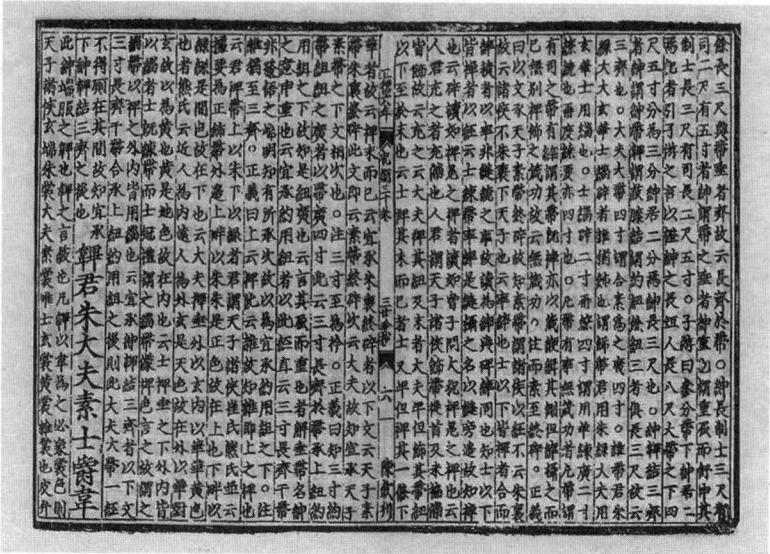

圖六九：元刻明修十行本《附釋音禮記注疏》卷三十第六頁

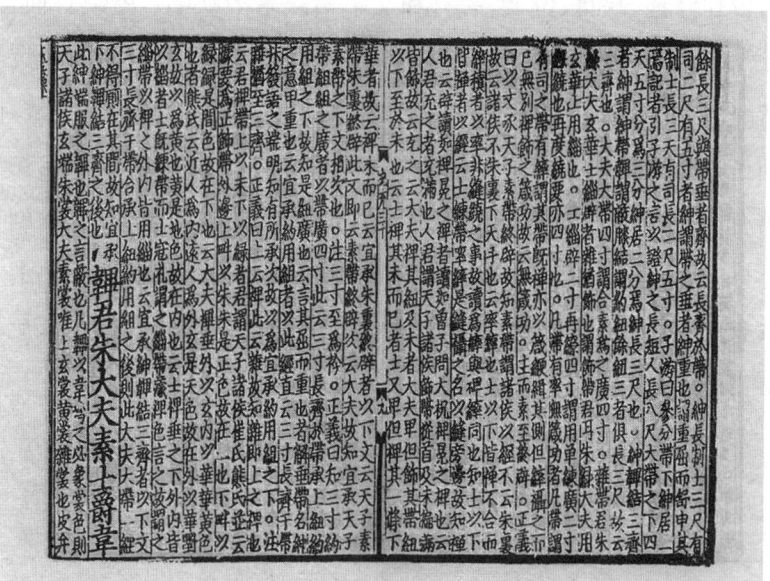

圖七〇：元刻明修十行本《附釋音禮記注疏》卷三十第九頁

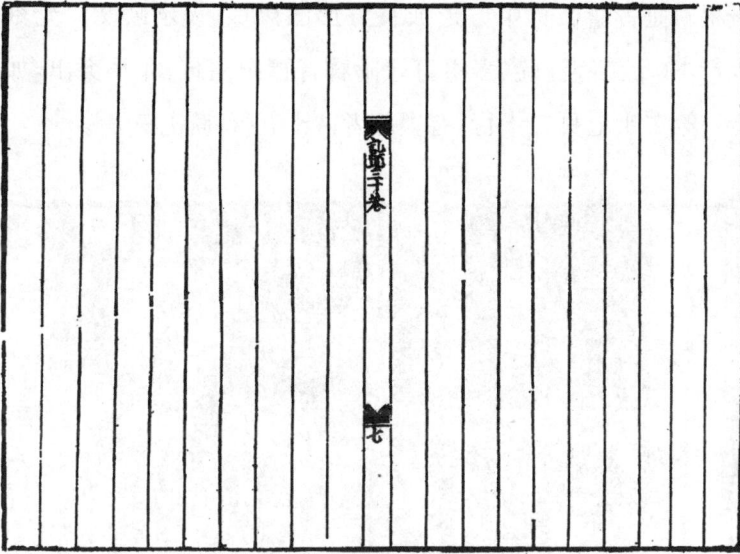

圖七一：元刻明修十行本《附釋音禮記注疏》卷三十第七頁

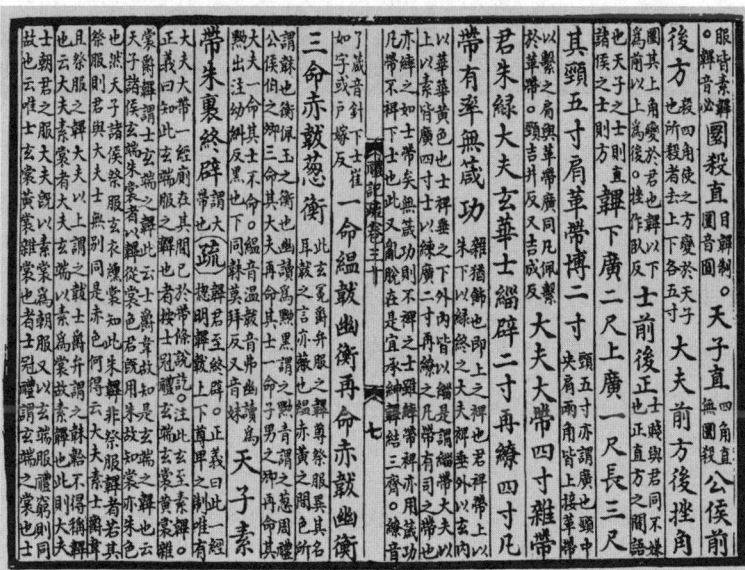

圖七二：日本靜嘉堂藏元刻明修十行本《附釋音禮記注疏》卷三十第七頁

　　墨釘是古籍版頁中方形或長方形的黑塊，表示缺文。元刻明修十行本《十三經注疏》多墨釘，《附釋音禮記注疏》尤爲突出，如卷五十一第二十七頁二十行，有墨釘者占十五行（圖七三）[①]。

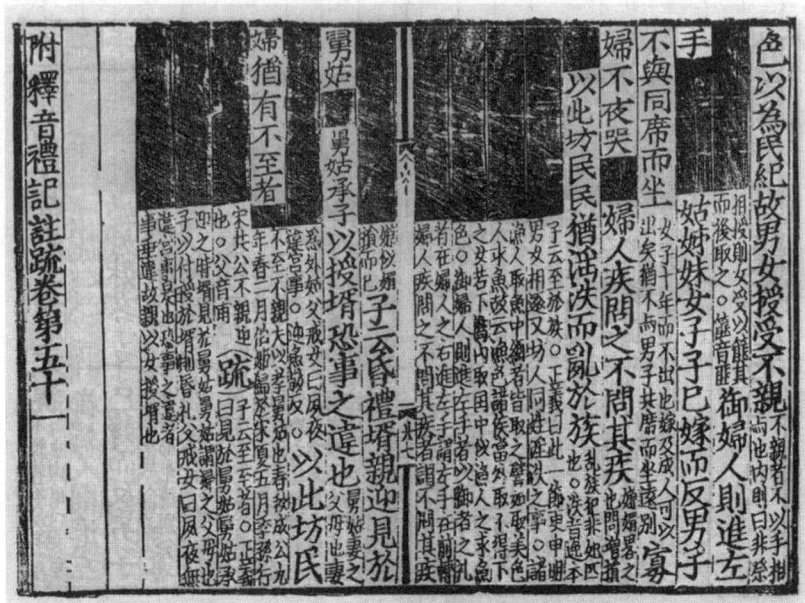

圖七三：元刻明修十行本《附釋音禮記注疏》卷五十一第二十七頁

　　元十行本《十三經注疏》除《爾雅注疏》外，其餘十二種是同一時段、同一地域刊刻，各經元板頁刻工基本相同，雕刻完畢，書板收藏於福州路府學經史庫中，府學在城南興賢坊内，遞經修補，多數修補刻工是福建人，也參與了閩本《十三經注疏》的刊刻[②]。明初以

①　王鍔《元十行本〈附釋音禮記注疏〉的缺陷》，《文獻》2018 年第 5 期，第 59—73 頁；王鍔《〈禮記〉版本研究》第 387—423 頁。

②　郭立暄《元刻〈孝經注疏〉及其翻刻本》，《版本目錄學研究》第 2 輯，北京，國家圖書館出版社，2010 年 11 月，第 307—313 頁。程蘇東《"元刊明修本"〈十三經（轉下頁）

來，版片仍存原地，先後經明前期、正德六年、正德十二年、正德十六年、嘉靖三年、嘉靖前期等多次修版，屢經刷印①，廣爲流傳，影響很大，閩本、監本、毛本、武英殿本、阮刻本《十三經注疏》的校刻，均源自元十行本。對於翻刻者而言，主要任務就是補足缺文，校正訛謬。

　　明嘉靖十五年至十七年（1536—1538）間，李元陽以御史巡按福建，與同年福建提學僉事江以達以元十行本爲底本，重刻《十三經注疏》，簡稱“閩本”“嘉靖本”“李元陽本”。閩本與元刻明修十行本相比，有三個特點：一是用《儀禮注疏》十七卷替換原《儀禮》十七卷《儀禮圖》十七卷《儀禮旁通圖》一卷，這是真正意義上的第一部《十三經注疏》；二是閩本改板式半頁十行爲九行，注文中字，單行居中，初刻本每卷首頁皆有“明御史李元陽、提學僉事江以達校刊”十五字；三是在沿襲元十行本訛脱衍倒缺外，間有訂補，如《禮記注疏》卷十四第一五頁 B 面第九行“又云地數三十，所以三十者，地二、地四、地六、地八、地十，故三十也”，“所以三十”四字，元十行本、阮刻本脱，閩本補（圖七四）。

　　明萬曆十四年（1586），北京國子監依據閩本奉敕校刻《十三經注疏》，萬曆二十一年竣工，簡稱“監本”“北監本”“萬曆本”（圖七五）。監本與閩本差異有三：第一，監本是第一部由國家倡導、奉敕校刻的《十三經注疏》；第二，改注文爲小字單行，空左偏右，與閩

（接上頁）注疏〉修補彙印地點考辨》，《文獻》2013 年第 2 期，第 22—36 頁。

①　楊新勛《元十行本〈十三經注疏〉明修叢考——以〈論語注疏解經〉爲中心》，《南京師範大學文學院學報》2019 年第 1 期，第 171—181 頁。張學謙《元明時代的福州與十行本注疏之刊修》，《歷史文獻研究》第 45 輯，揚州，廣陵書社，2020 年 10 月，第 34—41 頁。

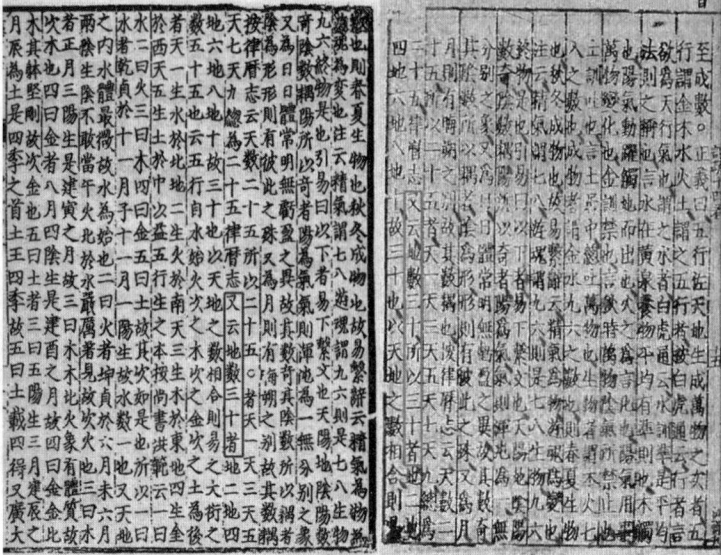

圖七四：元十行本《禮記注疏》卷十四第一二頁 A 面和閩本《禮記注疏》卷十四第一五頁 B 面

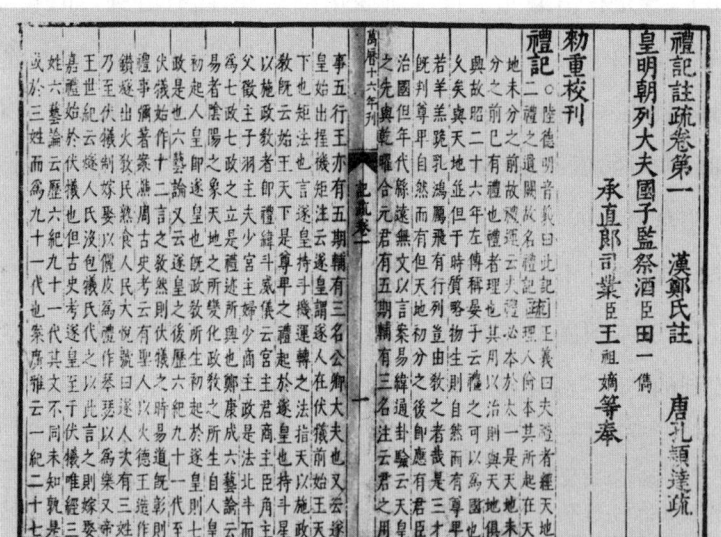

圖七五：天津圖書館藏監本《禮記注疏》卷一第一頁

本居中者小異，版心單魚尾，上刻"萬曆十六年刊"等文字；第三，國子監組織學人校勘，對閩本多有訂補。如《禮記注疏》卷六第七頁 B 面第七行疏文"周則杖期以上，皆先稽顙而后拜，不杖期以下，乃作殷之喪拜"，"杖期"，毛本同，元十行本作"■杖"，閩本、阮刻本作"期杖"，非。服喪時使用喪杖稱杖期，不使用喪杖稱不杖期，元十行本有脫文，閩本校補，文字互倒，監本校正。監本於崇禎五年（1632）、康熙二十五年（1686）兩次修版，康熙重修本於每卷改刻官銜，加入重校修者官名，版心改刻爲"康熙二十五年重修"。

　崇禎元年（1628），毛晉依據監本校刻《十三經注疏》，完成於十三年除夕，簡稱"毛本""崇禎本""汲古閣本"。毛本與監本的區別有三：第一，這是明代第一部私人校刻的《十三經注疏》；第二，改變板式，注文中字，單行居中，白口，版心由上至下鐫有禮記疏、卷之幾、頁數、汲古閣等，匾方字體，橫細豎粗；第三，校補訛缺，毛本沿襲元十行本、閩本、監本之訛誤不少，亦有訂正者，如《禮記注疏》卷二三第二九頁 A 面第七至八行注文"謂以少小下素爲貴也若順也"十二字，閩本、監本皆缺（圖七六）。《爾雅注疏序》第一頁 B 面第二行"豹鼠既辯"，監本及之前的單疏本、元本、閩本、監本"辯"皆作"辨"，阮《校》云"毛本作'辯'，蓋依唐石經《爾雅序》所改"，是（圖七七）；《爾雅注疏》卷八第一三頁 A 面第一行"植而日灌"，單疏本作"人且日貫"，元本作"人且曰貫"，閩本剜改作"灌且日貫"，監本承之，阮校云毛本是也（圖七八）[1]。毛本《十三經注疏》書板後歸常熟小東

---

①　瞿林江《爾雅注疏彙校》，未刊書稿，南京師範大學文學院瞿林江副教授惠贈電子稿。

門外東倉街席氏，清初以來，或有翻刻，校對不精，錯誤不少①。

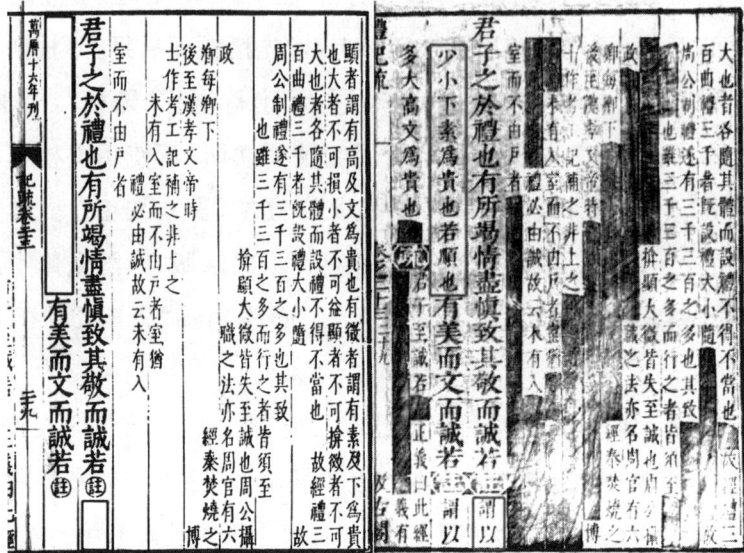

圖七六：監本《禮記注疏》卷二三第二九頁 A 面和毛本《禮記注疏》卷二三第二九頁 A 面

---

① 明代永樂年間，刊刻過幾部注疏合刻本？請教杜澤遜教授，他回復説："王鍔兄，承詢永樂刻注疏本存世情況。據弟瞭解已知存世者有三種：一、《周易兼義》，藏臺灣故宮博物院，原北平圖書館善本甲庫書，王重民《中國善本書提要》著録，國家圖書館出版社影印《甲庫善本》收入。另一部在日本静嘉堂文庫，陸心源舊藏，《皕宋樓藏書志》著録爲明覆宋八行本。據弟校勘，實爲重刻元十行本。二、《尚書注疏》，臺灣'中央圖書館藏'，張鈞衡舊藏，張又得之天一閣，均定爲宋刻本，張氏影刻收入《擇是居叢書》，繆荃孫爲作校勘記附後。'中央圖書館'改定爲明初刻本。又一部藏日本静嘉堂文庫，亦陸心源舊藏，版本著録同《周易兼義》，實亦永樂重刻元十行本。盧址抱經樓另藏一部，傅增湘《經眼録》著録，有永樂刻書題識，不知下落。三、《毛詩注疏》，重慶圖書館藏，海寧許煒舊藏，黄丕烈見過，定爲元刊本，有跋。弟夫婦帶領學生到重慶通校兩遍，字體風格與永樂《周易》《尚書》如出一轍，遂定爲明永樂刻本，其底本亦元十行本。三種校勘均不精，偶有可稱道者，當是坊本。唯元十行本初印罕見，存世多明正德嘉靖修版重印，訛誤增多，永樂本尚存元十行本舊貌之八九，亦未可輕視之也。專此奉覆，即頌，撰安。弟澤遜頓首。2021 年 12 月 28 日。"

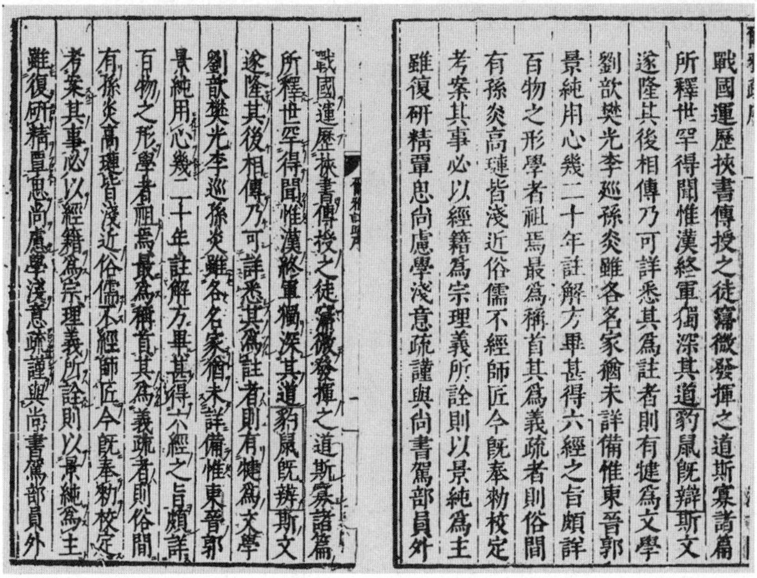
戰國運歷挾書傳授之徒寖微發揮之道斯寡諸篇
所釋世罕得聞惟漢終軍獨深其道豹鼠既辯斯文
遂隆其後相傳乃可詳悉其爲註者則有犍爲文學
劉歆樊光李巡孫炎雖各名家猶未詳備惟東晉郭
景純用心幾二十年註解方畢甚得六經之旨頗詳
百物之形學者祖焉最爲稱首其爲義疏者則俗間
有孫炎高璉皆淺近俗儒不經師匠今既奉勑校定
考案其事必以經籍爲宗理義所詮則以景純爲主
雖復研精覃思尚慮學淺意疏謹與尚書駕部員外

圖七七：監本《爾雅注疏序》第一頁 B 面和毛本《爾雅注疏序》第一頁 B 面

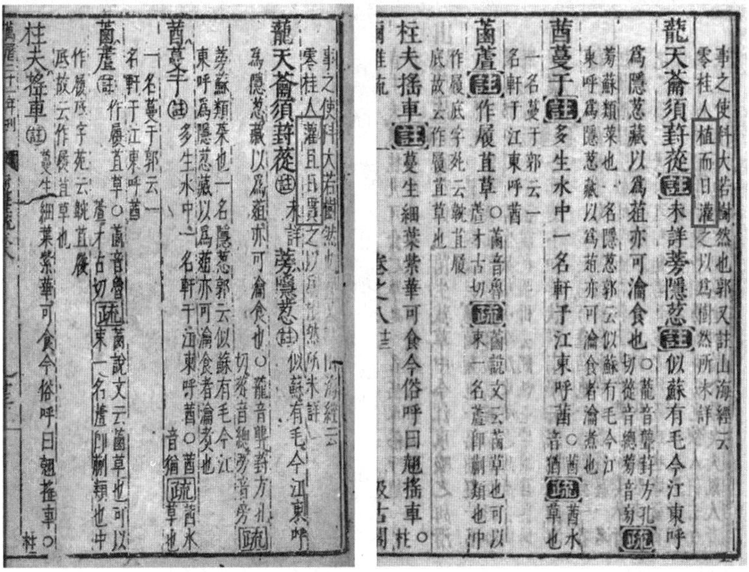
事之使料大若樹然也郭又註山海經云零桂人植而日灌之以爲樹然所未詳
蘢天蘥須葍蔙【註】未詳蒡隱葱【註】似蘇有毛今江東呼爲隱葱藏以爲葅亦可淪食也○蘢音聾葍方孔切蔙音總蒡音旁【疏】蒡蘇類菜也一名隱葱郭云似蘇有毛今江東呼爲隱葱藏以爲葅亦可淪食者淪煮也
蕢蔓于【註】多生水中一名軒于江東呼蕕○蕕音猶【疏】蕕水草也一名蔓于郭云一名軒于江東呼蕕
薗藘【註】作履苴草○薗音曾藘才古切【疏】薗說文云薗草也可以作履底字死云鞔苴履江東一名藘卽蒯類也可作履底故云作履苴草也
柱夫搖車【註】蔓生細葉紫華可食今俗呼曰翹搖車○杜
爾雅疏 卷之八 十三 汲古閣

圖七八：監本《爾雅注疏》卷八第一三頁 A 面和毛本《爾雅注疏》卷八第一三頁 A 面

　　清初以來，學術界對於閩本、監本和毛本《十三經注疏》的評價不佳，顧炎武謂"《十三經》中，《儀禮》脫誤尤多。此則秦火之所未亡，而亡於監刻矣"①。張爾岐曰："《十三經》監本，讀書者所考據。當時校勘非一手，疏密各殊，至《儀禮》一經，脫誤特甚，豈以罕習，故忽不加意耶！"②盧文弨《周易注疏輯正題辭》云："余有志欲校經書之誤，蓋三十年於兹矣。毛氏汲古閣所梓，大抵多善本，而《周易》一書，獨於《正義》破碎割裂條繫於有注之下，至有大謬戾者。"③惠棟曰："《附釋音禮記注疏》，編爲六十三卷，監板及毛氏所刻，皆是本也，歲久脫爛，悉仍其缺。"④張敦仁（顧廣圻代撰）《撫本禮記鄭注考異》云："李元陽本、萬曆監本、毛晉本，則以十行爲之祖，而又轉轉相承，今於此三者不更區別，謂之俗注疏而已。"⑤"亡於監刻""脫誤特甚""有大謬戾者"，監本、毛本"歲久脫爛，悉仍其缺"，"俗注疏而已"等，對於閩、監、毛本這樣的評價，給人的感覺，幾乎是一無是處。其實，顧炎武所言監本《儀禮注疏》十七卷五處四十六字脫文，閩本以及陳鳳梧刻《儀禮注疏》均脫⑥，並非始於監本。正因爲學術界有這樣的認識，乾隆登基不久，便順應學術界需求，下令武英殿校刻《十三經注疏》。

　　清乾隆三年（1738），因太學庋藏監本板面模糊，無法刷印，國

---

① 清顧炎武撰，嚴文儒、戴揚本校點《日知録》第 707 頁。
② 清張爾岐撰《〈儀禮監本正誤〉序》，張翰勛整理《蒿庵集捃逸》，濟南，齊魯書社，1991 年 4 月，第 213 頁。
③ 清盧文弨著，王文錦點校《抱經堂文集》，北京，中華書局，2006 年 6 月，第 85 頁。
④ 清惠棟《禮記正義跋》，漢鄭玄注，唐孔穎達正義《禮記正義》卷 70。
⑤ 清張敦仁《撫本禮記鄭注考異》，"顧校叢刊"《禮記》下冊第 1134 頁。
⑥ 杜澤遜《"秦火未亡，亡於監刻"辨——評顧炎武批評北監本〈十三經注疏〉的兩點意見》，《微湖山堂叢稿》，上海古籍出版社，2014 年 12 月，上冊第 48—54 頁。王鍔《〈禮記〉版本研究》第 457 頁。

子監請求重新校刻《十三經注疏》，乾隆乃下令設經史館，任命方苞爲總裁，主持《十三經注疏》的校刻，此即武英殿本，簡稱“殿本”。與監本比較，殿本有五點創新：一是給經注疏釋文全部施加句讀；二是每經由專人校勘，撰寫“考證”，如《附釋音禮記注疏》考證近七百條；三是於《孝經》《論語》補入釋文，《爾雅》改換爲陸氏釋文，《孟子》補入宋孫奭音義，成爲第一部經、注、疏、釋文俱全的由政府校刻的《十三經注疏》；四是更改板式，半頁十行，行大字二十一字，小字雙行同，注文中字居中，白口，版心上端刻“乾隆四年校刊”六字，上單魚尾，下刻“禮記注疏卷幾”等文字，下小字刻篇名、頁數；五是改變元十行本以來閩本、監本等疏文的編聯方式，删除疏文中經文、注文起訖語，將每節經文之疏編排在前，注文之疏連排在後，這樣的變更，解釋經文之疏和注文之疏分開，明白清晰，但當經文或注文較長時，没有起訖語，不便尋找，且有漏删、誤排疏文之現象（圖七九）①。

　　清代編纂《四庫全書》時，依據殿本收入《十三經注疏》，散入經部各類。四庫館所校鈔《四庫》本《十三經注疏》，有《四庫全書薈要》本、文淵閣《四庫全書》本等七閣兩大系統，《四庫全書薈要》和《四庫全書》是鈔本，在編修時，於《十三經注疏》各經的校勘，皆有專門的辦理人員，吸收校勘成果，整理出優於殿本的《四庫》本，校勘成果反映在《四庫全書薈要》校語與《四庫全書考證》中。以《禮記注疏·曾子問》爲例，殿本自卷十九第二五頁 A 面第九行經文“曾子問曰下殤土周葬于園”之疏文“所用土周而”以下，第二五頁 B

①　杜澤遜《影印乾隆武英殿〈十三經注疏〉序》，《武英殿〈十三經注疏〉》第 1 册卷首，濟南，齊魯書社，2019 年 1 月。楊新勛《武英殿本〈論語注疏〉考論》，《中國典籍與文化》2021 年第 2 期，第 50—58 頁。

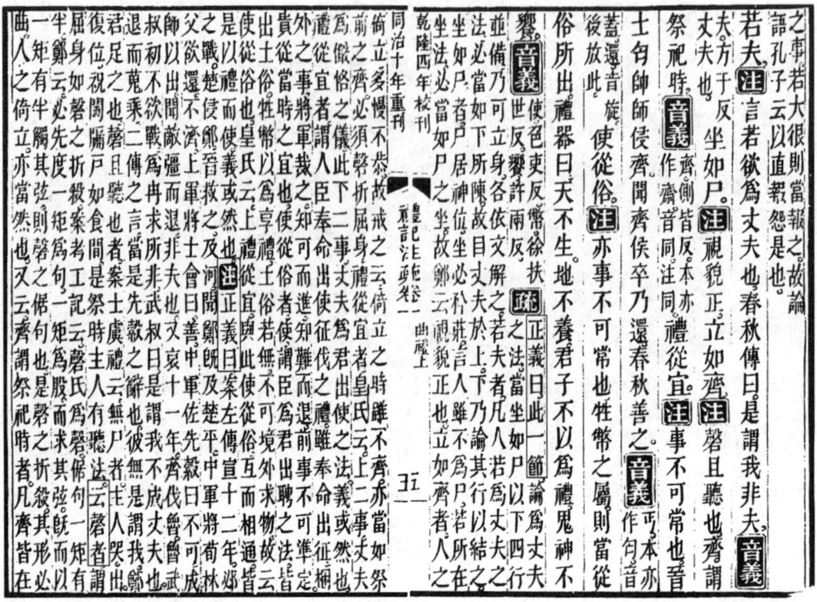

之事若大很則當報之故論
語孔子云以直報怨是也
若夫注言若欲爲丈夫也春秋傳曰是謂我非夫音義
夫方于反 坐如尸注視貌正立如齊注磬且聽也齊謂
丈夫也
祭祀時音義齊側皆反本亦作齋音同注同禮從宜注事不可常也晉
士匄帥師侵齊聞齊侯卒乃還春秋善之音義丐本亦作匄音
蓋還音旋使從俗注亦事不可常也牲幣之屬則當從
後放此
俗所出禮器曰天不生地不養君子不以爲禮鬼神不
饗音義使色吏反幣徐扶世反饗許兩反疏正義曰此一節論爲丈夫
並備乃可立身各依文解之若夫者凡人若爲丈夫之法當坐如尸以下四行
法必當如下所陳故目丈夫於上下乃論其行以結之
坐如尸者尸居神位坐必矜莊言人雖不爲尸若所在
坐法必當如尸之坐故鄭云視貌正也立如齊者人之
乾隆四年校刊
禮記注疏卷一 曲禮上 五
同治十年重刊
倚立多慢不恭故戒之云倚立之時雖不齊亦當如祭
前之齊必須磬折屈身禮從宜者皇氏云上二事丈夫
爲儼恪之儀此下二事丈夫爲君出使之法義或然也
禮從宜者謂人臣奉命出使征伐之禮雖奉命出征梱
外之事將軍裁之知可而進知難而退前事不可準定
貴從當時之宜也使從俗者使謂臣爲君出聘之法皆
出土俗牲幣以爲享禮土俗若無不可境外求物故云
使從俗也皇氏云上禮從宜與此使從俗互而相通皆
是以禮而使義或然也注正義曰案左傳宣十二年邲
之戰楚侵鄭晉救之及河聞鄭既及楚平中軍將荀林
父欲還不濟上軍將士會曰善中軍佐先縠曰不可成
師以出聞敵彊而退非夫也又哀十一年齊伐魯魯武
叔初不欲戰爲冉求所非武叔曰是謂我不成丈夫也
退而蒐乘二傳之言當是先縠之辭也彼無是謂我鄭
君足之也磬且聽也者案士虞禮云無尸者主人哭出
復位祝闔牖戶如食間是祭時主人有聽法云磬者謂
屈身如磬之折殺案考工記云磬氏爲磬倨句一矩有
半鄭云必先度一矩爲句一矩爲股而求其弦既而以
一矩有半觸其弦則磬之倨句也是磬之折殺其形必
曲人之倚立亦當然也又云齊謂祭祀時者凡齊皆在

圖七九：同治十年重刻殿本《禮記注疏》卷一第五頁

面、第二六頁 A 面，至第二六頁 B 面前兩行皆爲空行，第二六頁 B 面第三行起續以下經文“曾子問曰卿大夫將爲尸於公”。齊召南《考證》曰：“‘自史佚始也’注疏‘所謂土周而’，下缺。此下疏文全缺，舊本後空二十三行，今仍之。”[①]（圖八〇、圖八一）然此段疏文不獨殿本空，元十行本、閩本、監本、毛本亦缺，《四庫》本則補全缺文（圖八二）。可見，四庫館臣於《禮記注疏》的校勘傳承是有貢獻的[②]。

---

① 殿本卷十九《考證》第 2 頁 A 面第 3—4 行。

② 侯婕《經學文獻文化史視域下的清代學術與〈禮記〉研究》，南京師範大學博士學位論文，2020 年 6 月，指導教師：王鍔教授。

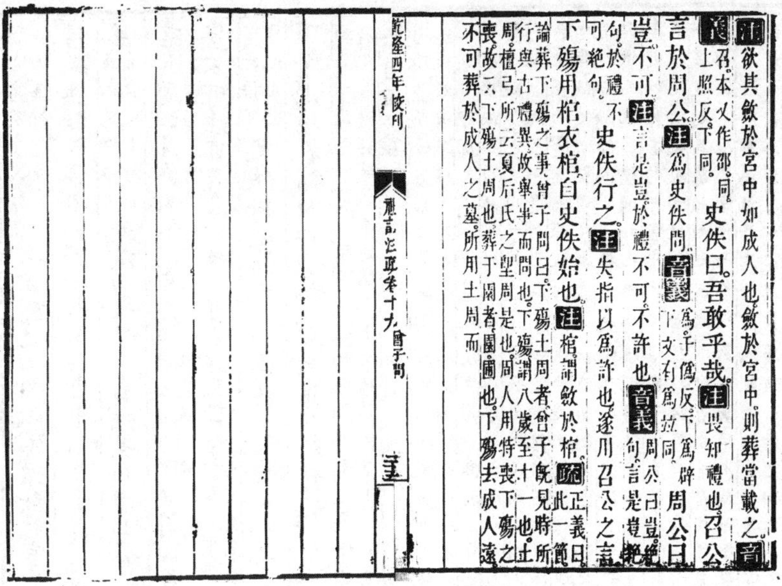
注欲其斂於宮中如成人也斂於宮中則葬當載之音
義召本又作邵同上照反下同史佚曰吾敢乎哉注畏知禮也召公
言於周公注爲史佚問音義爲于僞反下文有爲竝同周公曰
豈不可注言是豈於禮不可不許也音義周公曰豈絕句言是豈絕
句於禮不可絕句史佚行之注失指以爲許也遂用召公之言
下殤用棺衣棺自史佚始也注棺謂斂於棺疏正義曰此一節
論葬下殤之事曾子問曰下殤土周者曾子既見時所行與古禮異故舉事而問也下殤謂八歲至十一也土
周檀弓所云夏后氏之堲周是也周人用特喪下殤之
喪故云下殤土周也葬于園者園圃也下殤去成人遠不可葬於成人之墓所用土周而

乾隆四年校刊　禮記注疏卷十九　曾子問　二十五

圖八〇：殿本《禮記注疏》卷十九第二五頁 B 面、A 面

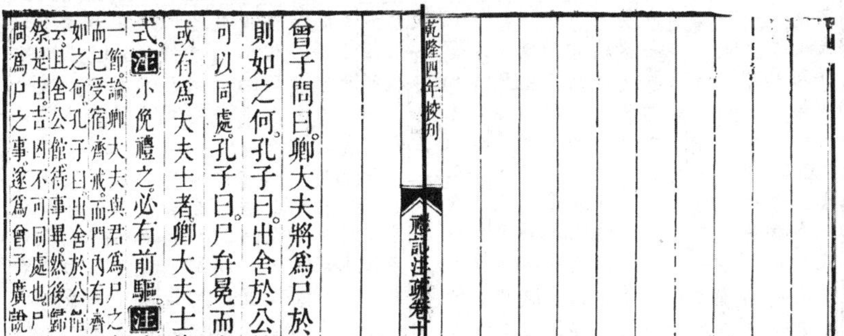
乾隆四年校刊　禮記注疏卷十九　曾子問　二十六

曾子問曰卿大夫將爲尸於公受宿矣而有齊衰內喪
則如之何孔子曰出舍於公館以待事禮也注吉凶不
可以同處孔子曰尸弁冕而出注爲君尸或弁者先祖
或有爲大夫士者卿大夫士皆下之注見而下車尸必
式注小僞禮之必有前驅注爲辟道音義辟婢亦反疏正義曰此
一節論卿大夫與君爲尸之事曾子言卿大夫或爲尸而已受宿齊戒而門內有齊衰之喪其禮如何故云則
如之何孔子曰出舍於公館以待事禮也者此答曾子云且舍公館待事畢然後歸哭也所以出於公館者以
祭是吉吉凶不可同處也尸弁冕而出此孔子因曾子上問爲尸之事遂爲曾子廣說事尸之法故此直言孔子

圖八一：殿本《禮記注疏》卷十九第二六頁 B 面、A 面

棺古患反下大棺敛衣棺注棺謂皆同召公謂之曰何以不棺敛於宫中

注欲其敛於宫中如成人也敛於宫中則葬當載之音義上照反下同言於周公注為史侠問音義為于偽反下為為拉同史侠曰吾敢乎哉注畏禮也召公豈不可注言是豈於禮不可不許也音義下文有為為辟句於禮不可絕句周公曰豈絕

下殤用棺衣棺自史侠行之注棺謂敛於棺疏正義曰一節史侠行之注失指以為許也遂用召公之言論葬下殤之事曾子問曰下殤土周者曾子見時行與古禮異故舉事而問也下殤謂八歲至十一也土

之喪故云于殤土周也葬于圍者圍圍也葬去成殤欲檟引所云周夏后氏之聖周是也周人用棺持喪下殤人遠槨而往者興猶抗之墓所用土槨而殤於圍中

繩懸各離也故云土

別取一繩以先尸央緣繩之上縮除直於繩上抗擧以往脚及一繩鏊業先用一繩鏊一邊材横鈎中央繫報兩頭遂取而成中還臨敉時懸然而後尸而後以先置之材又中臨敉時聖殤之上先縮除直於繩兩邊交鈎之圍中還取兩邊聖從机上零落入也若殤路近也塗通故家墓選臨敉時聖殤敉于槨中此為蓋殤敉于宫中而後殤敉近則棺敉遠則用機擧尸往宫中此而後殤敉於墓與之何者省棺敉遠則其葬也如之何者於墓與成人同時世禮變令鑒先用下機舉棺於宫中兩莫路人同隆令既禮變故棺敉遠則其葬也如之何昔者史當遠不復用興載棺而往墓那間其葬蓋用車載棺而往墓那間其葬蓋故史當

欽定四庫全書　禮記注疏　卷十九

從可知也注正義曰云以夏后氏之聖周中殤下殤故知土周也云周人以夏后氏之聖周葬此直云圍聖周葉下殤此周人用棺持喪下殤故葬用棺衣棺自史侠始也注棺衣棺自史侠始也怪禮所由史侠此云怪禮所由史侠此云失禮所由人然此云棺衣昔非惟於墓於宫中衣棺於宫中而後衣棺於宫中則衣

史侠不達其指猶言棺衣棺自史侠始之辭故更據史侠行之者名怪拒之辭怪拒之辭問於周公周公曰豈不可此云周公曰豈可召公曰豈可召公語畏禮也故名召者曰周公語述人禮也史侠所謂名召公畏欲禮者猶史侠往墓見殤欲名亦襄墓見殤欲初侠有子而死下殤也者良史武王周公成王時臣也

臣故國語稱之要故史侠猶有不知云畏知禮也但下殤者成同王時賢史於宫中盖同棺敉於宫中中皆無遺車一乘亦不與殤下適庶長中下殤皆有所不知者聖周集下殤於圍中殤下殤故知土周也弓所言言遣車及諸侯庶乘下所言遣車及乘人也乘車諸侯庶人也若諸侯長及殤既大夫則遣車一乘亦不與殤下則諸侯庶莫其長殤亦不遣車興機而莫其大夫長殤一乘則宗子亦不用聖周興機也然則王聖周興諸侯而莫其大夫長殤则則王

聖周集下殤故知土周也云周人以夏后氏之聖周此直云圍集於圍中故揵下殤為言檀弓云以夏后氏之聖周葉此直云聖周葉

　　《十三經注疏》從閩本到《四庫》本，每次整理，都進行了校勘，彌補缺文，校正訛誤，較之前本，均有改進，尤其是閩本替換《儀禮圖》爲《儀禮注疏》，殿本句讀經注疏文，補入《孝經》《論語》等經釋文，確實是創新。但是，因祖本元刻明修十行本經多次修版，缺文、墨釘、錯訛，在在皆有，故閩本、監本、毛本在清康乾時期，備受非議，顧廣圻稱之爲"俗注疏本"。作爲四庫館副總裁的彭元瑞，閱讀的書也是北監本，其《自校禮記注疏跋》曰：

　　　　乾隆丙午五月二十九日。大駕幸避暑山莊，未預扈從，時領禮曹，退食少間，暑窗清課，取北監本《禮記注疏》，用朱筆臨金氏《正譌》，加以尋勘，少有節潤，義取易曉，其金所校而此本尚未譌者計不下千條，猶是善本，別有所得，以墨筆綴其間，凡月有二日而竣。少恒苦注疏難讀，卒業三復，文從字順，安得群經之盡若斯也，炳燭之光，良用自憙，且留爲家塾課本[1]。

乾隆丙午是五十一年（1786），彭元瑞用金曰追《禮記正譌》校北監本《禮記注疏》，歷時一月零二日，發現北監本"尚未譌者計不下千條，猶是善本"。其《自校儀禮注疏跋》曰：

　　　　臨《禮記正譌》竣，繼臨《儀禮》，又依濟陽張蒿庵本句讀之。武英殿刻《十三經》後附"考證"，多採《通解》《儀禮圖》《集説》，殊精核。《四庫全書》從《永樂大典》輯出宋張淳《儀禮識誤》、李如圭《儀禮集釋》，更當時未見書矣，並以墨筆採著於録，間有愚臆，亦附末簡，凡再旬有七日始一過，視《禮記》，遲

---

① 清彭元瑞《知聖道齋讀書跋尾》卷1，《四庫未收書輯刊》，北京出版社，2000年1月，第10輯第22册第766頁。

速大不侔，信乎《儀禮》之難讀也^①！

彭元瑞校完《禮記注疏》，又校《儀禮注疏》，歷時二十七日，苦《儀禮》難讀！可見，監本《十三經注疏》，是學者常讀之書。

惠棟、盧文弨、浦鏜、顧廣圻和日本人山井鼎、物觀利用傳存宋板，校勘閩本、監本、毛本，著有《十三經注疏正字》《七經孟子考文補遺》《撫本禮記鄭注考異》等校勘成果，在一定程度上，推動了清代校勘學的發展，尤其顯著者，顧廣圻提出"不校校之"的校勘學理論，並付諸實踐，協助張敦仁、阮元、黃丕烈、汪士鐘等人校勘經學文獻，成就"校勘學第一人"之美譽。惠棟、盧文弨、浦鏜和顧廣圻等人的校勘經學文獻的學術活動，直接影響了阮元，阮元開始重刻"宋本"《十三經注疏》。

阮元謂閩、監、毛諸本"輾轉翻刻，訛謬百出。毛本漫漶，不可識讀，近人修補，更多訛謬"^②，然於殿本、《四庫》本不敢置喙。嘉慶二十年（1815），阮元在盧宣旬等人襄助下，依據元刻明修十行本，校刻《十三經注疏》四百十六卷，即"阮刻本"，這是清代考據學興盛的代表作。與閩本、監本、毛本和武英殿本相比，阮刻本有六大優點：一是制定凡例，阮刻本於書前有"重刻宋本注疏總目録"，述刻書緣起，每部經書前有"引據各本目録"，説明校刻體例；二是選擇版本，自元至清嘉慶初年，成套的《十三經注疏》有元刻明修十行本、閩本、監本、毛本、殿本和《四庫》本，阮元將元刻明修十行本誤認爲是"宋本"，以"宋本"爲底本校刻，故曰"重刻宋本"；三是彙校衆本，阮元以"宋本"爲底本，對校閩本、監本、毛本，吸收他本和前

①　清彭元瑞《知聖道齋讀書跋尾》卷 1，《四庫未收書輯刊》，第 10 輯第 22 册第 766 頁。
②　清阮元校刻《十三經注疏》，北京，中華書局，1980 年 1 月，上册第 1—2 頁。

賢校勘成果；四是撰寫校記，校勘版本，撰寫校勘記，呈現諸本異同，故《書目答問》曰："阮本最於學者有益，凡有關校勘處旁有一圈，依圈檢之，精妙全在於此"①；五是更換底本，阮元因閩本《儀禮注疏》十七卷"訛脱尤甚"，乃以宋嚴州本《儀禮注》和單疏本爲據，成《儀禮注疏》五十卷②，《爾雅注疏》十卷亦是重新彙編者；六是校補正訛，阮刻本底本元刻明修十行本脱漏錯訛極夥，如《禮記注疏》等，墨釘無處不有，阮元參校他本，補足缺文，校正訛謬，去底本之非，集衆本之善，甫一刊刻，廣爲流傳，至今不衰。（圖八三）

圖八三：阮刻本《禮記注疏》卷五一第二七頁

---

① 范希曾編，瞿鳳起校點《書目答問補正》，上海古籍出版社，1983 年 4 月，第 1 頁。

② 阮刻本《儀禮注疏》50 卷，實據張敦仁本《儀禮注疏》翻刻，顧廣圻、喬秀岩等已言之。韓松岐《張敦仁本〈儀禮注疏〉研究》，南京師範大學碩士學位論文，2022 年 6 月，指導教師：王鍔教授。

　　阮元校勘《十三經注疏》始於嘉慶五年（1800），嘉慶十一年
（1806）刊成《十三經注疏校勘記》二百一十七卷，嘉慶二十一年
（1816）於南昌府學刻成《十三經注疏》四百一十六卷。阮刻本彙校
衆本，吸收他校，撰寫校記，記錄異同，按斷是非，成爲名副其實的
集大成式之《十三經注疏》本。

三、 現代《十三經注疏》的整理

　　清阮元《重刻宋板注疏總目録》説：“竊謂士人讀書，當從經學
始，經學當從注疏始。空疏之士，高明之徒，讀注疏不終卷而思卧
者，是不能潛心研索，終身不知有聖賢諸儒經傳之學矣。至於注疏
諸義，亦有是非。我朝經學最盛，諸儒論之甚詳，是又在好學深思、
實事求是之士，由注疏而推求尋覽之也。”①張之洞《書目答問·國
朝著述諸家姓名略》之“經學家”曰：“由小學入經學者，其經學可
信；由經學入史學者，其史學可信；由經學、史學入理學者，其理學
可信；以經學、史學兼詞章者，其詞章有用；以經學、史學兼經濟者，
其經濟成就遠大。”後總結説：“右漢學專門經學家。諸家皆篤守漢
人家法，實事求是，義據通深者。”《書目答問》“經濟家”曰：“經濟之
道，不必盡由學問，然士人致力，舍書無由，兹舉其博通切實者。士
人博極群書，而無用於世，讀書何爲？ 故以此一家終焉。”②“經濟
家”所列者有黄宗羲、顧炎武、顧祖禹、秦蕙田、方苞、魏源等人，皆

---

① 　清阮元《重刻宋板注疏總目録》，阮刻本《十三經注疏》上册第 2 頁。
② 　范希曾編，瞿鳳起校點《書目答問補正》第 344 頁、第 347 頁、第 360 頁。

經世致用者。阮元、張之洞之言，説明經學是一切學問的根基。《十三經注疏》是經學核心文獻，宋元明清，代有校刻，時至今日，也是讀書人案頭必備之書。

由於時代的變遷，學術風氣的轉變，阮刻本及其以前的《十三經注疏》，今日之大多數讀書人難以卒讀，亟待重新整理，以適應學術發展的要求。1999 年 12 月，北京大學出版社出版了由李學勤主編的《十三經注疏》標點本，此後又出版"繁體豎排"本。李學勤《序》説："這裏提供給讀者的《十三經注疏》整理本，仍以阮本爲基礎，而在注記中博採衆説，擇善而從，在校勘上突過前人。同時施加現代標點，改用橫排，這樣做雖有若干障礙困難，卻使這部十分重要的典籍更易爲各方面讀者接受。"該書《整理説明》曰："全面吸收阮元《十三經注疏校勘記》和孫詒讓《十三經注疏校記》的校勘成果，對阮元《校勘記》中已有明確是非判斷者，據之對底本進行改正；對其無明確是非判斷者，出校記兩存。"①這套書最大的優點是施加標點，簡體橫排，方便閱讀，在一定程度上推動了經學研究。缺陷是校勘有限，對阮元《校勘記》多有删改，日本學者野間文史、吕友仁曾撰文批評該書的缺陷②。

2001 年 6 月，臺灣新文豐出版公司出版《十三經注疏》分段標點本，總計二十册，這套書依據南昌府學刊阮刻本整理，分段標點，未加校勘，完整保留阮刻本內容。

---

① 漢鄭玄注，唐孔穎達正義《禮記正義》，龔抗雲整理，王文錦審定，李學勤主編《十三經注疏》本，北京大學出版社，1999 年 12 月。

② （日）野間文史《讀李學勤主編之〈標點本十三經注疏〉》，《經學今詮三編——中國哲學》第 24 輯，第 681—725 頁；吕友仁《〈十三經注疏·禮記注疏〉整理本平議》，《中國經學》第 1 輯，第 100—131 頁。

1992 年,西北大學和上海古籍出版社共同發起成立了"新版《十三經注疏》整理本編纂委員會",整理《十三經注疏》,主編是張豈之、周天游二位,其《十三經注疏整理本序》説:"各經均追本溯源,詳加考校,或採用宋八行本爲底本,或以宋早期單注、單疏本重新拼接,或取晚出佳本爲底本,在儘量恢復宋本原貌的基礎上,整理出一套新的整理本,來彌補阮刻本的不足,以期對經學研究、對中國傳統文化研究能起到推動作用,滿足廣大讀者的需要。"①已出版《尚書正義》《毛詩注疏》《周禮注疏》《儀禮注疏》《禮記正義》《春秋公羊傳注疏》《孝經注疏》《爾雅注疏》等,質量參差不齊。其中吕友仁整理的《禮記注疏》在標點、校勘等方面,均優於前者②,然於八行本疏文無起訖語③者,自擬補入,實不可取;將八行本和潘宗周影刻本等同爲一,屬於失察。吕友仁整理的北大《儒藏》本《禮記正義》④以八行本爲底本,用足利本、阮刻本和撫州本、余仁仲本通校,改正上古本失誤,不附録釋文,實爲八行本最佳之整理本。其他各經注疏,問題不一,學界多有討論,不再贅述。

北大《儒藏》和浙大《中華禮藏》整理出版了部分經書注疏合刻本⑤,不是成套的《十三經注疏》。

近日,中華書局推出了南京師範大學方向東教授點校的《十三

---

① 漢鄭玄注,唐孔穎達正義,唐陸德明釋文,吕友仁整理《禮記正義》上册第 5—6 頁。

② 王鍔《三種〈禮記正義〉整理本平議——兼論古籍整理之規範》,《中華文史論叢》2009 年第 4 期,第 363—391 頁。

③ 吕友仁稱"起訖語"爲"孔疏導語"。漢鄭玄注,唐孔穎達正義,唐陸德明釋文,吕友仁整理《禮記正義》上册第 12 頁。

④ 漢鄭玄注,唐孔穎達正義,吕友仁校點《禮記正義》,《儒藏》本。"北大《儒藏》"是指"北京大學《儒藏》編纂與研究中心"主持整理的《儒藏》精華編。

⑤ "浙大《中華禮藏》"由浙江大學《中華禮藏》編纂委員會主持整理,浙江大學出版社出版,已經出版賈海生點校《儀禮注疏》50 卷、部同麟點校《禮記正義》70 卷等。

經注疏》一套,精裝二十五册(下簡稱"方校本")①。此書以道光六年(1826)朱華臨重校本爲底本,用阮元校刻南昌府學本、江西書局本、脉望仙館本、點石齋本、錦章書局本、世界書局本對勘,參校武英殿本及各經傳世經注本、單疏本,《禮記注》《春秋公羊經傳解詁》參校撫州本、余仁仲本,《尚書正義》《周禮疏》《禮記正義》《春秋左傳正義》參校八行本,《毛詩注疏》參校日本藏宋十行本,《儀禮注疏》《論語注疏解經》《孝經注疏》依據通志堂本《經典釋文》,補入釋文,人名、地名、國名和朝代名加專名綫,施加新式標點,全書簡體横排,極便閲讀。方校本有如下優點:

一是底本優良。阮刻本《十三經注疏》自清嘉慶年間刊刻以來,多次翻刻,有道光本、江西書局本、脉望仙館本、點石齋本、錦章書局本、世界書局本等。方教授曾經承擔國家社科基金項目"中華書局影印阮刻本《十三經注疏》彙校勘正",通過彙校,釐清了阮刻本系統諸版本之關係,南昌府學本經過重校重修,其中道光重修本保存原版,修改錯訛,質量較好,故選道光本爲底本整理,保證了文本品質。

二是整理規範。阮刻本附有經盧宣旬等人摘録的校勘記,校勘記與經注疏文,相輔相成,相得益彰。此次整理,制定凡例,保留阮校,且將校勘記移至每段之下,别以"【阮校】",較之原附於卷尾者,方便閲讀。又,各書參校宋元以來八行本、十行本、閩本、監本、毛本、殿本以及余仁仲本等經注本,校改底本錯誤,凡有改正,新出校記於本頁下端,約萬條,校勘有據,魯魚亥豕,多已修正,形成一部阮刻本《十三經注疏》的升級版。

---

① 　清阮元校刻,方向東點校《十三經注疏》,北京,中華書局,2021 年 11 月。

　　三是標點準確。已出版的《十三經注疏》整理本，對於經注疏文和釋文的處理，各有不同，由此而導致對於經注疏文和釋文的標點斷句，有前後失照者。方校本在斷句標點時，立足經文，會通注疏，前後照應，點校句讀。所以，該書既是一部普及傳統文化的優良讀本，也是匯聚諸家之長和衆本之善的注疏本，是文史哲研究者案頭必備的經典文獻。

　　方教授長期從事經學文獻的整理校勘，成就斐然！阮刻本《十三經注疏》是集大成式的古籍善本，他歷時十多年，焚膏繼晷，孜孜矻矻，完成“爲往聖繼絕學”之重任，值得肯定，令人敬佩！

　　由於整理《十三經注疏》工程浩大，頭緒繁多，方校本仍然存在一些破句、失校、漏標專名綫和誤排等問題。此舉一例，《禮記注疏》卷十四：“《律曆志》又云‘地數三十’者，地二、地四、地六、地八、地十，故三十也。”①“者”上脱“所以三十”，元十行本同，閩本補，八行本有“所以三十”四字可證②，方校本漏校。

　　自南宋以來，經書注疏開始合刻，此後彙集爲一套經學文獻專科叢書《十三經注疏》，有元十行本、閩本、監本、毛本、殿本、《四庫》本和阮刻本，當今出版的《十三經注疏》整理本，大多立足於阮刻本進行點校，説明阮刻本至今無法替代。

　　如果要整理出超越阮刻本的《十三經注疏》，必須做好以下工作：

　　第一，彙校諸經版本，梳理版本源流。經書版本主要有白文本、經注本、單疏本和注疏本，各經應該立足某本，彙校衆本，在彙校的基礎上，梳理版本源流，然後選擇底本，確定對校本和參校本，

① 　清阮元校刻，方向東點校《十三經注疏》第 13 册第 792 頁。
② 　漢鄭玄注，唐孔穎達正義，日本喬秀岩、葉純芳編輯《影印南宋越八行本〈禮記正義〉》，北京大學出版社，2014 年 3 月，上册第 470 頁。

吸收前人校勘成果，方可整理出一部超越阮刻本的《十三經注疏》新版本。山東大學杜澤遜教授“《十三經注疏》彙校”、北京大學顧永新教授“《周易》彙校”、南京師範大學楊新勛教授“《論語注疏》彙校”、瞿林江副教授“《爾雅注疏》彙校”皆可模仿。

　　第二，撰寫整理凡例，規範校勘記撰寫。閩本至阮刻本《十三經注疏》，尤其是殿本、阮刻本，在經書文獻整理方面，積累了很多成功的經驗，諸如句讀全書、撰寫考證或校勘記，如何對校，如何參校，如何吸收前賢校勘成果，校勘記寫成簡明的“定本式”還是繁雜豐富的“彙校式”，等等，前人校刻《十三經注疏》的經驗，多可借鑒參考，祇有搞清前人做了什麽，成績和缺陷何在，方能推陳出新，超越前賢。

　　第三，明確經注疏和釋文的關係，在遵守底本的同時，照顧閱讀的便利。經書注疏本是經文、注文和疏文的彙編，自宋代以來，或以經注本爲主，將疏文插入相應的經注之下；或以疏文爲主，將經注分配於疏文之前；注疏本卷數，或據經注本，或以單疏本，或依據經書内容分卷，諸書不一。爲了照顧閱讀，又附録陸氏釋文，釋文的附入，經歷附於全書末尾、段落之後、分散插於經注之下等形式①，考慮疏文和《經典釋文》的版本優劣，釋文如何插入，使用什麽版本的《經典釋文》，還是依據南宋如余仁仲本已附釋文者，類似問題，在重新搭配經文、注文、疏文和釋文時，必須仔細推敲，方能相輔相成，互相爲用。

　　經學、經學文獻研究是專門之學。整理《十三經注疏》，抑或重編“十三經注疏”，一定要熟讀經書，梳理前賢工作。若率意爲之，追求名利，則有百害而無一益！

---

① 王鍔《再論撫州本鄭玄〈禮記注〉》，《中國經學》第 27 輯，第 1—14 頁。

結語：《十三經注疏》是儒家的核心文獻，是研究經學和中華傳統文化的基石。自南宋初年以來，爲了讀書的便利，首先在越州（今浙江紹興）出現了半頁八行的注疏合刻本，此後在福建建陽地區雕版附有陸德明釋文的"附釋音注疏本"，附釋音本較之八行本，經注文音義，一覽即知，十分便利。元代泰定年間，翻刻宋十行本，出現元十行本，板片一直保存於福州路府學經史庫，遞經修補，刷印流傳，故有元刻明修十行本，學術界稱之爲"十行本""正德本"。因元刻明修十行本板片壞缺，印刷本缺字太多，影響閱讀，明嘉靖年間，李元陽重刻《十三經注疏》，即閩本，又稱嘉靖本、李元陽本，這是中國歷史上第一部真正的《十三經注疏》。此後監本、毛本、殿本、《四庫》本先後翻刻傳鈔，每次翻刻，都依據他本進行校勘，然因條件所限，善本難尋，未能從整體上改變元刻明修十行本的缺陷。清嘉慶年間，阮元立足所謂"宋本"，即元刻明修十行本，替換《儀禮注疏》《爾雅注疏》，彙校衆本，撰寫詳盡的校勘記，於南昌府學刊刻《十三經注疏》，即阮刻本。阮刻本自刊刻以來，兩百多年，風靡學界，多次翻刻，近二十多年，《十三經注疏》數次整理，不無遺憾。2021 年底，中華書局出版方向東教授點校的《十三經注疏》，以阮刻本爲底本，參校衆本，糾謬是正，值得一讀。然欲整理出超越或代替阮刻本的《十三經注疏》，還有很多工作要做，需要學術界同仁的共同努力！

（原刊於葉國良、王鍔、許子濱主編《經學文獻研究》，《嶺南學報》復刊第 17 輯，上海古籍出版社 2023 年 4 月）

南宋經書校刻與中國文化傳承

　　宋代儒家經書經、注、疏的校刻，與中華文化傳承關係密切。南宋以前，經書以經注本爲主，兼有白文本，經書之疏文單獨流傳，謂之“單疏本”。南宋時期，隨着雕版印刷術的推廣和讀書人應試的需求，經書文本的刊刻形式多樣，在爲讀者提供便利的同時，傳承中華文脉。那麼，南宋校刻的儒家經書有哪些新文本？與之前文本相比有何創新？對現代古籍整理與文化傳承有何啓發？前兩個問題已有學者從不同角度有所討論，如張麗娟《宋代經書注疏刊刻研究》、顧永新《經學文獻的衍生與通俗化》[1]、程蘇東《從六藝到十三經》、喬秀岩和葉純芳《文獻學讀書記》[2]《學術史讀書記》、李霖《宋本群經義疏的編校與刊印》及拙著《〈禮記〉版本研究》等，以上論著從經學、文獻學、版本學角度，分析經書文本的演變，揭示經學文獻與版本學之間的關係，然於南宋刊刻的經書文本之創新及其對當今古籍整理和文化傳承的啓示，還有討論的必要。

---

[1]　顧永新《經學文獻的衍生與通俗化》，北京大學出版社，2014 年 12 月。
[2]　喬秀岩、葉純芳《文獻學讀書記》，北京，生活·讀書·新知三聯書店，2018 年 9 月。

一、 宋刻經書文本概説

南宋以前，經書以經注本和單疏本爲主，即經注與疏分開流傳。南宋時期，刊刻了大量的附釋文經注本、纂圖互注重言重意本和經注疏合刻本。

1. 經注本。從目前傳世的經書文本看，南宋初期，經書文本中經注本仍然是主流，仿照五代監本、北宋監本而校刻，如分藏遼寧省圖書館和國家圖書館的蜀大字本《禮記注》二十卷、臺北“故宮博物院”藏《爾雅注》三卷等。但從傳世文本來看，諸經書附入陸德明釋文已成爲一種趨勢，附入釋文方式經歷了一個變化過程。撫州公使庫刊刻的《九經》，《周易注》九卷、《春秋經傳集解》三十卷存殘本，《禮記注》二十卷《釋文》四卷、《春秋公羊經傳解詁》十二卷《釋文》一卷有全本存世，學術界稱之爲“撫州公使庫本”“撫州本”，即《九經三傳沿革例》之“撫州舊本”。撫州本將釋文整體附錄於書尾，相對獨立。撫州本板式一致，版心刻工大量重合，書末鐫刻經注字數，是有計劃的經書刊刻。

《九經三傳沿革例》記載，興國于氏、建安余氏皆刊刻《九經》，興國于氏本句讀經注文，附入釋文，但附釋文形式與撫州本有差異，是“率隔數頁，始一聚見”，即將釋文打散，根據經注段落，逐段附錄於整段經注之後。這種附釋文的方式，與余仁仲本相比，是“不便尋索”；但較之撫州本而言，前進一步。國家圖書館藏興國于氏本《春秋經傳集解》二十九卷呈現其附釋文的方式，是介於撫州本和余仁仲本之間的一種“過渡形態”。余仁仲本即《九經三傳沿革例》所稱"建安余氏"本,余仁仲萬卷堂刊刻,所刻《九經》今存《禮記》二十卷、《春秋經傳集解》三十卷、《春秋公羊傳解詁》十二卷、《春秋穀梁傳》十二卷。余仁仲本將釋文打散,逐條附錄在經注文字之下,對釋文内容加以改造,張麗娟總結爲删去不必要的出字、規範出字形式、删去或簡化《釋文》中一些釋義文字、偶有反切改字與增加注音等情況①。

2. 纂圖互注重言重意本。南宋中後期,在附釋文經注本的基礎上,爲適應科舉考試的需求,福建建陽地區書坊大量刊刻插入纂圖、重言、重意、互注等内容的經書文本,或標明點校、京本、監本等名目。纂圖是插入一些名物圖並加以解釋,重言是將經書中相同的句子標注次數和出處,重意是將經書中意思相同的經文注出,互注是徵引他經文句互爲印證,點校是句讀經注文,或圈發注音,京本是説明該書依據京師舊本刊刻,監本表示依據的底本是國子監本。此類名目,本爲便於誦讀、理解和背誦經書,亦有標榜自誇、招攬生意之嫌,故學術界稱爲"經生貼括之書"。

今存宋刻經書傳本中,纂圖互注重言重意類經書流傳最多。張麗娟總結經書題名有"纂圖互注""監本纂圖""京本點校""婺本附音"之不同,題名爲"京本點校""婺本附音"者,皆巾箱小本;行款有半葉九行、十行、十一行、十二行之别,開本大小、版刻風格、内容體例相對獨立,各自一致,似乎皆爲成套刊刻。如半葉九行巾箱本有日本國立國會圖書館藏《禮記注》二十卷;十行者有臺北"故宫博物院"藏《婺本點校重言重意互注尚書》十三卷,上海圖書公司藏《監本纂圖重言重意互注禮記》二十卷;十一行者有日本静嘉堂藏

① 張麗娟《宋代經書注疏刊刻研究》第 177—179 頁。

《纂圖互注禮記》十二卷,《京本點校附音重言重意互注禮記》二十卷(國圖殘存卷八,上圖殘存卷六、七);十二行者有國圖藏《纂圖互注禮記》十二卷圖一卷,《四部叢刊》《中華再造善本》影印①。此類版本的出現,是與宋代科舉考試考"經義"分不開的。

3. 經注疏合刻本。最早出現的經注疏合刻本是南宋紹興年間兩浙東路茶鹽司刊刻的《周易注疏》十三卷、《尚書正義》二十卷、《周禮疏》五十卷。紹熙三年(1192)在提舉兩浙東路茶鹽公事黄唐主持下刊刻《毛詩正義》二十卷、《禮記正義》七十卷,慶元六年(1200),紹興知府沈作賓刊刻《春秋左傳正義》三十六卷,後來兩浙東路茶鹽司或紹興府又刊刻《論語注疏解經》二十卷、《孟子注疏解經》十四卷。這些注疏合刻本除《毛詩正義》存日本鈔本外,皆有刻本存世,經過比對,它們行款相同,字體風格一致,刊刻於浙江紹興,刻工多數相同,款式爲半葉八行,學術界稱爲"八行本""八行注疏本",紹興古稱越州,又稱"越州本""越刻八行本",是《九經三傳沿革例》之"越中舊本注疏",這是我國現存最早的一套經書注疏合刻本,在經學文獻版本流傳史上具有十分重要的地位。

越刻八行本之後,在福建建陽地區興起一種新的注疏合刻本,即將經、注、疏、釋文合編爲一書,即附釋音注疏本。南宋刊刻的附釋音注疏本今存《附釋音毛詩注疏》二十卷、《附釋音春秋左傳注疏》六十卷、《監本附音春秋穀梁注疏》二十卷,皆爲南宋建安劉叔剛一經堂刻本,清乾隆六十年(1795)和珅翻刻劉叔剛本《附釋音禮記注疏》六十三卷。以上是今存世或有證據可以確認的南宋附釋音注疏本,即《九經三傳沿革例》所説"建本有音釋注疏"者。它們

---

① 張麗娟《宋代經書注疏刊刻研究》第197—227頁。

的共同特徵是半葉十行,行十七字左右,細黑口,左右雙邊,無刻工,字體是典型的建陽書坊風格,約刊刻於南宋光宗、寧宗時期(1190—1224)。

另有蜀注疏本,日本宫内廳書陵部藏《論語注疏》十卷。臺北"故宫博物院"藏宋魏縣尉宅刻本《附釋文尚書注疏》二十卷。

元代泰定(1324—1328)前後,宋劉叔剛刻十行注疏本被翻刻,其書板傳至明代正德、嘉靖時期,遞經修補,多次刷印,後人稱爲"元刻明修十行本""十行本""正德本",元代翻刻的十行本長期以來被誤認爲是宋刻,故清人阮元有"重刻宋本十三經注疏"之説。張麗娟將宋刻十行本與元刻十行本比較,發現二者在版心、文字風格等方面有明顯區别,元刻十行本是以宋刻十行本爲底本翻刻,兩者是不同版刻①。元刻明修十行本《十三經注疏》是後來之閩本、監本、毛本、武英殿本、四庫本、阮刻本《十三經注疏》之源頭。

二、 南宋經書文本的創新

南宋時期出現的附釋文經注本、纂圖互注重言重意本和經注疏合刻本等幾種經書文本,較之前的經書文本經注本、單疏本而言,形式多樣,具有創新性,主要體現在以下方面:

第一,釋文經注,完美結合。先秦文獻在流傳過程中,文字音義多有變化,給閱讀帶來困難。漢魏以來,時有學者爲經書注釋音義,陸德明廣搜衆書,考辨異同,參考二百三十多家經師音訓之説,

---

① 張麗娟《宋代經書注疏刊刻研究》,第 355—384 頁。

撰《經典釋文》三十卷，依據經書經、注文順序，摘取難字，注音釋
義，兼載異文，集漢魏六朝音訓之大成，成爲後人研讀儒家經典文
獻的重要著作。根據《玉海》卷四十三記載，《經典釋文》刊刻始於
後周顯德二年（955），至北宋初年完成。北宋時期，《經典釋文》皆
分經單刻，單刻本早於三十卷合刻本，《崇文總目》《直齋書録解題》
有《尚書釋文》一卷、《禮記釋文》四卷之記載，《老子釋文》《莊子釋
文》隨《老子》《莊子》一同刊印，經書釋文刊刻類似，撫州公使庫《禮
記注》附《禮記釋文》四卷，可能是承襲北宋校刻經書的方式①。

　　《經典釋文》以注音、釋義、存異爲主，故又稱釋音、音義，對於
閱讀經書，具有工具書之功用。北宋將《老子釋文》《莊子釋文》隨
原書一起刻印，相輔相成，相互爲用。撫州公使庫校刻《禮記注》
《春秋公羊經傳解詁》，附録《禮記釋文》《春秋公羊釋文》，這種方式
顯然是模仿北宋校刻《老子》《莊子》的方法。將某經釋文附刻於經
注本後，無疑對於閱讀提供便利，但局限明顯，就是每當需要查檢
某字音義時，必須翻閱另一册（書），找到對應的出文和注釋，方能
明白。所以，南宋先出現興國于氏本《春秋經傳集解》附入釋文的
方式，將釋文拆散，分段插入，較之撫州本前進一大步，缺點是釋文
“率隔數頁，始一聚見，不便尋索”。萬卷堂校刻余仁仲本《禮記注》
《春秋經傳集解》《春秋公羊傳解詁》《春秋穀梁傳》將釋文全部打散，
進行規範出文、删減釋義等處理，凡經注文疑難字詞，釋文緊隨其後，
經書經文、注文與釋文完美結合。這種形式，勇於創新，克服了撫州
本、于氏本缺陷，閱讀更爲便利，拓寬了《經典釋文》的傳播方式。

────────────

① 虞萬里《〈經典釋文〉單刊單行考略》，《榆枋齋學術論集》第 732—759 頁。張麗娟
　《宋代經書注疏刊刻研究》第 120—123 頁。

　　第二，名物繪圖，經文互證。經書難讀，自古已然，一難於名物制度，二難於經文簡奧，這些都是閱讀經書和應試士子學習的難點。然一經之中，諸經之間，常有相同或相似之文句，或有諸經可以互證之文，若能熟讀梳理，標注説明，對於讀經大有益處。纂圖互注重言重意本經書是在附釋音經注本基礎上新增纂圖、互注、重言、重意等内容而成，是附釋音經注本的一種新型文本，目的是便於士人讀書時理解、記憶和背誦。

　　纂圖是在正文之前配有插圖或圖表，圖文並茂，上圖下文、左圖右文，不一而足，形式多樣，圖的内容涉及地理、天文、名物、傳授世系等，如上海圖書公司博古齋藏《監本纂圖重言重意互注禮記》二十卷有月令中星圖、月令所屬圖、玄端冠冕制圖、委貌錦衣制圖、衣冠制圖、器用制圖、月令春夏昏星之圖、月令秋冬昏星之圖這八圖，衣冠制圖由委貌、周弁、佩玉、委貌圖制、毋追、韍、笄、匴、章甫、組纓、紘、笏十二小圖組成，圖文格式皆爲上圖下文，解説文字依據經注，如“章甫”圖下曰：“商之冠曰章甫，其制與周之委貌、夏之毋追俱用緇布爲之。”“組纓”圖下曰：“青組纓屬於頍，此謂緇布冠無笄，乃以二條之組兩相屬於頍。”（圖八四）

　　重言是標注相同的經文。《監本纂圖重言重意互注禮記》卷一《曲禮上》：“二名不偏諱。”墨綫圈圍“重言”下曰：“二名不偏諱，又下篇。”下篇指《檀弓》。國圖藏《纂圖互注禮記》卷一“重言”作“二名不偏諱，又《檀弓下》。”卷三“重言”作“‘二名不偏諱’二，一見《曲禮上》。”①《監本纂圖重言重意互注禮記》作“‘二名不偏諱’，重見《曲禮上》。”同樣内容的“重言”，主事者不同，版本標注不一。

――――――――――

① 王鍔彙校《禮記鄭注彙校》，北京，中華書局，2020 年 11 月，上册第 44 頁、第 156 頁。

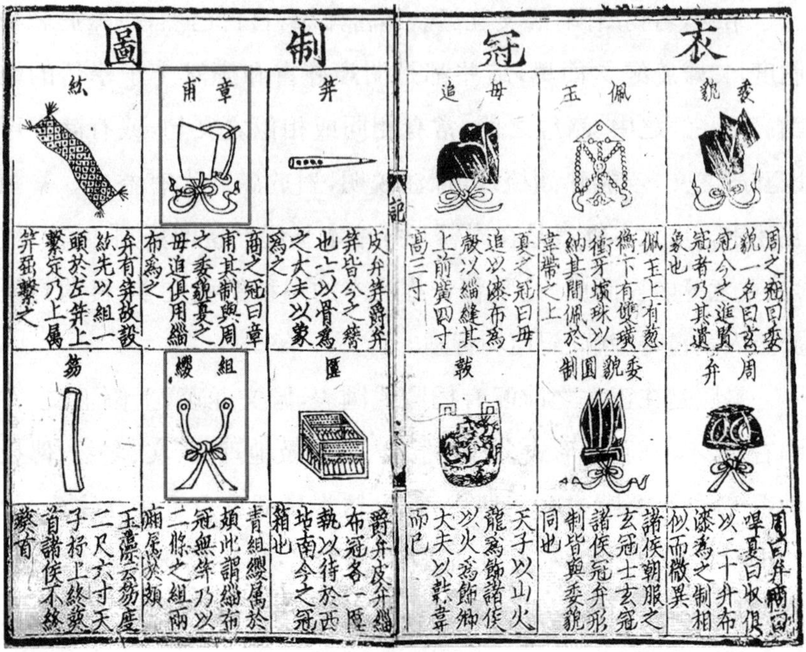

圖八四：《監本纂圖重言重意互注禮記》衣冠制圖

重意標注語句相近、意思相同的經文。《監本纂圖重言重意互注禮記》卷一《曲禮上》：“《禮》曰：‘君子抱孫不抱子。’此言孫可以爲王父尸，子不可以爲父尸。”墨綫圈圍“重意”下曰：“君子抱孫不抱子，《祭統》篇：‘孫幼則使人抱之。’○此言孫可以爲王父尸，《祭統》：‘孫爲王父尸。’又《曾子問》篇：‘尸必以孫。’”孫子與祖父同昭穆，祭祀祖父時，因孫子幼小，故讓人抱之代死者受祭爲尸。“君子抱孫不抱子”，與《禮記·祭統》“孫幼則使人抱之”意義相近。“此言孫可以爲王父尸”，與《祭統》“孫爲王父尸”、《曾子問》“尸必以孫”意思一致。

互注是徵引他經文句互爲證明。《監本纂圖重言重意互注禮記》卷七《禮運》“以爲臺榭宮室牖户”下“互注”曰：“《周易·繫辭》：

'上古穴居而野處，後世聖人易之以宮室，上棟下宇，以待風雨，蓋取諸《大壯》。'"①此以《周易·繫辭下》文解釋"臺榭宮室牖戶"。國圖藏《纂圖互注禮記》卷七"昔者先王未有宮室，冬則居營窟，夏則居橧巢"下"互注"曰："《孟·滕文下》：'當堯之時，水逆行，氾濫於中國，民無所定，下者爲巢，上者爲營窟。'"②此以《孟子·滕文公下》文注釋"冬則居營窟，夏則居橧巢"。（圖八五）

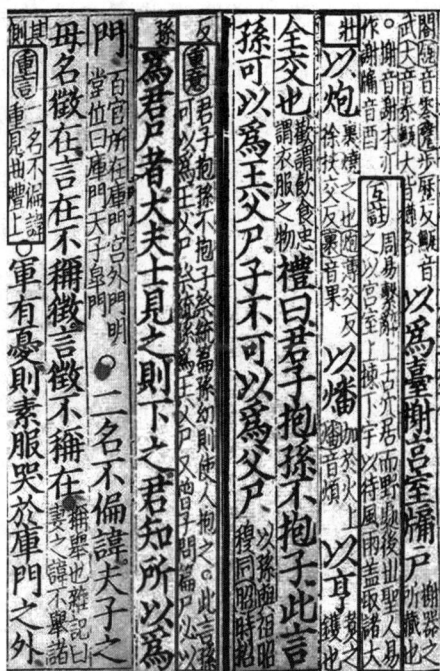

圖八五:《監本纂圖重言重意互注禮記·檀弓下》重言、
《曲禮上》重意、《禮運》互注

---

① 漢鄭玄注，唐陸德明音義《監本纂圖重言重意互注禮記》，上海辭書出版社影印，2009 年 7 月。
② 王鍔彙校《禮記鄭注彙校》上册第 325 頁。

在附釋音經注本插入纂圖、重言、重意和互注,將經書疑難之處、與他經有關之文標注,目的是便於學習,顯然是一種創新,後人稱爲"經生貼括之書","以供士人貼括之用"①,略有微詞,然從學習角度講,不無益處,值得借鑒。

第三,經注疏文,編聯合刻。北宋時期未見有注疏合刻本。范祖禹《乞看詳陳祥道〈禮書〉劄子》曰:

> 臣伏見太常博士陳祥道專意禮學二十餘年,近世儒者未見其比,著《禮書》一百五十卷,詳究先儒義說,比之聶崇義《圖》,尤爲精審該洽。昨臣僚上言乞朝廷給紙札,差書吏畫工付祥道錄進,今聞已奏御降付三省。臣愚欲乞送學士院及兩制,或經筵看詳,如可施行,即乞付太常寺,與聶崇義思相參行用,必有補朝廷制作,取進止②。

陳祥道《禮書》約五十萬字,元祐五年(1090)十一月大臣上奏宋哲宗,請朝廷"給紙札,差書吏畫工"於陳祥道,將《禮書》鈔錄進呈。范祖禹又上奏,請將《禮書》送學士院、翰林學士與中書舍人兩制,或經筵講經時研討,如可施行,則與聶崇義《三禮圖》"相參行用"。大臣奏折和范祖禹劄子,均未建議刊刻《禮書》,或因卷帙浩繁。

北宋刊刻經書,沿襲五代制度,國子監是國家刻印書籍的機構,負責校刻群書,國子監刊刻經書除朝廷賞賜大臣、頒發地方學校外,可以出售,士民付錢即可刷印。五代國子監刊刻的《九經》經注本,至宋初尚在刷印,書板損壞,故自淳化以來,屢有重刻經書之議論。唐代纂修的《五經正義》、賈公彦《周禮疏》《儀禮疏》等,既解

---

① 張麗娟《宋代經書注疏刊刻研究》第 197 頁。
② 宋范祖禹《范太史集》卷 19,影印文淵閣《四庫全書》第 1100 冊第 250 頁。

經文,又疏注文,惟因疏文繁重,與經注別行,閱讀單疏,需回查經注,方能明白疏文內容,極其不便,讀書人同時擁有經書注疏文本者極少。宋初邢昺曰:"臣少時業儒,觀學徒能具經疏者,百無一二,蓋傳寫不給。"①北宋國子監先後校刻單疏本《五經正義》《七經疏義》,今已無傳本,南宋國子監刊刻者僅存《周易正義》《尚書正義》數種而已②。北宋時期,經書未見注疏合刻本,或許與文獻校刻理念、雕版印刷技術和經濟發展有關。

八行本《禮記正義》黃唐跋曰:"六經疏義自京、監、蜀本皆省正文及注,又篇章散亂,覽者病焉。本司舊刊《易》《書》《周禮》,正經注疏萃見一書,便於披繹,它經獨闕。"③黃唐跋文,明確記載兩浙東路茶鹽司首次合刻注疏本《周易注疏》《尚書正義》《周禮疏》。注疏合刻本是如何編排的? 是以經注本爲據插入疏文,還是以單疏本爲主,插入經注? 經、注、疏文如何區別? 這些問題,都是注疏合刻本在校刻時必須要考慮的。根據目前傳存八行本諸書,《尚書正義》《毛詩正義》等六經是經文 + 注文 + 經之疏 + 注之疏的次序,即疏文在經注之後。《周禮疏》雖然是注疏合刻本,仍題名"周禮疏",經注疏文的排列方式是經文 + 經文之疏 + 注文 + 注文之疏,與他經注疏合刻本不同。諸經注疏排列順序雖有差異,但均以單疏本舊式爲據編排,李霖認爲:"從其餘六經的單疏傳本來看,除《左傳》有所不同外,其餘五種八行本經、注、疏之編連,無不以單疏本的體裁爲基礎,而非八行本編者的創造。"標目、分卷也多以單疏本爲依據④。

---

① 轉引自張麗娟《宋代經書注疏刊刻研究》,第 255 頁。
② 張麗娟《宋代經書注疏刊刻研究》第 44—47 頁、第 229 頁。
③ 王鍔《〈禮記〉版本研究》第 285 頁。
④ 李霖《宋本群經義疏的編校與刊印》第 253 頁、第 264 頁。

《九經三傳沿革例》之“蜀注疏”本《論語注疏》十卷,八行十六字,各句下附入釋文,形成經文＋注文＋釋文的格式,這是與劉叔剛本一致的,然在每節末句綴入疏文時,先疏文,後釋文,成爲經文＋注文＋疏文＋釋文的格式,與劉叔剛十行本略異,是另一類型的注疏合刻本。宋魏縣尉宅刻本《附釋文尚書注疏》二十卷,半葉九行十六字,卷一後有“魏縣尉宅校正無誤大字善本”,後四卷配元刻明修十行,此書前十六卷卷次、附釋文體例與元刻明修十行本大體一致,説明二者關係較近①。

附釋音注疏合刻本較之八行本,增加釋文,這種注疏合刻本出現在南宋福建建陽、四川成都等地,宋附釋音注疏十行本是劉叔剛一經堂校刻,較之經注本、八行注疏本,閱讀理解更加便利,故在元代以來,多次翻刻,至今盛行不衰。附釋音注疏十行本與八行注疏本比較,經注疏文的編聯方式、分卷題名皆有差異,尤其是分卷,如八行本《周禮疏》五十卷、《禮記正義》七十卷,十行本《附釋音周禮注疏》四十二卷、《附釋音禮記注疏》六十三卷,經過比勘,附釋音注疏十行本分卷,爲照顧篇目的完整性,儘可能將一篇内容編排在一卷内,不爲割裂。八行本《周禮疏》“大宗伯”内容分置卷十八、十九,十行本置於卷十八②;八行本《禮記正義》“文王世子”篇内容分置卷二十八、二十九,十行本置於卷二十③。這樣的分卷,與該經經注本、單疏本分卷不同,顯然是爲了照顧篇目内容的完整,更有利於閱讀。

---

① 張麗娟《宋代經書注疏刊刻研究》第391—400頁。
② 王鍔《〈四庫全書總目〉“周禮注疏”提要辨證》,《中國典籍與文化論叢》第23輯。
③ 李學辰《八行〈禮記正義〉與和珅本〈禮記注疏〉體例比較研究》,《歷史文獻研究》第42輯。

　　第四,官府書坊,校刻叢書。《九經三傳沿革例》記載宋代經書文本有二十三種,經注本有蜀大字舊本、撫州舊本、余仁仲本、興國于氏本等,注疏本有越中舊本注疏、建本有音釋注疏和蜀注疏本。從傳世的經注本、注疏本來看,官府書坊校刻經書,多爲有組織、有計劃的刊刻活動,形成系列經學叢書。

　　就經注本而言,南宋黃震《修撫州六經跋》記載,撫州公使庫刊刻"六經三傳",咸淳九年(1273)黃震補刻《論語》《孟子》《孝經》,形成"九經三傳"叢書,今存《禮記》《公羊》等四經。興國軍學(治所在今湖北陽新)刊刻《六經》,日本宮內廳書陵部存《春秋經傳集解》一部。蜀刻大字本今存《周禮》《禮記》《春秋經傳集解》等。附釋文經注本最有名者是余仁仲萬卷堂刻《九經》,今存《禮記》《左傳》《公羊》《穀梁》四經。廖瑩中世綵堂刊刻的"九經三傳",今已無傳本,然元代岳氏刊刻的"九經三傳"以廖本爲據,從今傳數種岳本和清武英殿翻刻岳本《五經》尚可見其大概①。

　　注疏本無論是八行本還是劉叔剛附釋音注疏十行本、蜀注疏本,也是有計劃不斷續刻完善的經書叢書。劉叔剛刻附釋音注疏本今存三部,《禮記注疏》有和珅翻刻本,但從元泰定年間翻刻者看,除《儀禮注疏》之外,其他諸經似乎皆有注疏合刻本。

三、 南宋經書校刻對文化傳承的啓示

　　經書文本是中華傳統文化的重要載體,唐宋以來,以不同文本

---

① 　王鍔《〈禮記〉版本研究》第 203—259 頁。

形式流傳，南宋時期出現的附釋音經注本、纂圖互注重言重意本、注疏合刻本等文本，爲士子閱讀提供方便的同時，擴大了經書影響，傳播了經學，弘揚了中華傳統文化。南宋以來，元明清及現代學術界不斷校刻整理經書文本，宋代校刻的經書文本，對於當今整理經書，有很多值得借鑒的經驗，啓示良多，表現在以下幾個方面。

第一，重視附釋音經注本和注疏本的整理。經書文本中，從閱讀方便和經學研究來看，附釋音經注本和注疏本是最受讀者歡迎的文本。南宋余仁仲本打散釋文附於經注之下，在此基礎上劉叔剛以余仁仲本爲主，插入疏文，刊刻附釋音十行注疏本，風行學術界的阮刻本乃依據元十行本校刻。近二十多年，北京大學出版社、臺灣新文豐有限公司、上海古籍出版社、中華書局以及《儒藏》《中華禮藏》先後整理出版了《十三經注疏》整理本和部分經書注疏本，各有千秋。然因部分整理者對於經書内容、文本關係和版本淵源重視不夠，致使整理本在標點、校勘和整理規範上，留下許多遺憾！至於經注本，中華書局已經出版《毛詩傳箋》《禮記注》①兩種，其他經注本之整理，尚待進行。所以，經注本和注疏本之整理，還有很多工作可做。

第二，吸收考古學成果，編校插圖普及讀本。南宋出現的“纂圖互注重言重意”經注本，對於閱讀經書，提供很多便利，尤其是書前所附名物圖，圖文並茂，相得益彰。時至今日，考古出土的實物，諸如玉器、青銅器、兵器和服飾等，部分與經書記載可以互證，這樣的實物，較之宋聶崇義《新定三禮圖》、陳祥道《禮書》等所繪圖，不

---

① 漢毛亨傳，漢鄭玄箋，唐陸德明音義，孔祥軍點校《毛詩傳箋》，北京，中華書局，2018年11月。漢鄭玄注，唐陸德明音義，王鍔點校《禮記注》，北京，中華書局，2021年6月。

僅時代早,而且真實反映先秦名物。將這些實物拍攝成照片,加以選擇,插入經注整理本,無疑對於理解經文有很大幫助。另外,古籍數據庫建設,突飛猛進,查檢相同或相近意思的經文,較之人工翻檢,迅速便捷,且無遺漏,利用數據庫資源標注經書互注、重言、重意文句,將不同内容以不同顏色、大小文字標注,編纂普及經注讀本,有利於經學傳播的同時,也可普及經書閲讀和傳統文化。

第三,整理傳承不同形式的經書文本。歷史上出現的經書文本,從内容而言,有白文本、經注本、單疏本、注疏本,經注本、注疏本有附與不附釋文之别;從外在形式來看,有石經、鈔本和刻本;有清一代,武英殿、四庫館和阮元等學者,先後校勘整理經書,出現大量經注校勘成果,有些别行,如浦鏜《十三經注疏正字》,有些附入經書,如阮元《十三經注疏校勘記》經删改附屬於《十三經注疏》。不同内容、形式的經書文本,可以滿足不同讀者的需求。目前,由於古籍影印和電子化,學術界可以閲覽的經書文本,比歷史上任何時期都要豐富,這樣的閲覽條件,爲整理不同經書文本提供了無限種可能性。從中華文化傳承角度而言,無論是哪種經書文本,都有獨特的學術價值,部分有文物價值。在整理經書文本時,在標點、校勘經書和添加專名綫之時,除了要整理代表性的經注本和注疏本之外,對於白文本、單疏本、石經、寫卷和陸德明釋文等,可以分開整理,保留各自特徵和面貌,讓後人知道歷史上曾經出現的不同經書文本及其樣式。這樣的整理,既是尊重歷史,也是傳承創新。

第四,編纂不同系列的經學專科叢書。經書是中華文化的根與魂,數千年的中華文化延續,離不開經學和經書文本。漢代以來,“六藝”“六經”“五經”“九經”“九經三傳”“四書五經”“十三經”

"十三經注疏"等名稱,不斷反復地出現在各種文獻記載和讀書人記憶中,唐代編纂《五經正義》,幾乎同時,賈公彥撰《周禮疏》《儀禮疏》,另有徐彥《春秋公羊傳疏》、楊士勛《春秋穀梁傳疏》和邢昺《論語疏》《爾雅疏》《孝經疏》及題名孫奭《孟子疏》,《十三經》之"疏"撰寫完成。五代後周以來,先後校刻《九經》經注本、《五經正義》《七經疏義》單疏本,經書經注本、單疏本系列叢書有了刻本。南宋國子監、地方官府和書坊校刻附釋音經注本、纂圖互注重言重意本和注疏合刻本,諸如撫州本、余仁仲本、廖瑩中本、越州八行本、劉叔剛十行本等,這些經書文本,單刻者有之,然多爲有計劃、成系列和前赴後繼的經書叢書文本刊刻。南宋時期校刻經書的思路、方法和方式,值得我們在整理、出版經書時借鑒,在古籍電子化迅速發展的現代社會,儒家經書的整理出版,可以編纂不同形式的經學專科叢書,除《十三經古注》《十三經注疏》外,可編纂"經書經注本叢刊""經書注疏本叢刊""經書單疏本彙編"等;也可以某經爲單位,編纂叢書,如《周禮注疏》叢刊、《儀禮注疏》叢刊、《禮記注疏》叢刊;以時代爲準,可編宋元本《禮記》彙編、宋元本《論語》彙編等。這些不同形式的叢書,在出版紙質本同時,還可以編成電子書,以左圖右文的方式,將圖形書板利用 OCR 技術逐行識別爲文字,圖文對照,爲研究者提供便利。

　　結語:兩宋時期,文化昌盛,閱讀經書是讀書人考取功名的必由之路,經書刊刻在傳承中華文明的同時,爲讀書人學習提供方便,加之雕版印刷技術的成熟與推廣,經書文本形式多樣,不同機構和書坊,校刻不同內容和樣式的經書文本,尤其是南宋時期出現的附釋音經注本、纂圖互注重言重意本、注疏合刻本,在北宋經注本、單疏本基礎上,大膽創新,在合刻經注疏的同時,附入釋文,插入繪圖,標出重言,注明重意,列出經文,互爲注釋,無論是官府還是書坊刊刻經書,多配套成九經、九經三傳,形成系列經學專科叢書。這樣的經書刊刻思想及其編纂出版模式,對於現代古籍整理與文化傳承,啓迪甚多,值得參考。

(原刊於《社會科學輯刊》2023 年第 4 期)

主要參考文獻

1. 漢鄭玄注，唐賈公彥疏《周禮疏》50 卷，北京圖書館出版社，2003 年 6 月。

2. 漢鄭玄注，唐賈公彥疏，唐陸德明釋文《周禮注疏》42 卷，阮元校刻《十三經注疏》本。

3. 漢鄭玄注《儀禮注》17 卷，日本東京大學東洋文化研究所藏明嘉靖徐氏刻本。

4. 漢鄭玄注，唐賈公彥疏，唐陸德明釋文《儀禮注疏》17 卷，日本東京大學東洋文化研究所藏明陳鳳梧刻本。

5. 漢鄭玄注，唐賈公彥疏，唐陸德明釋文《儀禮注疏》17 卷，日本東京大學東洋文化研究所藏明嘉靖中聞人詮、應檟刻本。

6. 漢鄭玄注，唐賈公彥疏，唐陸德明釋文《儀禮注疏》17 卷，清武英殿校刻《十三經注疏》本。

7. 漢鄭玄注，唐賈公彥疏《儀禮注疏》50 卷，國家圖書館藏清張敦仁刻本。

8. 清凌廷堪撰，彭林校點《禮經釋例》，北京大學出版社，2012

年 6 月。

9. 漢鄭玄注《禮記注》20 卷（撫州本），北京圖書館出版社，2003 年 7 月。

10. 唐陸德明釋文《禮記釋文》4 卷（撫州本），北京圖書館出版社，2006 年 6 月。

11. 漢鄭玄注《禮記注》20 卷（婺州本，殘存卷 1—5），北京圖書館出版社，2006 年 12 月。

12. 漢鄭玄注，唐陸德明釋文《禮記注》20 卷（余仁仲本），北京，國家圖書館出版社，2017 年 9 月。

13. 漢鄭玄注《禮記注》20 卷（蜀大字本），北京，國家圖書館出版社，2020 年 11 月。

14. 漢鄭玄注，王鍔點校《禮記注》，北京，中華書局，2021 年 6 月。

15. 漢鄭玄注，唐孔穎達正義《禮記正義》70 卷，北京圖書館出版社，2003 年 12 月。

16. 漢鄭玄注，唐孔穎達正義，影印南宋越刊八行本《禮記正義》70 卷，北京大學出版社，2014 年 6 月。

17. 漢鄭玄注，唐孔穎達正義，唐陸德明釋文《禮記正義》63 卷，元十行本《十三經注疏》，北京圖書館出版社，2006 年 12 月。

18. 漢鄭玄注，唐孔穎達正義，唐陸德明釋文《禮記正義》63 卷，阮刻本《十三經注疏》，北京，中華書局，1980 年 10 月。

19. 漢鄭玄注，唐孔穎達正義，龔抗雲整理，王文錦審定《禮記正義》63 卷，北京大學出版社，1999 年 12 月。

20. 漢鄭玄注，唐孔穎達正義，呂友仁整理《禮記正義》70 卷，上海古籍出版社，2008 年 9 月。

21. 漢鄭玄注，唐孔穎達正義，呂友仁整理《禮記正義》70 卷，北京大學出版社，2016 年 9 月。

22. 清鄂爾泰等撰《欽定禮記義疏》，影印文淵閣《四庫全書》本，臺北，臺灣商務印書館，1986 年 3 月。

23. 宋衛湜《禮記集説》，影印文淵閣《四庫全書》本，臺北，臺灣商務印書館，1986 年 3 月。

24. 元陳澔《禮記集説》，北京圖書館出版社，2005 年 12 月。

25. 元陳澔撰，虎維鐸校點《禮記集説》，北京大學出版社，2009 年 6 月。

26. 清孫希旦撰，沈嘯寰、王星賢點校《禮記集解》，北京，中華書局，1995 年 5 月。

27. 清張敦仁《撫本禮記鄭注考異》，《顧校叢刊》本，福州，福建人民出版社，2020 年 6 月。

28. 清張敦仁撰，侯婕點校《撫本禮記鄭注考異》，北京聯合出版公司，2021 年 12 月。

29. 清焦循撰，劉建臻整理《禮記補疏》，《焦循全集》本，揚州，廣陵書社，2016 年 9 月。

30. 清秦蕙田《五禮通考》262 卷，清光緒六年（1880）江蘇書局刻本。

31. 清秦蕙田撰，方向東、王鍔點校《五禮通考》，北京，中華書局，2020 年 11 月。

32. 清黃以周撰，王文錦點校《禮書通故》，北京，中華書局，2007 年 4 月。

33. 元岳浚《九經三傳沿革例》，影印文淵閣《四庫全書》本，臺北，臺灣商務印書館，1986 年 3 月。

34. 毛晉汲古閣刻《十三經注疏》，美國哈佛大學哈佛燕京圖書館藏本。

35. 清武英殿刻《十三經注疏》，濟南，齊魯書社，2019 年 1 月。

36. 清阮元校刻《十三經注疏》，北京，中華書局，1980 年 10 月。

37. 漢許慎撰，清段玉裁注《説文解字注》，上海書店，1992 年 6 月。

38. 唐陸德明撰，黃焯彙校《經典釋文彙校》，北京，中華書局，2006 年 7 月。

39. 清王引之撰，李華蕾校點《經傳釋詞》，上海古籍出版社，2017 年 12 月。

40. 清江藩纂，漆永祥箋釋《漢學師承記箋釋》，上海古籍出版社，2006 年 2 月。

41. 清皮錫瑞著，周予同注釋《經學歷史》，北京，中華書局，2008 年 8 月。

42. 漢司馬遷《史記》，北京，中華書局，1959 年 9 月。

43. 漢班固《漢書》，北京，中華書局，1962 年 6 月。

44. 清王先謙補注《漢書補注》，北京，商務印書館，1959 年 1 月。

45. 西晉陳壽撰，南朝宋裴松之注《三國志》，北京，中華書局，1998 年 3 月。

46. 南朝宋范曄《後漢書》，北京，中華書局，1965 年 5 月。

47. 南朝梁沈約撰《宋書》，北京，中華書局，1974 年 10 月。

48. 南朝梁蕭子顯撰《南齊書》,北京,中華書局,1977 年 3 月。

49. 唐房玄齡等撰《晉書》,北京,中華書局,1998 年 3 月。

50. 唐姚思廉撰《梁書》,北京,中華書局,1997 年 3 月。

51. 唐李百藥撰《北齊書》,北京,中華書局,1972 年 11 月。

52. 唐魏徵、長孫無忌等撰《隋書》,北京,中華書局,1973 年 8 月。

53. 唐李延壽撰《南史》,北京,中華書局,1997 年 3 月。

54. 唐李延壽撰《北史》,北京,中華書局,1997 年 3 月。

55. 後晉劉昫《舊唐書》,北京,中華書局,1975 年 5 月。

56. 宋歐陽修、宋祁《新唐書》,北京,中華書局,1975 年 2 月。

57. 宋薛居正等撰《舊五代史》,北京,中華書局,1976 年 5 月。

58. 元脫脫等撰《宋史》,北京,中華書局,1997 年 6 月。

59. 元脫脫等撰《遼史》,北京,中華書局,1974 年 10 月。

60. 元脫脫等撰《金史》,北京,中華書局,1975 年 7 月。

61. 明宋濂等撰《元史》,北京,中華書局,1976 年 4 月。

62. 清張廷玉等撰《明史》,北京,中華書局,1974 年 4 月。

63. 趙爾巽等撰《清史稿》,北京,中華書局,1998 年 1 月。

64. 唐杜佑著,王文錦等校點《通典》,北京,中華書局,1988 年 12 月。

65. 宋鄭樵撰,王樹民點校《通志二十略》,北京,中華書局,1995 年 11 月。

66. 宋陳振孫撰,徐小蠻、顧美華點校《直齋書錄解題》,上海古籍出版社,1987 年 12 月。

67. 清朱彝尊《經義考》,《四部備要》本,北京,中華書局,1998

年 11 月。

68. 清朱彝尊撰,林慶彰等編審,侯美珍等點校補正《經義考》,臺灣,"中央研究院"中國文哲研究所籌備處,1998 年 6 月。

69. 清黃丕烈《蕘圃藏書題識》,《清人書目題跋叢刊》六,北京,中華書局,1993 年 1 月。

70. 清彭元瑞《天目琳琅書目後編》,《清人書目題跋叢刊》十,北京,中華書局,1995 年 8 月。

71. 清翁方綱纂,吳格整理《翁方綱纂四庫提要稿》,上海科學技術文獻出版社,2005 年 10 月。

72. 清紀昀等撰《景印摛藻堂四庫全書薈要》,臺北,世界書局,1988 年。

73. 清永瑢等纂《欽定四庫全書總目》,北京,中華書局,1997 年 1 月。

74. 清金毓黼輯《金毓黼手定本文溯閣〈四庫全書〉提要》,北京,中華全國圖書館文獻縮微複製中心,2000 年。

75.《文津閣〈四庫全書〉提要彙編(經部)》,北京,商務印書館,2006 年 1 月。

76. 清丁丙《善本書室藏書志》,光緒辛丑(1901)季秋錢塘丁氏刻本。

77. 清陸心源著,馮惠民整理《儀顧堂書目題跋彙編》,北京,中華書局,2009 年 9 月。

78. 范希曾編,瞿鳳起校點《書目答問補正》,上海古籍出版社,1983 年 4 月。

79. 清孫詒讓撰,潘猛補校補《溫州經籍志》,上海社會科學院出版社,2005 年 9 月。

80. 宋黎靖德編,王星賢點校《朱子語類》,北京,中華書局,1999 年 3 月。

81. 宋王應麟《玉海》,影印文淵閣《四庫全書》本,臺北,臺灣商務印書館,1986 年 3 月。

82. 宋周密《癸辛雜識》,北京,中華書局,1988 年 1 月。

83. 清郭慶藩撰,王孝魚點校《莊子集釋》,北京,中華書局,1961 年 7 月。

84. 宋朱熹《晦庵集》,影印文淵閣《四庫全書》本,臺北,臺灣商務印書館,1986 年 3 月。

85. 宋朱熹撰,王貽樑校點《儀禮經傳通解》,朱傑人、嚴佐之、劉永翔主編《朱子全書》,上海古籍出版社、安徽古籍出版社,2002 年 12 月。

86. 清顧炎武撰,嚴文儒、戴揚本校點《日知錄》,上海古籍出版社,2012 年 7 月。

87. 清張爾岐撰,張翰勛整理《蒿庵集捃逸》,濟南,齊魯書社,1991 年 4 月。

88. 清錢大昕撰《十駕齋養新錄》,陳文和主編《嘉定錢大昕全集》,南京,江蘇古籍出版社,1997 年 12 月。

89. 清戴震《戴震集》,上海古籍出版社,2009 年 6 月。

90. 清盧文弨著,王文錦點校《抱經堂文集》,北京,中華書局,2006 年 6 月。

91. 清段玉裁撰,鍾敬華校點《經韻樓集》,上海古籍出版社,2008 年 4 月。

92. 清顧廣圻撰,王欣夫輯《顧千里集》,北京,中華書局,2007年12月。

93. 清胡培翬撰,黄智明點校,蔣秋華校訂《胡培翬集》,臺灣,"中央研究院"中國文哲研究所,2005年11月。

94. 清曾國藩《曾國藩全集》,長沙,岳麓書社,2011年12月。

95. 清葉昌熾著,王鍔等點校《藏書紀事詩》,北京燕山出版社,1999年1月。

96. 章炳麟著,徐復注《訄書詳注》,上海古籍出版社,2000年12月。

97. 劉師培撰,萬仕國點校《儀徵劉申叔遺書》,揚州,廣陵書社,2014年2月。

98. 王國維著,彭林整理《觀堂集林》,石家莊,河北教育出版社,2001年11月。

99. 王欣夫著,鮑正鵠、徐鵬整理《蛾術軒篋存善本書録》,上海古籍出版社,2002年12月。

100. 杜澤遜主編《尚書注疏彙校》,北京,中華書局,2018年4月。

101. 杜澤遜撰,程遠芬編索引《四庫存目標注(附索引)》,上海古籍出版社,2007年1月。

102. 杜澤遜《微湖山堂叢稿》,上海古籍出版社,2014年12月。

103. 甘肅省博物館、中國科學院考古研究所編《武威漢簡》,北京,文物出版社,1964年6月。

104. 張涌泉主編《敦煌經部文獻合集》,北京,中華書局,2008年8月。

105. 虞萬里《上博館藏楚竹書〈緇衣〉綜合研究》,武漢大學出版社,2009 年 12 月。

106. 虞萬里《榆枋齋學術論集》,南京,江蘇古籍出版社,2001 年 8 月。

107. 侯家駒《〈周禮〉研究》,臺北,聯經出版事業公司,1987 年 1 月。

108. 彭林《〈周禮〉主體思想與成書年代研究》,北京,中國社會科學出版社,1991 年 9 月。

109. 王關仕《〈儀禮〉服飾考辨》,臺北,文史哲出版社,1977 年 12 月。

110. 鄧聲國《清代〈儀禮〉文獻研究》,上海古籍出版社,2006 年 4 月。

111. 徐淵《〈儀禮・喪服〉服叙變除圖釋》,北京,中華書局,2017 年 4 月。

112. 李洛旻《賈公彥〈儀禮疏〉研究》,臺北,萬卷樓圖書有限公司,2017 年 11 月。

113. 王夢鷗《禮記校證》,臺北,藝文印書館,1976 年 12 月。

114. 陳戍國《禮記校注》,長沙,岳麓書社,2004 年 5 月。

115. 王鍔《〈禮記〉成書考》,北京,中華書局,2007 年 3 月。

116. 王鍔《三禮研究論著提要》(增訂本),蘭州,甘肅教育出版社,2007 年 9 月。

117. 王鍔《〈禮記〉版本研究》,北京,中華書局,2018 年 11 月。

118. 王鍔編纂《曲禮注疏長編》,揚州,廣陵書社,2019 年 1 月。

119. 王鍔彙校《禮記鄭注彙校》,北京,中華書局,2020 年

11 月。

120. 王鍔《明清〈禮記〉校刻研究》（未刊書稿）。

121. 潘斌《宋代〈禮記〉學研究》，長春，吉林人民出版社，2011年12月。

122. 瞿林江《欽定禮記義疏研究》，揚州，廣陵書社，2017年12月。

123. 黃懷信《大戴禮記彙校集注》，西安，三秦出版社，2005年1月。

124. 方向東《大戴禮記彙校集解》，北京，中華書局，2008年7月。

125. 方向東注譯《大戴禮記》，南京，江蘇人民出版社，2019年2月。

126. 戴吾三《考工記圖説》，濟南，山東畫報出版社，2003年1月。

127. 聞人軍《考工記譯注》，上海古籍出版社，2008年4月。

128. 李雲光《三禮鄭氏學發凡》，臺北，嘉新水泥公司文化基金會，1966年12月。

129. 錢玄《三禮名物通釋》，南京，江蘇古籍出版社，1987年3月。

130. 錢玄、錢興奇《三禮辭典》，南京，江蘇古籍出版社，1993年3月。

131. 錢玄《三禮通論》，南京師範大學出版社，1996年10月。

132. 劉善澤著，劉孚永點校《三禮注漢制疏證》，長沙，岳麓書社，1997年1月。

133. 唐文《鄭玄辭典》,北京,語文出版社,2004 年 9 月。

134. 楊天宇《鄭玄三禮注研究》,北京,中國社會科學出版社,2008 年 2 月。

135. 湯斌主編《十三經辭典·周禮卷》,西安,陝西人民出版社,2010 年 1 月。

136. 胡大浚主編《十三經辭典·儀禮卷》,西安,陝西人民出版社,2010 年 1 月。

137. 王明倉、白玉林主編《十三經辭典·禮記卷》,西安,陝西人民出版社,2011 年 9 月。

138. 王寧主編《評析本白話三禮》,北京廣播學院出版社,1992 年 12 月。

139. 高明《禮學新探》,香港中文大學聯合書院中文系,1963 年 11 月。

140. 楊向奎《宗周社會與禮樂文明》,北京,人民出版社,1992 年 5 月。

141. 沈文倬《宗周禮樂文明考論》,杭州,浙江大學出版社,1999 年 12 月。

142. 張舜徽《鄭學叢著》,武漢,華中師範大學出版社,2005 年 12 月。

143. 賈海生《周代禮樂文明實證》,北京,中華書局,2010 年 9 月。

144. 葉國良《禮學研究的諸面向》,新竹,國立清華大學出版社,2010 年 11 月。

145. 楊華《古禮新研》,北京,商務印書館,2012 年 3 月。

146. 喬秀岩、葉純芳《文獻學讀書記》，北京，生活・讀書・新知三聯書店，2018 年 9 月。

147. 徐復、宋文民《説文五百四十部首正解》，南京，江蘇古籍出版社，2003 年 1 月。

148. 瞿林江《爾雅注疏彙校》（未刊書稿）。

149. 吳承仕著，秦青點校《經典釋文序録疏證》，北京，中華書局，1984 年 3 月。

150. 劉盼遂《論衡集解》，北京，中華書局，1957 年 7 月。

151. 許建平《敦煌經籍叙録》，北京，中華書局，2006 年 9 月。

152. 焦桂美《南北朝經學史》，上海古籍出版社，2009 年 7 月。

153. 張麗娟《宋代經書注疏刊刻研究》，北京大學出版社，2013 年 7 月。

154. 張麗娟《〈十三經注疏〉版本研究》（未刊書稿）。

155. 張濤《乾隆三禮館史論》，上海人民出版社，2015 年 12 月。

156. 程蘇東《從六藝到十三經》，北京大學出版社，2018 年 1 月。

157. 李霖《宋本群經義疏的編校與刊印》，北京，中華書局，2019 年 1 月。

158. 林慶彰《明代考據學研究》，臺北，臺灣學生書局，1983 年 7 月。

159. 孫欽善《中國古文獻學史》，北京，中華書局，1994 年 2 月。

160. 漆永祥《乾嘉考據學研究》，北京，中國社會科學出版社，1998 年 12 月。

161. 李國慶編著，周景良校《彄翁藏書年譜》，合肥，黄山書社，

2000 年 9 月。

162. 趙萬里主編《中國版刻圖錄》,北京,文物出版社,1960 年 10 月。

163. 王重民《中國善本書提要》,上海古籍出版社,1983 年 8 月。

164. 傅增湘《藏園群書經眼錄》,北京,中華書局,1983 年 9 月。

165. 李盛鐸著,張玉範整理《木犀軒藏書題記及書錄》,北京大學出版社,1985 年 12 月。

166. 北京圖書館編《北京圖書館古籍善本書目》,北京,書目文獻出版社,1987 年 7 月。

167. 中國古籍善本書目編輯委員會編《中國古籍善本書目·經部》,上海古籍出版社,1989 年 10 月。

168. 崔富章《四庫提要補正》,杭州大學出版社,1990 年 9 月。

169. 中國人民大學圖書館古籍整理研究所編《中國人民大學圖書館古籍善本書目》,北京,中國人民大學出版社,1991 年 2 月。

170. 黃永年、賈二强《清代版本圖錄》,杭州,浙江人民出版社,1997 年 5 月。

171. 張玉範、沈乃文主編《北京大學圖書館藏善本書錄》,北京大學出版社,1998 年 5 月。

172. 黃永年《古籍整理概論》,上海書店出版社,2001 年 1 月。

173. 梁啟超《中國近三百年學術史》,太原,山西古籍出版社,2001 年 10 月。

174. 清華大學圖書館編《清華大學圖書館藏古籍善本書目》,北京,清華大學出版社,2003 年 1 月。

175. 賈貴榮輯《日本藏漢籍善本書志書目集成》，北京圖書館出版社，2003 年 6 月。

176. 陳先行《古籍善本》，上海文藝出版社，2003 年 8 月。

177. 黃永年《古籍版本學》，南京，江蘇教育出版社，2005 年 12 月。

178. 江慶柏《清代人物生卒年表》，北京，人民文學出版社，2005 年 12 月。

179. 江慶柏《四庫全書薈要總目提要》，北京，人民文學出版社，2009 年 11 月。

180. 中國國家圖書館、中國國家古籍保護中心編《第一批國家珍貴古籍名録圖録》，北京，國家圖書館出版社，2008 年 12 月。

181. 上海圖書館編《上海圖書館藏宋本圖録》，上海古籍出版社，2010 年 9 月。

182. 劉薔《天禄琳琅知見書録》，北京大學出版社，2017 年 4 月。

183. 孫延釗《孫敬軒先生年譜》，《甌風雜志》1934—1935 年第 4—6、11—16、23—24 期。

184. 汪紹楹《阮氏重刻宋本〈十三經注疏〉考》，《文史》第 3 輯，北京，中華書局，1963 年 10 月。

185. 王國維《觀堂題跋選録（經史部分）》，《文獻》1981 年第 3 期。

186. 楊天宇《論鄭玄〈三禮注〉》，《文史》第 21 輯，北京，中華書局，1983 年 10 月。

187. 沈文倬《漢簡〈服傳〉考（上）》，《文史》第 24、25 輯，北京，中華書局，1985 年 4、10 月。

188. 沈文倬《〈禮〉漢簡異文釋(一)》,《文史》第 33 輯,北京,中華書局,1990 年 10 月。

189. 呂友仁《"學識何如觀點書"辨》,《中國語文》1989 年第 4 期。

190. 呂友仁《〈十三經注疏·禮記注疏〉整理本平議》,《中國經學》第 1 輯,桂林,廣西師範大學出版社,2005 年 11 月。

191. 張政烺《讀〈相臺書塾刊正九經三傳沿革例〉》,《中國與日本文化研究》第 1 集,北京,中國大百科全書出版社,1991 年 6 月。

192. 沈乃文《〈禮記集説〉版本考》,《國學研究》第 5 輯,北京大學出版社,1998 年 4 月。

193. (日)野間文史《讀李學勤主編之〈標點本十三經注疏〉》,《經學今詮三編──中國哲學》第 24 輯,瀋陽,遼寧教育出版社,2002 年 4 月。

194. 喬秀岩《〈禮記〉版本雜識》,《北京大學學報(哲學社會科學版)》2006 年第 5 期。

195. 張濤《〈五禮通考〉"喪禮門"編纂評析》,《傳統中國研究集刊》第 3 輯,上海人民出版社,2007 年 11 月。

196. 張濤《關於味經窩〈五禮通考〉的刊印年代》,《中國典籍與文化》2011 年第 2 期。

197. 郭立暄《元刻〈孝經注疏〉及其翻刻本》,《版本目録學研究》第 2 輯,北京,國家圖書館出版社,2010 年 11 月。

198. 顧永新《元貞本〈論語注疏解經〉綴合及相關問題研究》,《版本目録學研究》第 2 輯,北京,國家圖書館出版社,2010 年 12 月。

199. 顧永新《金元平水注疏合刻本研究——兼論注疏合刻的時間問題》,《文史》2011 年第 3 期。

200. 張麗娟《南宋撫州本經書的刊刻與修補》,《版本目錄學研究》第 3 輯,上海,復旦大學出版社,2012 年 1 月。

201. 張麗娟《南宋建安余仁仲刻本〈周禮〉考索》,《中國經學》第 17 輯,桂林,廣西師範大學出版社,2015 年 11 月。

202. 張麗娟《元十行本〈監本附音春秋穀梁注疏〉印本考》,《中國典籍與文化》2017 年第 1 期。

203. 張麗娟《新發現的宋十行本——〈監本附音春秋公羊注疏〉零葉》,《中國典籍與文化》2020 年第 4 期。

204. 張麗娟《元十行本注疏今存印本略説》,《嶺南學報》復刊第 17 輯《經學文獻研究》,上海古籍出版社,2023 年 4 月。

205. 程蘇東《"元刊明修本"〈十三經注疏〉修補彙印地點考辨》,《文獻》2013 年第 2 期。

206. 廖明飛《〈儀禮注疏〉合刻考》,《文史》第 1 輯,北京,中華書局,2014 年 2 月。

207. 廖明飛《敖繼公〈儀禮集説〉版本小識》,《經學文獻研究集刊》第 17 輯,上海書店出版社,2017 年 5 月。

208. 廖明飛《敖繼公小考》,《中國經學》第 20 輯,桂林,廣西師範大學出版社,2017 年 6 月。

209. 張學謙《"岳本"補考》,《中國典籍與文化》2015 年第 3 期。

210. 張學謙《元明時代的福州與十行本注疏之刊修》,《歷史文獻研究》第 45 輯,2020 年 10 月。

211. 柳向春《董康刊行〈周禮疏〉之相關書函解讀》,《版本目錄學研究》第 8 輯,北京大學出版社,2018 年 2 月。

212. 清阮元撰,井超整理《儀禮石經校勘記》,《歷史文獻研究》第 41 輯,揚州,廣陵書社,2018 年 8 月。

213. 侯婕《顧廣圻校修張敦仁翻刻撫本〈禮記釋文〉探析》,《中國經學》第 23 輯,2018 年 12 月。

214. 楊新勛《元十行本〈十三經注疏〉明修叢考——以〈論語注疏解經〉爲中心》,《南京師範大學文學院學報》2019 年第 1 期。

215. 楊新勛《武英殿本〈論語注疏〉考論》,《中國典籍與文化》2021 年第 2 期。

216. 井超《阮元〈十三經注疏校勘記〉分卷考》,《澳門文獻信息學刊》2019 年第 1 期。

217. 井超《阮元〈儀禮石經校勘記〉平議》,《文史》2019 年第 3 期。

218. 井超《元十行本〈附釋音禮記注疏〉探賾》,《歷史文獻研究》第 50 輯,揚州,廣陵書社,2023 年 4 月。

219. 李學辰《八行本〈禮記正義〉與和珅本〈禮記注疏〉體例比較研究》,《歷史文獻研究》第 42 輯,揚州,廣陵書社,2019 年 4 月。

220. 杜以恒《楊復〈儀禮圖〉元刊本考》,《中國典籍與文化》2022 年第 1 期。

221. 陳恒嵩《明人疑經改經考》,臺北東吳大學中國文學研究所碩士學位論文,1988 年,指導教師:賴明德教授。

222. 黃智信《朱彬〈禮記〉學研究》,臺北東吳大學中國文學研究所碩士學位論文,1999 年 6 月,指導教師:林慶彰教授。

223. 萬麗文《孫希旦〈禮記集解〉研究》,南京師範大學古典文獻學專業碩士學位論文，2007 年 6 月，指導教師：王鍔教授。

224. 藍瑶《朱彬〈禮記訓纂〉研究》，南京師範大學古典文獻學專業碩士學位論文，2007 年 6 月，指導教師：方向東教授。

225. 常虛懷《〈禮記正義〉校讀札記》，南京師範大學古典文獻學專業碩士學位論文，2007 年 6 月，指導教師：方向東教授。

226. 徐瑋琳《孫希旦〈禮記集解〉駁議鄭注之研究》，臺灣銘傳大學應用中國文學系碩士班研究生論文，2007 年 6 月，指導老師：林平和教授。

227. 周忠《〈禮記質疑〉研究》，南京師範大學古典文獻學專業碩士學位論文，2008 年 6 月，指導教師：王鍔教授。

228. 李學辰《和珅本〈禮記注疏〉研究》，南京師範大學古典文獻學專業博士學位論文，2019 年 6 月，指導教師：王鍔教授。

229. 侯婕《經學文獻文化史視域下的清代學術與〈禮記〉研究》，南京師範大學古典文獻學專業博士學位論文，2020 年 6 月，指導教師：王鍔教授。

230. 韓松岐《張敦仁本〈儀禮注疏〉研究》，南京師範大學古典文獻學專業碩士學位論文，2022 年 6 月，指導教師：王鍔教授。

後　記

　　禮學即《三禮》之學，專指以研究儒家經典《儀禮》《周禮》《禮記》包括《大戴禮記》兼及綜論《三禮》之學。禮學文獻包含《儀禮》《周禮》《禮記》《大戴禮記》和注釋、總論《三禮》之文獻，即《隋書·經籍志》《四庫全書總目》經部禮類涵蓋之文獻。

　　三十多年來，因治學志趣之故，於禮學文獻關注較多。曾參與《十三經辭典·儀禮卷》編寫，編纂《三禮研究論著提要》《曲禮注疏長編》，從事《禮記鄭注彙校》，整理《五禮通考》，教學科研無不與禮學文獻有關，對禮學文獻的內容、體例、版本以及《十三經注疏》的校刻與整理多有思考，所寫論文或提交學術會議討論，或應邀學術報告交流，大多刊發，融入《三禮研究論著提要》《〈禮記〉成書考》者無需單行。2018 年，選取《南宋撫州本〈禮記注〉研究》等十二篇，編成《〈禮記〉版本研究》，由中華書局出版。今再選取十八篇編爲《文爲在禮——禮學文獻考論》，交鳳凰出版社出版。

　　《禮學文獻整理研究的回顧與展望》一文，介紹禮學文獻的內容及其整理研究情況，可爲代序。《文爲在禮》收錄的其他論文可分爲四組:《宋蜀大字本〈禮記注〉考略》《再論撫州本鄭玄〈禮記注〉》《〈禮記〉校勘與版本錯訛溯源舉隅》《東漢以來〈禮記〉的流傳》《清孫希旦〈禮記集解〉平議》《三種〈禮記正義〉整理本平議》《編纂〈禮記注疏長編〉瑣記》七篇爲一組,考察蜀大字本、撫州本《禮記注》和《禮記》的流傳,平議孫希旦《禮記集解》、整理本《禮記正義》,呈現編纂《禮記注疏長編》之思路;《〈四庫全書總目〉"周禮注疏"提要辨證》《漢代的〈儀禮〉研究》《毛本〈儀禮注疏〉誤刻賈疏辨正》《影印敖繼公〈儀禮集説〉序》四篇爲一組,分析《儀禮》在漢代的傳承和元敖繼公《儀禮集説》,辯證《周禮注疏》《儀禮注疏》版本;《從清代〈三禮〉文獻的收藏整理看江蘇文脉的傳承》《〈五禮通考〉的編纂緣起、價值及其版本》二篇爲一組,梳理清代《三禮》文獻的流傳,揭示《五禮通考》之價值;《整理〈十三經注疏〉芻議》《從〈禮記〉管窺〈十三經注疏〉的校刻整理》《〈十三經注疏〉的彙集、校刻與整理》《南宋經書校刻與中國文化傳承》四篇爲一組,從《禮記》校刻視角,探析《十三經注疏》整理與校刻歷史,爲古籍整理工作與中華文脉傳承提供經驗。

　　《文爲在禮》收録論文最早者寫於二十多年前,最晚者成於去年,跨度較長,格式不一。2023 年 6 月選好篇目後,請學禮堂葉静燕、韓松岐、陳志偉、郭明儀、李寧、趙紫薇、譚梨芳、馬春麗、焦青卓、樓宇威、趙育琇、夏雨婕、秦子翼、廖煜等同學分工覆查引文,補充脚注,由葉静燕匯總,統一格式,編排目録與參考文獻,完成初稿。十月以來,余逐一審閲,修正謬誤,編排定稿。至於原文之結構、論文之觀點、諸篇之資料、論述之重疊,不加删削,不避重複,一仍舊貫,見證過往而已。

　　俗話説："基礎不牢靠,房子要倒掉。"文獻是一切學術研究的基石,禮學文獻是禮學研究的基礎。禮學文獻整理與研究的優劣,關乎中國學術的未來和中華傳統文化的繼承與弘揚。《文爲在禮——禮學文獻考論》之是非曲直,敬請方家批評賜教! 最後,感謝徐俊先生題簽! 感謝北京大學教授漆永祥兄賜序! 感謝鳳凰出版社郭馨馨女史的辛勤付出! 感謝學禮堂諸位同學!

2024 年 7 月 12 日王鍔於桂香書屋